PPP 模式公共风险研究

吴 淼 著

国家社会科学基金一般项目"政府和社会资本合作模式公共风险研究"

科学出版社

北 京

内 容 简 介

作为治理基础设施和公共服务的政策工具，PPP 模式并不是"万灵药"。PPP 模式在缓解政府财政压力、提升公共产品供给效率的同时，可能损害公共利益和公共价值而形成公共风险。本书尝试对 PPP 模式公共风险进行系统研究，内容包括 PPP 模式公共风险内涵、PPP 模式公共风险发生机制、PPP 模式公共风险评估框架、我国 PPP 模式公共风险状况、PPP 模式公共风险-公共危害转化机制及 PPP 模式公共风险治理措施等。PPP 模式公共风险概念的提出和系统研究，不但将促进 PPP 模式研究的拓展和深化，而且有利于在实践中识别、评估和防范公共风险，促进公共利益和公共价值更好实现。

本书适合PPP理论研究者、PPP相关从业人员和公共部门的管理人员阅读与参考。

图书在版编目（CIP）数据

PPP模式公共风险研究 / 吴淼著. — 北京：科学出版社，2023.2
ISBN 978-7-03-071518-0

Ⅰ. ①P… Ⅱ. ①吴… Ⅲ. ①政府投资-合作-社会资本-应用-公用事业-基础设施-风险管理-研究-中国 Ⅳ. ①F299.24

中国版本图书馆CIP数据核字（2022）第026840号

责任编辑：徐　倩／责任校对：杜子昂
责任印制：张　伟／封面设计：有道设计

科学出版社 出版
北京东黄城根北街16号
邮政编码：100717
http://www.sciencep.com

北京华宇信诺印刷有限公司印刷
科学出版社发行　各地新华书店经销

*

2023年2月第　一　版　开本：720×1000　1/16
2023年9月第二次印刷　印张：16 1/2
字数：332 000
定价：168.00元
（如有印装质量问题，我社负责调换）

前　言

　　现代社会之中，各国政府都力求为国民提供高质量的基础设施和公共服务。但是，一方面由于政府规模本身的限制；另一方面政府能力不足和人口快速增长之间的矛盾越发凸显，导致公共产品的供给和需求间存在差距[1]。一些国家为了增加基础设施和公共服务的供给数量，提高供给效率，对公共部门私有化以减轻政府的负担。但是，私有化不但伴随诸多问题，而且基础设施项目本身的复杂性、资本密集性和长期性，很难对私人部门产生足够的吸引力。在这样的背景下，政府与社会资本合作（public-private partnership，PPP）作为推进基础设施建设的政策工具被提上议程。

　　学界已充分注意到 PPP 作为区别于传统政府采购和公共部门私人化的政策工具，其首先是以私人倡议（private finance initiative，PFI）的形式于 1992 年由英国引入[2]，并在世界范围内被广泛采用。从具体发展历程来看，20 世纪 80 年代公共设施和服务的商业化模式是主要动力，政府将传统的职责招标出去，以尽可能实现项目的最大价值[3]。随后，英国的 PFI 模式很快拓展和移植，从欧洲、加拿大传到世界其他国家，并日益发挥重要作用[4]。目前，在澳大利亚、英国等，PPP 已不再被看作新事物，而是政府可以选择运用的标准政策工具。1990~2015 年，加拿大逾 220 个 PPP 项目在建或建成[5]；美国的特朗普政府计划开支 1 375 亿美元投资 50 个项目以弥补基础设施的不足，而其中大部分资金依靠私人部门融资[6]。2017 年英国签约 PPP 项目超过 700 项，数量仅次于中国[7]。在很多国家，作为提供如道路、铁路、机场等基础设施的替代性项目供给系统[8]，PPP 已经成为流行的政策趋势[9]。有学者认为，让私人部门参与公共服务，能够提高公共服务质量、更好地实现物有所值（value of money，VFM）和项目的增值[10, 11]。随着时间推移，PPP 模式也从交通、能源、通信等物理性基础设施领域，逐渐拓展到医疗、教育、监狱等人类性基础设施领域[12]；从美英、欧盟、日韩等发达国家和地区向发展中国家扩散[13, 14]，逐渐在世界范围内被普遍采用[15, 16]。不过，除印度外发达地区的 PPP 投资规模依旧领先于其他地区，如图 1 所示，欧洲、印度和大洋洲通过 PPP 模式投资的基础设施和公共服务的规模仍远高于其他地区。

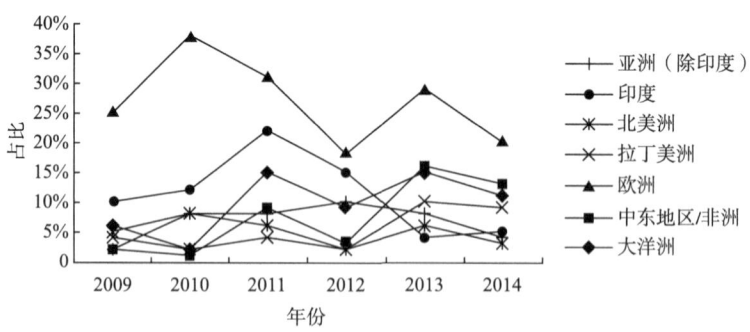

图 1　PPP 模式投资数额图

资料来源：The World Bank IBRD. IDA. H1 2019 private participation in infrastructure（PPI）[R]. 2019：9

在发展中国家尤其是新兴经济体中，PPP 模式方兴未艾，如图 2、图 3 所示，PPP 模式在发展中国家呈现良好的发展态势。近年来，这些国家经济快速增长，对基础设施的供给需求大幅增强，从 2010 年到 2019 年上半年，一方面，PPP 模式在新兴经济体中一直处于高位运行的状态；但另一方面，快速的城市化、工业化给现有的基础设施建设带来巨大压力，反过来扩大了世界范围内基础设施供需间的矛盾[17, 18]，政府预算及其经济能力无法为基础设施建设提供足够的资金。因此，这些发展中国家转向依赖 PPP 模式融资，进行基础设施项目的规划、建设和运营。

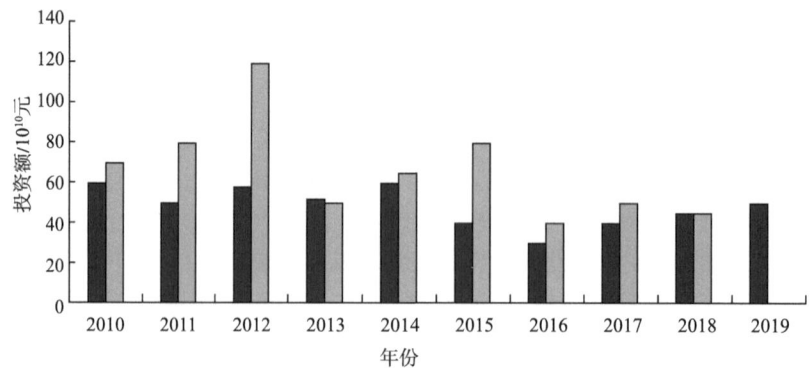

图 2　EMDEs PP 投资情况（2010~2019H1）

EMDEs，即 emerging market and developing economies，新兴市场和发展中经济体

资料来源：The World Bank IBRD. IDA. H1 2019 private participation in infrastructure（PPI）[R]. 2019：4

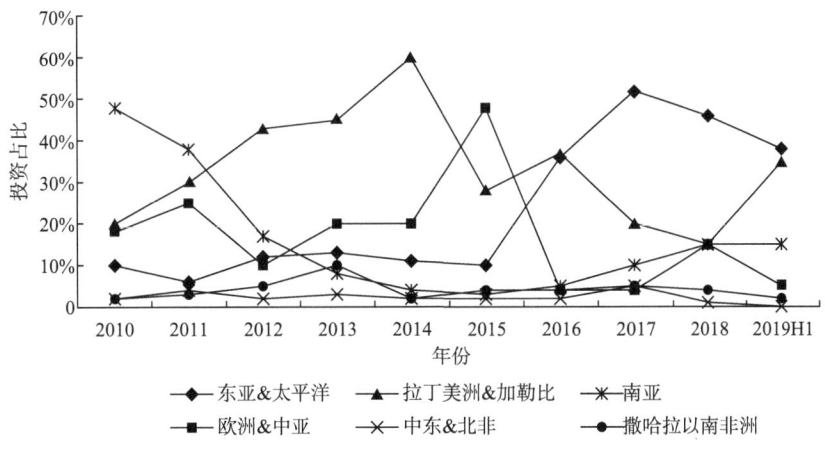

图 3　EMDEs PPP 区域投资份额图（2010~2019H1）

资料来源：The World Bank IBRD. IDA. H1 2019 private participation in infrastructure（PPI）[R]. 2019：4

在中国，社会资本参与基础设施建设和公共服务供给并非新现象，而是市场化改革的产物。早在 1985 年我国就在深圳沙角 B 电厂项目成功采用建设-运营-移交（build-operate-transfer，BOT）模式，此后 PPP 模式在交通、能源、水务及垃圾处理等行业得到广泛应用，社会资本的参与方也逐渐从外资企业转变为民营企业和国有企业[①]。受到政策限制及金融危机的影响，此阶段 PPP 模式整体发展非常缓慢。世界银行统计，1990~2012 年，我国私营部门参与的基础设施投资项目达 1 064 个，投资总规模为 1 193.3 亿美元；2013 年后，在我国经济形势的下行压力下，地方严重的财政负担和地方债激增的困境降低了基础设施和公共服务的提供效率，而 PPP 模式作为缓解财政负担、改进公共产品供给的政策工具，日益受到国家高度重视。《关于推广运用政府和社会资本合作模式有关问题的通知》（财金〔2014〕76 号）和《关于印发政府和社会资本合作模式操作指南（试行）的通知》（财金〔2014〕113 号）两个重要文件的出台及国家各部委密集制定的其他一系列政策，极大地推动了 PPP 模式的广泛运用并进入新的发展阶段。据财政部 PPP 综合信息平台发布的数据，截至 2018 年 6 月底，财政部入库的 PPP 项目数量已达到 12 549 个，投资总额为 17.3 万亿元。2015 年财政部副部长史耀斌指出，"中国用了两年的时间走完了发达国家十几年的道路，项目的数量多，质量也稳步提高，制度的体系初见成效"[②]，中国的 PPP 模式在强大的国家驱动力下

---

① 特别说明：遵照学术研究惯例，全书对于所有国内案例进行匿名化处理，对于国外案例未匿名以便读者查找。

② 财政部　全国 PPP 项目计划投资 8.7 万亿[N] 第一财经日报，2015-12-21

呈现出良好的增长态势[19]。

毋庸置疑，世界范围内 90 多个国家采用了 PPP 模式，PPP 成为普遍应用的公共治理工具。PPP 模式的赞成者认为其最大的优势是改进公共产品供给效率；批判者则认为 PPP 的优势缺乏足够证据，且导致的效率损失却屡见不鲜。因此，不但仍有相当数量的国家并没有引入这种模式，而且已采取该模式的国家中也出现了质疑的声音：有些国家如比利时热情消退、批评声涨[20, 21]，还有一些国家仍保持怀疑[7]。质疑声直指 PPP 项目在实践运行中不仅没有实现承诺的物有所值，还带来一系列新问题。例如，在现代 PPP 模式诞生地的英国，伦敦地铁项目在私人部门赚取高额利润后破产而宣告失败，政府不得不支付更多的成本收拾残局；在苏格兰 PPP 模式运营下的 Oxgangs 小学，一面重约 9 吨的砖墙突然坍塌，对其项目剩余部分进行的后续调查导致 17 所学校临时关闭。在其他发达国家，PPP 项目未能实现良好运行的情况也屡见不鲜。以美国加利福尼亚州 91 号快速路（SR91）项目为例，该项目原本希望通过引入社会资本来修建收费公路，以缓解交通拥堵、减轻政府的财政负担，但最后却以严重的交通事故和政府额外花费 8 000 万美元回购公路的结局收尾；无独有偶，美国的另一条公路——杜勒斯绿道（SR267），社会资本的引入使得其通行费不断提高，从 1995 年的 1.75 美元提高到高峰期的 5.55 美元，并且私人公司拒绝政府提出的按里程收费而坚持一票制。高昂的收费激起当地民众的反抗，进入车流涌入邻近免费公路更导致拥堵的恶性循环，但是面对 PPP 合同的长期性，政府除了无效的协商外几乎无计可施。

发展中国家 PPP 项目的问题也同样严重。例如，在玻利维亚第三大城市科恰班巴，人口激增导致超过 40%的人口缺乏自来水或有效卫生服务，政府本意引入私人部门以增加供水数量、提高供水效率。但在私人资本进入供给系统后，新的计价方式使大多数用户的费用大大增加，不堪重负的民众愤而游行抗议、罢工。又如，秘鲁的 Chinchero 国际机场项目也曾带来严重的问题。秘鲁政府根据 2001 年批准的第 27528 号法律，将其作为"宣布了公共必要性、实用性及国家最优先的项目"，以更好地服务于该国主要旅游目的地的经济发展。但是，该项目最终被证明只是一个潜在的"白象"：政府取消合同将要向私人资本偿付超过 2.7 亿美元，机场的布局将摧毁当地居民目前使用的 15 条道路及灌溉渠道，相关土地征用还会影响传统的纺织艺术、女性就业和祖先习俗。

在我国 PPP 模式的发展过程中，无法实现预期目标而导致公共利益受损的情况时有发生。例如，2000 年以后我国部分城市公交改革，旨在将社会资本引入城市公共交通运营以减轻政府的财政负担、提高城市公共交通的运营效率。但是，利益主体冲突却导致公交公司职工的抵制乃至多次罢运，直接影响居民出行；社会资本为了利润最大化而歧视老年人、争抢优质线路、缩减甚至停开客源少的线路，直接损害了特殊群体及特殊地区人们的利益。

随着 PPP 模式在全世界的普及，PPP 模式对社会造成的复杂影响，特别是对社会经济造成的巨大负面影响越来越引人深思。是导致更多还是更少的公共支出，引致危害还是促进公共福利，破坏生态环境、造成政治动荡还是维护社会稳定？PPP 项目的失败从欧美发达国家到不发达的第三世界，从交通、能源等基础设施到教育、医疗等公共服务领域都大量出现。从公共管理的角度来看，PPP 模式旨在引入社会资本进行基础设施建设和公共服务提供，从而实现公共产品供给机制的创新，推动实现公共利益和公共价值。但是，并非所有的 PPP 项目都实现了预期目标，损害社会公共利益甚至引起社会动荡的情况不断出现，如土耳其曾因公共部门过度引入社会资本而导致政治动荡。因此，在基础设施和公共服务的供给中引入 PPP 模式可能会对公共利益和公共价值带来哪些风险？这些风险发展的机制是什么？PPP 模式的公共风险如何转化为现实的公共危害？如何防范 PPP 模式的公共风险？这些问题，无论是对 PPP 模式的深入理解，还是对 PPP 模式的高效利用，都非常关键。然而，PPP 模式对公共价值的潜在危害并没有获得学术界的足够重视，学者多聚焦于 PPP 项目的成败，而鲜有关注 PPP 模式的潜在公共风险，但这个问题急需系统研究。

本书首次以 PPP 模式对公共利益和公共价值的影响为主题，尝试性地对 PPP 的公共风险进行系统研究，从公共管理以公共利益为核心的视角出发，将 PPP 模式作为提供基础设施和公共服务的政治制度安排，探讨这种公共产品供给制度创新给社会治理带来的潜在影响。在此基础上，明确提出"PPP 模式公共风险"这一概念作为研究 PPP 模式对公共治理影响的概括，并旨在回答以下问题：PPP 模式的公共风险如何界定？它包括哪些内容，这类风险如何发生，其发生机制是什么？PPP 模式的公共风险如何转化为现实的公共危害？如何有效防范 PPP 模式公共风险？

为了完成以上研究任务，全书将对以下内容进行系统研究：①PPP模式公共风险的界定。在前人研究的基础上，系统梳理 PPP 模式的运行特征，厘清 PPP 模式公共风险的内涵，分析 PPP 模式对公共价值的潜在影响，尝试归纳 PPP 模式公共风险的维度。②揭示PPP模式公共风险的发生机制。PPP模式是公共部门与社会资本通过长期契约建立的伙伴关系，其根本特征是异质主体在提供公共产品上的长期合作，这也是 PPP 模式公共风险发生的根源。本书将基于理论综述，从PPP模式的运行机制出发揭示公共风险的发生机制及其影响因素。③PPP模式公共风险现状。设计公共风险的测量指标，根据我国 PPP 模式的运用状况评估我国 PPP 模式公共风险的现状及其分布。④PPP 模式公共风险-公共危害的转化机制。研究 PPP 模式公共风险的目的是维护公共利益，但往往存在 PPP 模式公共风险转化为直接的公共危害而侵害公共利益的情况。因此，本书将探讨PPP模式公共风险转化为公共危害的转化机制及其影响因素。⑤PPP 模式公共风险的治理。基于 PPP 模式公共风险的发生机制和转化机制，分析当前世界各国治理 PPP 模式公共风险的主要模式，提出基于 PPP 模式本质及其公共风险发生机制的政策建议。

PPP 模式本身具有复杂性和多样性，而缺乏理论支持的政策实践将给社会带来不确定性，本书对 PPP 模式公共风险加以研究有利于 PPP 模式实践。首先，通过揭示 PPP 模式对公共治理的多面影响，尤其是潜在的公共风险，能够使社会对 PPP 模式的认识更加立体和全面，使政府在选择 PPP 模式作为政策工具时，充分注意其对公共价值的潜在危害而更加慎重权衡。其次，提出的 PPP 模式公共风险分析框架及中国公共风险评估框架，能够为分析和评估已实施项目的公共风险提供思路和方法，提出的分析维度和测量问卷也可以直接成为评估 PPP 模式公共风险的工具。再次，针对 PPP 模式公共风险及公共风险-公共危害的转化机制得出分析结论，为政府识别、评估和治理 PPP 模式公共风险提供理论指南。最后，对中国 PPP 模式公共风险现状的评估，一方面为中国政府研判 PPP 模式公共风险提供了框架和范本；另一方面政府可以基于 PPP 模式公共风险的现状，开展进一步的公共风险治理。总之，本书的分析框架、测量工具及分析结论，对于防范 PPP 模式公共风险、正确选择和有效推进 PPP 模式等具有一定的参考价值。

由于本书的研究问题存在异质性，任何单一的方法都难以独立完成，因此需要多种研究方法的支撑，包括理论分析、经验研究、质性研究与定量研究。

第一，案例研究方法。PPP模式对于公共价值的危害，体现为PPP项目在实施过程中对经济、社会、政治等领域的公共价值造成潜在或现实的影响，其现实性使得PPP研究需要采用经验的方法。PPP模式公共风险的系统研究尚缺，多集中为零星的个案报道，因此界定 PPP 模式公共风险和公共风险-公共危害的转化机制需要抽象化案例。案例研究尤其是多案例的比较研究是本书的首要研究方法。

第二，数据挖掘方法。如前所述，PPP模式公共风险或PPP公共危害的系统性研究资料不足，可借鉴的资料有限。最初，作者尝试以"PPP 项目公共危害"为关键词在谷歌学术、中国期刊网及其他搜索引擎上搜索，成果非常有限，几乎没有完整的案例。后来，再以"PPP失败""PPP失败项目"为关键词进行一次搜索，同时以学术文章中提及的项目作为线索进行二次搜索，得到近300个项目的信息。但大部分项目关注成败，即基于PPP模式是否完成的视角，真正涉及 PPP 模式对公共价值影响的案例有限。因此本书精炼出危害公共利益的项目，进一步对这些项目的概念、建设过程、管理模式及危害等方面的信息进行完备收集。

第三，调查研究方法。为了掌握中国PPP项目的推行过程、PPP模式公共风险的现实表现，一方面从政府、企业及专家学者处收集相关信息；另一方面先后到陕西、贵州和海南等地对政府部门工作人员、企业领导及员工和民众进行访谈，了解其对PPP模式公共风险的看法。在此基础上，本书拟定了PPP模式公共风险分析框架和中国PPP模式公共风险调查问卷，然后进一步试调查，对框架和问卷进行修改。最后，通过问卷调查的方法，得到PPP模式公共风险评价量表。

第四，理论分析方法，尤其是制度分析方法。从公共管理的视角，PPP模式是改进传统基础设施建设和公共服务供给模式的政策创新，是以合同的形式将社会资本引入公共治理的制度安排。因此，界定PPP模式公共风险、解释公共风险发生机制和公共风险-公共危害的转化机制，都需要借助于现有的理论分析工具，对复杂化、多样化的材料进行提炼。本书假定政府与社会资本都是理性参与主体，双方以长期合同的形式建立合作关系，但是，这种合作关系由于主体的异质性、合同的不完全性及控制权的转移，使得公共利益的维护具有不确定性，这也是PPP模式公共风险的根源。同时，PPP模式嵌入不同的治理模式之中，治理模式的差异会影响PPP模式公共风险-公共危害的转化路径。

除了以上的研究方法外，本书还采用了其他研究方法，如对我国财政部PPP信息平台的数据进行挖掘，对每个项目的资料进行整理和完善，建立完整数据库；使用文献研究法，对PPP模式典型国家的法律、制度和政策进行梳理，以探讨各国PPP模式的治理机制。

全书的研究路径如图4所示。第一，基于文献和案例研究，归纳出PPP模式公共风险概念的内涵和外延，即本书将PPP项目影响公共利益和公共价值的表现通过列举法穷尽，通过比较和归纳这些现象得出PPP模式公共风险的定义和公共风险的表现维度，通过已有案例对公共风险表现维度的补充和完善，进而得出PPP模式公共风险的分析框架；第二，利用现有的理论，尤其是制度主义分析方法，结合典型案例的全过程资料，分析PPP模式公共风险的发生机制及其影响变量；第三，根据PPP模式公共风险发生机制和影响变量，设计中国PPP模式公共风险现状的评价量表，通过邮件和实地调查的方式征求专家的意见，对量表进行修改并最终形成调查问卷；第四，以调查问卷得到的PPP模式公共风险评价框架为依据，通过对全国PPP项目数据库的数据挖掘，对我国PPP模式公共风险的现状进行细致描述和分析；第五，以典型多案例为基础，结合既有理论资源，分析PPP模式公共风险-公共危害的转化机制；第六，基于前述研究，提出中国防范PPP模式公共风险的政策建议。

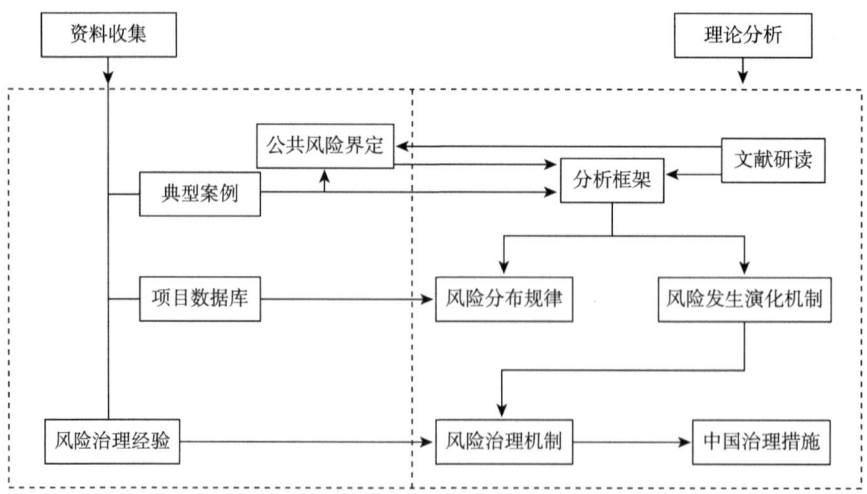

图 4　PPP 模式公共风险研究路线

目　　录

第一章　PPP 基础理论与公共风险 ·· 1
   第一节　PPP 基础理论与公共风险的内涵 ······························ 1
   第二节　PPP 模式的经济风险 ·· 6
   第三节　PPP 模式的社会风险 ·· 10
   第四节　PPP 模式的发展风险 ·· 11
   第五节　PPP 模式的治理风险 ·· 14
   第六节　PPP 模式的公共风险危害 ····································· 17

第二章　中国 PPP 模式项目发展状况 ···································· 19
   第一节　中国 PPP 模式发展历程 ······································· 19
   第二节　中国 PPP 项目的区域分布 ···································· 26
   第三节　中国 PPP 项目的行业分布 ···································· 33
   第四节　中国 PPP 项目的运作模式 ···································· 40
   第五节　中国 PPP 项目的回报机制 ···································· 45
   第六节　中国 PPP 项目的治理环境 ···································· 47
   第七节　中国 PPP 模式发展情况总结 ································· 54

第三章　公共风险的产生逻辑——基于生命周期和控制权的视角 ······· 56
   第一节　PPP 提供的是重要的公共产品 ······························ 57
   第二节　PPP 本质上是一种委托-代理关系 ·························· 66
   第三节　社会资本方对 PPP 项目的控制权 ·························· 69
   第四节　不完全契约下 PPP 的监督问题 ····························· 75
   第五节　影响 PPP 模式公共风险的因素 ····························· 79
   第六节　PPP 模式公共风险衍生过程 ································· 85

第四章　PPP 模式公共风险分布状况 ···································· 87
   第一节　PPP 模式公共风险分析框架 ································· 87

第二节　中国 PPP 模式公共风险分布状况 …………………… 105
　　第三节　PPP 模式公共风险分布归纳 …………………………… 147

第五章　PPP 模式公共风险转化为公共危害的机制
　　　　——基于新制度主义的审视 ………………………………… 149
　　第一节　问题的提出 ……………………………………………… 149
　　第二节　分析框架：基于新制度主义的视角 …………………… 150
　　第三节　研究方法 ………………………………………………… 153
　　第四节　PPP 公共危害发生机制的多案例表达 ………………… 154
　　第五节　PPP 制度环境与公共危害的产生 ……………………… 179

第六章　PPP 风险治理模式 ………………………………………… 181
　　第一节　理论：风险治理模式的划分 …………………………… 182
　　第二节　政府主导模式 …………………………………………… 186
　　第三节　机构主导模式 …………………………………………… 197
　　第四节　嵌入型模式 ……………………………………………… 208
　　第五节　中国 PPP 风险治理 ……………………………………… 215
　　第六节　不同类型 PPP 风险治理模式特征概括 ………………… 219

参考文献 ……………………………………………………………… 222

附录 1　中央部委 PPP 规范性文件（部分） …………………… 234

附录 2　地方政府 PPP 规范性文件（部分） …………………… 237

附录 3　PPP 项目公共风险专家评估问卷 ……………………… 240

跋语 …………………………………………………………………… 247

第一章 PPP 基础理论与公共风险

第一节 PPP 基础理论与公共风险的内涵

一、PPP 的定义、特征与类型

尽管自 20 世纪 90 年代以来，PPP 作为一个概念在世界范围内被广泛接受，但是对于什么构成了 PPP 仍然没有得到一致认同[22,23]。PPP 概念经常被人们模糊定义，涉及广泛的跨部门伙伴关系和实践，这可能令人困惑[24]。来自不同背景的研究人员根据他们的研究目的强调 PPP 的不同方面，如有学者将 PPP 视为不同组织间的一种安排；有学者认为 PPP 是一种发展基础设施或公共服务的策略；也有学者将 PPP 视为一种政府治理的工具；还有学者将 PPP 视为一种语言的游戏[25]。从最宽泛的形式来看，有学者认为 PPP 是指在提供产品、服务和基础设施方面的公共部门与私人部门的关系[26]；也有学者认为 PPP 可以视为特殊类型的治理网络，这种网络可以粗略地定义为相互依存主体之间的不同稳定程度的社会关系模式，这种模式围绕政策项目或者治理工具，并在一系列博弈中形成、维持和变化[27]；还有学者认为，PPP 是政府与私人部门之间为了提供公共设施、社区设施和相关服务的一种安排，这种安排以在合作伙伴间分享投资风险、责任和报酬为特征[28]。从"语言游戏"的角度，PPP 被视作掩护"外包"和"私有化"的替代名词，其目的在于减少公众反对[29]。

在这些多样化的定义之中，van Ham 和 Koppenjan 从治理工具的角度对 PPP 的界定被认为是最普遍的，也是本书所采用的定义。他们认为，PPP 是公共与私人部门在共同发展产品和服务中的合作，并共同分担在提供产品和服务中的风险、成本和资源[30]。这种定义有几个优势。首先，它强调了不能在短期合同中进行持久性合作。其次，它强调了风险的分担是至关重要的一个部分。在 PPP 中，公私双方必须共同承担相应的风险以实现项目的持续发展。最后，公私部门联合起来共同生产一些产品或服务,且双方都能够从相互的付出中获益。PPP 尤其强调公共主体与私人主体、政府方与商业方的相互关系[9]。

这种政府以长期契约的方式将设计和实现公共服务的责任转移给私人部门,政府则承担监督责任的安排[31],主要具有以下特征:第一,PPP 是公共与私人部门之间的两个或两个以上主体的合作关系,而且这种合作关系的建立是基于公共的需要而非简单的私人利益,生产的产品通常为纯公共产品和准公共产品,其产品的公共化程度高,这是区别于其他融资项目的关键特征;第二,以政府或非营利组织为代表的公共部门和以企业为代表的私人部门,具有不同的利益中心和合作动机,每一个参与者都为自己的利益行事和进行谈判,这加剧了伙伴关系治理的复杂性;第三,伙伴关系是参与者之间持续的关系,通常需要持续 10~30 年,有着不间断的互动,包括基于信任谈判和对话的关系契约,并需要有长期的、有效的公共政策和系统指南来最终保障公共需要;第四,每个主体必须自愿投资物质或非物质的资源,并建立独立的组织来界定目标、任务、融资平台和责任;第五,公共部门与私人部门合作实现公共项目的基础,建立在产权关系、资源分享、风险分担和收益分享之上[32]。一些学者强调合作关系中社会和经济方面的重要性,如信任、互动、投资愿望和责任分担,PPP 是互动、谈判的连续过程[33],是一个在基础设施中公共与私人部门关系的长期的、往往复杂的合同安排[34]。

在当代基础设施项目传递中,所有的伙伴结构都被使用[5],PPP 模式呈现出复杂的多样性与差异性,在各个维度下呈现出连续谱状。学者按照讨论问题的不同,对 PPP 模式进行了类型划分,得出基于不同标准的不同类型。例如,有学者从基础设施和公共服务项目过程的角度,根据社会资本参与基础设施和公共服务的阶段、内容和作用,将 PPP 分为 BOT、设计-建设(design-build,DB)、设计-建设-融资-运营(design-build-finance-operate,DBFO)、建设-拥有-运营(build-own-operate,BOO)、建设-拥有-运营-移交(build-own-operate-transfer,BOOT)、建设-移交-运营(build-transfer-operate,BTO)及租赁合同等[35]类型。其中,BOT 运用最普遍,占到所有项目的 80%以上。也有学者从关系结构的角度,将 PPP 分为以下类型:最弱的政府各种形式的咨询、代表某种形式外包的授权、政府给予私人部门有意义决策角色的联合决策、科层制影响下的自我规制等[36]。也有学者以实施 PPP 的动机来分类,包括权力分享,即联合决策;风险转移和重构公共服务,即授权;管理改革、问题转换和道德再造,即咨询。当然,不同的动机既有意识形态原因,也有组织因素[37]。还有学者从合作的程度对 PPP 进行探讨,认为 PPP 具有多种组织形式,从像英国 PFI 这类较强的契约安排,到缺乏正式法律地位的非正式安排,到紧密的组织化集团[9]。另外,根据合作组织互动的层次和深度,Kanter 将 PPP 分为三个层次:最低层次的战略整合,也就是奈特的协同组织;次一层次的战略整合,对应协作组织;最高层次的操作整合,对应合作组织[38]。不过，有学者认为，有四种特色非常鲜明的特征出现在目前的研究中，即发起、内容、形式和深度[39]。需要特别说明的是，当前学术界对 PPP 模式的分类，没有从项目的行业性质进行讨论。在公共管理中，学者区分了经济性基础设施和社会性基础设施，研究者也常常使用基础设施和公共服务，零星讨论过 PPP 项目绩效考核的可能性，但是，当前学界却没有明确提出 PPP 模式的行业类型。

二、PPP 的发展历史

学者认为，某种程度的公共部门与私人部门的合作有着贯穿历史的重要线索，公共部门与私人部门的合作活动可以追溯到几个世纪前[40]。公共领域中私人承担的案例非常多，如 18 世纪的英格兰私人清理街灯、19 世纪的私人铁路，以及弗朗西斯·德雷克爵士舰队船只由私人承包商提供[41]。在近代，法尔克公司与丹麦公共部门合作了近 100 年[42]。所以，"公共部门与私人部门努力的混合并不是新东西"，但是，"新的热情却需要思考"[41]。现代对公共部门与私人部门之间合作的研究兴趣，开始于 20 世纪 70~80 年代，但是，关于到底首先出现在什么地方，却有不同的观点。Vining 和 Boardman 认为，带有伙伴特征的项目开始于 20 世纪 80 年代，PPP 开始扎根不晚于 20 世纪 90 年代中期[43]。但是，有报告认为 PPP 现代概念出现更早[44]。20 世纪 70 年代，美国能源项目工作的公共与私人部门代表组成的团队运行的私人项目却负责公共责任，最终合成了 PPP 这个概念。尽管如此，学者还是认为聚焦于基础设施的现代 PPP 开始于 20 世纪 90 年代的英国和澳大利亚[7]，为了吸引私人金融建设新的公共基础设施，英国保守党政府主动实施 PFI，这个 PFI 标志着一个历史的转折点，即长期基础设施特许经营从作为备选转成公共政策的首选。后来，英国的新工党政府也采用了 PFI 政策以修建新的基础设施，如学校、医院和交通，用于实现现代化英国的承诺[45]。

从世界范围来看，PPP 在被不同的国家采纳的同时，其体系变得更加多元化，与美国的外包实践、英国的民间主动融资相比，PPP 模式在主体类型和互动关系上都表现更为复杂，但这并不意味着政府的退却，而是包含了更加广泛的治理类型。因此，学者在考察各国 PPP 运用的基础上，提出了 PPP 概念的五个要素[9]：①共同生产和风险分享的制度化合作；②长期的法律契约和严格的绩效说明；③突出松散利益相关者关系的公共政策网络；④嵌入市民社会和社区文化中的伙伴关系意识形态；⑤PPP 常常是推动城市复兴和区域经济发展的重要手段。

三、PPP 的理论基础

20 世纪 80~90 年代，政府和私营部门的角色在意识形态领域发生了变化，新公共管理理论成为公共行政改革的主导理论，作为一种制度安排的 PPP 是建立在新公共管理理论的发展之上的。新公共管理理论认为，公共部门的活动应该超越传统的公共行政，参与到竞争市场中。同时，公民的角色从纳税人变成消费者。新公共管理理论强调提升效率、质量和公共部门服务的竞争性。与传统公共行政致力于完善政府本身不同，新公共管理理论最显著的特征是将市场机制引入公共领域，强调公共部门活动的产出和绩效。在新公共管理理论的背景之下，PPP 明确追求物有所值的目标，通过将私营部门引入传统基础设施和公共服务领域，如教育、卫生、环境、电力等方面，以减少国家的财政预算需求。20 世纪 80~90 年代，许多西方国家都受到了这种市场化趋势的影响，进行了新公共管理改革，吸收借鉴了很多私营部门的管理工具，自此，封闭的公共市场向私人部门开放，并且强化了 PPP 在西方世界政策领域的普遍使用。

PPP 的理论来源可以追溯到莱宾斯坦的 X 效率理论[46]。在莱宾斯坦看来，激励扭曲的政府公职人员与科层化的国家组织结构，导致了公共组织的无效率。所以，有必要实施 PPP，通过市场的力量来增加公共组织的竞争性，以降低这种因为缺乏竞争而造成的低效问题。在弗里德曼的《资本主义与自由》一书中，作者同样讨论了小国家和更多私人部门参与的问题，也认为公共组织提供公共服务是无效率的，而利用私人部门来更有效地生产质量更高的公共产品和服务是必要的[47]。

然而，无论是新公共管理理论还是 X 效率理论，都是对效率的追求，国家被认为负荷过重，竞争性政府、更加市场化的政府等原则都与 PPP 相关。这些理论对 PPP 的基础解释仍然不完全，因此，出现了第三种理论源流，即新公共治理理论。新公共治理理论是新公共管理理论的发展和完善，这种理论在决策程序中包容并整合了利益相关者，既包括确定目标的决策，也包括如何实现这些目标的决策[48]。在新的治理范式下，政府不再是唯一的决策主体，只是作为包括对政策制定感兴趣的市民、公司、机构、非政府组织等多元主体中的一部分[49]，PPP 中多主体的参与、合作和互动，正是这种理念的体现。

四、政府采取 PPP 的理由

实际上，PPP 研究还有一个重要任务——回答 PPP 为什么得到各国政府青睐。目前，无论是在发达国家还是在发展中国家，PPP 模式都已经被广泛地采纳。然而，各国政府在公共基础设施中推进 PPP 的动力却是非常多样化的。许多工业化发展进程较快的国家将 PPP 视为提升公共服务效率与质量的工具，因为利用私人管理的专业技能可能实现更加及时和更加符合预算的基础设施供给；还有一些国家基于宏观经济的问题而采纳 PPP，如基础设施匮乏、财政预算不足和政府债务沉重，特别是，发展中国家常常采用 PPP 模式来增加基础设施和公共服务的供给，以减轻贫困程度并促进经济发展[50]。为了更好理解 PPP 被采纳的逻辑，Linder 区分出六种采纳 PPP 的主要动因：①行政改革，政府将 PPP 视为改变传统管理方式的创新工具；②转化公共问题，通过吸引市场参与，促进公共服务供给问题的商业化；③让公职人员参与到市场竞争中，提升公务员素质；④转移政府的财政风险；⑤实现公共行政重新结构化，通过伙伴关系使得行政程序适应来自员工的诉求；⑥实现权力分享，调整政商关系，分散控制权[51]。

尽管有学者对 Linder 提出的六个动因进行了重新排列和解释，但是，大部分学者都认同他对动因划分的思路。总的来说，各国政府采纳 PPP 都涉及某种政府重构，这种重构既可能是意识形态上的，也可能是组织上的。同时，能够实现公共产品供给中的物有所值也是 PPP 被广泛采纳的重要原因。也有学者注意到，PPP 的推行也可能是出于政治的原因，如在英国，为了体现"第三条道路"的执政理念，新工党政府对 PPP 进行了盲目推进；强势的利益集团如房地产开发商、项目金融家和商业银行家等也可能鼓动政府实施 PPP。

当私人资本以新的形式参与到基础设施的供给之中时，情况变得日益复杂，因为，PFI 或 PPP 的政策目标不断变化。在英国梅杰政府之下，推行 PPP 是为了规避政府公债水平的提高，私人融资提供了一种可以加强基础设施建设而不增加公债率的方式。但是，在物有所值方面，账外融资的可获得性和避免资金责任的可能性并不是评价 PPP 的有效标准。PPP 逐渐成为政府改革的创新工具而流行，广泛被美国、新西兰等众多国家采纳。但是，不同的国家以不同的理解采用 PPP 模式，导致 PPP 的使用和政策来源更加多元。

五、公共风险的内涵

尽管政府出于不同的理由采用 PPP 模式发展基础设施和提供公共服务，但由于 PPP 本身基于公共福利而非私人利益，提供的产品公共化程度高、合作周期长，且公共部门和私人部门的利益存在难以消除的矛盾，实践中大量的 PPP 项目不仅没有实现其初衷，还导致了一些损害公共价值的风险发生。风险指的是可以进行概率上的估算和预测的未来事件发生的可能性，而公共风险指的是发生在公共领域，超出个人的控制范围的对公共价值和公共利益造成损害的可能性。需要说明的是，PPP 的公共风险与项目风险的概念不同，项目风险指的是对项目的成功或失败的影响因素。公共风险本身也具有不同的层面，将其视为单一的主体不利于深化对 PPP 模式公共风险发生逻辑的理解及提前防范。因此，根据公共利益的维度和实践中案例的总结提炼，本章将公共风险划分为经济、社会、治理和发展四个方面，如表 1.1 所示。

表 1.1　PPP 模式公共风险表现

公共风险类型	解释
经济风险	PPP 导致公共无效率、公共利益受到损害、物有所值不能实现的可能性
社会风险	PPP 造成公民健康受到危害、财产面临损失、环境污染及公共服务供给量少质低的可能性
治理风险	PPP 对政府官员行为、政府运作及公民对政府认同等方面造成损害的可能性
发展风险	PPP 模式对新技术应用、财政支出、基础设施和公共服务，以及区域经济造成损害的可能性

在本章的剩余部分，主要通过实践中 PPP 项目发生的公共危害来对这四种风险具体的表现进行阐释。但是这会面临逻辑上的困境——用演化为事实上的危害来论述表现为"可能性"的风险。对此，本书做出几点说明：第一，从分析单位来看，本章在分析 PPP 模式的公共风险时，以具体的 PPP 项目为案例映射 PPP 模式的实践形态，因此案例的属性将部分反映 PPP 模式的性质；第二，从统计上来说，如果将所有的项目视为整个集合，那么只要有其中的一个案例出现了危害的事件，就存在概率上的可能性，这也符合全书对公共风险的定义；第三，在项目风险管理的文献中，用已经表现出危害的案例来对风险进行说明成为学者的共识，如亓霞等用中国 PPP 项目失败案例的汇总分析来论述当前中国 PPP 项目的主要风险[52]。

第二节　PPP 模式的经济风险

私人部门参与公共基础设施的开发、融资和供给已经成为世界各国普遍的趋势，通过引入新的投资渠道来为道路、供水、能源等大型基础设施项目提供充足资金来源，能够使政府在短时间内以低成本的方式获得优质的公共产品，提高供给的效率，加快项目建设的速度，使项目在预算范围内按时交付。但是，对于各个行业来说，效率的提高是以市场竞争机制的引入而非所有权的改变为前提[53]。竞争性的招标可以让私人部门在给定价格和逐利动机的驱动下，降低服务成本。然而私人部门在自利性动机的驱使下往往在合同中隐藏高于条款的实际成本以获得中标的成功，在项目的实施过程中，面对各种不确定性的治理失效往往导致项目产生负面的影响致使公共利益受到危害。例如，私人部门往往会低估投资成本及夸大对服务的需求，这是因为如果政府部门确信基础设施或服务的需求量远远大于现有资源能满足的，那么运用 PPP 模式的可能性就会增强。一项全球研究发现，90%的公路和铁路项目其实际成本往往高于原始的预测，而需求低于预期[54]。有些 PPP 项目还会故意获得政府的高额预算：哥伦比亚 PPP 项目的新主管部门做出了政府在道路的支出增加三倍投资的决定。因此，PPP 模式下，建设成本超支、建设时间延长、交易费用增加和产品服务高收费成为普遍的现象。

一、PPP 可能导致建设成本超支

建设成本超支在 PPP 项目建设中较为普遍，项目的客观复杂性、公众对项目的反对等因素都可能导致成本超支，进而产生多样化的后果——增加项目的融资困难、项目的收益率大幅下降、公共利益受到损害。2014 年法国参议院公私合作伙伴关系的报告中，新巴黎法院被用来作为 PPP 模式存在高额成本的例子。在该报告中，项目预期到 2044 年的总成本将会高达 23 亿多欧元，其中包括 7.255 亿欧元的投资额、6.428 亿欧元的借款和 9.6 亿欧元的运营成本。从借款成本来看，PPP 模式要比使用公共合同时的利率高出很多。固定利率下新巴黎法院用 PPP 模式的成本是 6.4%，而在当时同期政府融资的中长期平均利率仅为 1.86%。PPP 模式下该项目的成本不仅高于公共采购的方式，还高于预期。因为有些成本一开始就被低估，如安保成本、法庭的搬迁，以及重组成本、合同谈判产生的额外费用等。

在卫生领域，医疗卫生设施的建设也极易引发建设成本超支的风险。莱索托王国的那卡罗琳斯卡索尔纳医院项目预计的总建设成本为 145 亿克朗，而该医院的实际建设开支超过 250 亿欧元。这是因为在合同的签订中并没有揭示建设中的网络电缆、实验室和医疗技术设备等重要服务的外包成本。Queen Mamohato 纪念医院项目中，在没有任何竞争性投标的情况下，合同的产量与产出规格、融资结构和价格发生了显著的变化[55]。私人融资的资金比例从五分之一增加到三分之二，最终导致了项目的总投资成本增加一倍以上。此外，政府向社会资本方支付费用的指标也存在缺陷。尽管有 30%的成本是固定的，但是政府费用的支付并没有考虑到通货膨胀的影响。如果说物质基础设施的建设是因为其资产的特性容易存在建设成本超支的话，那么软性的基础设施也存在"建设"成本超支的现象，利比里亚的教育促进方案项目最终因为过于昂贵而无法维护。哥伦比亚大学的研究表明，由于实行这种方案的学校的教师工资高于平均水平，政府不得不在每个学生身上多花费 20 美元，每年要多花 60 万美元，此外还有其他的费用。但是第一学年的评估结果显示，采用该方案的学校与普通学校相比，教学质量并没有显著区别。

二、PPP 可能导致建设时间延长

建设时间延长指的是项目无法在保持合同规定的质量水平下，按照预定的时间完成的风险。一般来说，建设时间延长往往是特定因素或多种因素组合导致的结果，如工程规划不当、人力资源不足、征用安置补偿等因素。虽然与传统招标建设项目相比，PPP 项目在正常情况下能够按时完成或提前完成，但是上述因素可能会导致建设时间的延长。例如，在加纳，赔偿问题是导致 PPP 项目建设时间延长的关键因素。因为大多数人由于公共基础设施的建设被迫离开他们原有居住的地方或工作的地点，这些流离失所的人需要在建设开始之前就得到补偿。但是政府将这些项目交由私人部门来进行建设，导致政府不会按时支付赔偿金，民众和项目各方之间进行着漫长的法律斗争[56]。在中国香港的 PPP 项目中，青年熟练工人的短缺和地质状况的变化也会使 PPP 项目建设时间延长。一方面，截至 2013 年，香港建筑业有 12%以上超过 60 岁和 44%超过 50 岁的劳动力[57]，私人部门有时很难吸引青年劳动力参与到大型 PPP 项目之中，导致项目建设进度无法按计划推进；另一方面，由于地质上坚硬岩石的阻碍和地下管道引起的施工困难经常发生，进一步延长了建设时间。

建设时间延长问题无法得到有效解决，可能导致更为严重的结果。因为如果项目一旦无法按时交付，就会对项目的融资基础产生影响，整个项目的生存基础就会遭到破坏。项目预期的现金流会大大减少乃至中断，不但项目投入的资金无法偿还，而且人员的报酬也无法按时发放。

三、PPP 可能导致交易费用增加

根据交易费用经济学，所有的经济活动都围绕着交易进行，即两个或两个以上的经济行动者之间就某种商品和服务进行交换。为了优化交换，必须根据交易的性质匹配适当的治理机制。在市场中，交易通过价格机制进行调节，竞争性市场的存在保证了交易的公平。因此，需要以详细而完整的合同对买卖的内容进行规定。此外还需要建立保障措施，保护双方不受机会主义的影响。但是，保障措施是有成本的，从谈判、起草、合同的执行到监督，合同的整个生命周期都需要投入相关的费用，而这些就是交易费用。交易费用是选择公私双方组织内部生产或外包的重要原因。PPP 模式本身并不会创造自我监督系统，因而在合同制定、谈判具体条款，以及公共和私人部门之间的监督和联络的过程中，都会产生交易费用。交易费用主要由资产专用性和不确定性所决定,资产专用性和交易费用成正比。资产专用性与应对机会主义行为的保障问题有关,因为没有适当的保障措施,公司将面临投资专用资产而导致生产损失的风险。交易受到干扰的不确定性也会增加交易成本,因为不确定性会导致需要不断更新合同并产生重新谈判的高昂成本。为了应对不确定性引发的问题,公共部门必须执行代价高昂的控制措施。

考虑到 PPP 模式比普通的合同外包复杂得多,因此交易成本预计会更高。一项实证研究对 PPP 费用的大小进行了首次的系统分析。研究发现,首先,如果忽略整个生命周期的监督和重新谈判的成本,只考虑采购阶段的相关交易费用,该阶段的费用平均占到 PPP 项目总价值的 10%。公共部门和私人中标者所承担的费用达到项目的 7%左右,双方在医院和道路交通项目上承担的费用大致相等,而学校项目中大部分成本由中标者承担。此外,失败的投标者所承担的总成本估计约为项目价值的 5%,这使得采购阶段的交易费用远远超过 10%。其次,公共部门和私人部门的交易费用因国家和行业的不同而存在差异。在小型项目(低于 5 000 万美元)和需要较长时间(超过 50 个月)采购的项目中,交易费用要高得多。来自美国的证据表明,PPP 模式中对私人部门额外合同监督费用占合同价值的 3%~25%[58]。

四、PPP 可能导致产品服务高收费

PPP 模式不可避免地面对私人部门之内的逐利性,体现在经济风险中便是 PPP 可能导致产品或服务的高收费,而这种风险主要体现为私人部门因信息或专业能力拥有一定的定价权,用户不得不接受服务价格的增加或相对增加(服务质量下降)。

例如,在供水领域,通过上涨水价获取盈利成为较普遍的现象,如坎德瓦供水扩建工程完成后,居民不得不支付昂贵的水费及接受水价的定期调整,因为合同规定,水费每三年会增加 10%,公司可以通过提高水费弥补收入的不足。在印度尼西亚的雅加达,虽然通过 PPP 实现了供水网络在边缘地区的覆盖,但却大大加重了低收入人群的负担。尽管当地实施一项补贴来减轻低收入人群的用水负担,但对于这些群体来说并不总是能够负担得起。因为水价高达一人一天收入的一半,他们宁可选择社区里的井水。

又如,在道路交通领域经常采用的使用者付费机制也使得 PPP 项目的产品和服务高收费成为可能。加利福尼亚州 91 号快速公路项目运营的前五年,很多使用者出于公共利益的考虑,普遍支持拥堵定价的方法,但后期高峰时段的使用率一度下降到预测值的 42%,进而造成了两个负面的后果。一方面,免费车道拥堵程

度成倍增加；另一方面，为了弥补损失，特许经营方提高收费标准[59]。

再如，在电信领域，菲律宾电力供应项目中，电力系统供给过剩，将成本转嫁给消费者，造成电价高涨。

第三节　PPP 模式的社会风险

社会资本参与到基础设施的开发建设与运营之中，理论上能够发挥私人部门的技术、企业管理的优势，提高基础设施的运营绩效，满足用户的需求。但是基础设施或公共服务本质上的属性是公共的、公益的，并非以营利为目的。社会资本的自利性与公共产品的公益性存在不可消除的矛盾，且 PPP 项目只有在盈利可能的前提下，私人部门才会签署合同。这就意味着在实际项目运行过程之中，如果没有合理的补偿机制和其他回报满足社会资本的利润要求，私人部门成本节约的行为逻辑可能导致复杂的社会后果。一方面，以供水、供电、废弃物处理为代表的基础设施具有非常强的外部性以及规模效应，一旦事故发生，对公众危害巨大；另一方面，社会资本方往往不会考虑这些基础设施和服务背后蕴藏的公共利益和公共责任，以合乎合同规范的方式抗拒承担社会责任，这也扭曲了政策制定的初衷。虽然公共部门生产和提供基础设施和公共服务不一定能够实现效率，但确实是以政府的信誉和公众的福祉为目标的，但私人部门在其利润动机之下一般只承担有限的责任。因此，PPP 模式在应用于基础设施和服务时可能危害公众的生命健康、污染自然环境，也可能压缩其他的公共服务的开支导致产品和服务供给不足，以合同责任抗拒公共责任，造成设备闲置，由此形成 PPP 模式的社会风险。

一、PPP 项目可能危害公民健康

由于私人资本方严格控制成本和收回投资的强烈动机，PPP 项目的建设和运作过程容易出现对技术规范、合同标准的背离，进而出现危害公民健康现象。公共交通市场化后交通事故增加成为危害公民健康的具体体现。由于供水项目与公众的日常生活紧密相关，所以供水也是极易引发危害公众健康事件的领域。

二、PPP 可能导致环境污染

在一些 PPP 项目中，由于运行不规范导致对环境造成污染，严重危害到自然

环境和民众的生活。位于印度的塔塔蒙德拉超大型火电项目在环境评估方面存在缺陷——环评声称该地区没有居民和定居点，没有考虑对海洋生物的潜在危害，没有进行过实质性的公众咨询。项目的排水渠排放的废水及化学污染物质的操作程序不规范，最终导致水质恶化，鱼类种群迅速缩小；对自然栖息地尤其是红树林造成了毁灭性的破坏，一些最具价值的渔业资源大幅减少[①]。在哥伦比亚马格达莱纳河通航能力提升的疏浚项目中，建设公司进行了部分河段之间的疏浚活动，对环境造成危害[②]。因为从河流中提取的沉积物放置不当，导致沼泽干涸并对生物的多样性产生不利影响。

三、PPP可能导致产品或服务供给短缺与低质

PPP模式下公共产品供给不足和低质在许多领域都有不同程度的体现。简单来说，让私人资本方提供以公共福利为目标的产品和服务始终面临着激励的问题。在一些案例中，有些社会资本方不愿为低收入人群提供服务，有些则是通过一系列提高效益的改革造成了意外的后果。

第四节 PPP模式的发展风险

发展风险是指基础设施或部分公共服务高额的资本投入、长期的合同期限与合同条款限制，加之政府在签订合同时相对于私人部门的专业弱势，导致PPP模式对新技术运用、财政支出、基础设施、公共服务及区域经济可能造成的制约、限制和阻碍，主要表现为技术上的锁定、财政投向的锁定、公共产品供给的锁定及区域发展的锁定。这种现象本质上与资产专用性有关。资产专用性是指诸如知识、技能、技术此类的投资不能很容易（以低重置成本）转化为其他用途。社会资本方拥有政府部门所没有的专业的知识和技术，也拥有政府短缺的资金。诸如轨道交通、高速公路等基础设施的垄断特性也导致了其相对较高的技术门槛，只有有限的竞争者存在。因此，在PPP模式的背景下，一旦政府与特定的私人资本方签订并执行合同后，政府便在很大程度上依赖于社会资本方的专有技术和知识，锁定在合同规定的条款之中，在PPP长期的特许期带来的各种不确定性因素

[①] https://eurodad.org/HistoryRePPPeated.

[②] https://ppp.worldbank.org/public-private-partnership/library/public-private-partnership-for-navigability-of-magdalena-river.

下，这可能会产生复杂的后果——特定区域的社会发展、财政资源的再分配和特定公共产品的提供等。

一、PPP 可能导致技术锁定

以城市管网、轨道交通为代表的市政工程投资一般在数十亿元以上，这意味着在开始招标之时就存在竞争不充分的情况。一旦选定私人部门，很难以低成本的方式替代，项目只能继续建设和运营下去，进而导致技术锁定的现象。技术锁定一方面体现为该项目大量的专用性资产投入；另一方面则体现为影响产业技术升级的外部效应。就前者而言，以 H 市跨海大桥为例。H 市跨海大桥本身的建设充满技术挑战，施工难度高，增加了项目建设之中由于各种不确定性因素引发的成本问题，最终导致从初始的 64 亿元预算多次调整，增加到 200 亿元的额度。在影响产业技术升级的锁定方面，2013 年世界银行的一份报告指出，电力企业主要投资于煤炭、天然气和燃油发电，而不是可再生能源的发电。这与多数国家从化石燃料转向可再生能源的能源政策相悖。

二、PPP 可能导致财政投向锁定

在公共开支削减、减轻政府债务等政治压力的背景下，PPP 的存在对其他的公共服务开支构成了更大的威胁，可能导致政府财政支出方向的锁定。这是因为 PPP 模式让私人资本方获得了合同赋予的获取未来二三十年的收入流的权利。因此政府不得不受制于私人资本方的合同权利而支付相应的财政资金，不但意味着政府在减少对 PPP 项目的支付方面受到法律的限制，而且意味着变相削减了非 PPP 领域的支出。公私合作伙伴关系的融资计划的合约期较传统的 3~5 年的服务合同相差巨大，也就意味着 PPP 造成潜在的财政投入方向的锁定效应是巨大的。例如，保加利亚推迟了特拉基亚公路 PPP 项目的实施，因为该项目的成本不断上升，执行起来会给国家造成更大的负担。

有时一些 PPP 项目故意以获得政府高比例的预算为目标。在哥伦比亚，PPP 领域新的主管推动一项决议的通过将政府在道路交通上的支出增加两倍，并通过发行政府债券来借款 230 亿美元以进行 PPP 项目的融资。英国的 PFI 计划中，政府为超过 700 个 PPP 项目提供总额 550 亿英镑的资金，但是当合同结束的时候，政府支付资金将超过 3 000 亿英镑。雅加达项目给当地的自来水公司带来巨大的财政压力[60]。2011 年，当地的公共供水公司的财务损失为 1 543 亿印尼盾，资产价值也大幅下降。此外，如果合作协议按照计划持续到2022年，那么PPP合同将会使得公共水务公司财务损失高达18.2万亿印尼盾。

三、PPP可能导致公共产品供给锁定

当政府被私人部门通过PPP的合同权利锁定了财政投入方向时，这也意味着有限的财政资金在开展其他公共服务时更为捉襟见肘，即导致了公共产品供给的锁定。这种庞大的固定支出无法根据不断变化的环境进行调整[60]，意味着PPP将挤出用于其他一般公共服务的支出，导致公共产品的供给被锁定。对于英国来说，PPP对公共服务和产品的供给已经产生了这些影响——公私合作中具有约束力的合同将无法预见的风险转移到该服务提供所耗费的财政支出中，迫使医疗保健和其他领域的支出削减。通过PFI模式建设的医院，其融资成本要比传统的方式高出2.5%。

四、PPP可能导致区域发展锁定

PPP模式中，社会资本方依赖于政府支持性的长期合同购买其提供的服务和产品。从区域发展的角度来看，项目所在区域长期的发展变化难以预见，而合同又是硬性的，因此PPP项目可能会出现对区域新的发展方向的制约，对区域本身发展的破坏。曾经库斯科是秘鲁最贫穷的城市之一，有超过25%的居民生活在贫困之中。秘鲁政府打算通过PPP模式在该城市建造一个主要为马丘比丘游客提供服务的大型国际机场，这不仅给秘鲁政府带来巨大的潜在财政成本，也给库斯科带来了区域发展的风险。因为机场的建设意味着当地居民15条重要的交通道路及灌溉水渠的消失，这将导致当地的居民想要储存或销售某些产品需要更长的行程。当地三个不同的社区将会受到土地征用的影响，尽管会对其进行补偿，但是由于对这些社区的每个人征收数额不等的土地，补偿资金的分配也是不平衡的。这种不平衡的分布可能会对当地社区的经济活动产生影响。另外，当地的女性纺织艺术品在景区得到广泛的认可，但是机场的建设可行性及影响评估中，并没有考虑对其的影响，这可能会破坏传统的习俗。更重要的是，机场的接待能力将远远超过马丘比丘景区的接待能力，可能导致当地的生态环境遭到破坏①。

再以美国加利福尼亚州91号快速路项目为例，因为经济发展、人口膨胀和城市扩张，原有的91号公路变得异常拥堵[59]。在财政紧缩和交通设施需求日益增加

---

① https://eurodad.org/ HistoryRePPPeated.

的大环境下，加利福尼亚州政府决定借助 PPP 利用市场力量来建造一个快速路的项目。项目在投入使用后的最初几年极大缓解了当地的交通拥堵，有效提高了行车安全，私人部门也获得可观的经济收益。然而，当地经济快速发展，出行量节节攀升，交通拥堵和安全问题再次凸显。迫于当地的民众压力及媒体的舆论压力，加利福尼亚州交通运输部决定另外修建一条公路缓解交通压力，但是由于特许经营合同中"非竞争条款"的规定——保护私营方的原始投资及该项目的合理收益，限制加利福尼亚州交通运输部在"非竞争条款"所保护的地理范围内建设任何公共交通设施，限制其以任何方式负面地影响该项目的车流量和收益，私营部门赢得法院的判决。由此可见，追逐利益的社会资本方利用合同维持项目的收益流，此行为可能产生超出项目本身的后果，导致区域发展受到制约。

第五节　PPP 模式的治理风险

与传统官僚制生产相比，公私合作模式不可避免地带来有关合同伙伴的搜寻、谈判、签约和监督的交易费用。加之基础设施和服务大量资本投入、长期的特许期和不确定性等特征，合同本身往往留下巨大的未被明确规范的空间。因此，在基础设施和公共服务领域中存在一定的寻租，且利益集团会游说官员将自己偏好的项目纳入政策议程之中，这不仅可能带来政治不稳定的因素，还可能使政府的供给能力弱化甚至丧失。

一、PPP 可能被利益集团操纵

围绕着 PPP 模式的发展和扩散，形成了包括国际组织、私营企业和政府的组织网络。它们在全球范围内开拓 PPP 的市场，对 PPP 模式进行推广和营销。其中，国际咨询机构在促进公私合作方面发挥了重要的作用。它们为国际机构和政府撰写报告，设计国家层面的 PPP 政策，执行特定的 PPP 项目，并从 PPP 的各个阶段获取大量的咨询费用，最为活跃的咨询机构之一是麦肯锡公司。在国家层面上，麦肯锡及其合作伙伴对政府的政策有着巨大的影响力。例如，在哥伦比亚，麦肯锡的一位合伙人成为 PPP 项目公司的董事，并通过一项提议，由此导致政府在道路交通上的支出增加两倍，还以发行政府债券的方式借款 230 亿美元用以资助 PPP 项目公司。在英国，麦肯锡为该国国民卫生服务体系市场化提供在线咨询服务，获得 1 400 万英镑的报酬，其中一位合伙人还成为国民卫生服务体系监督机构的负责人[61]。除麦肯锡外，普华永道、安永、德勤等其他咨询公司也在做相同的工作。咨询机构在对公共事业回报率的确定、成本和价格的核算、服务质量标准的确定等方面具有较高的专业性，以至于它们报告的质量和准确性很少受到质疑。这些机构有可能为了私人资本的利益服务，做出极其有害的政策决定。尽管如此，这些咨询机构并不会为它们的错误负责，只是从工作中收取大量的费用，如仅在伦敦地铁PPP项目的创建阶段中，政府就要支付高达4亿英镑的律师和咨询费用。

除了咨询机构，在各个领域开展业务的跨国公司也是PPP利益网络的一部分。它们也在努力推广和营销PPP模式，以便从公共部门获得尽可能多的业务。例如，一些私募基金和基础设施基金可以从PPP项目的投资中获取收益。有些私募基金的公司本身就是由政府创建的，并通过政府的公共财政和担保进行融资。国际金融机构直接与这些私人公司合作，建立基础设施基金，将公共和私募基金的资助连同公共补贴和政府担保纳入公私合作伙伴关系之中。私人企业和私募基金只使用少量的自有资金作为股本，利用股权投资及由公共部门进行债务融资担保的资金进行盈利。

二、PPP 可能导致政府官员腐败

一方面，对于私人部门来说，长达20年、30年的特许经营协议是获得未来长期收入的一个绝佳机会，私人部门会抓住这唯一的机会捕获合同，以确保特定的服务由PPP模式提供而非由公共部门完成。因此，公用事业市场化的过程也就是出现新的寻租机会的过程。私人部门提供公共服务，缺乏监督考核控制，透明度的匮乏会导致权力滥用。例如，在能源领域，许多通过PPP模式建立的发电项目依靠长期的电力购买协议维持，容易发生腐败。在印度、坦桑尼亚、巴基斯坦、印度尼西亚等地的投资都蕴含着此类的内在风险。

另一方面，政府官员也有自己相对独立的利益和目标。这些官员可能会为了寻求私利，将手中的审批权、监督权等权力与私人部门交换。丹麦法伦市长是推动公私合作伙伴关系应用的激进主义者。他将日托服务外包给一个私人公司，引起家长的强烈不满，并在2001年终止了合同。他还通过PPP模式建设了另外两个项目，包括一个体育场馆和一个码头。但是这些交易因为经济的原因遭到公民团体甚至媒体的反对。市长被发现在没有正当竞争的情况下，非法签订合同，非法贷款，用议会的拨款资助他的足球队[62]。

三、PPP 可能导致政府信誉和权威受损

尽管PPP项目多数是通过私人部门加以运作，但由于其产品和服务的公共化

性质，如果私营部门不能以低成本提供高质量的服务，这将导致政府面临失去信誉和权威受损的潜在风险。这种信誉和权威受损可以表现为政府转移责任造成的合法性风险，也可以表现为 PPP 项目运行中因操作不当损害政府信誉。对于前者而言，PPP 模式在被各种组织网络推动的同时也遭受到各种层面的抵抗。人们批评私人部门只关注有利润的项目而忽视了穷人的需要，批评国际组织推动 PPP 损害了地方的民主和强化经营的腐败，特别是一些国家在 PPP 合同的协商中能力较弱，对未来的影响不清楚，监督能力低。因此，对于 PPP 的抵制在高收入国家和发展中国家普遍存在，如英国、美国、加拿大、巴西、印度、印度尼西亚等。这不仅加剧了政治的不稳定性，还会因此进一步影响到 PPP 财务的可持续性。例如，澳大利亚悉尼的跨城隧道项目中，政府以牺牲受跨城隧道影响的部分用户利益为代价来换取一般纳税人的利益，导致隧道建设的额外成本只能转移到私人部门的中标者身上，而私人部门只能提高隧道收费标准收回成本[63]。此外，由于政府无法完全预测工程导致工程变更，政府没有按照合同进行补偿，只能通过损害消费者利益的方式来补偿社会资本方，于是政府为了增加隧道的流量强制关闭地面 73 条公路，引起公众的强烈反对和对政府的批评。

四、PPP 可能导致政府能力弱化

一方面，PPP 除了可能被利益集团操纵，可能导致政府官员腐败、信誉和权威受损，还可能弱化政府公共服务提供和治理的能力。由于赋予了私人部门对公共产品和服务更高的控制权，政府可能失去传统上一直由政府垄断的基础设施和公共服务的交付。私人部门通过 PPP 的形式增强了其对公共服务领域的渗透。长此以往，政府提供公共服务的能力弱化甚至丧失。特别是在新公共管理的背景下，公众要求政府以最节约资金的手段，花更少的钱来提供更多和更高质量的服务。因此，为了缓解财政负担和提高公共产品的运营效率，从发达国家到新兴国家纷纷采用 PPP 模式来满足日益增长的公共服务的需要。但是 PPP 模式背后隐藏着相互交织的利益集团，这些利益集团能够从 PPP 模式的应用中汲取大量的利润，对政府进行游说，如用于评估 PPP 项目可行性的会计数字不是中性的或客观的，而是根据需要被建构出的产物，私人部门或政府可能会操纵这些数字来证明 PPP 决策的合理性。因此，基础设施和公共服务领域大量应用 PPP 模式长期可能会侵蚀政府的供给能力。

另一方面，PPP 模式的低透明度和不清晰的责任界定，意味着双方承担更少的保护公共利益的责任。PPP 商业机密的保密性意味着不会公布完整的合同细节，可能会因为无法就合同细节进行讨论而扼杀公众监督的权利。PPP 没有国际标准的会计准则，也没有开展 PPP 项目明确和全面的指导规则，预算中的会计数

字经常会混淆真实的成本，绩效评估缺乏标准，这些都会导致 PPP 缺乏公众的监督和问责。更为重要的是，政府将公共服务面临的这些风险转移给私人部门，避免对 PPP 项目进行紧密监管的责任，进而损害政府提供公共服务的能力，如美国国家航空航天局的哥伦比亚号事件[64]。

美国国家航空航天局通过 PPP 模式不仅依靠供应商生产和经营飞船，还不得不依靠其在系统安全方面做出的决定性判断，而后者往往又难以承担起相应的公共责任，会对公共利益造成无法挽回的损失。

第六节　PPP 模式的公共风险危害

尽管如前一节所述，PPP 模式广泛在世界各个国家得以应用。但是，PPP 概念本身"却是一个屋檐下的大家庭"，从概念界定到实现模式都具有多样性。本章通过对现有成果的研究和典型案例的分析，得出了以下结论。首先，PPP 模式是一个非常复杂的政策工具。一方面，表现为 PPP 模式缺乏统一的概念界定，学者从不同尺度对其进行界定，而且将现实生活中差异非常大的模式都归为 PPP 模式；另一方面，关于 PPP 模式的起源、理论基础都有不同观点，而且各个国家也在不同的理由下采取 PPP 模式。这些方面，都使 PPP 模式显得非常复杂，甚至非常混乱。不过，正如本章所述，PPP 模式是政府与社会资本在提供基础设施和公共服务方面共同分担成本、风险和收益而实现长期合作的形成，这是 PPP 模式的基本特征。

其次，PPP 模式的应用将对公共利益和公共价值带来潜在的危害。PPP 模式不是万灵药，社会资本的逐利本质与公共利益的冲突，使得在 PPP 项目中预期的公共目标并不必然实现。相反，公共目标可能被社会资本的逐利行为所危害。这些危害，既包括公共成本增加、不能按时供给、交易和服务成本增加等经济危害，以及危害公民人身财产安全、环境污染、服务短缺和设备闲置等社会风险，还包括技术、财政、基础设施、公共服务及区域发展锁定的发展风险，还可能出现利益集团操控、官员腐败、政府供给能力下降及政治动荡等治理风险。

最后，PPP 模式的公共风险非常复杂且相互影响。国内外的众多案例显示，PPP 模式公共风险并不是单方面呈现，而常常是多种公共风险共存。既有公共效率损失、服务质量不高，又带来环境污染、公共服务短缺，还可能引发政治动荡等，因此 PPP 模式的公共风险具有交错性、共发性等特点。更为关键的是，PPP 模式公共风险会相互影响和转化，出现不能及时供给时往往会导致成本上升、基础设施或公共服务供给不足，技术锁定风险会导致公共效率损失等。而且，经济风险、发展风险，特别是社会风险发生时，如果处理不及时，都有可能导致政治动荡。换句话说，政治动荡的风险一般具有派生性，它通常由其他风险引发。同时，如果出现政府官员腐败、利益集团操控，可能会带来经济风险，甚至引发社会风险、发展风险和治理风险。

第二章　中国 PPP 模式项目发展状况

　　PPP 模式在我国起步较早，在政策引导下逐渐被广泛应用于基础设施和公共服务领域，并初显成效。但是，随着 PPP 项目整体规模的持续扩大，诸多问题开始显现，公共利益和公共价值面临着更多风险。为此，财政部与国家发展改革委分别建立了 PPP 项目库，对迅猛增长的 PPP 项目实行入库管理，先后出台了一系列规范性和指导性文件，对项目库进行清理和整改，使我国 PPP 项目进入平稳发展时期。由于形势的复杂性和多变性，PPP 模式在我国不同发展阶段、不同地域、不同行业等各个方面呈现出不同的特征。因此，对 PPP 模式各个方面的状况进行分析，进而描述不同特点并解释其原因是有必要的。然而，目前的研究没有涉及相关内容的整体性分析，因此本书基于财政部政府和社会资本合作中心建立的全国政府和社会资本合作（PPP）综合信息平台及项目管理库（截至 2019 年 1 月）中的数据，利用八爪鱼和 Python 等爬虫软件对项目管理库中的 8 557 条项目信息进行数据爬取、归纳及整理，编制成完整版 PPP 项目库数据表，进而以入库项目为分析对象，多维度描绘政府和社会资本合作模式在中国的总体状况和各方面特征并阐释原因，使公众对 PPP 模式有更全面和深刻的认识。

第一节　中国 PPP 模式发展历程

一、项目发展总体概况

　　我国 PPP 模式起步于 20 世纪 80~90 年代，随着其项目优势逐步凸显，PPP 模式在全国各行各业快速铺展开来，PPP 模式的理论研究和实践探索也逐渐进入专业化阶段，政府引导成为 PPP 模式发展的重要动力机制。2013 年底财政部全面部署 PPP 模式推广工作，2014 年 5 月 PPP 工作领导小组成立，在国家相关部委，尤其是在国家发展改单委、财政部的大力推动下，PPP 在国内呈爆发增长之势，也成为 2014 年中国最热门词语之一，2014 年也由此被称为中国式 PPP 发展元年。此后，PPP 项目入库规模、投资总额均呈指数式持续攀升。

对于中国 PPP 发展阶段的划分和发展历程的界定，不同学者有不同的标准。赵福军和汪海根据资本进入的背景、社会资本的性质、经营模式及国家的政策措施等标准，将我国 PPP 模式发展历程划分为地方政府实践、试点推广、大力推广、缓慢发展和全面推进五个阶段[65]。研究发现，PPP 模式在新时期具有显著的阶段性特征，因此本节仅就 2009 年后新时期的 PPP 发展状况进行探究。

通过对入库项目数量和项目总投资额进行统计分析，得到如图 2.1 所示统计图，观察可分析出 PPP 项目在新时期的发展大致划分为三个阶段。2009~2013 年为缓慢增长阶段；2014~2017 年为迅猛增长阶段；2018 年至今为平稳发展阶段。具体情况如下：项目库收录的最早项目时间为 2009 年，该年份仅有一个项目入库；此后，入库项目逐年增加，但增长幅度比较缓慢，数量仅由个位数增至两位数。自发展元年即 2014 年起，项目数量和总投资额呈迅猛发展之势，且在 2015~2017 年取得飞速进展，项目数量分别为 1 699 个、2 496 个、3 378 个，在项目库中稳居前三位；2018 年以来，对 PPP 项目进行了规范化整治和管理，因此这一阶段虽然与第一阶段相比仍处于增加状态，但落后于猛增的第二阶段，进入平稳发展时期，入库项目数维持在 653 个，项目总投资额也相应回落到比较平稳的水平。本节的论述将基于时间维度，分别对每个阶段进行分层分析，力图多方面多维度描绘 PPP 项目在中国的发展状况。

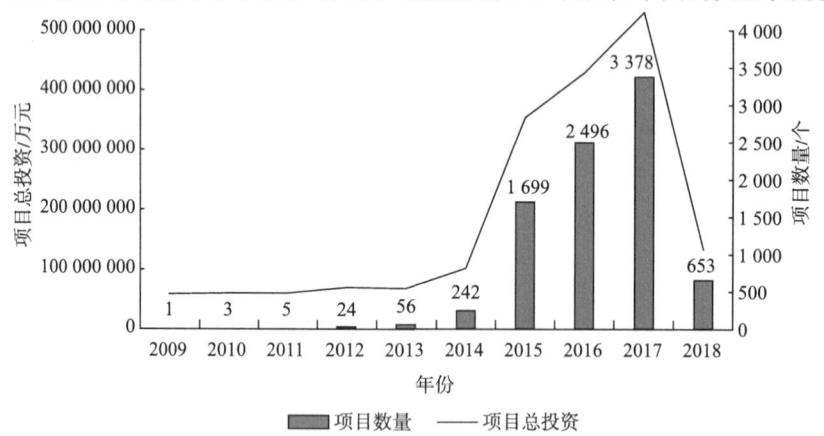

图 2.1　项目库各年份项目数量和投资额情况

二、缓慢增长阶段的发展状况

（一）行业发展不均衡，PPP 模式优先应用于市政设施、交通运输等领域

对缓慢增长阶段项目的行业领域进行统计，得到如图 2.2 所示统计图。在新

时期第一阶段（2009~2013 年）中，入库项目总数为 89 个，排名前四位的行业依次为市政设施、交通运输、公共事业（科、教、文、卫和社保等）与环境保护，占比情况分别为 31%（28 个）、24%（21 个）、21%（19 个）、18%（16 个），前四项合计在入库项目总数中占比为 94%。其中，市政设施、交通运输行业因其高投入高回报、盈利模式清晰等特征更受到社会资本方青睐，在入库项目数量和项目总投资额中所占的绝对优势明显。综合以上可见，PPP 模式在市政设施、交通运输等领域集中程度高，行业发展不均衡。

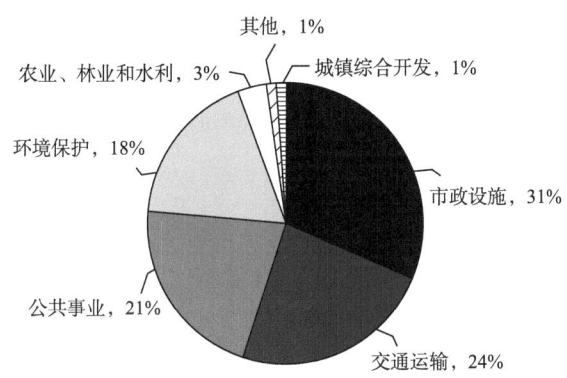

图 2.2　缓慢增长阶段不同行业领域占比情况

由于四舍五入，数据相加不等于 100%

（二）PPP 模式主要用于新建项目，改造、混合类项目占比很小

从项目类型角度看，入库项目主要有新建、改造（存量）和混合（存量+新建）三种类型。通过对三个阶段进行统计分析，得到结果如表 2.1 和图 2.3 所示。分析可知：在缓慢增长阶段，项目类型以新建项目为主，在入库项目总数中占比 89%（79 个）。改造类、混合类项目数量很少，其中改造类项目占比仅 10%（9 个），混合类项目在这一阶段中明显发展不足。第二阶段和第三阶段的项目类型在后文会有详细介绍。

表 2.1　不同阶段项目类型统计表

项目类型	第一阶段	第二阶段	第三阶段
新建	79	6 774	554
改造	9	287	32
混合	0	644	64
空白	1	110	3

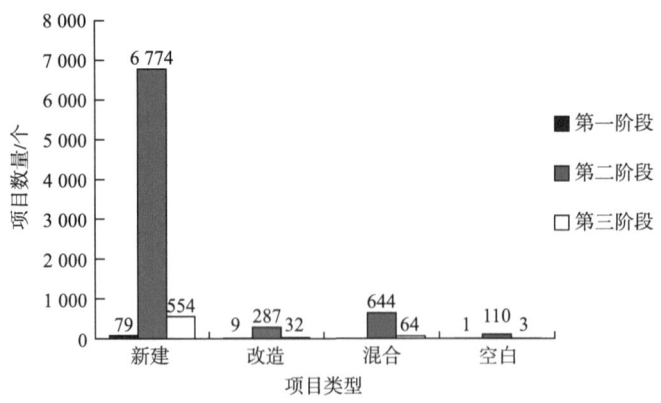

图 2.3　不同阶段项目类型的分布状况

（三）使用者付费项目占比较少，回报机制以可行性缺口补助和政府付费为主

通过对三个阶段进行综合统计分析，得到如图 2.4 所示统计图。从总体来看，在所有阶段中，政府付费和可行性缺口补助总占比均在 75% 以上，意味着政府直接付费购买及以间接性补助形式购买的公共产品和服务占绝大多数，政府财政承担着大部分支出责任，也应对着大部分的债务风险和其他风险。可行性缺口补助一直以来是 PPP 项目最主要的回报机制。出现这样的情形，一方面是由于政府政策引导，政府必须控制社会资本的利润回报水平，防止其利用"特许"垄断地位攫取超额暴利；另一方面是由于 PPP 项目投资额大、回报周期长等特点，社会资本方更倾向寻求政府财政补贴。

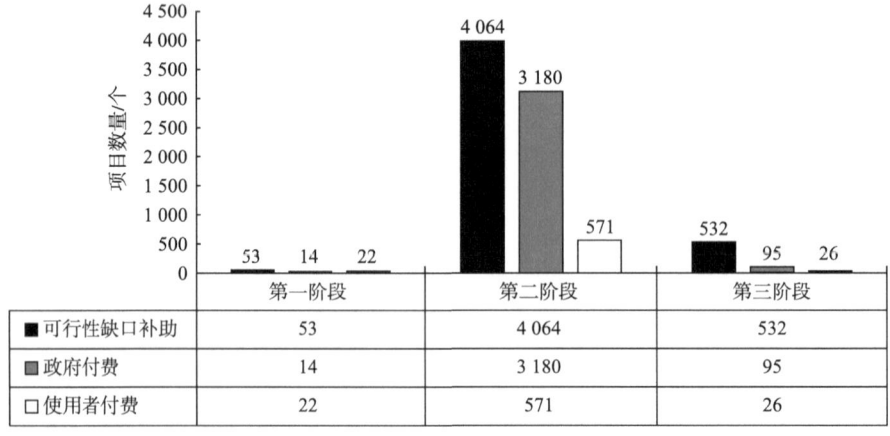

图 2.4　不同阶段回报机制的差异

在第一阶段中，可行性缺口补助项目数量最多，占比高达 59.6%（53 个）；其次为使用者付费，占比 24.7%（22 个）；政府付费项目数量最少，占

比仅 15.7%（14 个）。综合三个发展阶段可见，政府付费机制在缓慢增长阶段表现并不突出，相比其他阶段，由最终消费者直接付费购买公共产品和服务的使用者付费机制在第一阶段占比较高，主要原因在于使用者付费机制更贴近当时的中央政策，且符合社会资本从中获得可观的回报收益的期望。

三、迅猛增长阶段的发展状况

（一）市政设施项目大幅增加，其他领域应用更趋均衡

对迅猛增长阶段项目的行业领域进行统计，得到如图 2.5 所示统计图，在新时期第二阶段（2014~2017 年）中，新入库项目总数高达 7 815 个，各行业的 PPP 项目数量均呈指数式增长。主要原因在于政府全面部署 PPP 模式的推广工作，并在全国各地成立专门的 PPP 领导小组以加强组织领导工作，为 PPP 的发展营造了良好的外部环境。

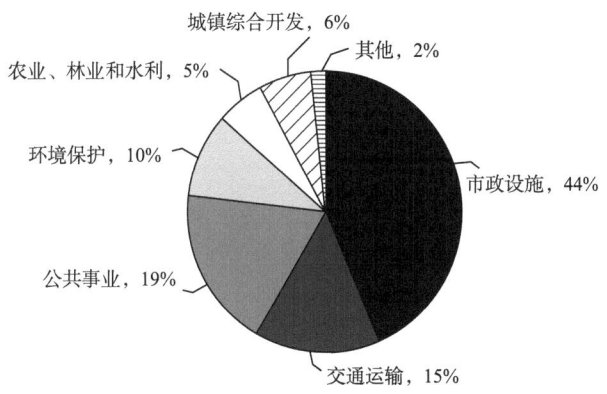

图 2.5　第二阶段不同行业领域占比情况

由于四舍五入，数据相加不等于 100%

该阶段中，市政设施项目仍是主要热点，以 44%（3 415 个）的高占比居于行业首位，且相比第一阶段，入库项目规模大幅增加，项目占比提升 13 个百分点。与缓慢增长阶段相比，这一阶段中其他行业领域发展状况更为均衡，主要体现在两个方面：一是在交通运输和环境保护领域中 PPP 项目的数量显著增加，但所占比重呈下降趋势，分别由原来的占比 24%（21 个）和 18%（16 个）下降至 15%（1 136 个）和 10%（766 个）；二是在政策引导和财政支持下，城镇综合开发占比提升显著，由上个阶段的 1%（1 个）上升至 6%（486 个）。其余领域尽管在入库项目中占比变化较小，但其绝对数量仍呈迅猛增长的趋势。

（二）新建项目仍占主导，混合类、改造类项目也大幅增加

从项目类型看，根据表 2.1 和图 2.3 所示的统计结果，在迅猛增长阶段中，PPP 项目的类型仍以新建项目为主，在入库项目中占比高达88%（6 774 个），但与前一阶段相比呈现小幅度下降的趋势；改造类和混合类项目大幅增长，分别占比 4%（287 个）、8%（644 个），两项合计在入库项目中占比上升至 12%。

（三）政府付费机制上升明显，可行性缺口补助仍是主要回报机制

从回报机制看，如图 2.4 所示，迅猛增长阶段中，可行性缺口补助仍为主要回报机制，在入库项目总数中占比 52%（4 064 个）；政府付费机制增长需求旺盛、增幅明显，所占比重上升至41%（3 180 个）；而使用者付费项目数量最少，仅占7%（571 个），远低于其他两种回报机制。呈现这一现象的原因在于 PPP 模式在市政设施、科教文卫、社会保障等非经营性领域集中程度高，而政府付费机制是非经营性公共服务项目吸引社会资本投资参与的唯一可行的回报机制，因此政府付费机制在这一阶段中增长明显。同时，这些数据也提示当前政府付费类 PPP 项目已形成了较大规模的隐性政府债务，并有进一步扩大的趋势。

四、平稳发展阶段的发展状况

（一）环境保护、城镇综合开发新领域上升明显，市政设施、交通运输领域总占比下降

对平稳发展阶段项目的行业领域进行统计，得到如图 2.6 所示统计图，在新时期第三阶段（2018 年至今）中，入库项目总数为 653 个，与前一阶段相比回落幅度较大，但与第一阶段相比仍有较大增长。该状况的出现：一是由于政策法规的规范和管制；二是 PPP 模式中的风险性逐渐披露，项目资本方与参与方有意寻求高质量的发展模式。

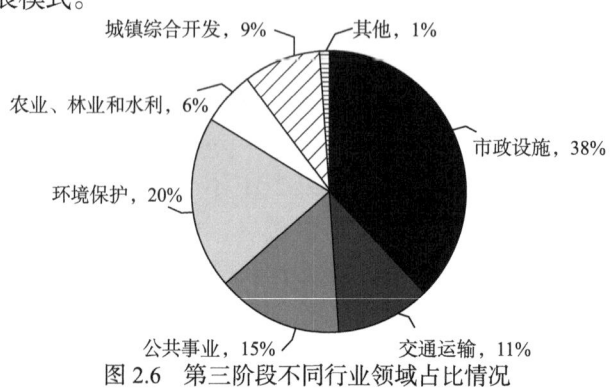

图 2.6 第三阶段不同行业领域占比情况

与前两个阶段相比，项目所在的行业领域具有共性。市政设施项目仍处于绝对领先地位，在入库项目总数中占比 38%（247 个）。同时也具有较大差异性，主要体现在环境保护和城镇综合开发两个领域中项目数量增长显著，在入库项目总数中分别占比20%和9%。PPP 模式在新领域的发展是政府政策引导的结果，这一阶段中政府的关注点集中在环境保护和城镇综合开发两个比较重要的领域，因此其财政支持力度、组织管理资源等都会向这些领域倾斜，也体现了中国式 PPP 模式中的资金流向不再只偏向高回报的领域，而是逐渐流向其他具有收益回报的领域，推动形成健康与高质量的 PPP 发展模式。

（二）新建项目势头退减，混合类、改造类项目占比增长明显

从项目类型看，根据表 2.1 和图 2.3 所示统计结果，在第三阶段中，新建类项目占比有所下降，由迅猛增长阶段的 87%（6 774 个）缩减至 85%（554 个），虽然在入库项目中的占比下降幅度较小，但绝对数目减少明显。改造类和混合类项目占比逐渐上升，由第一阶段的 10%增至第二阶段 12%再到第三阶段的 15%。与新建类项目相比，改造类和混合类项目运作成本较低、收益相对较高，市场风险也更小，加上政府政策的鼓励和引导，以及整个 PPP 模式的均衡发展趋势，社会资本方对改造类和混合类项目的偏好逐渐提升，进而表现为这两类项目占比和绝对项目数量的增长。

（三）八成以上项目以可行性缺口补助为回报机制，政府付费项目大幅减少

从项目回报机制看，根据图 2.4 所示统计图，在第三阶段（2018 年至今）中，可行性缺口补助项目仍居重要地位，占比达 81%（532 个）；而使用者付费项目较少，占比仅 4%（26 个）。这种现象的形成与地方政府的主观偏好相关，也与使用者付费机制对项目本身的条件要求较高相关。同时，政府付费类项目占比下滑至 15%，项目数下滑至 95 个。财政部明确要求审慎开展政府付费类项目以确保入库项目质量限制了政府付费这种回报机制的使用。

综合以上，PPP 项目的发展在新时期经历了缓慢增长、迅猛增长、平稳发展三个发展阶段，在内在因素和时代原因的影响下，每个阶段的发展状况既有其共性也有特殊性。各发展阶段的共性体现在：①PPP 模式所应用的行业领域发展不均衡，其项目数量和项目投资总额在不同领域呈现出明显分化，综合整个发展阶段可见，市政设施、交通运输领域由于起步早、发展较为成熟，一直占据入库项目中的大部分；②入库项目类型较为单一，新建类项目在三个阶段中所占比例都高达 80%以上，缺少对存量项目的改造和维护；③PPP 项目对政府财政的依赖性较大，政府直接付费购买及以间接性补助形式购买的公共产品和服务占绝大多数，可行性缺口补助一直是 PPP 项目最主要的回报机制。同时，从新时期三个阶段的发展状况可见，随着 PPP 项目的广泛应用，其发展也转向了更均衡、高质量的模式：从行业分布

看，在政策引导下，PPP 模式逐渐覆盖具有需求的新行业，环境保护、城镇综合开发等可持续发展领域逐渐受到重视；从项目类型看，新阶段以来，融资成本更低、市场风险更小的改造类和混合类项目占比逐渐上升，新建类项目占比呈下降趋势；从项目回报机制看，在政府相关政策引导下，社会资本参与的积极性逐渐提升，新阶段以来 PPP 模式将政府财政的承受力、使用者的支付意愿和能力等纳入考虑，更多采用政府与社会资本方协调推进模式，推动中国式 PPP 项目健康发展。

第二节　中国 PPP 项目的区域分布

PPP 模式进入中国后，经历了从缓慢起步到全面发展的过程，其优势和价值逐步被认知和接受。2013 年底，PPP 模式上升到国家体制机制改革的层面，且财政部开始全面部署 PPP 模式的推广工作。进入 2014 年，在国家相关部委尤其是在国家发展改革委、财政部的大力推动下，PPP 模式走向全面推进阶段[65]。然而在全国 PPP 快速推进的过程中，相关问题也不断涌现，地方政府在落实 PPP 项目的过程中存在着"上热下冷"[66]的状况。省份之间的差异较大，一些地方政府迅速反应，积极响应出台实施意见，加速推广项目试点，争先进入第一梯队，排名靠前的省份项目数量以百计；一些地方政府却持观望态度，项目数量为个位数。总体上来看，PPP 项目地域发展并不平衡，地区集中程度相对较高。

一、PPP 项目区域分布总体态势

本书对入库项目的所属区域进行统计，得到如表 2.2 和图 2.7 所示统计结果。可以看到，入库的 PPP 项目的数量在华东、西南、华中、华北、西北、华南和东北这七个区域内分别为 2 668 个、1 496 个、1 439 个、1 066 个、804 个、701 个和 383 个，所占比重分别为 31%、17%、17%、12%、9%、8%和 4%。显然，PPP 项目的地域发展并不均衡，在华东、西南和华中这三个区域集中程度高，合计占比 65%。尤其是华东地区，囊括了近三分之一的 PPP 项目。然而，面积广阔且省份相对较多的西北、华南和东北地区，三者总占比仅为华东地区的三分之二。这也反映出不同区域对待 PPP 模式的态度差异，有的区域"大胆谋发展"，因而接纳度相对较高；而有的区域力求稳妥，持观望态度。

表 2.2　不同区域入库项目数量统计表

区域	华东	西南	华中	华北	西北	华南	东北
项目个数/个	2 668	1 496	1 439	1 066	804	701	383

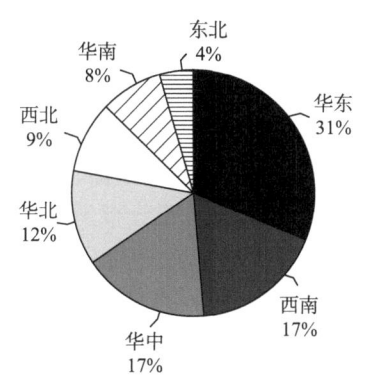

图 2.7　不同区域项目数量的分布差异

由于四舍五入，数据相加不等于 100%

按照省份分布统计（图 2.8），PPP 项目省份之间的分布亦不均衡，各个省份之间的差异悬殊、发展并不同步[65]。其中，排名前三的省份分别是山东、河南、贵州，项目数分别为 746 个、644 个、513 个，合计占项目库总数的 22.2%。四川、浙江、云南、广东、安徽和湖南六个省份的项目数量均突破 400 个，在项目库中占据重要地位。上述九个省份项目数量合计 4 616 个，在整个项目库中占比高达 54%，其余省份 PPP 项目的推进情况并不乐观。以上数据充分显示 PPP 项目的省份分布不均衡、在部分地区集中程度高的特点，这种现象的出现显然与各省份地方政府的态度、社会资本的参与意愿相关。只有地方政府提供制度保障和政策支持，才能有效提振社会资本的信心与意愿，从而推动地方 PPP 项目的有效增长。

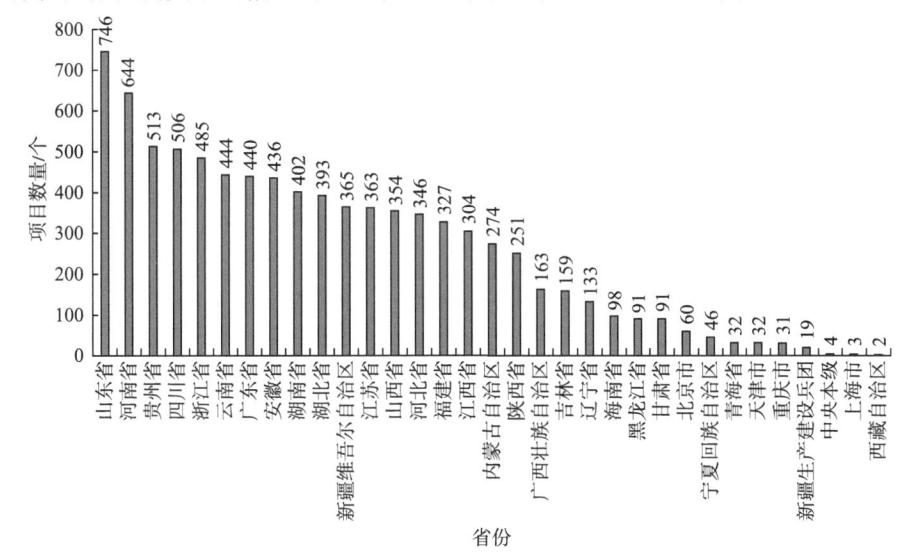

图 2.8　入库项目的省份分布情况

由于研究需要，将中央本级相关数据列入一并考量

二、PPP 项目在各区域行业选择差异明显，各行业在不同省份分布亦不均衡

对不同区域的入库项目的所属领域进行统计，得到如图 2.9 所示统计图。分析可知：PPP 项目的行业领域在不同区域分布不均衡。从区域分布看，华东、西南、华中三个区域不仅在入库项目总量中排名靠前，在各个行业领域的表现也比其他几个区域要突出。从行业分布看，市政设施类项目在各个区域都占据着重要地位，在整个区域的总项目中占比均超过三分之一，尤其东北、华南和华北这三个区域中市政设施类项目占比甚至超过 50%；此外，交通运输领域和公共事业领域在各个区域的占比也排在前列。通过分析还能发现，各区域的PPP 项目所选择重点发展的行业领域各有不同：华东地区重点发展城镇综合开发项目，这一类项目在华东地区的数量为 233 个，占所有区域城镇综合开发项目的 43%；华南地区十分重视对环境保护的投入，这一类项目在华南地区入库项目总数中占比达到 20%；由于实际状况需要，西南地区更侧重农业、林业和水利发展，这一类项目在西南地区的数量为 122 个，占所有区域农业、林业和水利项目的 26%。

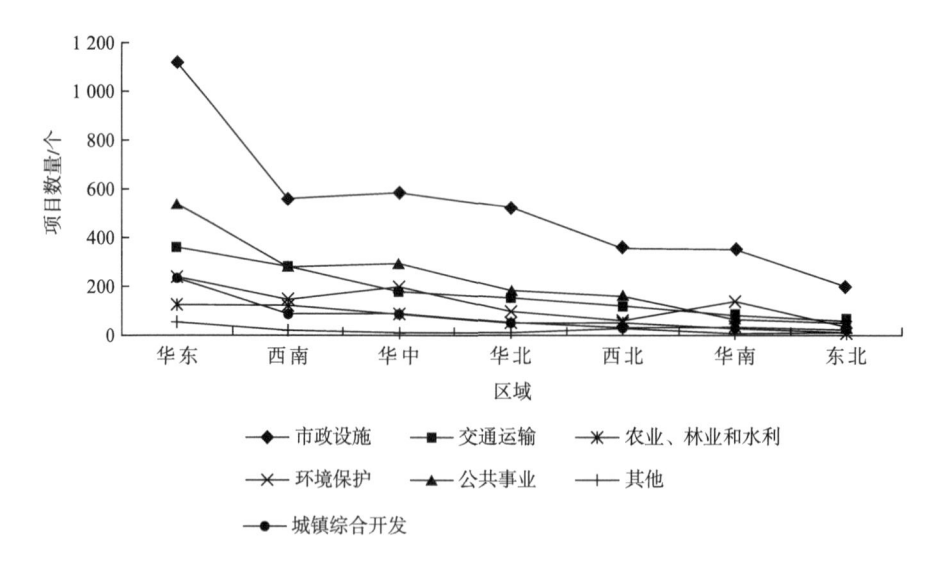

图 2.9 不同区域入库项目的行业领域状况

同时，通过对入库项目总量排名前三的行业（市政设施、交通运输、环境保护）的省份分布情况进行统计发现，PPP 项目各行业在不同省份分布亦不均衡，省际差异显著（图 2.10）。市政设施类项目领跑的省份为山东、广东和河南，项

目数量分别为289个、199个和196个；交通运输类项目领先的为四川、浙江和河南，项目数量分别为111个、105个和100个；环境保护类项目中突出的是广东、河南和安徽，项目数量分别为99个、93个和62个。各省份根据自己的现实状况和发展要求，对不同行业领域的PPP项目的选择不尽相同，使得PPP项目行业领域在各省份分布状况差异显著。

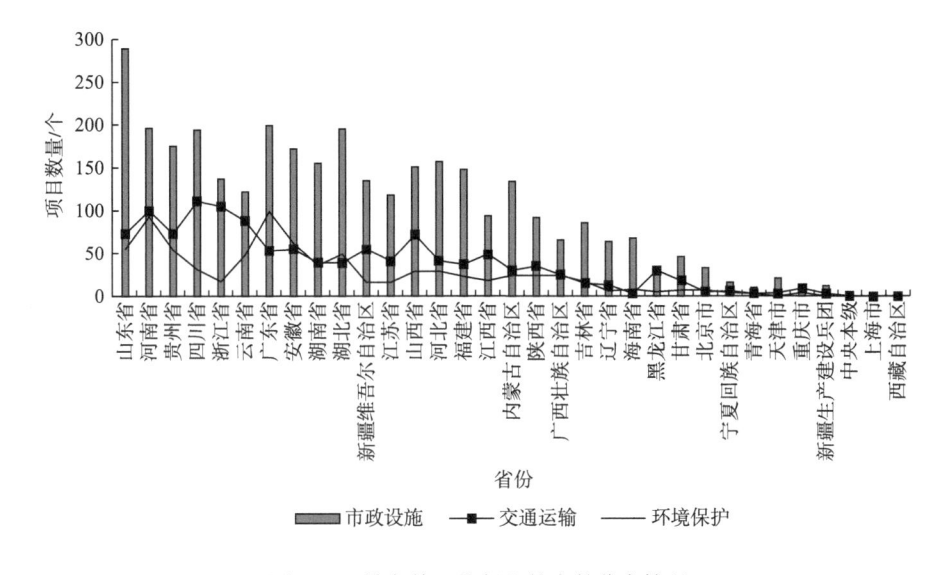

图 2.10 排名前三的行业的省份分布情况

三、PPP模式在各区域优先用于新建项目，改造、混合类项目在经济不发达区域占比较大

分别对华东、西南、华中、华北、西北、华南和东北七个区域的项目类型的具体分布情况进行统计分析，得到如图2.11所示统计图。由图2.11可知：在所有区域中，新建类项目居于主导地位，占比均高达80%以上。不同区域发展状况各异，原有的存量项目情况不一，因此所考虑的PPP模式发展策略也不尽相同，主要表现在不同区域对PPP项目类型的选择有不同的倾向性。新建类项目中排名前三的是华东、西南和华中地区，数量分别为2 306个、1 266个和1 247个；混合类项目领先的区域也为华东、西南和华中地区，项目数量分别为219个、141个和132个；改造类项目表现突出的是华东、华北和西南地区，数量分别为104个、65个和62个。

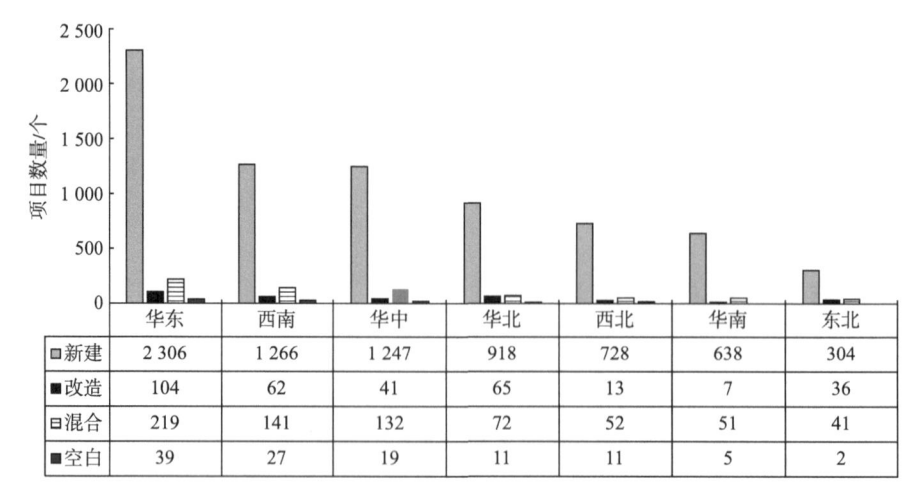

区域	华东	西南	华中	华北	西北	华南	东北
新建	2 306	1 266	1 247	918	728	638	304
改造	104	62	41	65	13	7	36
混合	219	141	132	72	52	51	41
空白	39	27	19	11	11	5	2

图 2.11 七个区域项目类型的具体分布情况

通过对七个区域的项目类型进行统计分析，得到如图 2.12 所示统计图。分析可得：入库项目的项目类型主要有三种——新建、改造和混合，还有少部分项目未公布数据。在这三种项目类型中，华东地区均处于领跑地位，三种类型项目占比都超过 30%；西南地区表现也较为突出，三种类型项目的占比均超过 15%；此外，华北地区改造类项目发展突出，在所有区域改造类项目中占比达到 20%；华南、西北两个区域项目的绝对数量少，三种类型的项目在所有区域中所占比重都在 10% 以内（含）。

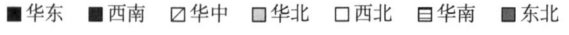

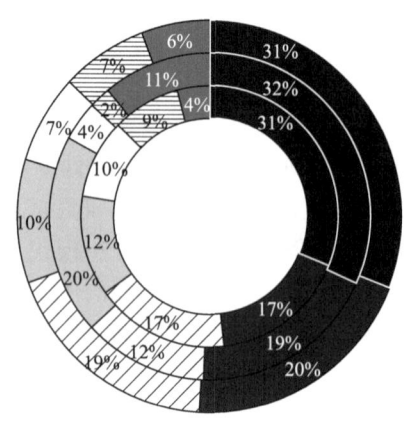

从内圈向外圈依次为新建、改造、混合

图 2.12 项目类型的区域分布情况

四、各级示范项目在区域间分布不均，各省份示范项目分布差异大

根据不同区域财政部示范、省级示范和市级示范项目进行统计发现，财政部示范项目数量最庞大，其次是省级示范项目，市级示范项目数目较少。显然，与入库项目在各个区域数量分布不均的总体状况挂钩，各类示范项目的分布在区域之间也并不均衡，华东、华中、西南分别以总示范项目490个、396个和340个居于前三位，而排名靠后的华南和东北地区，总示范项目分别只有82个和63个。此外，西南地区无市级示范项目，华北地区市级示范项目排名第一（图2.13）。呈现这种分异的原因首先与各个区域总入库项目数量关系密切；其次与各个区域的地方政府态度相关，一些地方政府对PPP项目认识不到位，在项目落实层面"上热下冷"，一些地方政府参与意愿高，积极引导社会资本流向。

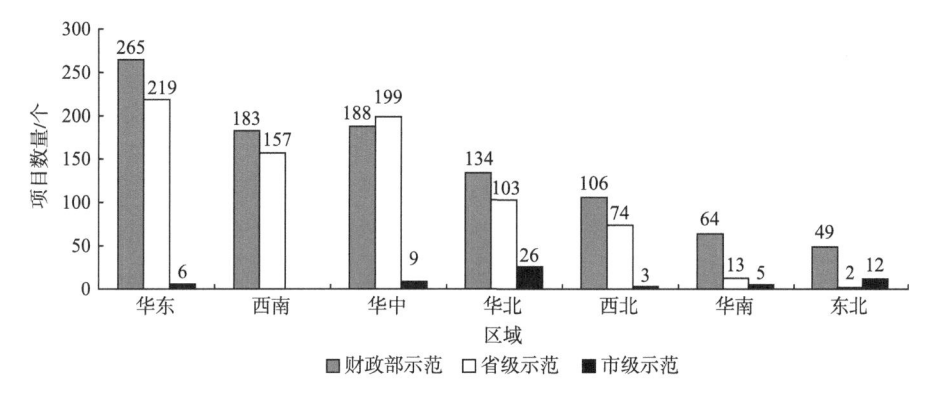

图2.13 三类示范项目在七个区域的分布状况

同时，对各个省份的不同层次示范项目的分布状况进行统计发现，PPP示范项目的省份分布范围较广，包括22个省、5个自治区、4个直辖市及新疆生产建设兵团在内的32个地区，从第一批次示范到第四批次示范分布区域逐步扩大，示范类项目的覆盖面逐渐延伸至全国。然而，与入库项目的分布相似，示范类项目的省份集中度高，各省份之间分布亦不均衡。云南、河南、山东的财政部示范项目居全国前三位，分别为86个、82个与81个，三者的财政部示范项目之和占全部财政部示范项目的25.2%；省级示范项目中湖南、山东和内蒙古遥遥领先，项目数量分别为176个、103个和96个，三者占比高达48.9%；市级示范项目中内蒙古、辽宁和河南以24个、8个和6个的数目领先其余省份，三者市级示范项目总占比高达62%，而有些省份并无市级示范项目（图2.14）。各个省份示范项目分布的差异与其地方政府的政策及对PPP模式的利用程度有重要关联。

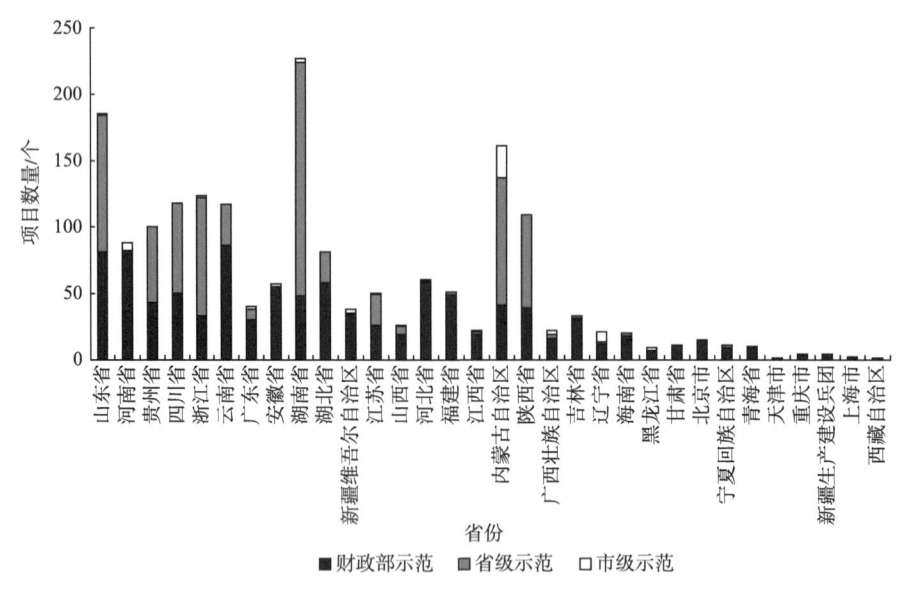

图 2.14 不同等级的示范项目在各省份的分布状况

综合以上，PPP 项目基本覆盖全国，但在空间分布上存在差异。从七大区域的划分来看，华东、西南、华中三个区域位居前列，其中华东地区项目数量占所有地区项目总数的三分之一，而排名落后的西北、华南、东北三个地区项目数量合计占比为华东地区的三分之二；从省份划分来看，各省份之间的 PPP 项目总数也差异显著，排名前四的省份项目数量均超过 500 个，而排名落后的三个省份项目数量仅有个位数。同时，各地区在行业领域、项目类型、示范项目方面选择发展的重点也具有差异性，造成这一现象的原因在于：不同地区的地理因素决定了其实际需求的差异，因此对行业选择的偏好也有所不同，如华南地区重点发展环境保护项目，西南地区优先发展农业、林业和水利项目，这些都由现实状况所决定；各地区经济发展水平不同、项目成熟程度的差异也决定了其在项目类型的选择上有所不同，华东、西南、华中、华北四个区域由于 PPP 模式起步早、项目总量规模大，具有一定的存量项目基础，因此在项目类型的选择上改造类和混合类项目所占比重较高。地方政府政策的支持与否直接关系到该地区 PPP 模式的发展是否拥有一个稳定、良好的融资环境，进而也影响到该地区的 PPP 项目数量和示范类项目数量，如华东、华中、西南三个地区不仅入库项目总数较多，示范类项目总数也位于前列。示范类项目在各省份之间的分布也呈现出如上的差异，地方政府支持力度高的省份项目数量在所有地区入库项目总数中占比高，而缺乏认知和积极性的省份入库项目数量远落后于其他省份。

第三节 中国 PPP 项目的行业分布

一、PPP 项目行业分布总体状况

自 2014 年以来，PPP 模式被广泛运用于我国基础设施和公共服务领域，覆盖行业范围较广，包括市政设施，交通运输，公共事业，环境保护，农业、林业和水利，城镇综合开发等各个方面。对不同行业领域的项目数量和项目总投资进行统计，得到如图 2.15 所示统计图。由图 2.15 可知：从项目数量和项目总投资看，PPP 项目均呈现出行业分布不均、行业集中度高的特点。市政设施以 43%的占比（3 690 个）和 4.4 万多亿元的巨额投资处于绝对优势地位；排名前三的市政设施、公共事业和交通运输行业的项目数量合计占项目库总量的 65%，总投资额之和占所有投资总额的 70%以上。

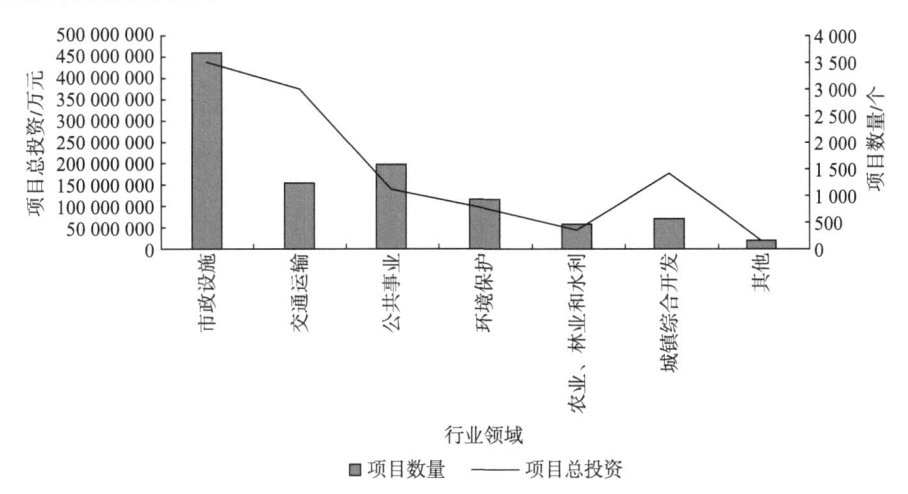

图 2.15 不同行业领域的项目数量及总投资情况

此外，尽管项目总投资与项目数量存在一定关联，但并非简单的正相关关系。对比统计数据发现，总投资领先的分别是市政设施、交通运输和城镇综合开发，投资额分别为 440 859 856 万元、372 419 643 万元和 177 219 320 万元。单个项目的投资额情况与项目总投资的排名情况有所不同，城镇综合开发以平均投资额 323 392 万元高居榜首，交通运输以 302 780 万元紧随其后，市政设施以 119 474 万元位于第三，而总投资额排名第二的公共事业则处于垫底的位置。这一现象的原因在于交通运输、市政设施等行业具有的高投资、高回报等特点，吸引着社会资本不断投入其中。

二、不同领域项目结构差异显著，新建类项目数量在各项目中占主导

分别对不同行业的项目类型进行统计，得到如图 2.16 所示统计图。七个领域的入库项目类型均是以新建类为主，且占比均超过80%；改造类和混合类项目占比相对较少，混合类项目的数量和占比又高于改造类。之所以呈现这样的状态，与原有的存量项目数量和各行业领域的现实发展需求相关。同时，还可以看到，市政设施、环境保护和公共事业领域的改造类和混合类项目之和分别有592 个、99 个、150 个，不仅在绝对数目上处于领先地位，在三种项目类型的相对占比中也排名前三，可见这三类项目拥有一定的项目基础。

	市政设施	交通运输	公共事业	环境保护	农业、林业和水利	城镇综合开发	其他
■新建	3 049	1 107	1 388	810	418	515	120
■改造	204	35	52	11	11	9	6
□混合	388	67	98	88	35	18	14

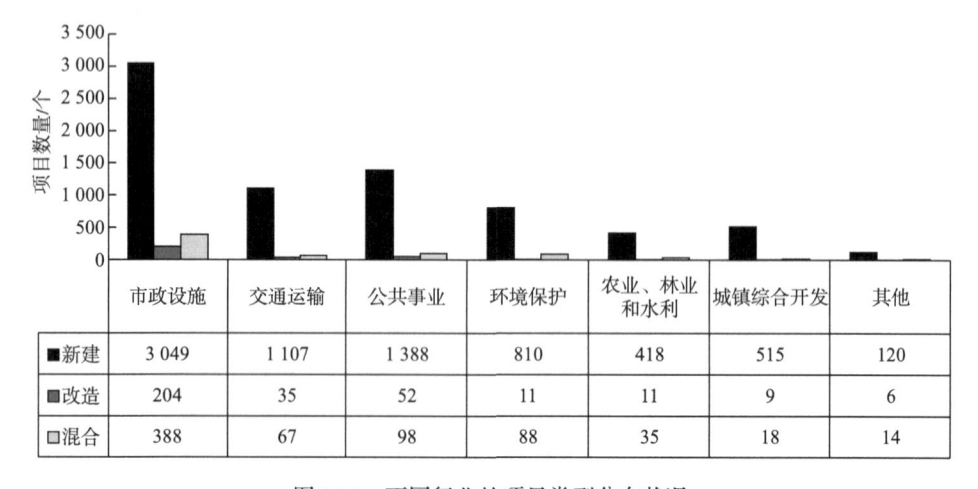

图 2.16　不同行业的项目类型分布状况

三、合作期限与行业性质关联性较强，项目总体集中于 10~30 年合作期限

分别对项目库中不同合作年限的项目数量进行统计，得到如图 2.17 所示统计图。PPP 项目的合作期限主要集中在 10~30 年，以中长期为主[67]，低于 10 年的短期和超过 30 年的长期项目均较少。其中出现频次排名前三的合作年限分别为 15 年、30 年和 10 年，这三种年限的项目数量之和为 3 967 个，占项目库总数的 46.4%。同时，在合作期限 12 年、20 年和 25 年这三个年限下分别出现了一个小高峰，可见这几个年限也是 PPP 项目比较倾向的合作期限。

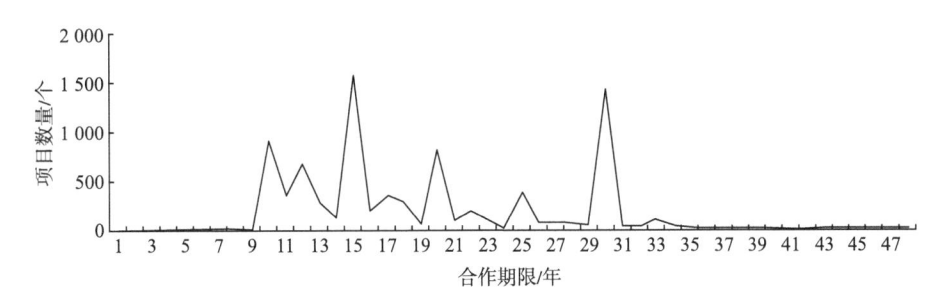

图 2.17　不同合作年限的项目数量

对各个行业领域的项目合作年限进行统计,得到如图 2.18 所示统计图。从中可见,大多数行业合作年限集中于 10 年、15 年和 30 年这三个时间点。但通过对不同行业项目的合作期限进行分析,发现项目库中排名前三的行业的合作期限各有特点。市政设施具有典型的项目投资总额大、回报周期长等特征,因此合作期限一般集中于 20~30 年,在长期合作期限中,市政设施领域的表现最为突出;公共事业领域主要集中在 15~20 年,科技、教育、文化、卫生、医疗、社会保障等行业由于涉及公共服务最敏感的几大区域,合作期限不宜过长,但也不能太过短促,因而中长期的合作期限符合这类公共服务类项目的需求;而交通运输行业则集中于 10~15 年,相对较短的中期合作期限适应于交通运输领域回报快、盈利模式清晰等特征。由此可以发现,此分布状态与不同行业的项目特点关系密切,不同行业有适合自己的合作年限以最大限度地发挥 PPP 模式的作用[68]。

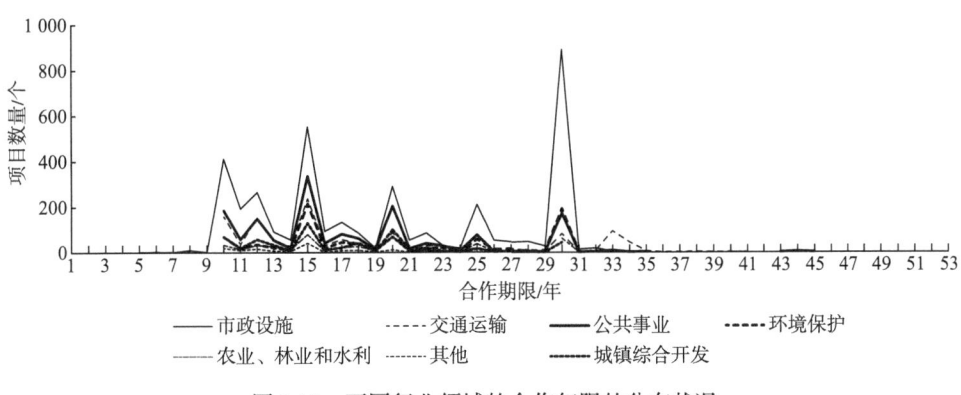

图 2.18　不同行业领域的合作年限的分布状况

四、运作模式行业间差异不明显,BOT 被各行业普遍采用

对入库项目的运作模式进行统计发现,绝大多数 PPP 项目的运作模式为 BOT 模式,该模式下项目数量达到 6 760 个,占整个项目库总量的 79%(图 2.19)。另

外，TOT（transfer-operate-transfer，移交-运营-移交）+BOT、ROT（rehabilitate-operate-transfer，改扩建-运营-移交）、TOT 和 BOO 等模式也占有一定的比例，但总占比仅 11%。绝大多数 PPP 项目之所以采取 BOT 模式，是因为 BOT 模式的最终经营权在政府手中，且过程中所有权并不都归社会资本方所有，更符合政府采用 PPP 模式初衷。

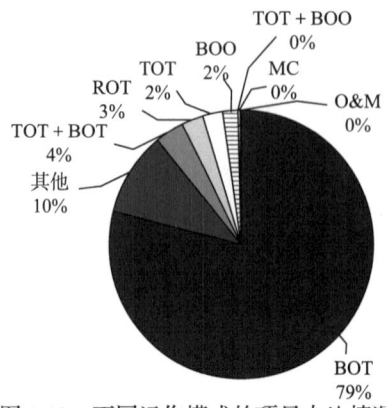

图 2.19　不同运作模式的项目占比情况

O&M 是 operations & maintenance 的缩写，即委托运营；MC，management contract，是指政府保留存量公共资产的所有权，将公共资产的运营、维护及用户服务职责授权给社会资本或项目公司的项目运作方式，政府向社会资本或项目公司支付相应管理费用

此外，通过统计不同行业领域的运作模式可知，每个行业中 BOT 运作模式亦占据主要地位（图 2.20）。在市政设施领域中，TOT 模式也具有一定的规模和一定数量的存量项目，因而 TOT 模式在该行业中也发挥着不可忽视的作用。此外，在交通运输行业中，ROT 模式也占据着一定的地位，这是政府在 TOT 模式的基础上，增加改扩建内容的项目运作方式，可见在交通运输行业，新建类和改造类的项目在行业中占据一定的比例。

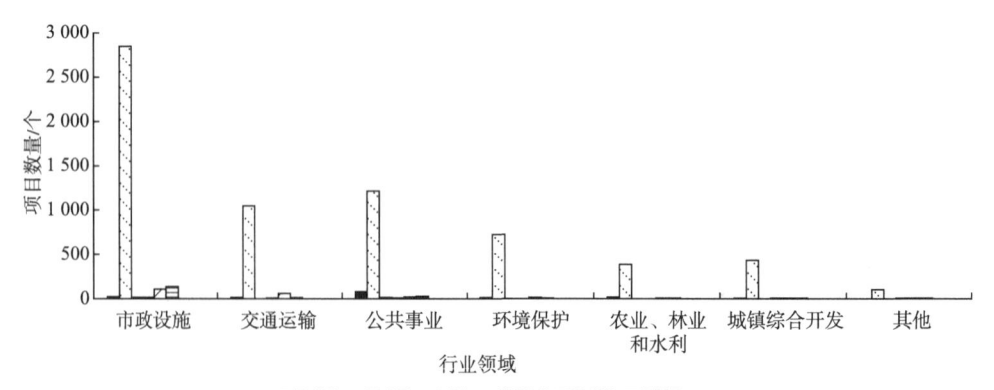

图 2.20　不同行业领域运作模式的分布情况

五、不同行业的项目采购方式呈现共性，公开招标、竞争性磋商在各行业中占90%以上

通过对入库项目的采购方式统计发现，项目库中项目的采购方式以公开招标和竞争性磋商为主，这两种方式在整体中所占比例高达97%（图2.21）。其中，公开招标项目占比为76%，是整个PPP模式中最主要的采购方式；竞争性磋商占比21%，是另一重要采购方式。PPP项目的五种采购方式有其适用条件[69]，结合前面对PPP项目各种性质分析发现，公开招标是更符合项目实际，以及国家法规和政府采购法的方式，因而成为最主要的采购方式。竞争性磋商作为2014年依法创新的政府采购方式，适用于一些性质特殊的项目，因而在整个项目库的采购方式中占据一定的比例。

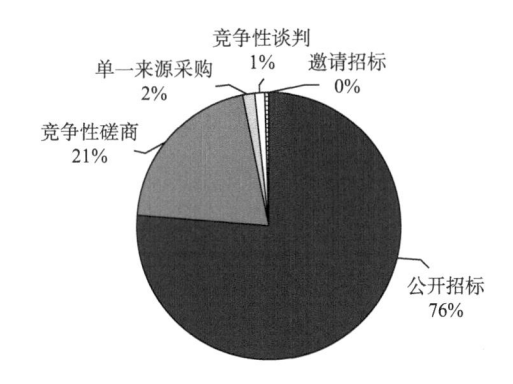

图2.21 不同采购方式的占比情况

同时，对不同行业的采购方式的分布状况统计发现，入库的行业领域无一例外，均是以公开招标为主要采购方式（图2.22）。大多数入库项目的核心边界条件、技术经济参数等指标较容易明确，因而公开招标是更适合多数项目的采购方式[70]。市政设施、公共事业和交通运输领域分别以2 777个、1 154个和1 033个项目居于公开招标采购方式的前三位，而市政设施领域表现尤其突出，公开招标占所有采购方式的80%以上。另外，辅以一定数目的竞争性磋商采购的项目，其余采购方式零散存在于少数行业的项目间。

这些采购方式是为了适应具有特殊性质的部分项目，如公共事业中的科技领域的项目，由于技术复杂、市场竞争不充分、需要扶持等因素，竞争性磋商是更适合该类项目的采购方式。实际情况下，PPP采购方式的确定不只要符合项目的发展需求，更要确保PPP项目的采购方式符合法律、法规及其他规范性文件的各项要求[71]。

图 2.22 不同采购方式的分布状况

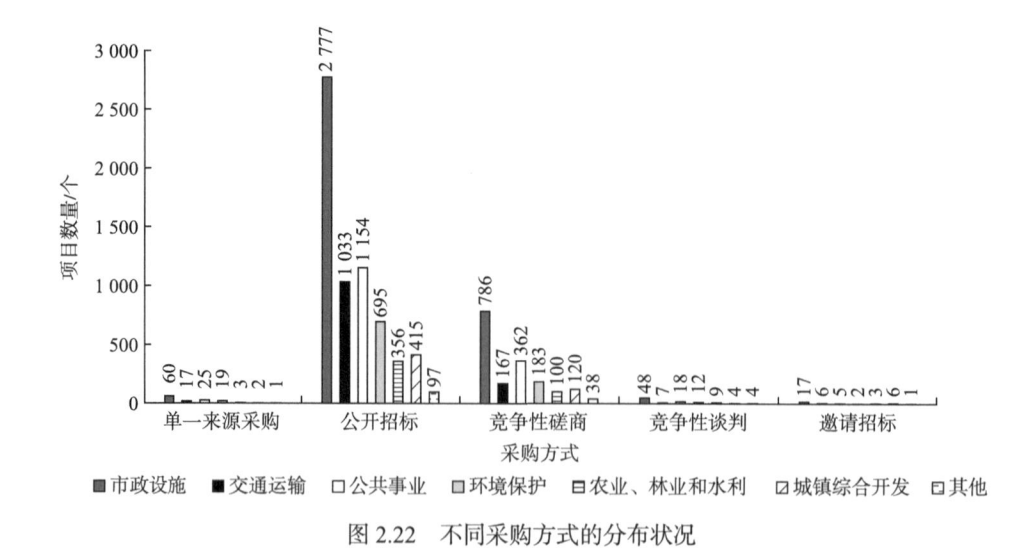

六、各行业回报机制结构差异显著，可行性缺口补助在各个行业回报机制占比高

通过统计不同行业领域的回报机制（图 2.23）可知，可行性缺口补助占比为 54%，为项目库中最主要的回报机制，政府付费以 39% 的占比紧随其后。可见 PPP 项目对政府财政的依赖性较大，政府付费和可行性缺口补助总占比为 93%，意味着公共产品和服务绝大多数由政府直接付费购买或以间接性补助形式购买，政府财政承担着大部分的负担和责任。

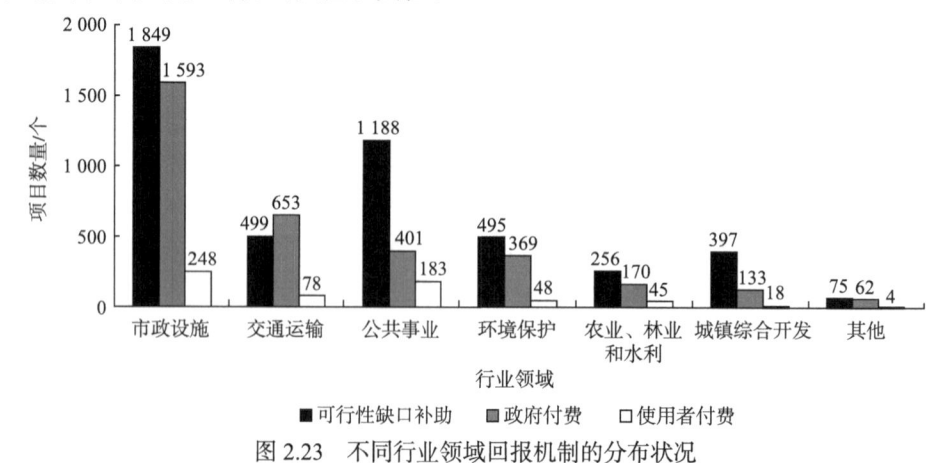

图 2.23 不同行业领域回报机制的分布状况

通过对不同行业领域的回报机制分析发现在交通运输行业中，政府付费项目以 653 个的项目数量和 53% 的项目占比，超过可行性缺口补助 499 个的项目数量

及 41%的占比。此外，除交通运输行业以政府付费为主外，其余行业领域均以可行性缺口补助为主要的回报机制。作为介于两类付费机制之间的折中选择，可行性缺口补助机制综合了使用者付费机制与政府付费机制的双重特点，既顾及公共价值和利益，也考虑了社会资本的利益。使用者付费对项目本身的条件要求较高，因而无论在哪一个行业领域，使用者付费的数目都远远低于前两者，且占比均低于 10%，尤其在城镇综合开发领域其占比仅 3%。这种占比的分布状态与地方政府的主观偏好相关[72]，但各种付费机制对项目本身的条件要求各不相同也是重要原因。

七、各级示范项目集中于市政设施、公共事业等领域，农业、林业和水利，以及城镇综合开发类项目较少

为分析示范项目的行业分布情况，在对不同行业领域的财政部示范、省级示范和市级示范项目的统计中发现（图 2.24），第一，财政部示范项目数量最多，省级示范项目次之，市级示范项目数目最少，具体数量分别为 990 个、779 个和 61 个；第二，PPP 示范项目覆盖面广，涵盖了项目库中所有行业领域，从项目数量庞大的市政工程领域至项目数量垫底的城镇综合开发领域，均有一定数目的示范项目分布；第三，与 PPP 入库项目在各个行业领域数量分布不均的总体状况挂钩，各类示范项目的分布在各个行业领域之间也并不均衡。市政设施领域以各级示范项目总数 810 个处于遥遥领先的地位，公共事业和交通运输领域以示范项目数量 407 个和 202 个紧随其后。此外，环境保护领域尽管在入库项目总量上落后于排名靠前的几个行业领域，但总示范项目数与交通运输行业不相上下。这也反映了当前政府利用 PPP 模式的倾向性及政府的政策指向，环境保护领域的重视程度逐步提升，PPP 模式正逐渐向可持续发展的方向迈进。

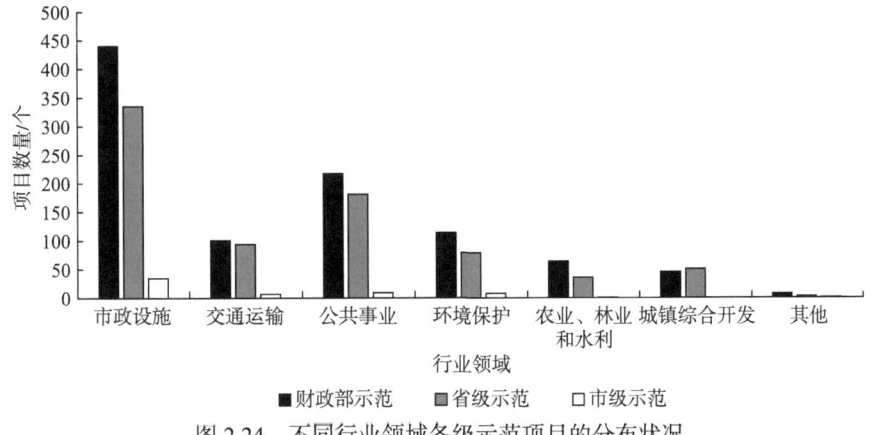

图 2.24 不同行业领域各级示范项目的分布状况

综上，从行业领域分布看，PPP 模式在我国应用的领域集中程度明显，由于新型城镇化建设的推进、公共产品和服务的刚需，市政设施、公共事业、交通运输三个领域的项目数量和总投资额都位居前列，而从平均项目投资额看，高投资高回报的行业领域更受社会资本方的青睐。此外，项目类型和各类示范项目数量都与各行业入库项目总数相挂钩。新建类项目在项目总数中占比高，但在一些 PPP 模式发展成熟、原存量项目数量多的行业，混合类和改造类项目的应用所占比重也较高。若无政策对某一领域的特殊关注，各类示范项目在行业间的分布一般呈现与入库项目总数和项目总投资额相似的集中模式。同时，项目合作期限和回报机制在不同行业领域虽呈现一定的共性，但具体的选择会根据所在行业的特点而定，如在合作期限方面，设施寿命较长的基础设施领域以长期合作模式为主，服务敏感度较高的领域以短期合作模式为主，回报快、模式清晰的行业偏向选择中期合作模式；在回报机制方面，根据不同领域自身条件不同，各行业三种回报机制的构成结构呈现一定差异。从操作层面看，项目的运营模式和采购方式较为单一，主要选择不因所在行业不同而存在差异。

第四节　中国 PPP 项目的运作模式

一、PPP 项目运作模式总体概况

通过对 PPP 项目运作模式的总体状况的统计发现，BOT 模式作为当下 PPP 项目的重点运作模式，占整个项目库项目总量的绝大部分，TOT+BOT、ROT、TOT 和 BOO 等模式也占有一定的比例，但总占比较小（图 2.25）。

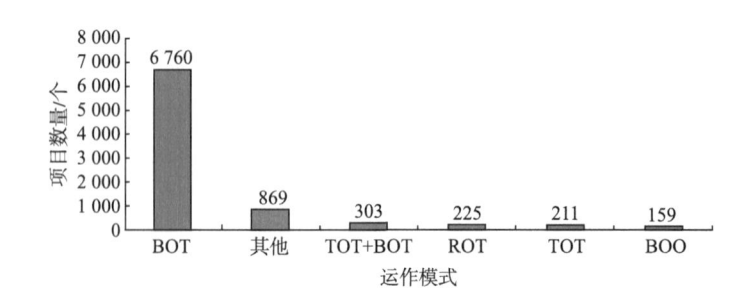

图 2.25　主要运作模式的项目数量情况

以 BOT 模式来运作的项目高达 6 760 个,其余几种模式的项目数以百计。分析可知,之所以呈现这样的状态,是因为 BOT 的特许经营模式更适合新建类项目的运作模式,且符合政府采用 PPP 模式的目的。此外,TOT+BOT、ROT、TOT 等数目也较多,由这种运作模式的适用类型可以发现新建类和改造类项目也占据一定比例,这也与对项目类型所做的数据分析相符。

二、行业运作模式差异不明显,BOT 在各个行业中均占绝对地位

分析不同运作模式下的行业领域分布情况可知,与总体状况吻合,BOT 模式下分布的各个行业的项目数量都是最多的,该模式下排名前三的分别是市政设施、公共事业和交通运输领域,项目数量分别为 2 848 个、1 215 个和 1 044 个,很明显该分布状况与各个行业领域的项目总数量排名呈正相关关系。

同时,市政设施领域在各种运作模式之下都处于领先地位,这与市政设施领域的项目总数量在项目库中占绝对优势地位有很强的关联性。ROT 模式下交通运输领域的表现仅次于市政设施,且以较高数量超过该领域在其他运作模式下的表现,可见除 BOT 模式之外,ROT 模式是交通运输领域的常见选择。此外,TOT、TOT+BOT 模式下,各个领域的项目也均有分布。运作模式的选择原因较为复杂:一是与项目的行业领域的特点相关;二是与运作模式的项目类型适用性相关。

三、新建类项目运行模式以 BOT 为主导,非新建类项目运作模式趋多样化

根据运作模式划分项目类型(图 2.26)发现,不同运作模式下项目类型较严格地按照该模式的适用性分布。BOT 模式和 BOO 模式适用于新建类项目。因为 TOT 模式更适合改造类 PPP 项目,在该模式下改造类项目数量为 191 个,占比 91%。ROT 模式和 TOT+BOT 模式是新建类和改造类项目最常用的运作模式,与模式的适用性相符,在这两类运作模式之下,混合类项目占比最高,尤其是 TOT+BOT 模式下,混合类项目数量为 275 个,占比 90%以上。可见,PPP 项目的类型与运作模式有较为严格的对应关系,项目类型是项目运作模式选择的一个较为重要的影响因素,对二者的相关性分析给我们呈现了一个清晰的视角。

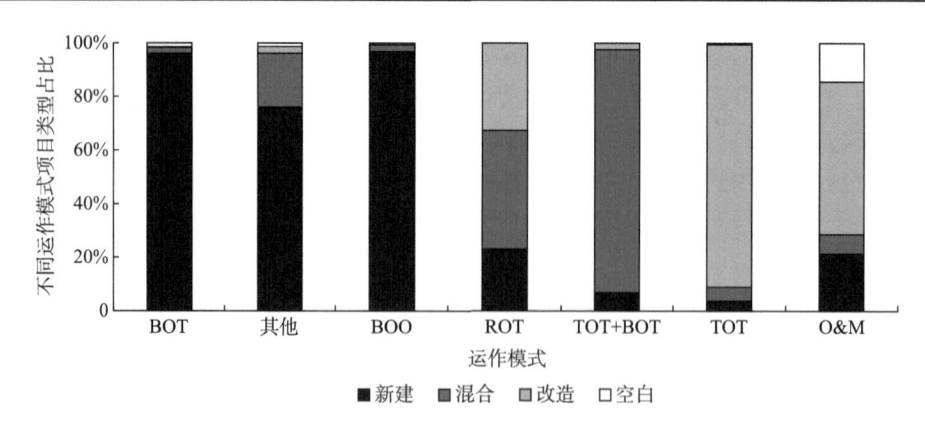

图 2.26 不同运作模式下项目类型的分布状况

四、不同运作模式间合作期限结构差异明显，同一运作模式可以采用不同的合作期限

进一步对不同运作模式下项目的合作期限进行统计可知（图 2.27），不同运作模式的适用合作年限不尽相同，各种运作模式下的合作年限呈现出较大的差异。在项目运作模式中占据绝对优势地位的 BOT 模式主要用于 25 年及以下的中期和短期类项目，尤其是 15 年及以下的短期项目，以 3 378 个的大额项目数量，在项目总量中占比约为该模式总量的一半；而排名紧随其后的 TOT+BOT 模式则主要适用于 26 年及以上的长期项目，长期项目的数量为 132 个，处于领先地位。

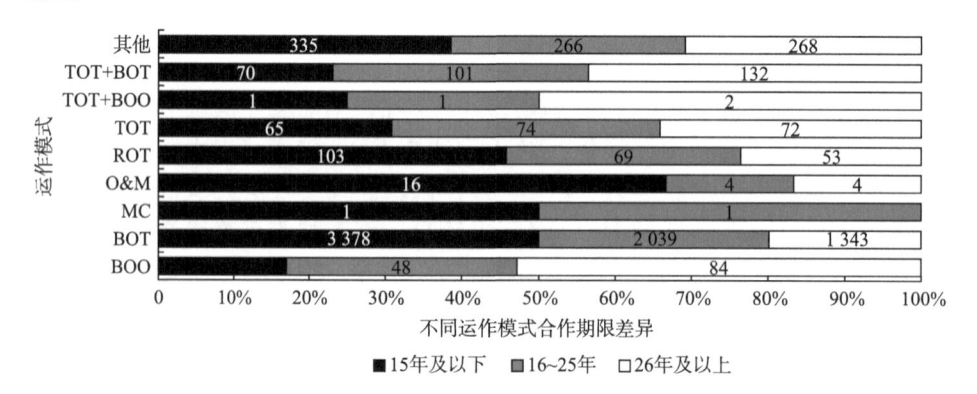

图 2.27 不同运作模式下的合作期限差异

此外，尽管 BOT 模式和 BOO 模式均适用于新建类项目，但与 BOT 模式明显不同的是，BOO 模式主要用于 26 年及以上的长期项目，占比约为 53%。之所以呈现出此类差异，主要原因在于不同运作模式具有不同的特点，因而其适用的项

目类型也有明显的区分和规定[73]，不同类型的项目又有着自己的特征和规律，因此不同运作模式下项目的合作年限便呈现出前面分析中所指出的差异性分布状况。

五、BOT、TOT 及 TOT+BOT 主要以可行性缺口补助为回报机制，其他运行模式采用多种回报机制

对不同运作模式下的项目回报机制进行统计（图 2.28）可知：与回报机制维度的总体分析吻合，除了少数的运作模式以外，绝大多数运作模式下的项目回报机制以可行性缺口补助和政府付费为主。PPP 项目对政府财政的依赖性较大，BOT、TOT+BOT、ROT 等模式回报机制中可行性缺口补助和政府付费的比例甚至高达 90%以上，几乎全都直接或间接依赖于政府财政的支持。

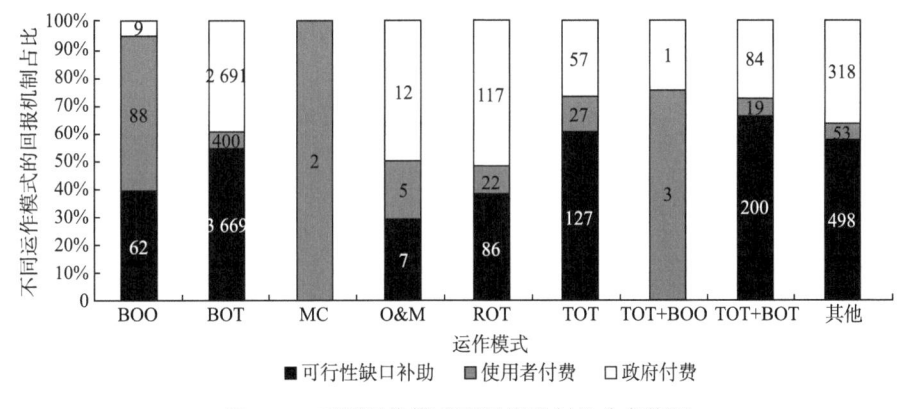

图 2.28　不同运作模式下回报机制的分布状况

当然，前文的分析中所提到的少数运作模式的特征也很显著。MC 模式下的项目回报机制全部为使用者付费，BOO 与 TOT+BOO 模式下使用者付费的比例也高达 50%以上。由此可见，各种运作模式下的回报机制符合各自运作模式下的项目特征与需求，项目的类型、行业领域等方面也会成为影响该分布状态的内在因素。

六、运作模式与采购类型关联性不强，公开招标是所有运作模式中的主导采购方式

通过统计不同运作模式的项目采购方式发现，所有运作模式下项目的采购方式都十分一致，均是以公开招标为主要采购方式，辅以竞争性磋商等其他类型的采购方式（图 2.29）。PPP 行业分布状况部分已经对项目库中项目采购方式的总

体状况进行了统计分析，入库项目以公开招标和竞争性磋商为主，其中公开招标项目占比为76%，是整个PPP模式中最主要的采购方式。

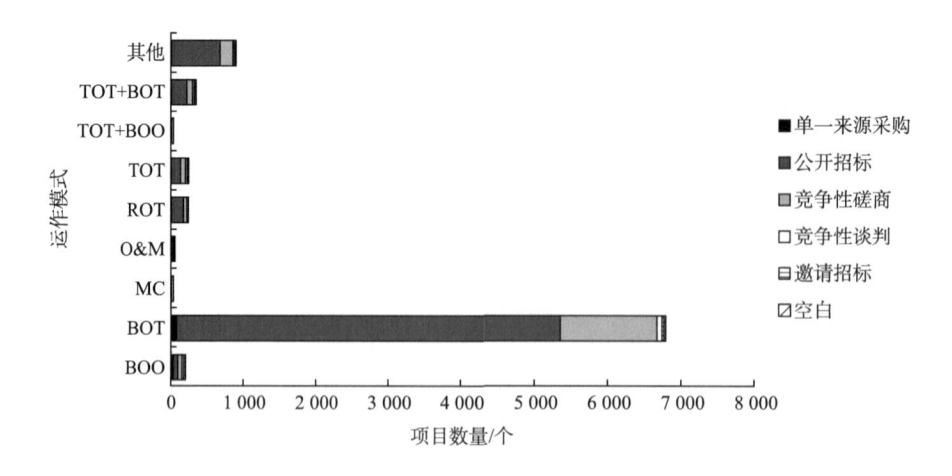

图2.29 不同运作模式下项目采购方式的分布状况

但是，各个部分的分析都指出，项目库中总会有一些性质特殊的项目，采用了竞争性磋商作为政府采购方式[74]，在整个项目库的采购方式中也占据一定比例。同理，不同运作模式下其他采购方式的使用也有各自的适用理由，并不是简单的相关关系，而是各种因素杂糅在一起，最终形成了上述分布状况。

综上，PPP项目的运作模式较为单一，BOT模式因主体边界清晰，政府掌握最终经营权，成为入库项目最主要的运作模式，此外，TOT+BOT、ROT、TOT和BOO等模式也占有一定的比例，但总占比较小。PPP项目运作模式在不同行业领域差异较小，主要与项目类型挂钩。其中，BOT模式和BOO模式适用于新建类项目，ROT模式和TOT+BOT模式在新建类和改造类项目中应用广泛。此外，运作模式和合作期限、回报机制有较强的相关关系。从合作期限看，最普遍运用的BOT模式主要适合于25年及以下的中期或短期项目，尤其适合于15年及以下的短期项目，而TOT+BOT模式、BOO模式主要适合于26年及以上的长期项目；从回报机制看，BOT模式主要依靠财政支持，以可行性缺口补助为最主要的回报机制，而MC模式下项目以使用者付费机制为主。不同运作模式下采购方式并不具有显著差异，各运作模式下一般采用与国家法规和政府采购法更契合的公开招标方式，但对于一些特殊性质的项目，则会选择采用竞争性磋商方式。

第五节 中国 PPP 项目的回报机制

一、PPP 项目回报机制总体状况

综合之前对不同发展时期回报机制的分布状况、各个行业领域的回报机制的分布状况，以及不同运作模式下的回报机制分布状况的统计分析可知，PPP 项目对政府财政的依赖程度较高，在所有阶段、所有行业领域、大多数运作模式下，政府付费和可行性缺口补助总占比都很高，这也意味着公共产品和服务绝大多数由政府直接付费购买及以间接性补助形式购买，政府财政承担着大部分责任和风险。对不同回报机制下的项目数量和总投资额进行统计发现（图 2.30），可行性缺口补助和政府付费作为入库项目的主要回报机制，不只是数量上以 4 649 个和 3 289 个项目占据绝对优势，且项目投资总额也以 8 万多亿元和 3 万多亿元遥遥领先；而使用者付费使用量较少，仅有项目 619 个，项目总投资 9 600 多亿元，远低于前两者。如前所述，出现这种状况的原因：一是政府的政策倾向；二是使用者付费对项目本身的要求比较高。

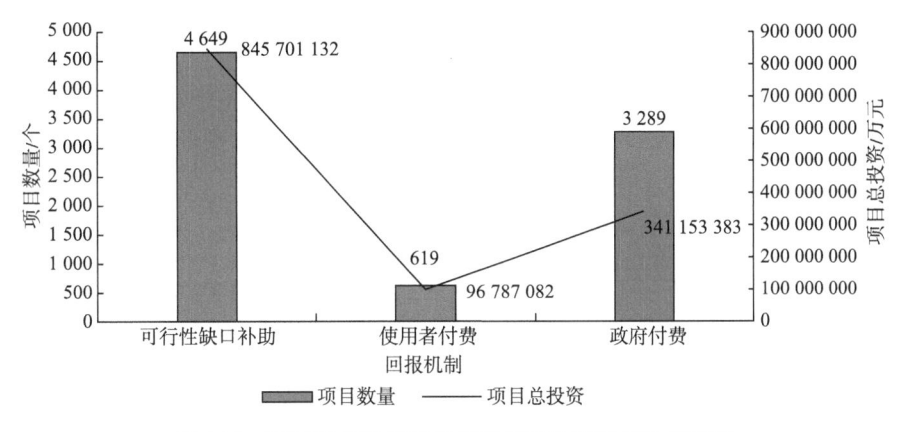

图 2.30　不同回报机制下项目数量和总投资额分布情况

二、回报机制与行业性质关联度低，与行业总项目数正相关

根据不同回报机制对 PPP 项目情况进行统计（图 2.31），可知：在所有回报机制中，市政设施领域明显领先，随后是公共事业领域，这样的分布状况很明显与不同行业领域的项目数量紧密相关。

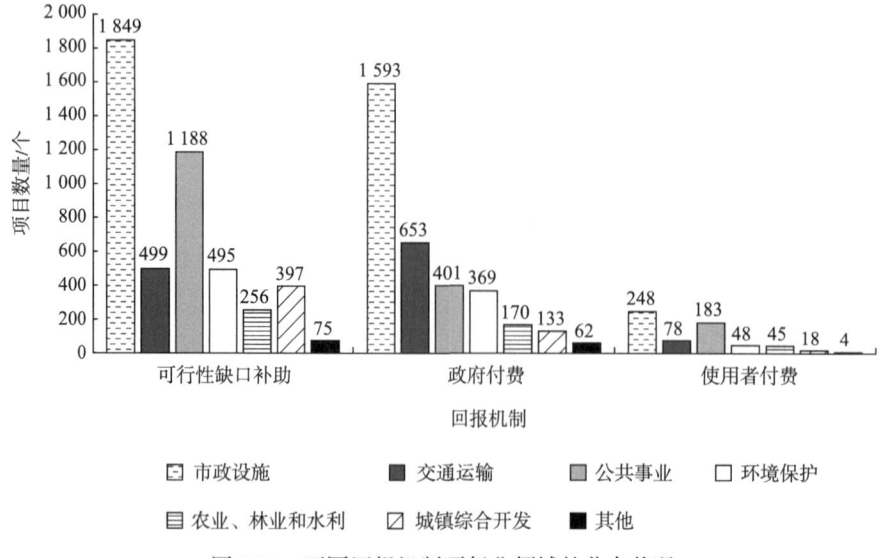

图 2.31　不同回报机制下行业领域的分布状况

在可行性缺口补助下，市政设施领域、公共事业领域和交通运输领域分别以项目数量 1 849 个、1 188 个和 499 个占据前三位；在政府付费机制下，交通运输领域以 653 个的项目数量排在以 1 593 个项目占据首位的市政设施领域之后，公共事业领域以 401 个项目居于第三位。使用者付费本身对项目的要求比较严格，因而该回报机制下行业领域的分布与总体状况相符。事实上，不同回报机制对项目本身的要求不同，而这些项目的行业领域分布也是社会资本方各自的倾向性，因此呈现该状况，一方面是政府的政策主导；另一方面是社会资本逐利的结果。

三、可行性缺口补助在各级示范项目中普遍使用，使用者付费则较少被示范项目采用

不同回报机制下各级示范项目分布存在差异（图 2.32），数量最多的是财政部示范项目（989 个），其次是省级示范项目（767 个），最后则是市级示范项目（61 个）。由于各级示范项目总量上的差异，在三种回报机制之中，财政部示范项目总是处于领先地位，紧接着是省级示范项目，最后才是市级示范项目。

此外，在不同级别的示范项目中，可行性缺口补助和政府付费占比较高，最少的是使用者付费，所以可行性缺口补助和政府付费是 PPP 示范项目的重点回报机制。其中，财政部示范项目中可行性缺口补助类项目有 604 个，占比 61%；政府付费类项目 246 个，占比 25%。省级示范项目中可行性缺口补助类项目有 422 个，占比 55%；政府付费类项目有 234 个，占比 31%。市级示范项目中可行性缺

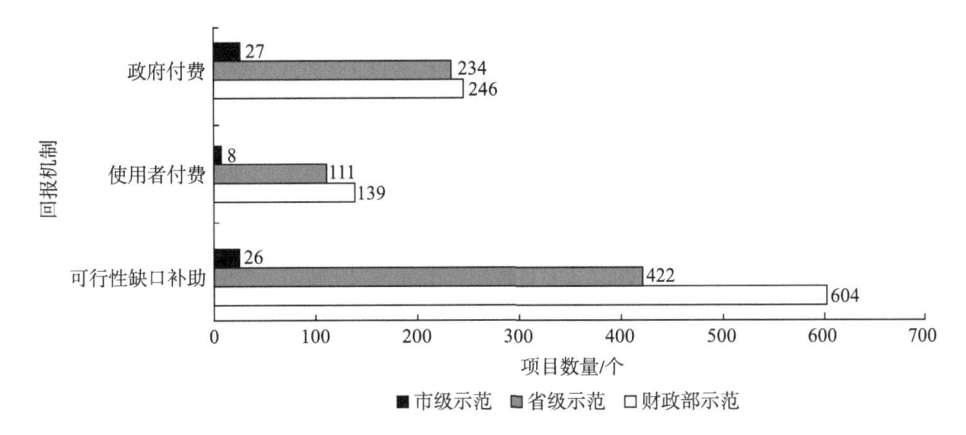

图 2.32 不同回报机制下各级示范项目的分布状况

口补助类项目有 26 个，占比 43%；政府付费类项目有 27 个，占比 44%。之所以呈现这样的数量和占比情况，与各级示范项目的数量关联性较强，另外也有政府的政策倾向方面的作用。

综上，三种项目回报机制下项目数量和项目总投资额呈现的差异较为明显，其中政府承担的支出责任和风险较高，因此可行性缺口补助和政府付费两种机制在入库项目总数中占比较高，而使用者付费机制由于其对政策支持、项目性质要求较高，在入库项目总数中占比较低。对项目回报机制和所在行业领域进行交叉分析，可发现回报机制在各领域的分布与行业性质关联较低，与各行业入库项目总数相关性较高，在所有回报机制中，市政设施、公共事业项目数量都位居前列，在可行性缺口补助机制下，市政设施、公共事业、交通运输三个行业的项目数量在全行业中所占比重较高。此外，在三种回报机制下各级示范项目的分布也与各回报机制的项目总数有关，在各级示范项目中可行性缺口补助、政府付费两种机制都分别占据较大比重，呈现此状况的原因与政府的政策指向相关。

第六节 中国 PPP 项目的治理环境

一、PPP 项目治理环境总体状况

PPP 项目的治理环境是一个很难界定的概念，在这一概念下所涉及的维度十分广泛。我们选择城市化率和营商环境这两个对 PPP 项目影响较大的方面来对治理环境下的项目分布状况进行统计分析。根据国家统计局公开信息展示的数据可知，城市化率在 50%以下的省（区、市）有 6 个，在 50%~63%的省（区、市）有

18个，在63%及以上的省（区、市）有7个。城市化率低的省（区、市）主要集中于西部，而城市化率高的省（区、市）主要集中于东部沿海，这与PPP项目区域分布中的总体分析状况挂钩，不同区域呈现的差异实际上也是不同城市化率下的分布差异，城市化率的高低是影响PPP项目区域分布差异的重要原因之一。

根据国家统计局公开的省级营商环境指数得知，营商环境指数低于40的省（区、市）有11个，在40~60的省（区、市）有12个，高于60（含）的省（区、市）有8个。其中，2018年营商环境指数最高值为上海81.81，最低值为西藏22.78，中位数为重庆48.9。营商环境指数较高的地区集中在东部沿海和北京市，营商环境指数较低的主要在西部内陆。同理，营商环境指数的高低也是不同区域PPP项目分布状况差异的重要影响因素，营商环境指数的高低决定了社会资本方的投资意愿以及政府的政策支持力度。

二、PPP项目数量和总投资的分布与治理环境相关，项目集中于城市化率和营商环境指数居中的环境

对不同治理环境（包括城市化率和营商环境指数）下的项目数量和项目总投资的分布情况进行统计（图2.33和图2.34），进而发现入库项目主要集中在城市化率50%~63%的环境之下，项目数量为5 177个，占比超过60%，同时项目总投资额达6万多亿元，在这两个方面均占据绝对优势地位。另外，在城市化率为50%以下与63%及以上的环境之下，项目数量和项目总投资额分布较平均。之所以出现该状况，一方面是因为城市化率居中的地区比城市化率过低和过高的地区更能吸引社会资本方的兴趣和重视，进而利用PPP项目在这些地区进行投资；另一方面是政府的政策引导和鼓励，引导PPP模式在城市化率居中、处于发展势头上的地区进行发展，促进这些地区更好更快地进入更高质量的城市化水平。

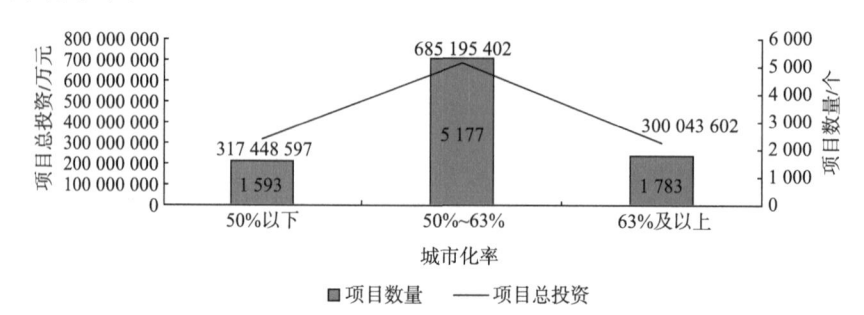

图2.33　不同城市化率下项目数量和项目总投资分布情况

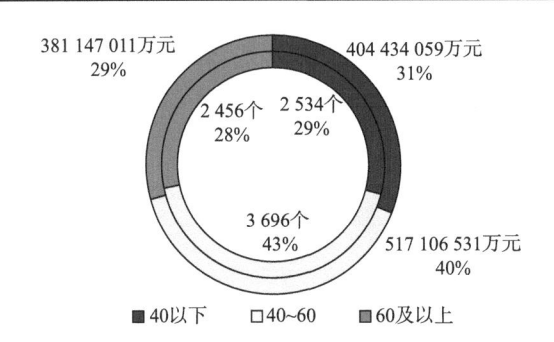

图 2.34　不同营商环境指数下项目数量和项目总投资情况
内圈：项目数量；外圈：项目总投资

通过对营商环境指数下的项目情况进行分析可知：与城市化率相似，项目库中的项目多数集中在营商环境指数居中的环境之下，在营商环境指数为 40~60 的状况下，项目数量为 3 696 个，占整个项目库的 43%，项目总投资达 5 万多亿元；营商环境指数在 40 以下的环境中分布的项目数量为 2 534 个，投资总额为 4 万多亿元；此外，营商环境指数在 60 及以上即好的营商环境之下，分布的项目数量为 2 456 个，项目总投资为 3.8 万多亿元，与较差的营商环境之下的分布状况较为接近。不同的营商环境指数实际上对应的是不同的区域地理位置和经济发展状况，因而该分布情况实际上与第二部分区域维度下的分析关系密切，单看总体分布情况不足以指出不同营商环境下的差异性。

三、治理环境与项目类型关联性不强，新建类项目在所有治理环境下均占绝对优势

对不同治理环境（包括城市化率和营商环境指数）下的项目类型分布（图 2.35 和图 2.36）进行分析可知：与前面描述的统计结果相符，不论城市化率是高是低，新建类项目总是占据着绝对的优势地位，紧接着的是混合类项目，改造类项目的数目和占比都相对较低。对城市化率处于低、中、高的三种类型进行详细比较发现，尽管城市化率处于 50% 以下的省份所分布的项目总数最少，只有 1 593 个，但是其混合类项目的占比却表现突出，由此可见，在城市化率相对较低的区域，项目类型更倾向混合类。原因在之前也有分析：一是与新建类项目相比，该类型运作成本较低、收益相对较高，市场风险也较小；二是城市化率低于 50% 的区域可能存在着更需要在原有的存量项目上进行改造和新建活动的情况，倾向性更高。

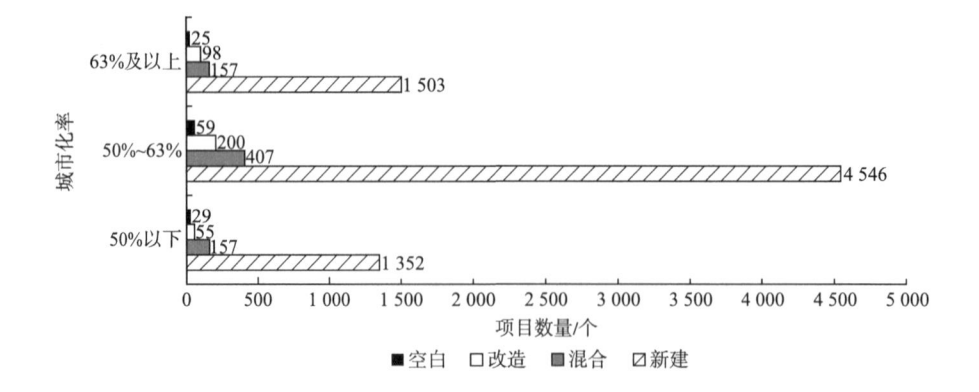

图 2.35　不同城市化率下项目类型的分布状况

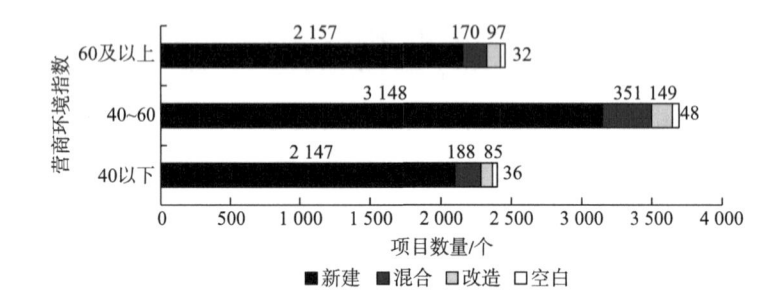

图 2.36　不同营商环境指数下项目类型的分布状况

此外，城市化率中等（即 50%~63%）的地域作为入库项目分布最集中的区域，项目总数达 5 212 个，新建类项目有 4 546 个，明显城市化居中的地域更倾向新建类项目，其占比高达 87%，这与社会资本方的投资意愿与地域的发展要求密切相关。最后，对于城市化率较高（63%及以上）的地域来说，新建类项目占比小于前两个部分，但混合类和改造类项目总和占比远超前两者，在一定程度上反映了存量项目的分布状况。

通过对不同营商环境指数下的项目类型分布状况进行分析可知：与项目类型总体分布状况相符，不管营商环境指数高低，新建类项目始终占据着主导地位，是入库项目的最主要项目类型，分别以 2 147 个、3 148 个、2 157 个的数量在较差、中等、较好的营商环境中处于领先地位，且该类型在三种级别的营商环境中的占比均超过 85%，可见其绝对优势地位。随后的是混合类项目（图 2.36）。

此外，在营商环境指数处于 40~60 的中等营商环境下，混合类和改造类项目总占比为 14%，显著超过在较差和较好的营商环境中的占比，且新建类项目的占比低于两者。可见相比于营商环境较差和较好的情况，中等的营商环境可能更在意该类型的投入高低、收益多少和风险大小。

四、不同治理环境下项目行业分布差异不明显，市政设施、交通运输和公共事业在不同治理环境下均占主导

对不同治理环境下项目行业领域的分布情况进行统计，得到统计图如图 2.37、图 2.38 所示。对不同城市化率下项目的行业领域分布状况进行分析可知：与行业领域部分的总体分布状况相符，在城市化率较低、居中和较高的三种城市化水平之下，市政设施领域在入库项目中居于第一位，紧随其后的是公共事业领域和交通运输行业，分别占据第二和第三的位置。可以看到，尽管多数项目分布在城市化率为50%~63%的城市中，但是各个行业的分布在不同城市化水平之下却有不同的侧重。很明显，在城市化水平中等（50%~63%）和较高（63%及以上）的城市中，市政设施和城镇综合开发项目的占比均高于低城市化率（50%以下）的城市；而低城市化率的城市在农业、林业和水利领域的表现较为突出。显然，这与行业领域的特征和不同区域的发展需求有关，城市化水平较低的地区对农业、林业和水利领域的需求程度明显高于城市化水平高的地区，而正由于城市化水平低，城市化推进进程较慢，其市政设施和城镇综合开发领域的相对占比赶不上城市化水平高的地区。此外，在城市化率居中和较高的发展水平之下，对环境保护的重视程度也明显高于低城市化水平的地区，这与不同城市化水平下的发展需求和发展重点紧密相关。

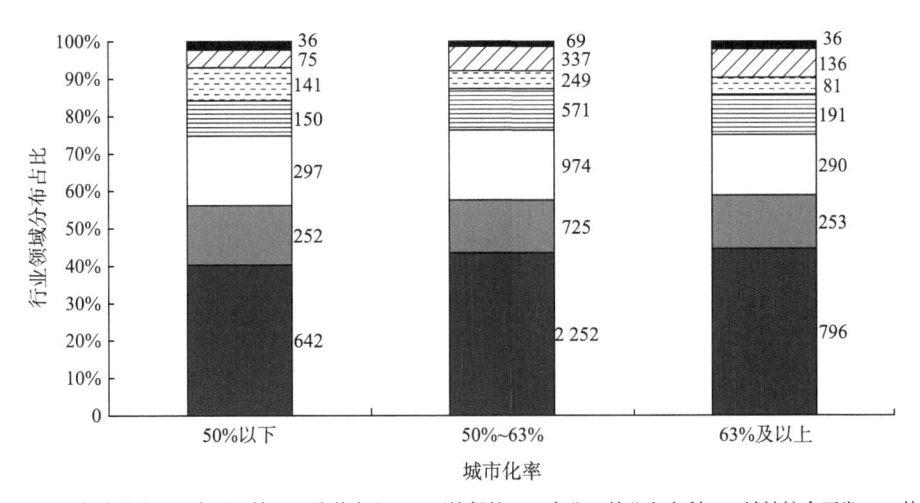

图 2.37　不同城市化率下行业领域的分布状况

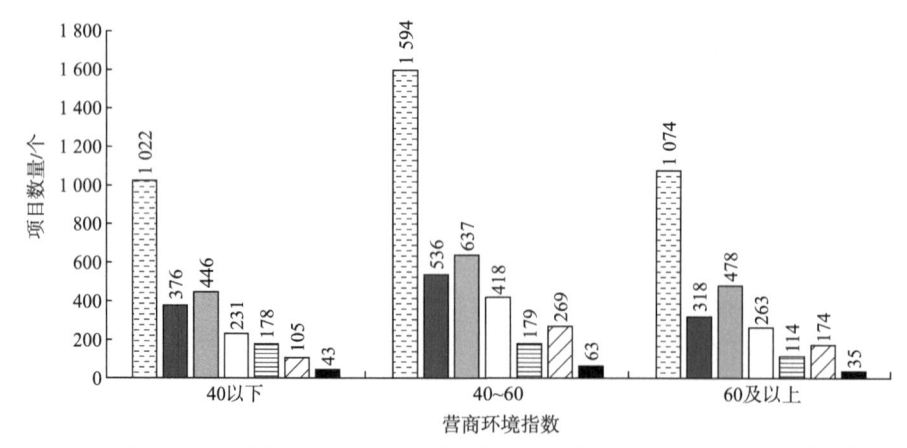

图 2.38　不同营商环境指数下行业领域的分布状况

通过对不同营商环境指数下项目的行业领域分布状况进行分析可知：市政设施领域一直以来都是入库项目中分布最为广泛的行业领域，在不同的营商环境指数下状况依然如此，分别以 1 022 个、1 594 个和 1 074 个的项目数量在较差（40 以下）、居中（40~60）、较好（60 及以上）的营商环境中处于领先地位，且在这三种营商环境下的占比逐渐增加，营商环境越好，其所占比例越高，可见社会资本方更倾向投资具有高投入高回报、盈利模式清晰等特点的市政设施等领域，以期获得较可观的收益。此外，与市政设施不同的是，交通运输行业在营商环境较差区域的重视程度要比营商环境中等和较高的区域高，376 个项目，16%的占比，与其余两类比起来表现突出，这也能看出政府的政策倾向和社会资本方的利益衡量。与前面不同城市化率下的行业领域的分布相似，在城镇综合开发和环境保护领域，在营商环境指数居中（40~60）和较高（60 及以上）的营商环境之下，这两项的占比远高于营商环境指数低（40 以下）的营商环境。可见不同营商环境对它们的重视程度及发展的需求不同，而这与不同营商环境之下社会资本方的投资意愿和政府的发展规划等因素相关联。

五、治理环境与 PPP 运行模式相关性较小，各种治理环境下均以 BOT 为主导模式

对不同治理环境（包括城市化率和营商环境指数）下的项目行业领域的分布情况进行统计，得到如表 2.3 和表 2.4 所示统计表。BOT 模式仍然是入库项目的主要运作模式，占整个项目库总量的绝大部分。同时在不同城市化水平之下，BOT 模式都是最主要的运作模式，分别以 1 242 个、4 195 个和 1 322 个的项目数量和

占比均超过70%的相对数量在城市化率50%以下、50%~63%和63%及以上的水平下处于绝对领先地位。

表2.3 不同城市化率下运作模式的分布状况

城市化率	BOT	BOO	ROT	TOT	MC	O&M	TOT+BOO	TOT+BOT	其他
50%以下	1 242	20	40	47	0	1	0	84	159
50%~63%	4 195	105	139	92	0	18	2	171	455
63%及以上	1 322	33	46	72	1	5	2	48	254

表2.4 不同营商环境指数下运作模式的分布状况

营商环境指数	BOT	BOO	ROT	TOT	MC	O&M	TOT+BOO	TOT+BOT	其他
40以下	1 941	28	73	54	0	4	0	88	213
40~60	2 863	65	97	103	0	12	0	158	398
60及以上	1 955	65	55	54	1	8	4	57	257

此外，ROT模式、TOT模式、TOT+BOT模式也占有一定的比例，但不同城市化率下对这些模式的需求不尽相同。城市化率在50%以下的地域相对于其他两种发展水平之下的地域，更倾向使用TOT+BOT模式；城市化率在63%及以上的高城市化水平的地域，则更倾向使用TOT模式。此外，BOO模式在城市化水平较低的地域的使用率远低于城市化水平中等和较高的地域。事实上，前面也已经分析过原因，不同城市化水平之下的PPP项目数量和项目类型分布有不同的特点，而不同的项目类型适用的运作模式实际上是有规定的，因而在不同城市化率之下体现出该种分布状况，详细的对应关系在前面运作模式维度已经进行过分析，在此不再赘述。

通过对不同营商环境指数下项目运作模式的分布状况进行分析可知：与不同城市化率下的分布状况相似，BOT模式是主要运作模式，在较好、中等、较差的营商环境之中，该模式的占比均超过75%，且分别以1 941个、2 863个和1 955个项目数量在营商环境指数为40以下、40~60和60及以上的营商环境中处于遥遥领先的地位。

同样，ROT、TOT、BOO、TOT+BOT等模式也有一定的规模，但所占比重较小，且由于不同营商环境下的发展需求和政策倾向不同，这些模式在这三种营商环境中的使用状况也不同。ROT模式在营商环境指数高于60（含）的营商环境之中，使用概率小于在中等和较差的营商环境下的概率；TOT模式在营商环境指数为40~60的中等营商环境下使用频率最高，且倾向性最大。另外，TOT+BOT模式在中等、较差营商环境中更受欢迎。最后，BOO模式作为一种特殊的运作模式，在营商环境指数高于60（含）的环境中，使用概率是营商环境较差的地域的两倍以上。不同营商环境下运营方式分布的原因与不同城市化率下的分布状况相同。

总结以上，治理环境对 PPP 项目的分布状况具有重要影响。从所在区域方面看，治理环境（包括营商环境指数和城市化率）较好的区域集中在东部沿海地区，治理环境较差的区域主要是西部内陆地区，而治理环境居中的区域因其地理位置、经济发展状况等优势因素更受社会资本方的欢迎，加上地方政府的政策引导，使得 PPP 项目集中分布于这些地区。对治理环境和项目类型进行交叉分析发现，在不同类型的营商环境和城市化水平下，新建类项目都占据着绝对的优势地位。项目类型的分布差异主要体现在城市化率较低（50%以下）和城市化率较高（63%及以上）的发展水平下混合类项目居多，而中等营商环境（40~60）中混合类和改造类项目所占比重相对较高。治理环境与项目所在行业的分布状况关联性不强，在各类治理环境下市政设施、公共事业、交通运输三个领域的项目数量都稳居前三。但在不同营商环境下各行业发展的重点又有所不同：城市化率中等或较高的发展水平下，更侧重选择市政设施领域、城镇综合开发领域，对环境保护领域的关注也相对较高；在中等或较高营商环境下，PPP 项目在城镇综合开发和环境保护领域的应用相对较高，而在较低的营商环境下政府的发展规划主要集中于交通运输领域。此外，不同治理环境下，项目运营模式都呈现出 BOT 模式为主导的共性，而所占比重较小的 ROT、TOT、BOO、TOT+BOT 等模式的分布会在不同的城市化水平和营商环境中显示出相应的差异性。

第七节　中国 PPP 模式发展情况总结

本章基于财政部政府和社会资本合作中心建立的全国政府和社会资本合作（PPP）综合信息平台及项目管理库（截至 2019 年 1 月）中的项目信息编制成的完整版 PPP 项目库数据表，以 PPP 项目为具体研究对象，按照总体概况、具体分析和结论这三部分展开，通过不同维度的分析描绘和展现了中国 PPP 模式的总体状况和各方面特征。

我国的 PPP 模式在新时期呈现出从缓慢增长、迅猛增长到平稳发展的明显阶段性变化，且不同阶段的发展状况呈现出不同的特点。同时纵观整个发展阶段，当前的 PPP 项目具有不均衡分布和模式较为单一的特点。不均衡分布主要体现在：不同区域分布不均衡，华东、西南项目数量和总投资额多，而华南、东北项目数量和总投资额少；行业领域的应用分布不均衡，项目主要集中于市政设施、公共事业、交通运输等领域；不同治理环境分布不均衡，项目多集中于适中的城市化水平和营商环境中。模式单一主要体现在：项目类型较为单一，新建类项目始终占据重要地位；项目回报机制较为单一，PPP 项目对政府财政依赖度高，可行性缺口补助和政府付费在任何情况下都是主要的回报机制；项目运作模式单一，BOT 模式是 PPP 项目的重点运作模式，占项目库的绝大部分；采购方式单一，公开招标为所有行业最主要的采购方式。此外，本章重点从项目的地域分布、行业领域、运作模式、回报机制、治理环境这几个不同维度与 PPP 模式的其他特征做交叉分析，相关关系呈现如下：PPP 项目在不同地域的分布与所在的行业领域呈显著相关，与项目类型、各级示范项目数量关联较小；项目所在行业领域的分布与项目类型结构、合作期限、回报机制结构相关性较强，与运行模式、采购方式相关性较小；项目运作模式的分布与项目类型、合作期限严格对应，与所在行业领域、采购方式关联度较小；项目回报机制与所在行业领域的分布、各级示范项目的分布关联度较小；在不同治理环境中的分布与项目数量和总投资额关联度较大，与项目类型、所在行业领域、运行模式之间的分布呈不显著的相关性。

第三章 公共风险的产生逻辑——基于生命周期和控制权的视角

　　基础设施和公共服务在促进经济和社会发展的过程中扮演重要的角色。然而，政府对公共产品的长期垄断导致基础设施供给不足和低效。为了解决这些问题和满足公众的需要，PPP模式作为公私双方通过长期契约进行合作以共同提供公共产品和服务、分担风险、成本和资源的安排[30]，在过去的30年中被广泛应用到世界各国的基础设施和公共服务之中。然而，尽管PPP模式，具有吸引社会资本投资、分散项目风险、缓解财政负担、提高基础设施供给和改善运营绩效等诸多功能，但是PPP模式理论上的这些优势，并未能完全转化为实践中的经验证据。PPP模式的广泛推广和应用，在对经济发展和社会稳定起到显著作用的同时，也产生了很大的依赖性，对社会治理和公共服务的供给带来不确定性。不成功甚至失败的项目在世界各国不断出现，对PPP模式的质疑和批评意见也持续不断。PPP模式存在加重民众长期负担、侵蚀公共价值、引发派生损害等问题。此外，PPP项目在各个领域密集推广，还可能导致政府面临严重的债务风险。因此，为了控制这一政策风险，中央政府连续出台"清理和规范PPP项目""防范和化解地方债务风险"等一系列举措，PPP项目大幅扩张的形势在2017年中终止。

　　从PPP项目的"野蛮生长"向清理和规范阶段的转变，体现出PPP模式本身具有的风险特性。这种风险一旦发生，便超出个人直接的控制能力范围，对公共利益造成损害，即公共风险，也就是发生在公共领域、对公共利益造成威胁、具有公共性影响的风险。PPP模式公共风险包括经济风险、社会风险、治理风险和发展风险，这些风险或内生于项目的特性及其"伙伴关系"。为此，不禁要追问，这些公共风险是如何产生的？公共风险产生的逻辑是什么？在我国大力推进PPP模式的环境之下，对PPP项目本身引发的公共风险及发生机制进行探索性研究尤为迫切，这对政府提前预测和防止因PPP模式引发的公共危害具有重要意义。鉴于此，本书从PPP模式委托-代理本质出发，在生命周期和控制权理论视角下，对 PPP 模式公共风险发生机制进行尝试性揭示。具体内容按如下逻辑展开：第一，从 PPP 模式的重要性出发，讨论 PPP 模式提供的是重要的公共产品，改变了公共产品的供给方式，在社会治理中发挥着重要的作用；第二，PPP 本质上是一种委托-代理关系，讨论在不同的阶段会表现出不同的委托-代理问题，这成为公共风险发生的根源；第三，从项目的整个生命周期来看，PPP 项目会存在不同的决策节点，将会讨论控制权在委托-代理关系链中的转移对公共风险的影响；第四，探讨不完全契约下的 PPP 模式监督问题，正是因为这些监督问题加剧了公共风险的发生；第五，从项目重要性、项目的代理方、控制权的转移及公共部门的监管讨论各因素对公共风险发生概率和可控程度的影响。

第一节 PPP 提供的是重要的公共产品

公共部门的重要任务之一是为社会提供公共产品和公共服务，改善民众的生活条件，保障社会的发展与稳定。公共产品不同于普通的商品，有着很强的非竞争性和非排他性，单纯由市场难以得到有效的供给。因此，政府作为民众利益的代表，承担着提供公共产品的责任，特别是在福利国家的建设过程中，行政力量逐渐深入公共产品从生产到分配的环节之中，对民众福祉和经济社会的发展具有重要的影响。然而，随着社会经济的发展，公共部门存在绩效偏差的现象——等级制和官僚制等弊端逐渐显现，造成公共服务缺乏创新和灵活性，监管过度，也即传统供给方式是稳定和僵化的。因此，政府在公共基础设施的发展、现代化方面的融资和生产力提升方面存在较大的挑战。

而私人部门在市场的竞争过程中，更加具有创新性和灵活性，并能够适应随时间推移而造成的外部环境的改变。从公共产品供给的传统来看，私人资本也是公共产品供给的重要来源之一，而且有着许多成功的经验积累，公私双方进行合作成为一种可行的公共服务供给方式。公私合作伙伴关系即 PPP 模式，能够利用私人部门自身的知识和资本，缓解政府财政压力并提高服务的质量。一方面，私人部门可以通过市场竞争的机制克服官僚体系的种种僵化弊端，极大地改变公共产品的供给方式；另一方面，通过公私双方的合同治理规范各自的权利和义务，建立起长期的合作伙伴关系，这种伙伴关系的不断深化带来一种无形的锁定作用。公共产品对整个社会的发展有着极大的作用，是民众和社会安稳的基石，私人部门的深入参与使得自身承担了更多的社会责任，如果运营情况出现问题，则会对社会产生不可估量的破坏性影响。所以，PPP 模式的重要性主要体现在它改变了公共产品的供给方式，而公共产品本身则对社会至关重要。因此，本节将主要从四个方面展开：PPP 改变了公共产品的供给方式、基础设施深刻影响着经济社会发展、公共服务关乎社会的发展稳定、PPP 对社会发展有着重要影响。

一、PPP 改变了公共产品的供给方式

由于公共产品本身的非竞争性和非排他性，政府逐渐成为它的主要供给主体，为全社会进行从国防安全到水电路气的产品供给。PPP 模式的出现，将私人资本引入公共产品的生产和分配过程，逐渐改变了公共产品的资本来源、运作方式和项目规划逻辑。从历史发展来看，公共服务职能是政府的主要职能之一，但受制于政府控制力度和财政力量的不足，私人资本承担着部分的公共服务职能，如即使在 19 世纪英国的伦敦，95%的居民仍然从私人企业获得管道供水。随着现代民族国家的建设和官僚体系的进一步完善，政府逐步具备了为社会提供全方位公共服务的能力，技术的发展和机构的完善为获取个人信息、提供公共服务提供了便利。20 世纪以后，西方各国在工人运动和凯恩斯主义的影响下，逐渐将公共服务进行普遍化和下沉化，工业革命的发展也激起了政府建设基础设施的热潮，政府成为公共产品的主要供给方，市场和私人资本逐渐退出这一领域。

首先，PPP 模式凭借自身的灵活优势和实际效果，在各国的公共产品提供中发挥着越来越重要的作用，无论是涉及领域还是投资规模都实现了跨越式发展，改变了公共产品的资金结构。在资本结构上，传统上政府投资为主变为政府和社会资本共同投入。20 世纪 70~80 年代，公共部门机构臃肿和效率低下的状况日益突出，无法通过竞争机制激发其内在积极性，给公共服务的提供带来了巨大的运行成本；石油危机之后西方各国社会经济陷入困境，政府财政预算在支撑公共产品的供给中面临着巨大压力。为了缓解这一局面，政府逐渐将私人资本引入基础设施和公共服务领域，二者通过签订合同展开合作，发挥私人部门的资金和管理优势来提高供给质量和效率。例如，澳大利亚作为传统发达国家，由政府为主进行公共产品的供给，在全国范围内对 PPP 进行统一管理，社会资本方的积极性被大力调动起来，政府也不断完善自身的治理体系和伙伴关系的合同模式[75]，导致 PPP 项目井喷式增长。在行业类型上，PPP 由狭窄的行业领域扩大到多种公共产品之中。在政府的政策鼓励和 PPP 本身的优势作用下，PPP 被应用到越来越多的公共产品行业之中，在部分行业领域内改变了公共部门独大的局面，PPP 成为现代国家中公共产品的重要资金来源。私人部门的技术和专业化的管理能力得到实践检验，加上其良好的资金基础，能够为不断增加的基础设施和公共服务需求提供更多的资源，政府不断通过政策调整增加私人部门投资的领域，PPP 逐渐扩张到交通运输、市政设施、公共事业、环境保护等多个领域。在分布地域上，PPP 逐渐从少数发达国家向更多发展中国家拓展。PPP 模式凭借更高质量的基础设施

和公共服务，被世界许多国家大规模地运用在公共产品的供给之中。发达国家凭借自身雄厚的社会资本和完善的市场体系，在 PPP 推广中取得显著成效；发展中国家尽管自身条件不足，但也在国家力量的大力推动下，利用社会资本的力量进行国内基础设施和公共服务的建设。世界银行的数据显示，过去的三十年中，PPP 模式在发展中国家得到了最为广泛的应用，为发展中国家公众带来了电力、交通、网络、供水、废弃物处理等基础设施和服务的建设与发展。

其次，PPP 改变了公共产品提供的生产和运行方式，大大提升了产品供给过程的科学性与合理性。在规划决策上，政府和私人部门共同参与，提升了规划的科学性与合理性。公共部门与私人部门进行合作，使得 PPP 项目的前期评估获得新的信息来源和决策途径，私人部门可以发挥自身的专业知识，帮助政府进行项目的评估和合理规划。在建设管理中，社会资本方作为项目的主要建设者，引入新的管理模式和竞争机制，降低了项目过程中的管理成本。传统时期政府部门或国家企业直接参与基础设施和公共服务的生产，由于缺少市场竞争机制，公共部门缺乏进行技术和流程改进的动力。私人部门进入以后，中标企业在市场和竞标的压力下，充分利用自身资源优化产品的生产过程，可以起到提高建设质量、降低生产时间的作用。在运行维护上，部分传统上政府维护的项目由社会资本方进行特许经营，承担了后期的维护成本。许多公共产品如道路、桥梁、医院等，在建设完成后有很长的运行维护期，服务对象的复杂性对政府的管理能力提出挑战。通过特许经营的方式，政府直接对私人部门的服务供给进行监督，能够以最小的成本对服务的质量和水平进行保障。

最后，PPP 模式通过引入社会资本方的力量，将政府从部分事务中解放出来使其投入重点领域，改变和优化了公共产品的供给结构。第一，政府的财政和人力资源受到各种条件的限制，对每一类公共产品难以实现完全到位的供给，私人资本进入以后，发挥了良好的补充作用。公共产品种类丰富，对社会的影响和供给难度各不相同，政府通过将部分产品的生产转移给私人部门，能够缓解政府的资源压力。例如，政府将道路、市政、环保等设施转移给私人部门，集中资源在法律、国防、教育等领域发挥好公共部门的作用，可以实现社会效益的最大化。第二，私人部门的低成本优势，可以最大化利用社会资源，提升民众公共福利。在市场竞争的压力下，私人资本不断通过新技术的采用和管理的优化，降低基础设施和公共服务的成本，给民众提供物美价廉的公共产品。相反，公共部门有着政府财政的支撑，降低成本的动机相对不足，难以在短期内实现成本的优化。在相同的成本之下，PPP 模式可以给社会提供更多的社会效益，实现资源的有效利用和投入的物有所值。研究表明，私人提供公共产品所带来的成本平均降低 10%~30%，如研究发现在引入 PPP 模式后阿根廷电力部门的价格在五年内下降了 40%，智利电力部门价格五年内下降了 25%；在马尼拉，供水系统在特许经营施行四年后其水费才超过之前公共部门提供的价格[76, 77]。整体成本和价格的降低使得政府可以帮助较为贫穷或是之前未覆盖到的民众获得服务。第三，社会资本的进入也会导致公共产品供给产生部分潜在风险。私人资本的逐利性可能导致压缩成本降低供给质量，给民众的福利和健康带来不利影响。在基础设施建设和经营中，社会资本方对成本的控制和利润的追求，会背离行业规范和技术规范，出现工程质量不达标、污染物处理不合规等情况，进而影响公民的生命健康和正常生活。例如，在英国爱丁堡通过 PPP 合作的形式提供校舍建设和维护的项目中，私人公司急于完成项目并降低成本，致使工程质量不达标，严重威胁了民众的人身安全。

二、经济社会发展依赖于 PPP 模式提供的基础设施

充足而有效的基础设施是生产力发展和经济增长的一个基本要素[78, 79]，是社会赖以生存发展的基础物质条件。在国民经济事业的发展中，诸如交通、电力、供水、卫生、电信和灌溉等基础设施的分布和质量，直接对其他各种生产经营活动起着关键的先行和基础作用。根据 1990 年和 2010 年各国基础设施的服务程度[80]，基础设施与经济发展之间存在明显的正相关关系，基础设施的正外部性可以通过乘数效应给全社会带来丰厚的效益。基础设施有着很强的非竞争性和非排他性，其收益可以由全民共享，有利于促进社会的公平发展。但是，基础设施的建设和完善往往需要较长的周期和巨额的投资，且无法像许多商品一样直接通过贸易进口，PPP 模式成为各国政府建设基础设施的一个重要途径。

首先，基础设施对社会经济发展起着先行和基础作用，直接影响到国民经济的发展和社会的繁荣稳定。作为基础性产业的基础设施，功能覆盖道路交通、电力电信、市政供水、废弃物处理等为社会生产和居民生活提供基础性服务的各个领域，能够为企业的生产提供必不可少的物质条件。这些特点决定了基础设施可以作为资本组成的关键要素直接作用于经济增长[81]。更为重要的是，基础设施投资可以通过在投资过程中与相关投入品相作用，产生关联效应间接作用于经济增长[82]。这种形成"乘数效应"的过程可以概述如下：第一，随着基础设施投资的增加，有关产业所提供的原材料、资金技术等也相应增加，从而带动相关产业部门产出的增加；第二，关联产业部门劳动者的收入增加会进一步刺激消费部门产品和服务需求的增长，进而促进消费部门就业机会和收入的增加；第三，关联产业部门、消费部门等产出和劳动者收入的增加，反过来引起基础设施需求的增加，如此循环，最终引起国民收入的成倍增长[83]。例如，中国强大的基础设施建设能力，使得交通、供水、用电等各类基础设施不断下沉到地方形成网络，极大地促进了经济增长和民众生活水平的提升。

其次，基础设施建设优化了社会资源的流动，提升各个区域的核心竞争力，且外部性能够作用于全社会的各个阶层，作用于社会的综合发展和减少收入的不平等。这种对社会的综合发展和收入公平的作用主要体现在以下六个方面。第一，基础设施为企业的生产提供了必不可少的支撑性服务，减少了生产要素流动的摩擦阻力，从而降低企业的生产成本，将资源更加合理地配置在社会各个角落；第二，发达的交通运输和信息网络等设施使得生产资料和产品在地区间的转移加快，能够降低交易成本，扩大市场规模，促进专业化分工；第三，基础设施具有集聚效应和网络效应，一方面能够通过吸引其他地区的生产要素向本地集聚，产生集聚效应，另一方面还能够降低地区之间的运输成本和信息不对称，促进技术、管理经验在地区间的扩散；第四，基础设施的改善可以优化资源配置，减少收入的不平等；第五，完善的基础设施可以提高劳动者的综合素质，促进技术知识在区域间的扩散，优化全社会的人力资源素质；第六，基础设施还可以改善投资环境和生产生活环境，提高生活水平、促进进口贸易等。

最后，基础设施的完善对一个国家的综合国力有着重要作用，成为各国在经济社会发展中关注的焦点，PPP 的进入则为其提供了重要的资金支持。基础设施存量每增加 1%，就相当于 20 世纪 90 年代所有国家国内生产总值（gross domestic product，GDP）增加 1%。例如，在大型的跨国面板数据中发现，电信、交通运输和电力三类基础设施对经济产出的贡献是显著的，且对这些基础设施边际生产力的估计要远超于非基础设施的资产[84]。总之，物质性的基础设施的综合指标与人均GDP的增长显著相关[85]。这是因为基础设施能够作为物质资本和生产要素直接参与生产过程，能够带动要素价格、中间价格和各部门要素的配置间接促进经济增长[86]，也能够通过外溢效应减少收入的不平等推动社会的发展。由于基础设施的资本需求大、建设周期长，引入私人资本进行合作成为各国政府的重要实现途径，特别是对于财政力量不足的发展中国家。例如，巴西将 PPP 应用在电力、通信、能源、铁路和水处理等基础设施领域，吸引到大量投资，并且为政府创造出巨额的私有化收入，在 1995~2000 年这些收入占据了国有资产收入的 68%[87]；土耳其在政府的积极推动下，PPP 模式在机场、医院、码头等场所及电力、道路等行业得到广泛使用，极大地推进了基础设施的建设[88]。

尽管社会资本的参与改善了基础设施的供给方式，但也会随之带来不确定性，无法保证基础设施投资的物有所值。首先，基础设施项目建设周期长、资金量大、技术要求高，对私人资本方的素质提出很高要求。在 PPP 项目合作的过程中，由于公私双方的信息不对称和目标不一致，易出现项目建设过程中工期延长、成本增加及项目运营后的收益不能达到预定的收益，导致基础设施无法按期投入使用、后期融资困难，造成社会资源浪费和公共财政的损失。例如，西班牙-法国之间的跨境高铁，政府部门和社会资本意见分歧较大，项目实际建设中严重超支，两国政府为该项目承担了过多的费用。其次，基础设施的公益性与私人资本的逐利性存在内在矛盾，当私人部门渗透到基础设施的建设和运营时，更多地将目光放在自身利益的增长上，容易忽视社会责任的承担。最后，私人资本往往选择性地与政府进行合作，这与基础设施的普及化目标相违背，导致社会中基础设施发展的不均衡。利益导向的动机会使私人部门在投资前慎重挑选投资区域、领域及服务对象，较偏远贫穷地区缺少投资，基础设施的缺乏致使地区发展更加不平衡，更应得到公共福利的民众无法享有公共利益。例如，印度在发展 PPP 项目时不可避免地产生了马太效应，私人资本在传统的地理和社会经济条件下进行差异化投资，印度财政能力的不足和处于发展过渡阶段的国情也加剧了这一情况。印度 PPP 模式发展项目最多的 10 个邦，与经济体量最大的 10 个邦基本重合，而有些州则尚未起步[89]。

三、PPP 提供的公共服务直接影响公民生活和社会进步

PPP 在公共服务供给中的效率优势有助于增加服务供给的数量和提升社会效益，对国计民生发挥着越来越重要的作用。PPP 改变了政府公共服务供给方式。PPP 模式以独有的效率优势逐渐兴起，在许多公共服务的领域，政府从之前的生产者、提供者变为服务质量的监管者，极大地改变了政府的运作逻辑。公共服务是社会发展的必要条件，特别是基本公共服务可以保障民众的生活，提高全民的生活质量，营造安定有序的社会环境。公共服务有着很强的公共性和公益性，对公民的生活和社会的稳定至关重要，PPP 项目的运行不畅不仅会造成经济效益的亏损，也会影响公民对公共服务和公共产品的正常使用。

首先，公共服务蕴含着重大的社会价值，是公民和国家之间的重要纽带。一方面，公共服务体系的建设和完善，蕴含着政府和公民之间的隐形权利义务关系，公民之间平等的生存权和发展权需要国家的公共服务体系来进行保障。在整个社会之中，个体的力量是薄弱的，难以通过自身力量获得各类基本的生存资料。政府出于自身的职责，必须为民众提供基本的生存保障。在这一过程中政府的责任和能力得到彰显，使得其合法性和被认同感得到增强，强化了全社会的凝聚力。另一方面，公共服务的普遍提供可以降低资源的不平等，维护社会的公平与正义。为了保障全体公民的基本生存和社会的发展，政府以公共资源为支撑，为社会提供均等化的服务，是促进社会和谐平衡和经济繁荣稳定的重要手段。受到政府的政策限制和服务本身特征的影响，私人资本主要在公众发展和基本环境类进行资本投入，为社会的发展提供支持。公共服务体系的完善，可以在区域、城乡、个体之间构建起基本一致的生存保障，使得人人拥有维持生活和追求幸福的权利。如果这一体系严重缺失，社会中的弱势群体将难以生存，严重危害社会

的公平正义。

其次，公共服务的质量和数量影响到民众的生活质量和社会水平。总体来看，公共服务可以大致分为四种类型：基础公共服务、经济公共服务、公共安全服务和社会公共服务，这些服务涵盖了公民生活的方方面面，对于国民的生计生活起着基本的保障作用。供水、电力、交通等基础公共服务，直接影响到公民的日常生活，它们的完善和便利可以直接提升民众的便利感和幸福感；国家的经济公共服务，能够激发社会的生产力，帮助市场实现资源的最优化配置，提升社会的总效益；公共安全服务为民众的生活提供了外部的安全保障，使其免受战争等威胁的影响，对社会秩序与民众生命和财产意义重大；社会公共服务满足了公民的基本生活需求，在教育、医疗、社会保障等方面提供了生存和发展的机会，为社会的发展进步提供了前提和保障。

最后，公共服务的发展可以促进社会经济的进步。公共服务体系涵盖了社会的方方面面，它的建设本身需要庞大的社会资源，可以极大地带动社会经济的发展。例如，在经济危机中，许多国家大力进行公共服务体系的建设，对于拉动就业、促进资源有效利用意义重大，公共服务的完善，使得民众生活得到基本服务体系的保障，促进经济的发展和社会水平的提高。各类服务的供给减少了社会的风险系数，增强居民的消费信心和社会投资的活力，教育、医疗、卫生等服务则有利于高素质劳动者的培养，促进社会整合与社会公平。公共服务也有利于缓解社会发展的矛盾问题。基本公共服务的普及，可以缓解地区发展不均衡、收入差距过大、供需投资不合理等问题，拉动整个社会的经济发展。

但是，PPP 通过公共服务的供给直接影响民众的生产生活，也带来了一些无法克服的难题。第一，对于公共服务来说，过分重视效率本身，可能导致资源集中于优势的行业领域和地区，进而出现公共服务发展不均衡现象，带来社会总体效率的下降。将 PPP 模式广泛应用于国家的公共服务体系，可以比公共部门提供服务产生更高的效率[90]，但效率是什么呢？一般来说，效率用物有所值来衡量[91]，是为了达到公共部门的要求，在整个项目周期内成本、风险完成程度和质量的最优结合。这种定义下的效率集中考虑收益和成本，对于社会公平等价值存在忽视，不利于公共服务的均等化。第二，PPP 在各项服务中的地位越来越高，在给民众生活带来便利的同时，减轻了民众对政府的依赖程度，带来供给的不稳定性。例如，印度通过 PPP 模式建设电力项目，在减少政府的投资成本的同时也形成一种制度惯性，民众的用电受到私人企业的运行状况制约，一旦 PPP 项目运转出现问题将导致电力供给出现问题。第三，PPP 项目之中存在着许多的风险因素。很多 PPP 项目不仅无法实现高效率，甚至有延长工期等现象出现。PPP 项目延期是多种因素共同导致，但其中相当大的一部分原因是与公共部门利益目标不一致而出现较长时间的沟通协调，导致项目无法按期交付。PPP 项目的延期不仅会造成经济效益的亏损，也会影响公民对公共服务和公共产品的正常使用。

四、PPP 模式对公共治理带来机会和挑战

PPP 自从出现以来不断普及和发展，日益成为基础设施与公共服务的重要供给手段，因此一旦在项目运行中发生风险，对社会也会产生负面影响。政府和私人部门在实践中不断对 PPP 加以完善，以法律制度和机构建设将 PPP 纳入政府的治理体系之内，将一种融资安排逐步转变为政府进行社会治理的一种治理工具。作为一种融资安排乃至于治理方式，PPP 本身有着积极作用，也存在着发生风险的可能性。正如市场经济中风险与收益均衡的规律，政府在得到 PPP 正面效益的同时，也必须承担这一模式带来的潜在风险，且风险的大小与被应用的程度密切相关。PPP 模式给公共产品的供给带来了高效率和低成本，对政府而言是一种重要的治理工具；在它被推动的过程中，公共治理也会产生许多挑战，如逐利主体对公共利益产生威胁、私人资本对政府的锁定效应和公共部门的权威性降低等。

PPP 模式在公共服务的供给中存在着效率优势，也可以发挥公私双方的优势对社会资源进行更好的配置，降低公共产品的供给成本，为社会提供更多的公共服务。一方面，PPP 模式能够通过竞争性的招标加快项目的建设速度，使得项目能够在给定预算的前提下按时完成。竞争性的招标可以让私人部门在给定价格和最大化利润动机的驱动下降低服务成本，对于私人部门来说，PPP 模式可以通过良好的商业技能，如提高管理效率、应用新技术、管理现金流、分享资源等方式实现利润的增加和成本的降低。另一方面，PPP 模式可以发挥政府和社会资本双方的各自优势，以此来降低成本和提高效率。政府有限的资源和公众的需求之间始终存在张力，这就要求政府必须识别核心需求，并将资源配置在更具有比较优势的领域。通过 PPP 模式提供公共服务的效率高于传统采购方式，私人资本可以通过技术革新和管理优化来降低成本。就美国和英国基础设施的 PPP 项目而言，PPP 模式较传统模式节省 15%~30%的成本，这可归因于私人投资者更有效的项目管理、缩短施工时间及降低行政开支[92]。但是，PPP 模式的应用也会对政府的治理产生诸多挑战。

首先，私人资本的逐利性可能会导致私人利益与公共利益相冲突，公共产品的重要性则加剧了风险发生之后对社会的影响。一方面，公共部门和私人部门不同的利益追求很难得到完美调和，对公共产品的供给质量产生制约。公共部门追求公共利益，私人部门则更为看重经济利益和经济回报，私人资本在进行公共产品的供给中更为看重经济利益而非公共产品本身的社会效益和公平正义等价值追求。社会资本方在逐利动机的驱使下，可能损害公共利益谋求私利，降低公共服务的提供质量，此时对效率的追求反而会对社会的效益造成损失。另一方面，基

础设施和公共服务有着显著的基础性作用,对国民经济发展和社会繁荣稳定意义重大,PPP 运行中风险的发生会在社会上引起复杂的效应。公共产品与民众的生活质量直接挂钩,一定的投资在社会杠杆的作用下可以产生多倍的收益,在社会中形成复杂的效益传输机制。同样,如果 PPP 项目无法有效供给公共产品,危害也会沿着这一机制传递到各个领域,对社会发展造成损失。政府承担重要的公共责任,在产品供给过程中尽管会出现效率问题,却可以在公共产品的基本标准上达到稳定供给,PPP 模式本身则有着更大的不确定性。

其次,公共部门和私人部门之间形成风险分享和共同决策的长期关系[93],长期合作过程中形成对公共部门的利益锁定。第一,在长期的合作关系下,私人部门掌握了部分主动权。政府引入 PPP 模式的一个动机是转移风险,当政府对私人资本方形成依赖时,私人部门将在合作关系中拥有更多的自主选择权,使得 PPP 中预期转移给私人部门的风险转回给公共部门[94]。政府在公共供给之中承担着最终的责任,而私人部门在项目运行中掌握着信息的主动性。第二,公共产品供给渠道狭窄,短期内难以重新生产。基础设施和公共服务直接关系到公民的实际利益,普通商品可以在市场中被替代,而公共服务的可替代性渠道狭窄无法在短期内得到满足。PPP 在这些领域的投资一旦形成规模,很难被撤回和取消,即使出现问题后公私双方追加投入,项目对社会的影响力仍然会较大。第三,私人参与基础设施的建设还可能增加腐败的机会,增加与授予特许经营权和合同有关的贿赂的可能性。政府方代表利用其影响力索取不合法的财物,增加私人部门在竞标和关系维持中的成本,减少在项目建设和运营中的消耗,导致 PPP 模式的无效性。部分政府部门在吸纳社会资本的过程中,漠视正式规则和程序,仅仅靠"关系""人缘"等非正式制度,这些非正式关系的存在直接或间接地影响了政府的决策,使决策的科学性有一定的偏差。在许多国家的 PPP 项目运行中,暴露出公共与私人部门的腐败行为,对政府的信用造成不利影响。

最后,PPP 模式降低了政府在公共产品供给之中的控制权,在一定程度上弱化了公共部门的权威,使政府自身面临多重的利益冲突。第一,PPP 模式尽管改善了公共资源的产出和服务,但是在这一过程中弱化了政府的公共责任和权威,公共权力退出生产阶段,只有在项目的可行性阶段、信息公开阶段和项目决策阶段才使用。在私人部门长期提供公共产品的背景下,弱化了政府对公共产品的供给能力,政府对公共产品的控制权下降。第二,政府在基础设施和公共服务领域的弱化,降低了民众对政府的依赖程度,弱化了政府的权威。公共产品是政府与民众之间的一条重要纽带,政府通过各类服务的供给,直接影响到民众的日常生活,提高了民众对国家的认同和归属感。私人资本进入以后,政府在公共治理之中的角色呈现弱化趋势。尽管政府仍然承担着最终的公共责任,但 PPP 项目中风险的发生和产品供给不足,将导致民众对公共部门的不信任。第三,政府在 PPP

模式中面临多重的利益冲突。政府与私人部门合作进行公共产品的供给，在这一过程中涉及公共部门和各分包私营单位等众多利益相关者，政府基于公共责任，一方面要满足民众的生活需求；另一方面必须兼顾私人部门的商业需求，维护PPP项目的合同稳定性。

第二节　PPP本质上是一种委托-代理关系

一、PPP模式的委托-代理关系

委托-代理理论建立在委托人和代理人的区分之上。其中，代理人代表委托人的利益行事[95~97]。在公共领域之中，公民是最终的委托人[98]，而在PPP的情景之中，委托人是公共部门，代理人通常是私人部门。代理人和委托人之间的联系可以通过关系或者合同加以规范。在这种关系或合同中，委托-代理问题时有发生。一般来说，当产品或服务的供应方和消费者签订合约提供服务时，就会出现委托-代理问题，因为按照消费者的方式或标准交付服务实际上并不符合供应商的利益。虽然私人部门的参与缓解了政府部门资金上的压力，但是它也让私人部门在很大程度上控制了整个项目，从而可能导致以政府及公众的利益为代价为自己谋取利益的行为，而政府或公众本来应该是被私人部门服务的。因此委托-代理的问题是真实而重要的，由此理解委托-代理的四个核心假设是解决代理人问题的第一步[99]。

第一，代理人和委托人之间存在利益冲突。在PPP项目中，公共部门代表了公众的利益和社会的总福祉，实施PPP项目是为了满足民众公共产品和服务的需求，提高社会效益和促进经济发展。私人部门并不会将政府的上述目标作为优先事项，而是以利润最大化为目标，更注重创新和效率。即公共利益和私人利益存在本质上的冲突，在项目的成本和效益方面，公共部门和私人部门存在相悖的利益。公共部门可能将物有所值视为自己的最终目标，而作为代理人的私人部门则不能将这一目标与自己利润的任何方面联系起来。

第二，伴随上一观点的第二个假设是基于理性假设做出的，即各方倾向追求自身的利益。社会资本方可能会故意降低质量标准或其他方面的标准来降低总成本，由此获得更高的利润[100]。

第三，委托人和代理人之间的信息不对称。一般来说，代理人有更多关于任务行动和选择的信息，这包括两个方面的问题：一方面是代理人不知道委托人知道何种信息的逆向选择问题；另一方面是委托人不能观察代理人的道德风险问题。在 PPP 项目中，逆向选择问题一般发生在合同的签订之前，道德风险的问题一般发生在合同签订之后。特别是作为代理人的社会资本方拥有更多关于所执行项目的更好和更细微的信息，如拥有更专业的技能及这些技能如何在项目中加以利用的信息。他们对项目的特点（如市场状况、建设技术和成本等）比政府更为了解。

第四，不确定性。在任何关系中，总有可能发生无法预见的变化，既不能提前计算其发生的可能性和影响，也不能预先加以控制。PPP 项目一般具有长达 15~30 年的合作周期，这使合作伙伴关系容易受到复杂多变的内外部环境的影响，尤其是外部宏观环境（如金融市场变动）的影响，并且这些变动很难加以预测和提前进行控制。

二、PPP 项目周期的各阶段

有关 PPP 模式的重要不足之处是缺乏对于 PPP 项目特定阶段的分析[101]。有学者指出公私伙伴关系通常经历不同的发展阶段，并通过战略的层面和业务的层面得到体现。每一个阶段对于特定技术的需求、战略和业务层面管理人员之间的关系都是需要进一步探索的地方[102]。在某种程度上，越来越多的研究者已经意识到识别 PPP 项目不同阶段的重要性，并基于不同阶段的特性讨论 PPP 的各个子议题，如风险的分配、项目的治理等。例如，在风险分析的研究中，由于从项目启动到设计、施工和运营阶段，PPP 项目持续时间很长，PPP 项目在不同阶段，风险出现的可能性及风险的潜在影响有所不同，于是有学者将 PPP 划分为可行性阶段、采购阶段、建设阶段、运营阶段和转移阶段五个阶段分别进行分析[103]，有研究人员根据不同阶段来探讨 PPP 负责制的需求[104]。总之，我们可以合理地假设，根据所处的阶段不同，每一个 PPP 项目会表现出不同的性质。本章根据 Osborne 和 Murray 对 PPP 项目过程的讨论，将 PPP 划分为四个阶段：可行性阶段、采购阶段、运作阶段和结束阶段[105]。

第一个阶段是可行性阶段，在此阶段，公共部门评估利用 PPP 模式的利弊，识别潜在的合作形式，筛选并与潜在的合作伙伴进行初步的接触，根据不同的利益相关者视角进行项目可行性分析。尽管可行性研究并不能包含所有的要素，但是由于这一阶段会直接决定下一步的行动，这直接关系到项目的成功与否[106]。第二个阶段是采购阶段，该阶段是对合同进行谈判的阶段，包括项目合同条款的确定、尽职调查的进行、权益投资的确定。在这一阶段项目的目标、目的和程序需要达成议程并确定下来。虽然这一阶段对 PPP 各个利益相关方都很重要，但考虑到资金缺口、潜在的需求不足、不良的项目管理等有关风险，这一阶段可能对私人部门产生显著的影响[107]。第三个阶段是运作阶段，项目的生产、建设与实际的执行都发生在这一阶段。第四个阶段是结束阶段,在这一阶段合作伙伴对合伙企业和项目绩效进行评估。

三、项目阶段视角下 PPP 的委托-代理问题

在可行性阶段,公共部门会考虑采用 PPP 模式开展项目是否可行。因此,私人部门仅仅作为潜在的项目参与者而存在,委托-代理问题也将以潜在的方式存在。从理论上来说,私人部门和公共部门具有不同的目标导向,前者注重经济上的收益,后者以社会的福利为目标。这也就意味着公私部门的利益冲突和自利性行为的程度会很高。公共部门采用 PPP 的重要原因就是利用私人部门的知识技能、专业人员和资源,但是无法监视代理人的行为,因此信息不对称的问题在这一阶段也较为严重。在这一阶段,寻找合作伙伴和缺乏正式的合同意味着项目高度的不确定性(表3.1)。

表 3.1　PPP 四个阶段下的委托-代理问题

委托-代理问题	利益冲突	自利行为	信息不对称	不确定性
可行性阶段	潜在很高	潜在很高	潜在很高	潜在很高
采购阶段	中等	中等	中等	高
运作阶段	整体较低	整体较低	中等	高
结束阶段	中等	中等	中等	低

在采购阶段,公共部门对合作伙伴进行筛选,就 PPP 项目进行谈判并签署合同。在这个阶段,通过共同的关于项目目标的谈判,潜在的利益冲突将会有所缓和。可能存在某种程度的自利性行为,因为参与者需要确保该项目能够使他们所属的组织受益。换言之,委托人和代理人原有的组织身份在这里发挥作用。然而,人们仍然期望有一个共同的项目目标,将其优先于参与者自己的组织目标。此外,即使代理人的行为监督起来仍然困难,信息不对称有关问题也能够通过代理人的技能和特征有所减弱。从项目签订到合同完成,通常跨越数十年,可能会发生一些无法预见的事情,所以不确定性将会一直保持在较高水平[108]。

当项目处于运作阶段时,可以假设项目的目标凌驾于各个合作伙伴及其组织的目标上,从而导致利益冲突的减少。合作伙伴的自我利益正在下降,因为他们已经就项目的目标和实现这些目标的方法进行了谈判。已有研究指出,在此阶段,合作伙伴的员工通常会接受与合作项目相关的新的身份,这导致他们现有的身份与原有组织的身份越来越不一致[109]。然而,可能影响利益冲突程度减轻的问题是,由于合同的不完整性,PPP 的长期性和高度不确定性,合同可能需要重

新谈判或是有新的冲突需要解决，进而增加了合作伙伴之间发生利益冲突和自利行为的可能性[110]。研究还发现，PPP 项目的雇员更多地将自己与项目联系在一起，而不是与雇用他们的组织联系在一起[109]。在这一阶段，委托人有机会通过观察代理人的行为来控制道德风险的问题。此外，考虑到 PPP 模式重要的溢出效应，这一阶段的信息不对称水平可能要低于上一阶段。最后，这一阶段的不确定性仍然很高，因为有可能出现合同的再谈判问题。

结束阶段的一个重要部分是对项目进行评估，合作伙伴评估 PPP 的过程，尤其是 PPP 项目的绩效。正如在运作阶段一样，合作伙伴之间的利益冲突应该很小，因为合作伙伴有时间协调他们的利益。然而，根据评估执行的方式，可能会出现利益的冲突。考虑到合作伙伴关系和与项目有关身份的减弱，并且合作伙伴会寻找新的项目，因此项目的自利性程度会越来越高。员工们会逐渐意识到，项目的身份已经成为过去，而与最初组织的稳定身份代表着现在和未来，因此他们可能会想到什么对组织有利，而不是对项目有利。这个阶段，信息不对称的问题仍然存在，如果一方的专业知识高于另一方，就很难进行适当的评估。最后由于项目已经结束，不确定性不再是一个问题。

第三节 社会资本方对 PPP 项目的控制权

本节认为 PPP 本质上构成了一种委托–代理关系。在这种模式中，政府将基础设施和公共服务的职能转交给社会资本方，社会资本方通过提供设施和服务获得利润，承担相应的风险和责任。因此，PPP 模式面临委托–代理的四个问题：作为委托人的公共部门和作为代理人的社会资本方存在利益的冲突、两大部门之间存在自利性行为、项目运作中不确定性程度高、信息不对称下的逆向选择和道德风险问题，且这些问题还会随着所处阶段的变化表现程度有所不同。如是，这些问题意味着 PPP 模式本身就蕴含着公共风险发生的可能性。

另外，在上述的委托–代理关系中，政府和社会资本方会对 PPP 项目的各个决策节点的控制权进行配置以推动项目的有序运行。当控制权从政府部门向社会资本方进行转移的程度越高时，社会资本方掌握控制权越多，其自利性的投入会越多，于是 PPP 模式的公共风险就会越大。本节接下来的部分，首先，将会沿用上一节对 PPP 生命周期中各个阶段的划分，从决策的要素出发对项目各个阶段的决策节点进行分解，讨论整个周期内的 PPP 项目的控制权体系；其次，由于人的有限理性和项目的复杂性、不确定性等因素，PPP 合同是不完全的，由此产生了特定控制权和剩余控制权向社会资本方转移的状况；最后，讨论这种控制权的转移最终导致了公共风险发生的逻辑。

一、项目阶段视角下 PPP 的控制权

在 PPP 项目中,公共部门和私人部门之间的合作以可行性阶段进行筛选和评估开始,中间经历采购阶段、运作阶段,到最后的结束阶段为止。因此这一过程中存在很多的决策节点,需要由若干个参与方依据自身所掌握的信息资源和知识经验,在诸多的备选方案中以更有利于实现项目的界定目标为原则做出相应的选择[111]。因此,对 PPP 项目整个交易过程的控制权进行分解,要以准确识别各个决策节点为前提。根据 PPP 的特征及项目生命周期的各个阶段得出如图 3.1 所示的 PPP 交易过程中的所有决策节点。

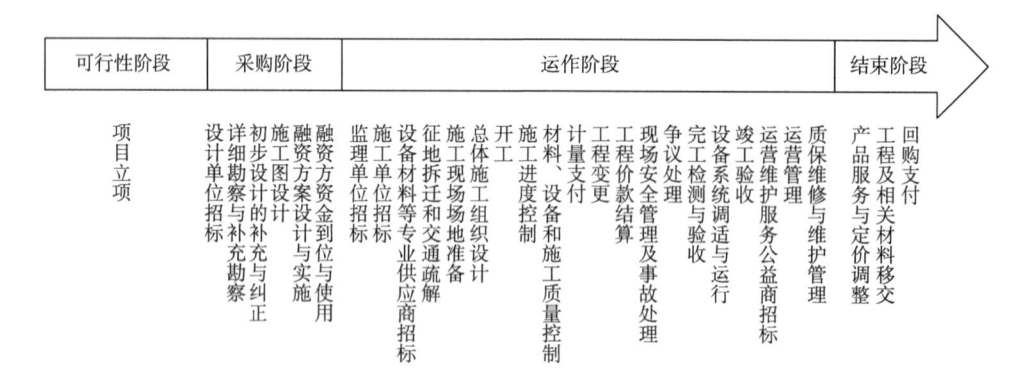

可行性阶段	采购阶段	运作阶段	结束阶段
项目立项 详细勘察与补充勘察 设计单位招标	初步设计 施工图设计 融资方案设计与实施 融资资金到位与使用 监理单位招标 施工单位招标 设备材料等专业供应商招标 征地拆迁和交通疏解	总体施工组织设计 施工现场场地准备 开工 施工进度控制 材料计量支付 工程变更 工程价款结算 现场安全管理及事故处理 争议处理 完工检测与验收 竣工验收 设备系统调适与运行 运营维护服务公益商招标 质保维修与维护管理	产品服务与定价调整 工程及相关材料移交 回购支付

图 3.1 PPP 项目的重要决策节点的识别结果

需要说明的是,本章的控制权指的是一组使用和处置企业资源的权利集合。相应的 PPP 模式中的控制权是项目参与主体为实现效益最大化而投入 PPP 项目的资源和权利集合[112]。但是根据不同的标准,这种控制权又可以划分为不同的层次。例如,根据其作用方式可以分为行政、监管层,契约管理层,建设经营和控制层。学术界普遍认为决策是实现 PPP 项目这种控制权的实际载体。因此,从决策的角度,可以将控制权依据每一个决策节点的决策过程,划分为提议权、审批权、执行权和监督权[97]。提议阶段,决策主体根据决策目标提出资源使用的方案或计划;审批阶段,决策主体在若干方案中对决策计划是否可行进行判断;执行阶段,决策主体将选定的决策方案或计划付诸实践;监督阶段,决策主体对计划和方案的执行过程与结果进行评价[111]。一般来说,提议和执行由同一主体完成,统称为决策经营;而审批监督由同一主体完成,统称为决策控制[113]。

由上所述，PPP 项目交易中各个决策节点的控制权可以划分为决策控制的控制权和决策经营的控制权两个层次，提议权、审批权、执行权和监督权四种控制权在重要性方面有所区别（图3.2）。一方面，决策控制的控制权与决策经营的控制权通常配置给不同的决策主体，且决策控制的控制权比经营权更为关键，掌握了决策控制的控制权的一方就可以在 PPP 项目中居于主导地位；另一方面由于审批权是决策过程中构想和行动的临界点，因为审批权是控制权的核心，且应该明确由一个主体单独拥有，对于 PPP 项目交易中控制权配置的分析主要关注各个决策点上审批权的归属。

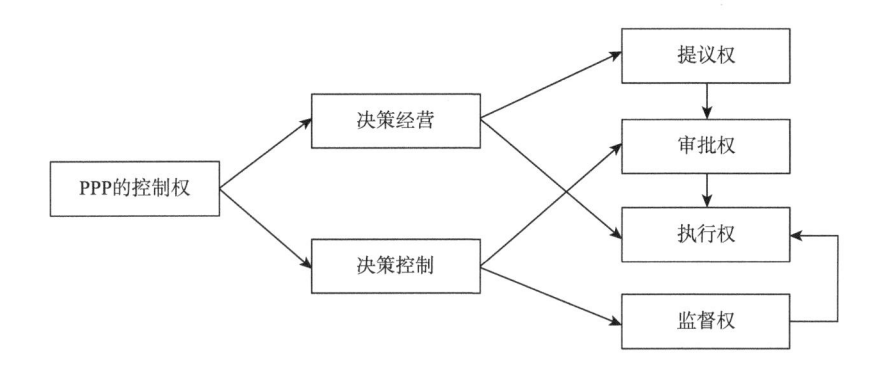

图 3.2 PPP 项目的控制权体系

二、不完全契约中控制权在委托-代理链中的转移

契约是一组各主体在签约时做出且预期在未来能够实现的承诺的集合。完全契约指的是契约中的条款能够完全覆盖双方在未来发生预期事件时的权利和义务。当缔约的双方对条款产生争议的时候，第三方或者法院能够强制执行。在这种情况下，所有权就变得无关紧要。所有者没有特殊的权力，因为一切因素都能在初始合同中被确定下来。但是实际中，契约往往是不完全的。一方面，由于人的有限理性和未来的不确定性因素，合同不能列出未来所有可能有关交易的情况并且清晰地界定各种情况下各主体的权利和责任；另一方面，因为事前的预测成本太过高昂，所有这些没有在合同中界定的事项是各方有意留在事后进行治理的。因此，由于合同本身是不完全的，PPP 根据合约确定的控制权又可以进一步划分为特定控制权和剩余控制权，二者都可以按照决策细分为提议权、审批权、执行权和监督权（图 3.3）。特定控制权是 PPP 项目中公私双方的合同条款中明确进行界定的，而剩余控制权及配置并未在交易契约中进行明确规定。当未来合同出现未预料到的情况时，政府或私人部门针对突发状况做出决策的权力未被明确

规定。

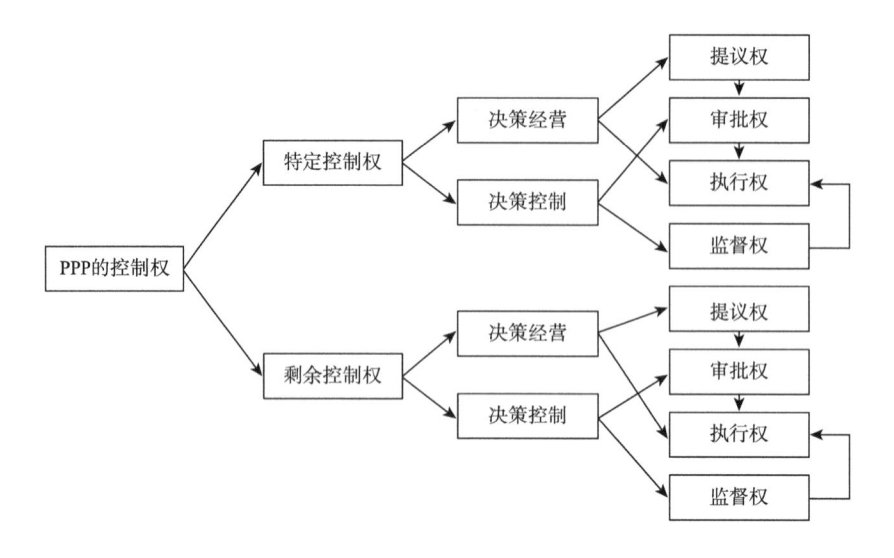

图 3.3 PPP 模式下的控制权类型

在 PPP 模式中，政府通过引进社会资本方的力量为公众提供公共产品和服务，并通过不完全合同建立多层次的委托-代理关系。多层次的委托-代理关系有两方面的含义：一方面，PPP 模式涉及政府各主管部门、项目的投融资和设计、建设管理等各私人部门，并非简单意义上抽象的公共和私人两个主体；另一方面，这些众多的利益相关者之间存在多种的委托-代理关系。政府在签约之前代表公众享有项目全部的控制权，并通过合同的方式部分转移给项目公司，即政府与项目公司之间签署特许经营协议。这份协议实际上将项目的决策经营权通过合同的方式转移给了私人部门。由项目公司与银行贷款方签订贷款合同，与施工方、设计方、供应商和运营商之间签订建设合同，与保险公司签订保险合同等。换言之，项目公司选择并委托符合标准的施工单位、设计单位等，由其完成 PPP 项目的设计、施工管理等，在此过程中也必然要经过一系列的承发包合同将项目公司拥有的控制权的一部分转移给次级的单位，从而使得项目的控制权通过契约关系在多层级的委托-代理关系中传导，如图 3.4 所示。

在这个多层委托-代理形成的关系网中，项目的利益相关者众多。每个利益相关者都是控制权配置的潜在主体，但各利益相关方对项目表达的需求和期望往往存在冲突，很难满足所有利益相关者的期望。因此，各个权利配置主体通过影响项目决策，参与控制权的分配以达到满足各自期望的目的。从这一角度来说，项目交易过程中，拥有一致期望和利益的主体会形成隐性的同盟。控制权的配置

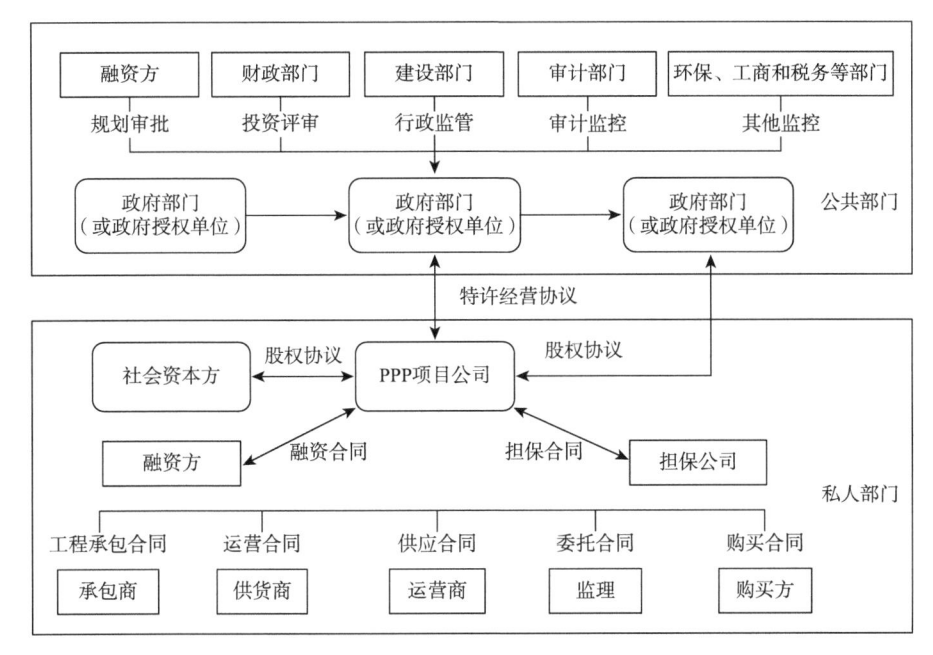

图 3.4 PPP 中的委托-代理关系网络图

和转移就不是再给某个单一的主体而是将控制权分为不同的阵营。在多层的委托-代理关系之中的多个主体分属于公私两大阵营。在理论研究中，当前学术界关于配置权分配的研究，广泛将控制权的分配主体分为以政府为代表的公共部门和以私人企业为代表的私人部门。控制权配置主体之间通过契约实现某种分配的方案，通过契约进行分配。控制权的分配和转移的结果影响着公共风险的发生，因为公共部门往往以公共利益或公共价值为主要目标，而私人部门则主要以自身的营利为目标，二者的差异成为公共风险产生的根源。

这就使得当合约中没有规定的事项发生时，在公益性目标与经济性目标冲突下，控制权在多层级委托-代理主体间的分配就成为公共风险发生的关键要素。生命周期内各个决策节点中的审批权可以视为控制权的核心。这种控制权在公私双方的配置比例可以视为公共部门或私人部门对 PPP 控制的强度。此外，控制权的时间维度也是重要的维度。控制权随着项目的进展、合同的实施、环境的变化等一系列不确定性的呈现而动态调整是实现 PPP 项目效率的重要因素。因此，一方面，政府为了实现 PPP 模式所预言的增加基础设施和公共服务供给，改善和提高运营绩效的目标不得不对控制权进行转移；另一方面，在多层次的委托-代理关系中控制权的转移带来了严重的信息不对称和机会主义行为，这将导致公共风险发生可能性的增加。

三、控制权向社会资本方转移导致风险的发生

控制权向社会资本方的转移是本节解释公共风险发生的核心逻辑。PPP 模式提供的是重要的公共产品，它会对人的生产生活、经济社会、公共产品的供给效率和政府的治理模式产生显著的影响。然而，由于 PPP 本质上是一种委托-代理关系，且这种关系依赖于不完全的合约，因此，PPP 模式本身就在生命周期的不同阶段面临着不同程度的委托-代理问题，因而蕴含着发生经济风险、社会风险、发展风险、政治风险等公共风险的可能性。在具体项目的运作过程中，出于项目的有效管理的需要，将会在委托-代理链上根据合同将控制权进行分配。但控制权从政府向社会资本方转移的过程中也会发生公共风险。一般来说，在保持其他条件不变的情况下，控制权向私人方转移得越多，私人部门出于逐利性会投入越高的自行性投入，进而公共利益遭受损害的可能性越高。

首先，PPP 项目中政府向社会资本方转移决策经营权，不仅导致政府对项目的失控，还增加了风险发生的可能性。一方面，政府通过合同将提供基础设施和公共服务的责任部分转移给私人部门，但是 PPP 项目的融资、建设、运营维护实际上主要是由社会资本方负责，政府并不参与项目的实际管理会失去对项目的控制；另一方面，PPP 项目中公私部门的合作伙伴关系并非平等。尽管私人部门是由公共部门授予一项基础设施或服务的合同，即授予了决策经营权，但是这种不对称关系会随着时间因权力关系和资源依赖程度的变化而发生改变，进而增加价格升高、服务质量降低、项目发展锁定等风险发生的可能性。

具体来说，在 PPP 项目中，由于资产专用性的存在，双方将处于一种双边垄断的关系状态，特定时间和范围内很难有竞争和替代。而且，一旦选定社会资本方后，招标阶段的竞争市场就转换为政府与资本方的双方垄断。市场结构的这种转变，使社会资本方处于有利和强势地位，为其策略性行为提供了条件和机会。社会资本方可能利用其信息优势来获取更大利润，如利用掌握的信息和专用性资产来要求政府部门提高服务费以获取更大利润。当然，政府也可利用其信息优势，不断地修改合同，对社会资本方提出更高要求。信息不对称造成双方失信行为，不仅损害各自的利益，严重时甚至威胁到 PPP 项目的稳定运行。

其次，公共利益和私人利益存在本质上的冲突，导致自利性的私人部门损害公共利益。尽管在公共产品和服务供给中，政府与社会资本方各自的权利和责任都可以在 PPP 模式下通过合同的方式加以界定，但是诸多的案例都证实了相同的逻辑——社会资本方参与这些公共产品提供的项目是以获得利润为目的而非为了承担公共的责任，追求公共的价值。从利益相关者的角度来看，社会资本涉及诸多异质性的行动主体，整体上具有冲突的利益。例如，社会资本方的逐利性和 PPP 模式追求的公共利益是冲突的，社会资本的所有活动都首先是为了保护股东

的私人利益。又如，社会资本方可以在盈利的驱动下，尽可能以高价拿下项目，通过后期的运营维护成本等方式加以弥补；在成本节约的驱动下，会利用多种手段控制总体成本，以获取盈利，而节省的成本直接影响到服务供给的质量。

再次，不完全契约的长期性和复杂性加剧了控制权分配的难度，提高了交易成本，也导致了公共服务缺乏弹性。PPP 合同的不完全性意味着政府和社会资本方的关系，特别是社会资本方的责任和行为准则难以提前详细写入合同之中，总会有意外的事情发生。因而需要在实践中不断就剩余控制权的问题进行谈判和协调。特别是在长达二三十年的特许期内，PPP 必然受到内外部环境的影响导致其所追求的物有所值目标并不一定能够实现。这是因为与传统的公共产品的供给模式相比，PPP 将更多的控制权转移给了社会资本方，需要花费更多的交易成本和私人融资成本。这些成本是需要社会资本通过改进管理、引进新技术和创新运营管理机制来弥补的，但是社会资本方拥有控制权和信息优势，可能采取策略性行为而不是提高效率来获得利润。此外，项目的长期性和基础设施巨大的固定成本，也使得政府只能通过和社会资本方进行谈判的方式，实现社会资本方行为的调整。这不但会推高项目成本，而且社会资本方可能出现"敲竹杠"、不配合政策调整的情况，导致政策和项目锁定，影响公共利益和价值的提高，导致基础设施和公共服务碎片化和政策弹性降低。

最后，在不完全契约之下，公共项目的决策、生产及成本技术等信息，被拥有剩余控制权的社会资本方以商业秘密的名义而不公开。如是，一方面，社会资本方有降低设施和服务标准并向政府和消费者收取高费用的机会主义行为，从而增加 PPP 项目的公共风险，除非政府采取一些代价高昂的措施来解决代理人的行为效率问题；另一方面，不能获得信息的公众将产生不满情绪并可能采取抗议行为，引发社会和政治问题。

第四节　不完全契约下 PPP 的监督问题

作为提出公共事业监督问题的先驱，德姆塞茨认为如果能够在合同中规定所有参与者的职责，且竞争足够激烈，那么仅靠合同就能够解决成本高昂、裁量权自由的监督问题。此外，市场的竞争机制还会降低公共服务提供过程中过高的转租金。但是，一方面，由于人的有限理性，合同是不完全的，很难写出完备的合约来预测所有可能的意外事件；另一方面，基础设施领域存在强大的扭曲市场的力量。因为基础设施高额的沉淀成本，很少会有公司参与竞争，公开招标时间漫长，又难以监督和执行既定的标准。例如，服务质量标准的多样性及这种标准的内涵会随着时间的变化而改变，因此，几乎不可能在一份合同中预测30年以上时间的服务质量标准是否足够，中标的过程总是充满着争议和时间成本的消耗。例如，伦敦地铁公司的电力合同的签订耗时3年，耗资1 500万英镑，合同内容长达2 500页。另外，大部分的基础设施行业由有限数量的跨国公司、强大的地方性公司和大型国企所主导。这些公司与政府当局之间存在巨大的信息和技术差异。因此，在不完全契约下，PPP的监督既是必要的，又面临困境。

考虑到PPP生命周期各个阶段的特性，不完全契约导致PPP的监督问题可以进一步划分为三个部分（图3.5）。首先是对可行性阶段和采购阶段中，项目的立项和特许经营者选择的准入监督。准入监督的目的在于筛选掉不能实现物有所值的PPP方案和特许经营者。但是由于上述契约的不完全和基础设施领域存在的垄断力量，准入监督面临评估指标确定困难和政府被捕获的困境。其次是对项目运作阶段和结束阶段的绩效监管，如对质量、成本、服务水平、价格等方面的监督。绩效监督的目的在于及时发现和解决服务绩效不符合要求的问题。此阶段最大的挑战在于信息的纰漏和绩效标准的制定。最后是对整个生命周期的过程进行的过程监督。就整个生命周期而言，在不同的阶段都需要对项目的执行和运作进行密切的监督，因此客观存在较高的监督成本。

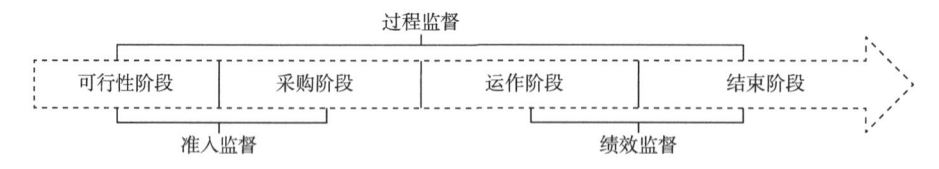

图 3.5 PPP 模式中的过程监督

一、准入监督中公共部门易被捕获

准入监督核心的内容是考察 PPP 模式及特许经营者能否实现物有所值。一般来说，准入监督涉及两个阶段[114]：一是可行性阶段需要对项目的立项进行监督，这一阶段要制订基础设施或者公共服务的发展规划，进行项目的可行性评估，以及对该项目是否适用于 PPP 模式进行评估；二是对特许经营者的选择进行监督，通过公开招标、竞争性磋商或谈判等方式选择私人的合作方。在这两个阶段，公共部门比较值（public sector comparator, PSC）是运用PPP模式及授予特许经营权的重要依据。PSC 通过对传统模式的全生命周期进行比较，如果 PPP 方案的成本低于传统方案的成本，就实现了物有所值。但是特许期特别长的 PPP 作为不完全契约具有一个重要的特征：信息的不完全，即缔约方在签约之时所面临的不可预见的不确定性，或即使可以预见但无法描述。这就可能引发两个问题：

第一，物有所值评估可能无法满足公共利益的需要；第二，与社会资本方的接触，增加了公共部门被捕获的可能性。

尽管PSC及物有所值是PPP项目立项和招标的重要依据，但受限于合同的长期性和复杂性，很难开发出全面的评估标准。在这种评估中，通过对PPP项目全生命周期内政府净成本的现值与PSC进行比较，来判断PPP模式是否真的降低了项目的成本。但是PSC方法计算复杂，特别是项目的前期缺乏真实准确的数据，导致对投资、折现率及风险分担等方面假设的依赖。此外，也没有国际公认的标准和会计准则来确定PPP与传统采购的比较，考虑的变量差距往往很大。因此，PPP合同的这种复杂性和长期性，造成了信息的缺失和标准规范难以实行，进而导致监督的困难。

在公共事业立项和招标的过程中，增加了政府部门与私人部门接触的机会，政府存在被捕获的可能性。尤其是大型基础设施行业自然垄断的特性，市场可能被少数企业或强大的地方性公司所垄断。地方政府因为缺乏资金和技术项目的初始阶段，往往对社会资本方的资源依赖程度高，因而社会资本方具有一定的议价优势。一方面，潜在的竞标者在竞标过程中可能会游说政府官员，对竞标过程的公平性造成负面影响；另一方面，政府本身参与项目的立项和监督，又增加了寻租行为的可能性。作为掌握着合法的行政权力的政府及工作人员在对项目进行监督时，私人部门可能会为了获取更大的利益对政府工作人员行贿，从而降低公共产品和服务的质量标准，违背公共项目最初招标竞争的初衷，从而使得公共福利存在遭受损害的风险。

二、绩效监督中绩效信息透明度低

PPP的契约特性，决定了由公共部门设计的合同和有关的产出规范是公私双方合作的基础。在遵守法律要求的情况下，政府有权根据服务的范围、服务水平、成本及报告的要求来确定绩效预期。项目的产出规范与传统政府采购的输入规范不同，作为采购方的政府只描述应该满足哪些标准，而不是规定该如何满足。由于PPP项目交付的是产品和服务，因此有效的机制来评估社会资本方对合同协议的履行程度至关重要。首先，需要在产出规范和说明中设置标准，这些标准意味着对产品和服务的最低要求；其次，建立适当的度量标准和监督的方法对于确定绩效分数也很重要，这些度量的标准用于测量所实现的服务水平，或者基于百分比确定绩效得分；最后，绩效和支付之间应该有逻辑关系。许多PPP项目都需要设置一个系统，该系统使用最低标准的百分比来衡量服务的水平，如果绩效低于阈值，则使用某个比例进行惩罚。因此，开发具有度量稳健性的绩效测量系统对于绩效监督来说是重要的挑战。

上述挑战在长期 PPP 合同的复杂性和低透明度的项目运作中变得更为严重。复杂性在 PPP 合同中指的是不仅在初始和采购阶段，需要进行详细的准备和规划，对采购进行适当的管理，还需要仔细的合同设计来设置服务标准，分配风险并平衡风险和商业回报。复杂性导致了合同难以在一开始就设置如上所述的全面的绩效评估标准，并通过设置的绩效指标体系进行评估和奖惩。此外，人们对服务质量标准的看法还会随着时间的改变而发生变化，初期规定的服务标准随着社会经济的发展可能不能够满足使用者的需求。

复杂性也加剧了 PPP 项目绩效信息披露程度低的问题。透明度指的是公共服务提供的协议、成本和绩效信息的可获得性。由于 PPP 契约的长期性、项目的创新性和复杂的财务结构，PPP 特别容易受到透明度低的问题的影响。PPP 的商业合同往往要求保密性，这也意味着通常不会公开完整的合同细节。公众无法知道项目合同的主要条款、采购信息等核心内容，也无法获得项目的实施方案、绩效监测报告、中期评估信息、财政预算的执行情况等。合同的细节和项目具体信息的不可知也就意味着社会监督的缺失。一方面，对于政府来说，PPP 允许政府利用自己的财务信用发展基础设施的同时绕开传统的政府支出的约束，这可能会混淆 PPP 模式的真实成本，给政府带来未来隐性的财政风险；另一方面，社会资本方可能利用自己的信息优势在项目的建设运营中隐藏真实的成本信息，导致公众难以了解自己所享受到的公共产品或服务的成本。社会资本方可能在利润导向下，侵蚀公共利益，最终损害项目的合法性。

三、过程监督中交易成本高昂

由于 PPP 的长期性及依赖于不完全契约的特性，事后的监督变得重要起来。在不完全契约中，为了保证契约被强制实施，仲裁机构必须获知契约的所有信息，并且可以鉴别出事后被揭示出来的状态信息及双方的行为，但是这种做法的交易成本太高以至于无法实施。因此，契约需要寻求双方的自我实施。但是，与传统的政府内部生产和供给的模式相比，这种事后的监督存在较高的成本。交易成本经济学为分析这种过程中产生的费用提供了理论洞见。具体来看，交易成本主要由三个维度决定：资产专用性、交易频率和不确定性。这里的资产专用性主要是指不能轻易转化为其他用途的知识、技能和技术的特征；交易频率指的是特定监督行为重复的次数；不确定性是指某些事情发生的可能性不可预测。

首先，通常跨越数十年的合同中，可能会发生一些无法预料到的对项目的监督产生影响的事件，因此，在整个生命周期内，这种不确定性一直会保持较高的水平直到项目的结束。其次，在项目的可行性阶段和采购阶段，需要创建一个良好的监测机制，用以揭示信息，保证招标的有效和公平；在项目的运作阶段，需要创建全面的指标体系并投入相应的人力物力对项目的绩效进行评估，特别是在绩效难以衡量的情况下，只有依赖于对参与方行为的监督和控制；此外，还需要应对绩效监督中出现的政府和社会资本方存在的隐藏信息的问题。尽管公共部门和私人部门都有义务共同检测合同的执行情况以维护公共利益，但是创建满足上述要求并能够得到采购主体批准的综合的监督方案，并将其与支付费用连接起来需要耗费额外的资源。最后，在整个过程中密切和持续地进行监督，并根据监督结果及反馈进行调整，也意味着成本的增加。

第五节　影响 PPP 模式公共风险的因素

PPP 项目的上述特征决定了在分析 PPP 项目导致的公共风险发生概率时需要考虑多方面的因素。一方面，PPP 项目自身的属性不同，其投资量、辐射区域的城市化水平等代表了当地对该项目的依赖程度，其所属领域、项目类型及项目建设的复杂程度将影响公共部门和私人部门双方对其风险发生的判断，这些因素影响公共风险的发生概率；另一方面，PPP 项目所处的区域不同，当地政府的治理能力和对公共风险的应对能力也就不同，这导致公共风险发生后的可控程度不同。

一、PPP 项目的重要性

PPP 项目提供重要的公共产品，影响着民众的生产生活和经济社会的发展。PPP 模式改变了公共产品的供给方式，极大地提升了基础设施和公共服务的提供效率，被各国政府广泛采纳。但是，PPP 提供的公共产品越重要，民众对其依赖性越高，其导致的公共风险发生时的可控程度就越低，造成的风险和危害也就越大。

PPP 的出现改变了由政府提供公共产品的格局，私人资本逐渐在这一领域扩大影响。公共产品的性质决定了政府是其主要的生产方和供给方，政府能力不断提升以后在公共产品领域也一直占据着主导地位。20 世纪 70~80 年代各国的财政危机和官僚体系的低效，使得公私双方开始合作，传统上由政府主导的基础设施和公共服务领域，私人资本逐渐进入其中并与政府展开合作，发挥自身的资金和管理优势来提高供给质量和效率。随着这一融资工具的优势显现出来，各国逐渐放宽政策并对其进行鼓励和推广，PPP 无论是在项目行业还是在投资规模上，都得到了显著的提升，从根本上改变了公共产品的供给方式，政府在建设基础设施和公共服务时越来越多地考虑社会资本的力量。

基础设施深刻影响着一个国家社会经济的发展状况。社会的生存发展需要赖以生存的基本条件，各类基础设施则是其中重要的组成部分，为其他的各种社会生产提供了基本的保障。在不断的生产过程中，基础设施产生了巨大的关联作用，通过乘数效应进行放大，极大地促进了经济增长和民众生活水平的提升。在市场的作用下，基础设施的建设优化了资源的配置形式，合理的建设格局可以减少区域差异和促进社会公平。从各国的经验来看，完善的基础设施与综合国力的提升有着正相关关系，推动了地区综合实力的增强。

公共服务对社会的稳定和经济的繁荣起着基础作用。PPP 模式兴起以来，通过自身的高效率和低成本优势，极大地促进了公共服务的普及化。公共服务涉及社会的方方面面，它的均等化和下沉化，可以为社会构造一张无形的保障之网，维护全社会特别是低收入群体的生存权，强化民众的凝聚力和认同感。但是私人资本在提升供给效率的同时，也可能带来公共服务提供的非均衡，PPP 项目中的风险因素则会影响到公共产品的正常使用。

PPP 参与公共产品的供给越深入，对社会的影响也就越大，其中的风险因素越加难以控制。基础设施和公共服务的有效供给，影响到一个社会的稳定和发展态势，私人资本的逐利性和公共产品的公共价值有着很大的利益冲突，在实际运行中很容易对社会产生不利影响。在长期的合作伙伴关系中，在公共和私人部门之间形成较为稳定的联结，产生了私人资本对政府的强影响/控制，并随着社会条件的变化引起供给质量的下降甚至是项目的失败。而且，PPP 逐渐成为政府治理过程中的一项重要制度安排，这一安排固然可以降低成本提高效率，也会降低政府在公共产品提供中的作用，在一定程度上弱化公共部门的权威。

二、PPP 项目的社会资本性质及其信息分布

作为委托-代理的一种具象化表现，PPP 项目中政府与社会资本方之间存在利益冲突，并且双方在合作之中存在信息不对称，在利益的驱使下存在策略性行为的可能，固然代理人和委托人之间可以通过合同加以规范，但是在 PPP 项目的全过程存在较大的不确定性，代理方可能利用本身的信息优势为自身谋利，进而导致委托-代理问题的产生。在公私双方的合作过程中，社会资本类型、项目类型、运作模式和采购方式等因素，都会影响到委托方与代理方的信息分布，进而导致公共风险的发生。

第一，投入项目的社会资本类型是影响项目双方合作及信息披露的重要因素。PPP 项目中的主要社会资本类型分为中央企业、地方国企、上市民企、非上市民企和外资企业等几类。作为国家资本存在的中央企业和地方国企，本质上就是全民所有的生产资料，是全体人民所享有的共同财产，所以其作为社会资本投

入PPP项目中，也会承担原有的社会责任。中央企业和地方国企经营较稳定，未来发生不确定性风险的概率小，更适合长期合作，且其信息对公共部门披露得较多，有利于双方沟通与合作，所以公共风险发生的概率较小。民营企业和外资企业以私人营利为经营目标，逐利性动机更强。尤其是与非上市的民营企业合作时，其经营状况和资本拥有状况更模糊，且规范性更低，PPP项目发生公共风险的概率也就较高。

第二，项目类型决定了项目工程量及项目复杂性，项目工程量越大、复杂性越高，项目建造运营过程中的信息状况越不对称。对原有项目的改造，在前期的管理经验积累下，双方对项目本身的信息掌握都比较多，风险发生概率较小。在新建的项目之中，项目的复杂性和存在的不确定性更大，双方对项目可能产生的风险都没有较为全面地掌握，双方在实际运作中掌握信息的能力不同，对项目的认知差异可能导致自利行为。特别是大型基础设施的PPP项目对物质资源、技术资源、人力资源等专用性资产要求较高，政府与社会资本方相比并不具备技术上的比较优势，政府对执行项目所需的手段及所要达到的具体目标只有模糊的理解，社会资本方在项目实践中能够对项目进行更为细致的了解。

第三，不同的运作模式下政府对项目的控制程度不同，在不同的合同体系下社会资本方的自主性会影响到项目的不确定性。PPP的运作主要可以分为管理外包类、特许经营类和私有化类三大类别，在不同类别下的风险程度也不相同。管理外包类多是公共部门委托私人部门经营，公共部门保留资本所有权；特许经营类多是社会资本方承担项目的融资和建设，在建成之后直接将项目所有权或者运营一段时间后再将项目所有权移交政府；私有化类直接由社会资本方建设、运营并享有对项目的所有权。几种运作模式中，政府在其中扮演的角色和参与的程度不同，对项目的控制程度也就不同。对于管理外包类来说，政府仅仅是将运营权转交给私人部门，并由政府缴纳费用，政府会根据项目的经营状况决定是否延长合作，私人部门出于对长期经营权的倾向，会承担更多的社会责任，公共风险发生的概率较小。其他形式，政府在其中参与和承担的责任较少，在采购阶段选定社会资本方后，就较少地参与项目的决策，对项目的控制较少，甚至不拥有项目的所有权，私人资本方操作空间更大，更有可能产生公共风险。

第四，在不同的采购方式下，合作双方的信息披露和谈判程度影响到风险的发生概率。在采购阶段，公共部门和私人部门会就共同的项目目标进行谈判，通过讨论协商将潜在的利益冲突进行缓和。但是，采购方式不同导致的信息披露程度也是不同的，公共部门对合作伙伴的了解不同，合作过程中可能出现的问题存在差异。单一来源采购中，采购人直接按照唯一供应商进行采购；竞争性谈判和竞争性磋商都是采购人邀请乙方进行，前者以最低价中标，后者根据综合的标准打分进行磋商。当标准单一的时候，可能会扭曲项目的"投标"，促使竞争者采取策略性行为，以最好的价格获得政府的采购项目，并在执行中逐步收回前提的成本，提升项目的回报，公共风险发生的概率较高。

三、社会资本对 PPP 项目的控制状况

从 PPP 项目运作过程来看，政府和社会资本方均会对项目各个决策节点的控制权进行配置。公共部门项目运营和建设过程中享有的控制权会影响对整个项目公共风险的控制，而控制权向私人方转移得越多，私人部门出于逐利性发生策略性行为的可能性就越高，进而公共利益遭受损害的可能性越高。PPP 项目的合作中公私双方对控制权进行分配，并且随着时间的变动发生改变，项目合作期限、回报机制、项目行业领域和产品的可测性都会影响到社会资本对项目的控制权，进而对公共风险的发生产生影响。

第一，合作期限是决定公共部门对项目享有控制权大小的重要因素。合作期限越长，需要审批和决策的事项越多，为了减少交易成本，政府向私人部门转移的控制权也就越多，往往只保留监督权。PPP 模式长达 15~30 年的合作期限，将会使项目面对内外部环境巨大的不确定性。因此，在整个项目周期内，项目各个阶段均存在大量的决策节点。对社会资本方来说，需要在长期的合作中进行相关的服务管理、成本核算、盈利计算和运营管理等。政府需要转移控制权让社会资本方应对长期的不确定性。但是长期性的另一面是政府难以准备完备的条约对社会资本方的行为进行规范，控制权的转移能缓解绩效风险，但加剧了社会资本方的行为风险。私人部门在决策过程中享有更多的主动性，更多可为自身谋利的机会，更可能损害公共利益。

第二，对于回报机制而言，政府承担财政责任越低的回报机制，公共利益损害的可能性就越大。回报机制指的是项目公司通过何种方式收回建设和运营的成本。一般来说，PPP 项目有三种回报机制：政府付费、可行性缺口补助和使用者付费。其中在政府付费和可行性缺口补助中，政府都在未来负有一定程度上的支出责任。理论上而言，政府负有一定程度上的支出责任，在重要的支付机制上保有控制权，能够减少社会资本的自利性行为，进而减少公共风险。此时，社会资本与政府合作的意愿来自对政府的信任程度，对当前政府执政能力认可度高，私人部门更愿意为其服务，因为相信其可支付相应的费用，并且会提高服务和产品的质量。公共部门执政能力较强时，也会更重视项目的长期利益和造成的公共福利，而不是现期的经济利益，甚至于寻租。当公共服务和公共产品是由使用者付费时，公共部门在其中承担的责任减少，私人部门为了收回成本，更有可能采取策略性行为，危害公共利益。但是在实践中，使用者付费的 PPP 项目的比重逐渐降低，而政府付费和可行性缺口补助类的项目增多。PPP 的融资成本将会高于政

府融资的成本，加上政府将在未来支付可观的且并不透明的费用，因此有可能形成政府隐性的债务，进而整体的公共风险发生的可能性增加。

第三，PPP 项目所属领域不同，其公共化程度、绩效可测量的程度、信息披露的程度也是不一样的，社会资本方对项目的控制程度也会存在差异。产品和服务的公共化程度越低，政府转移给社会资本方的控制权越高。尽管 PPP 模式关注的一般是区别于私人物品的公共产品或准公共产品，但是这些产品的公共化程度有所差异。一方面，不同行业的公共化程度有所差异，如相对于国防而言，城市供水服务和非义务教育的公共化程度较低；另一方面，即使是同一个行业公共化程度也会有所差异。例如，国道、省道的公共化程度要高于高速公路，国家的铁路比城市轨道交通的公共化程度要高，开放程度更低，一旦该类项目或其产品存在质量缺陷，其所造成的不良社会影响是巨大的。因此，一般来说，政府会在公共化程度较高的项目中掌握更多的控制权，减少其公共风险发生的可能性。

第四，公共产品或服务的可测性越低时，控制权的转移程度会越高。当政府部门可以通过特定的手段来确定产出的标准并且能够测量，即可测性比较高时，政府与社会资本的信息不对称程度会降低。反之，信息不充分或者获取信息的交易成本过于高昂时，测量和评估难以实现，也不可能通过具体的合同条款对社会资本的策略性行为进行规制，社会资本方获得较大的控制权。例如，水利工程建设尽管可以在合约签订之前确定各方规定的投入和产出，并且根据股本资金投入等确定特定控制权的持有比例，但是在对于建设和运营期间未明确规定的不确定事项时，双方就很难通过合同确定各方所应投入的资金、技术、管理和人力等专用性投入。

四、PPP 运行环境和政府监管能力

PPP 模式有着很强的嵌入性，其运作绩效受到外部环境因素的深刻影响，政府对项目的监管程度也会影响各个主体的行为。PPP 模式的运行依赖于制度环境和市场条件，在公私双方的合作机制下，制度经济环境会直接影响到合同安排和合作结构，进而导致主体的行为和风险发生程度各不相同。同时，PPP 项目本质上是委托-代理关系，其中存在的不确定性较大，必须由政府部门进行直接干预监督和管理，才能减少公共风险发生的可能性，政府监管者的角色必须贯穿 PPP 项目的始终，并且影响着公共风险发生时的治理能力。

首先，PPP 项目所在地区的制度和经济条件直接影响到风险发生的可能性和实施结果。一般而言，在政治稳定、经济发达、市场体系完备的国家和地区，PPP 模式中的风险发生概率更小。稳定的政治环境可以为经济发展提供安全的保障，在完善的制度结构下，社会资本与公共部门进行合作的概率更高。营商环境越好、城市的行政级别越高及项目的示范级别越高，政府越能够有专业的技术和

能力有效治理项目，其应对公共风险的能力及可调动的资源也就越多，对公共风险的治理能力也就越高。发达的经济可以为 PPP 项目提供充足的社会资本，特别是在大型的公共产品项目中，双方的合作更加容易达成，合作的关系也更为平等。在经济较为落后的地区，政府能够吸引的私人资本有限，在合作中也很容易出现给予过多优惠政策损害到公共利益的现象。市场体系的完备性，直接影响到公私双方合作中的风险治理水平。在发达的市场之中，资金、人才、技术等资源流动更为畅通，契约精神和法治理念深入，PPP 契约的不完全性能够得到一定的控制，进而减少风险发生的可能性。

其次，合同的完备性和稳定性是重要的风险影响因素。一方面，合同中对项目运行的诸多事项的界定越清晰，合同的稳定性就越好。一般而言，PPP 模式的合同是不完备的，在合同条款中预留双方应对非意图事件再谈判时的责任和义务，在应对长期合同时保持一定程度的灵活性能够为将来应对不可预知事件提供能力基础。然而，这种对合同进行重新谈判的灵活性同样是一种负面的影响因素。这种预留的灵活性越高，即预留的再谈判空间越大，合同的稳定性就会越差，也意味着政府保留的控制权就会越低。另一方面，合同的稳定性越差，政府转移的控制权越高，公共风险发生的可能性越高，具体的逻辑如下：第一，它削弱了私人承包商履行合同的动机。由于合同的部分关键条款的硬性执行很可能成为将来项目达到预期目标的掣肘，在社会资本方的逐利行为下，风险发生的可能性会增加，合同也就越不稳定。第二，合同预留的重新谈判空间产生了比较高的交易成本，消除了竞争的影响。重新谈判对 PPP 项目管理的政府部门的信息、专业知识和能力要求很高，大多导致运营商或投资者的条款的改变、效率的降低、产品质量的降低及对财政产生不利的影响，包括直接或间接的隐性债务的增加。合同的稳定性越高，政府部门保留的控制权越高，私人部门的自利性行为就会越低，进而公共风险发生的可能性会越低。

最后，政府对项目的监管程度，对风险的发生和治理是一种重要变量。PPP 模式下，政府将项目的部分控制权转移给私人部门，监督权成为其保留的最重要权力之一。在项目的生命周期内，在各个阶段都可能产生风险，且公共部门和私人部门的利益冲突导致双方都有违约的可能性，公共部门必须进行全方位的监督才能保障项目的顺利运行。政府相对于企业有着天然的资源和地位优势，在前期决策过程中掌握着主要的信息，且在项目运作中面临着公共责任和部门利益的冲突。因此，在一些项目中存在着公共部门本身的风险因素，专门的监管部门在其中显得格外重要。社会资本方的逐利动机与信息优势，导致在项目中产生委托-代理问题，对项目的过多控制加剧了策略性行为的发生。政府作为公共责任的最终承担者，对其进行监管是十分必要的。因此，在许多国家和地区，都通过原有的监管体系或新设立管理机构，对 PPP 项目进行全方位的管理，以求减少风险发生的可能性，实现公共价值与公共利益的最大化。

第六节　PPP模式公共风险衍生过程

　　PPP模式因理论上的诸多优势在过去的二十多年内在世界范围内被广泛应用。但同时在实践中不成功的PPP项目也不断出现，存在爆发公共风险事件的可能。这要归因于PPP模式本质上不完全契约的特性使得模式本身带有高度的复杂性和未来的不确定性。社会资本参与基础设施建设和提供公共服务的目的是追求经济上的利润，而这与项目所追求的公共利益产生了本质上的冲突。因而PPP模式也带来了危害公共价值或公共利益的风险。本章作为探索性的研究，通过对前期在实践中体现公共风险案例的报道进行梳理和总结后，认为公共风险即对公共利益造成损害且超出个人的控制能力范围内的风险，并将公共风险划分为经济风险、治理风险、社会风险和发展风险四大类，而每一类都有具体的、细化的风险表现。这些公共风险为何会发生，正是本章所要探讨的问题。

　　第一，本章从PPP模式的重要性开始讨论。一方面，因为PPP模式提供的是重要的公共产品，它的出现和普及深刻改变了公共产品的供给方式，使得私人资本逐渐进入这些产品的供给之中，深刻影响着经济社会的发展。它可以扩大服务的范围、提高服务的质量和降低公共产品供给的价格，直接或间接推动经济的增长和社会的长期发展，成为政府的一种重要制度安排。另一方面，PPP模式提供的公共产品对社会发展有着重要的意义，各种基础设施的建设是其他社会生产的基础，可以有效促进国家生产力的发展；公共服务的普及不仅保障了社会的公平正义，也推动着消费水平的提高和社会风险的降低。然而，正是因为公共产品的重要作用，导致PPP对社会的影响愈加重要，较长的项目周期和公共产品本身的特征，也导致PPP的影响力进一步扩散，对政府的治理状况构成显著影响。因此，PPP对公众、经济社会和政府的影响愈加重要，一旦发生风险，其造成的影响乃至危害是较为严重的。

　　第二，为了回答公共风险的发生，本章将PPP界定为一种委托-代理关系。政府通过合同的方式将提供基础设施和服务的职能转移给社会资本方，社会资本方承担相应的职能并由此获取利润，进而委托-代理问题会出现——公共部门和私人部门本质上的利益冲突、双方都会有自利性行为、信息不对称及不确定性。要深刻理解这些问题的表现，需要将其置于PPP的生命周期内。尽管PPP的阶段划分标准不一，但是本章为了平衡讨论的复杂性和一般性，遵从公允的划分，将其分为可行性阶段、采购阶段、运作阶段和结束阶段。这些阶段将会一直贯穿全书的讨论。在这些阶段内，委托-代理问题的表现会有所不同。整体来说，在结束之前，PPP 的利益冲突程度、自利性行为及信息不对称会逐渐降低或保持中等的水平，不确定性水平在结束之前都保持较高的水平。

第三，上述的委托-代理关系及其问题，结合社会资本对 PPP 项目的控制权，公共风险表现就会加重。从决策的角度来看，PPP 项目周期的全过程中存在不同的决策节点。这些决策节点进一步可以分为提议权、审批权、执行权和监督权，并且可以分为决策经营和决策控制两个层次。这些权利在不同阶段的重要性会有所差别，但其中审批权相对而言比较重要。政府通过和社会资本方订立合约，将代表公众所享有的对基础设施或公共服务的控制权一部分通过合约的形式给明确下来进行分配，但仍有一部分控制权没有明确，即剩余控制权。这些控制权在项目中会从政府向社会资本方转移。然而社会资本方并不是抽象意义的单一主体，在项目的实际运行中会经历多级承包和控制权的转移。进而，承包方围绕着分包的合约关系与项目公司形成又一层的委托-代理关系。因此，控制权在委托-代理链中的转移，使得在项目的建设管理和运行之中加大自利性资源的投入，降低公益性的投入，提高自身的收益水平，出现为资本负债、保持低水平服务、生产劣质产品等行为，进一步加剧公共风险，威胁着 PPP 项目的稳定运行。

第四，尽管良好的监督有利于减轻公共风险的程度，但是 PPP 不完全契约的特性使得监督面临内在的困难。这些困难具体体现为可行性阶段和采购阶段的准入监督、运作阶段和结束阶段的绩效监督、整体考虑下的过程监督。另外，缔约的信息不完全性，准入监督中的物有所值评估存在争议，增加了公共风险发生的可能。契约的复杂性和不确定性也会影响绩效监督的推进。一方面难以开发出稳健的绩效评估系统，对 PPP 项目的成本、质量、价格等绩效表现进行监督；另一方面这些性质导致 PPP 的信息透明度低，缺乏社会的监督。在过程监督中，为了实现上述的监督行为不得不投入大量的资源，交易成本较高，在一定程度上抵消了 PPP 模式带来的优势。

第五，PPP 项目导致公共风险的发生概率及可控程度与项目的重要性、代理方、控制权的转移及政府的监管相关。PPP 项目越重要，其辐射地区对其的依赖程度越高，一旦发生公共风险，其可控程度也就越低。PPP 项目本质上是一种委托-代理关系，项目的代理方影响着信息披露的程度和双方利益的一致性，在一定程度上，可以预见到公共风险的发生概率。PPP 项目的控制权具有"两副面孔"，一方面政府为了实现 PPP 的物有所值必须向社会资本方转移控制权，以发挥社会资本方在技术和资金上的优势；另一方面这种控制权过多的转移又会导致社会资本方自利性投入的增加，威胁公共利益。外部的制度经济环境对风险发生概率有很大影响，而且政府作为项目监管者的角色必须贯穿项目始终，当政府可以对项目进行有效监管时，其对公共风险治理能力的提高有着重大意义。

第四章　PPP 模式公共风险分布状况

第一节　PPP 模式公共风险分析框架

一、PPP 模式公共风险分析框架的价值

PPP 模式由于自身的优势和政府政策的引导，在中国被广泛运用于基础设施和公共服务领域，呈现出蓬勃增长的态势。但正是由于 PPP 项目的爆炸式增长，诸多问题逐渐暴露出来，政府开始对 PPP 模式采取一系列规范措施，并对项目库进行清理和整改。显然，尽管 PPP 模式具有提高效率、分担风险、实现公共支出物有所值等诸多优势，但也使公共利益和公共价值面临着更多的风险。从任由 PPP 项目"野蛮生长"到对其进行规范和指导的转变，也体现出政府对 PPP 模式风险的认知正在逐步跟进。

虽然"风险"一词常见于国内外 PPP 项目的相关研究之中，但学者们多聚焦于讨论 PPP 项目的成败，而欠缺对 PPP 模式下公共利益、公共价值面临损害或威胁的可能性的研究，即鲜少对公共利益和公共价值面临的风险进行探究。风险有诸多定义，且无论如何定义，都和不确定性高度相关，是指某种特定危险情况发生的可能性和后果的组合。PPP 模式的风险一旦发生，便会出现在公共领域且对公共利益、公共价值造成威胁甚至损害，具有明显公共性和社会性的影响，因而称为公共风险。目前学术界和社会各界更多地集中于将 PPP 模式作为一种融资工具，对 PPP 模式的风险进行了经济学、金融学、财政学和现代管理科学等角度的解读，且从对公共价值的影响上来看也仅限于追究政府的公共责任和政府治理的失败，而忽视了 PPP 模式所可能产生的对公共利益、公共价值造成威胁甚至损害的可能性。显然，公共风险这个概念并没有在大众的视野中建构起来，尽管有人曾提出过 PPP 模式公共风险这一概念，却仅限于提到该词，并没有后续的系统性研究。因此，本章建立了一个脉络清晰的 PPP 模式公共风险分析框架，通过明确

界定公共风险的概念，尝试性归纳 PPP 模式公共风险的维度，并从 PPP 模式的运行机制出发揭示公共风险的发生机制及其影响因素，进而设计出 PPP 模式公共风险评价体系来评估我国 PPP 模式公共风险的现状及其分布，同时展开公共风险治理的相关研究。该分析框架不仅将 PPP 模式公共风险概念推入大众视野中，更是对 PPP 模式公共风险进行结构化的一个尝试，这也正是本章想要做出的贡献之一。

更为重要的是，本章建立的 PPP 模式公共风险分析框架本身具有极大的优势。一方面，通过建构风险分析框架对公共风险进行结构化分析，在对公共风险内涵进行界定的基础上，归纳 PPP 模式公共风险的维度及其影响因素，并进行操作化处理，以便对 PPP 模式公共风险进行测量和描述。将公共风险从观念、概念上转化为可测量的变量，这对于 PPP 模式公共风险的研究来说是奠基性的工作，后续的研究都可以在此基础上进行更进一步的对话，这是一项重要的创举。另一方面，在明确了公共风险的影响因素及风险发生机制之后，本章设计了 PPP 模式公共风险评价体系，对公共风险的影响因素发生的概率和危害进行科学的评估，使大家对 PPP 模式公共风险的认识更加具体和深入。更重要的是，在得出科学的公共风险评估结果之后便能很清晰地对各项公共风险的影响因素进行比较，来衡量各因素对公共风险的影响高低，进而为未来决策提供重要的参考，使政府在选择 PPP 模式作为政策工具时，充分注意其对公共价值的潜在危害而更加慎重权衡，尤其在如何规避较高风险、合理处理其他风险等方面提供决策基础；同时，对中国 PPP 模式公共风险现状和分布状态进行评估。评估的结果一方面可以揭示 PPP 模式在中国的潜在问题；另一方面也可以作为进行进一步公共风险治理的重要标准，推动 PPP 模式公共风险研究向着风险治理的方向迈进。

二、PPP 模式公共风险分析框架的结构

（一）PPP 模式公共风险的构成

学术界对公共风险的研究领域广泛，有学者指出公共风险是一种具有多维属性的观念，并非简单地由发生概率和严重程度这二维属性来表达。公共风险作为发生在公共领域，超出个人控制范围之内且可能会对公共价值和公共利益造成损害的风险，在公共领域这个巨大而复杂的系统中酝酿发酵，其所带来的公共风险是综合性的，且公共风险中所包含的维度也是多方面的，将其视为单一的主体不利于深化对 PPP 模式公共风险发生逻辑的推理和后续的操作化分析。按照不同的标准和原则，公共风险可以被划分为不同的类型。本章基于文献和案例研究，将 PPP 项目影响公共利益和公共价值的表现通过列举法逐一展示，通过比较和归纳

这些表现得出公共风险的表现维度，并通过搜集的实际案例对公共风险表现维度进行补充和完善，最终将公共风险分为经济风险、社会风险、治理风险和发展风险这四个方面，如图 4.1 所示。

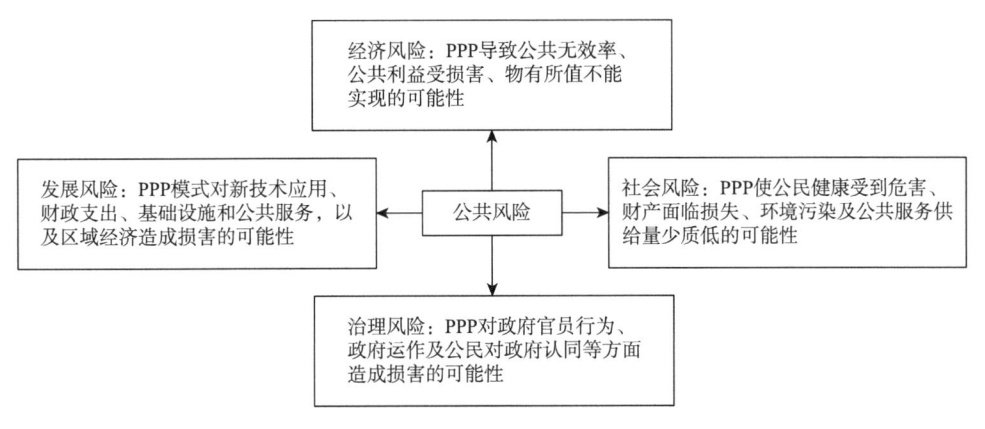

```
                  ┌─────────────────────────┐
                  │ 经济风险：PPP导致公共无效率、│
                  │ 公共利益受损害、物有所值不能 │
                  │ 实现的可能性             │
                  └─────────────────────────┘
                             ↑
┌────────────────────────┐       ┌──────────────────────────┐
│ 发展风险：PPP模式对新技术应用、│       │ 社会风险：PPP使公民健康受到危害、│
│ 财政支出、基础设施和公共服务，以│ ← 公共风险 → │ 财产面临损失、环境污染及公共服务供│
│ 及区域经济造成损害的可能性   │       │ 给量少质低的可能性         │
└────────────────────────┘       └──────────────────────────┘
                             ↓
                  ┌─────────────────────────┐
                  │ 治理风险：PPP对政府官员行为、│
                  │ 政府运作及公民对政府认同等方面│
                  │ 造成损害的可能性          │
                  └─────────────────────────┘
```

图 4.1　PPP 模式公共风险的构成及解释

就经济风险而言，PPP 模式因其能够使政府在短时间内以低成本的方式获得相对优质的公共产品和公共服务且其供给效率大幅提高而成为各国基础设施和公共服务开发、融资和供给的主要方式，但是与公共部门相比，私人部门在自利性动机的驱使下往往使公共利益面临着更高的经济损失的可能性。另外，PPP 项目的多数采购方式具有特殊性质，带有明显竞争性质的招标可以让私人部门在给定价格和逐利动机的驱动下降低服务成本，在合同中对高于约定的实际成本进行特殊处理或进行隐藏以获得成功。项目在实施过程中面对各种不确定性不仅会导致项目对公共利益造成损害，且并不能实现物有所值和供给效率的提升。

从 PPP 模式的社会风险来看，基础设施或公共服务由于本质上的公共性和公益性，并非以营利为目的，显然与社会资本的自利性存在不可消除的矛盾。但是 PPP 项目在招投标过程中，只有在一定程度上满足社会资本的逐利性才会达成最后的合作，这就意味着一旦项目正式运作，如果没有合理的补偿机制和其他回报满足社会资本的利润要求，私人部门为追逐利润和成本节约而采取的行为可能导致复杂的社会后果。事实上，尽管公共部门生产和提供基础设施与公共服务不一定能够实现高效率，但与私人部门在逐利性下的自保行为相比，政府承担着重要的造福民众的社会责任。另外，当 PPP 模式应用于特殊基础设施和服务中时，给自然环境、公众健康、公共安全等带来的风险相当高，也可能压缩公共产品的其他开支导致产品和服务量少质低，以合同责任抗拒公共责任，造成设备闲置，对整个社会造成恶劣影响。

PPP 模式的治理风险是一个不太好确定的概念，与纯粹的公共部门提供产品和服务相比,公私合作模式不可避免地带来合作过程中的各项交易费用。加之由于基础设施和公共服务具有的资本投入量大、合作期限长和不确定性高等特点,其合同本身往往留下巨大的未规范的空间,因此当社会资本进入基础设施和公共服务领域后,必定存在较大的寻租空间,存在一系列危及公共部门信誉的可能性。社会资本可能会通过各种方式影响政策议程的走向,不仅可能带来政治不稳定的因素,还可能削弱政府的治理能力和公信力。

发展风险是指在 PPP 模式之下,政府由于缺少提供基础设施和公共服务的资金、技术等,对社会资本方所拥有的庞大资金、专有技术和知识等的依赖,以及长期合同期限的规定,而被社会资本方钳制住未来发展的可能性。在 PPP 长期的特许期带来各种不确定性因素下,PPP 模式对新技术运用、财政支出、基础设施、公共服务及区域经济可能造成制约、限制和阻碍,主要表现为技术上的锁定、财政投入的锁定、服务方向的锁定及区域发展的锁定,简言之,就是对特定区域的社会发展、财政资源的再分配和特定公共产品的提供等方面可能会产生复杂影响。

本章已经概括和界定了以上所述 PPP 模式公共风险的四个方面的内容,为了解公共风险的现实表现,笔者团队一方面通过对搜集的 PPP 实践项目进行多案例分析,用案例中切实发生的公共危害对这四种风险的具体表现进行阐释和归纳;另一方面利用团队成员的 PPP 项目实践经验优势,咨询和收集来自政府、企业、高校和研究机构专家们的相关信息和建议。除此之外,笔者还先后前往陕西、贵州和海南等地对政府部门工作人员、企业领导及员工和民众进行访谈,了解访谈对象对 PPP 模式公共风险的见解。最终,综合来自各个渠道的资料,对 PPP 模式公共风险的表现维度进行了统一梳理,形成了如表 4.1 所示的公共风险具体表现。表 4.1 中归纳出 PPP 模式公共风险的具体表现有 17 项,第 1~5 项是经济风险的具体表现,第 6~9 项是社会风险的具体表现,第 10~13 项是治理风险的具体表现,第 14~17 项是发展风险的具体表现。该表对于公共风险类型和具体表现维度的归纳与总结,奠定了后续公共风险结构化研究的基础。

表 4.1 PPP 模式公共风险表现维度表

序号	内容	序号	内容	序号	内容
1	建设成本超支	7	环境污染	13	政府能力弱化
2	建设时间延长	8	供给不足、低质	14	技术锁定
3	运营维护成本增加	9	设备闲置	15	财政投向锁定
4	程序、合同及谈判等非生产性费用高	10	利益集团操纵	16	公共产品供给锁定
5	产品、服务高收费	11	政府官员腐败	17	区域发展锁定
6	危害公民健康	12	政府信誉、权威受损		

（二）公共风险因素的识别与分类

在归纳出 PPP 模式公共风险概念内涵和外延基础上，得出 PPP 模式公共风险的定义和公共风险的表现维度，如表 4.1 所示。但这对于 PPP 模式公共风险分析来说，只是基础性的一步，接下来便是对 PPP 模式公共风险的风险因素进行识别与分类，以便在此基础上开展进一步研究。PPP 模式公共风险的风险因素来源众多，涵盖政治、经济、社会等方面，更细致到项目本身的关键信息等，但现有研究均缺乏对于具体风险因素的探究和讨论。为了获得具体而完整的风险因素，本章主要运用头脑风暴法对所有可能的风险因素进行初步分析和识别，并运用德尔菲法对初步识别的风险因素进行归纳和提取，最后采取鱼骨图法对提取出来的主要风险因素进行分类。

笔者团队于 2017 年 7 月在陕西西安组织了来自政府部门、国企社会资本方、民企社会资本方、金融机构、咨询机构和高校等单位的 10 位 PPP 领域的相关专家对 PPP 模式公共风险的风险因素进行了分析，并严格遵循头脑风暴法的科学要求和原则，最终形成了包括项目类型、回报机制、行业领域、合作期限、区域城市化率、所属区域一般公共预算、营商环境指数等在内的 20 条风险影响因素，整理后根据公共风险的 4 个类型和 17 项具体公共风险表现维度进行匹配，将其分为四大类：PPP 模式的重要性、PPP 本质上的委托-代理关系、PPP 项目的控制权、不完全契约下 PPP 的监管问题。

在初步识别 PPP 模式公共风险可能存在的风险因素之后，笔者于 2017 年 8 月进一步组织 PPP 相关领域的专家学者，运用德尔菲法对风险因素进行了筛选和提取。参加本次调查活动的主要是来自高校、研究机构、咨询机构等单位的 4 位专家学者，以实名填写调查邮件的方式前后进行了 4 轮。最终，与头脑风暴法的结果进行比较，统一最终的 PPP 模式公共风险的风险因素，剔除了 6 项，剩余 14 项，并对 14 项公共风险因素分别进行了细致而科学的属性分类，结果如表 4.2 所示。

表 4.2　PPP 模式公共风险因素及具体属性分类

序号	风险因素	具体属性类别
1	项目类型	①新建　②改造　③混合
2	营商环境指数	①40 以下　②40~60　③60 及以上
3	区域城市化率	①50%以下　②50%~63%　③63%及以上
4	合作期限	①15 年及以下　②16~25 年　③26 年及以上

续表

序号	风险因素	具体属性类别
5	运作模式	①BOT ②BOO ③TOT ④O&M ⑤MC ⑥ROT ⑦其他
6	项目总投资	①0~10亿元 ②11亿~50亿元 ③51亿~100亿元 ④100亿及以上
7	回报机制	①政府付费 ②使用者付费 ③可行性缺口补助
8	项目所属行政区级别	①省级及以上 ②省会城市 ③一般地市 ④区县级
9	示范级别	①财政部示范项目 ②省级示范项目 ③市级示范项目 ④一般项目
10	采购方式	①单一来源采购 ②竞争性磋商 ③竞争性谈判 ④公开招标 ⑤邀请招标
11	社会资本类型	①中央企业 ②地方国企 ③上市民企 ④非上市民企 ⑤外资企业
12	所属区域一般公共预算	①100亿元以下 ②100亿~500亿元 ③500亿~1 000亿元 ④1 000亿~2 000亿元 ⑤2 000亿~3 500亿元 ⑥3 500亿元及以上
13	所属行政区生产总值	①100亿元以下 ②100亿~500亿元 ③500亿~1 000亿元 ④1 000亿~5 000亿元 ⑤5 000亿~10 000及亿元 ⑥10 000亿元及以上
14	行业领域	①市政设施 ②交通运输 ③公共事业（科、教、文、卫、社保等）④环境保护 ⑤农业、林业和水利 ⑥城镇综合开发 ⑦其他

鱼骨图法的运用有"层层深入，先主后次"的原则，一般情况下，鱼骨图法常常与头脑风暴法一起使用，笔者在根据头脑风暴法和德尔菲法识别和提取出14项公共风险因素以后，再利用鱼骨图法对这14项公共风险因素进行归类，从而使后期的研究工作更加结构化且更具针对性。首先，确定我们的分析目标即探究PPP模式的公共风险因素；其次，根据识别和提取出来的风险因素的先后主次，层层深入，从而明确这14项风险因素之间的主次关系，使这些因素间的关系更加分明，从而更有利于下一步的公共风险状况、风险转化为危害及风险治理等研究的推进。

利用鱼骨图法对PPP模式公共风险因素的整理结果如图4.2所示。其中，分析目标为"PPP模式的公共风险"，大枝共4项，即识别出的PPP模式公共风险因素主要分为四大类。PPP模式的重要性、PPP本质上的委托-代理关系、PPP项目的控制权、不完全契约下PPP的监管问题，这是在前一节中便已识别和呈现出来的。中枝共14项，分别对应着4个大的风险因素，项目总投资、区域城市化率、所属区域一般公共预算是"PPP模式的重要性"中的关键因素；项目类型、运作模式、采购方式、社会资本类型是"PPP本质上的委托-代理关系"的重要因素；示范级别、合作期限、回报机制、行业领域是"PPP项目的控制权"中的关键因素；而营商环境指数、所属行政区生产总值、项目所属行政区级别则是"不完全契约下PPP的监管问题"的重点因素。

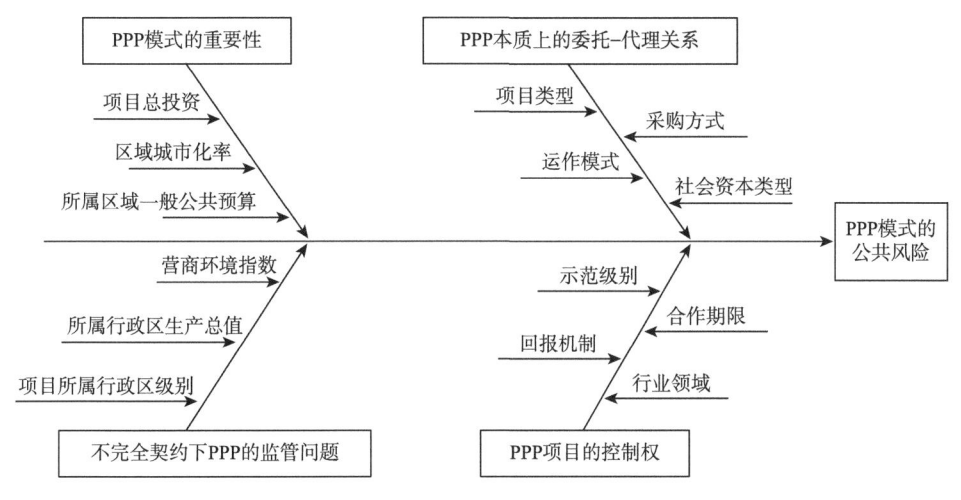

图 4.2　PPP 模式的公共风险鱼骨图

三、PPP 模式公共风险的数据收集与处理

在上述 PPP 模式公共风险分析框架之下，通过对识别出的 PPP 模式公共风险因素进行归纳和重新编排，然后利用专家评分法这一定性描述定量化方法，设计出专家评分问卷后聘请具有相关背景的专家对我国的 PPP 模式公共风险进行评估，最后对结果进行收集和处理，作为后续研究的重要参考。

（一）问卷设计和试调查

为保证问卷的科学性和有效性，本章严格遵循了目的性、完整性、逻辑性、易懂性、非诱导性和可操作性这六项基本原则，且根据研究需要和科学的问卷设计步骤，一是明确问卷的调查对象和调查目的，进行如下界定：调查对象为具有相关专业背景的 PPP 模式公共风险专家；调查目的是根据专家的打分，了解 PPP 模式公共风险的总体状况，对四类具体风险的发生概率和产生的危害进行梳理；同时，对识别出来的 14 个公共风险因素的影响进行甄别，并由此判断出它们对公共风险影响的高低，进而对结果展开分析。二是明确信息收集的方式，选取与公共风险状况紧密相关且就专家来说便于作答的信息进行问卷设计，另外一些较复杂或不便回复的信息则通过文献、报表等资料或访谈、录音等方式进行搜集。三是明确了问卷的具体内容和形式，除了调查对象的背景资料部分采用半开放式作答外，其余的问题均采用封闭式选项，即给出选项供调查对象作答，方便回收统计和进行数据分析。四是确定了问题的提问顺序及答案，问卷除遵循了先易后难、先封闭再开放、先一般后敏感等原则，还厘清了先总休后具休及每个 PPP 模式公共风险的具体因素之间的关系，使整个问卷得体且逻辑清晰。五是对问卷进行排版和校验。

根据调查问卷的设计原则，完成调查问卷的一系列设计步骤，我们得到了初始调查问卷。然而初始调查问卷的可行性只有在进行检验之后才能得出结论[115]，因此先进行了问卷试调查。所选取的调查问卷的调查对象是具有 PPP 相关专业背景或从业经验的专家，因而在试调查过程中，我们分别邀请了从事 PPP 行业低于 1 年、1~5 年、5 年及以上的三位专家作为该行业的代表对我们的初始调查问卷进行试做，并排查问卷中的问题，就这些问题提出他们的修改建议。经过试调查，我们回收了包括做完后的初始问卷和专家批注的初始问卷，经过整理与分析得到了涵盖从问卷设计原则、问卷表述方式、问卷内容安排及问卷逻辑连贯性等方面的十几个问题的修改建议。经过与专家的多次讨论和反复修改后得到最终版问卷——"PPP 项目公共风险专家评估问卷"。

（二）问卷分析与数据的回收处理

本章借助 SPSS 24.0 的定量分析工具与相关领域专家的定性分析对调查问卷进行了分析以鉴别调查问卷的质量高低。首先，调查问卷由 19 个评估大项（含 84 个打分小项）和 6 个基本信息调查项组成，排除基本信息语句，主要对调查 PPP 模式公共风险高低状况的 294 条测试语句进行难度分析，得出难度结果。分析难度结果显示，调查问卷中 96.9%的测试语句满足该难度要求。其次，运用 SPSS 24.0 对测试语句的得分进行排序，对每一条测试语句进行区分度分析，计算出该测试语句的区分度结果。区分度结果显示：根据区分度好坏的判断标准，调查问卷中 294 条测试语句中有 94.1%的测试语句符合好的区分度要求。再次，运用 SPSS 24.0 的[分析]→[尺度分析]→[可靠性分析]功能进行信度分析，将调查问卷所有的测试语句进行内在一致性分析，结果显示：测得克朗巴哈信度系数为 0.992，表明所用调查问卷的内部一致性信度较高。最后，所使用的调查问卷经过多次尝试和检验后发现并没有合适的准则可供分析，因而对问卷主要进行内容效度分析。笔者从政府部门、高校、金融机构、咨询公司等部门邀请了 PPP 模式公共风险领域的相关专家对我们的调查问卷进行分析和评估，经过对各个专家的评估进行综合分析，得出的评价结果为本章所用调查问卷符合研究目的，问卷中的测试语句能较为准确地反映 PPP 模式公共风险信息的搜集需求，内容也较全面，该调查问卷的内容效度高。

根据以上设计的 PPP 项目公共风险专家评估问卷的内容和问卷要求，我们聘请了 34 位代表性专家凭借自己的经验根据问卷说明的打分要求和评价标准对问卷中各因素的影响程度评分，最终成功回收了 33 份有效问卷，回收率为 97%。对有效问卷进行初步整理和集结，据有效问卷对专家基本情况的了解可知：33 位专家中，有 4 位来自政府部门，11 位来自国企社会资本方，4 位来自民企社会资本方，11 位来自金融机构，2 位来自项目公司，还有 1 位来自咨询公司。其中 21 位专家从事 PPP 相关工作的时间在 1~5 年，9 位专家的工作时间在 5 年及以上，他们的专业背景及其工作经历使我们有理由相信问卷的调查结果真实可信，且能够反映出 PPP 模式中各因素的影响程度及风险大小。紧接着，我们利用 SPSS 24.0 对这 33 份有效的专家问卷的数据进行统计、处理、分析和归纳，客观地综合多位专家的从业经验与主观判断，计算出了问卷设计中的各项影响因素的专家风险打分均值（取小数点后两位），最终得到了各项公共风险因素的四种公共风险的高低，成为展开 PPP 模式公共风险现状和 PPP 模式公共风险治理研究的重要依据。

四、PPP 模式公共风险分析框架的专家评估结果

（一）专家评估中 PPP 模式公共风险的状况

以经过 SPSS 24.0 进行统计、处理、分析和归纳并计算出问卷设计中的各项风险类型及风险表现维度下的专家风险打分均值的数据为对象，得到如表 4.3 所示统计表。表 4.3 中已清晰展现公共风险的四个方面的总体风险概率和风险危害，也细致展开了不同风险表现维度之下的风险概率和风险危害的高低。

表 4.3 PPP 模式公共风险类型和表现维度下发生概率和危害状况

序号	风险类型	风险表现维度	风险概率	风险危害
B0	经济风险	总体评价	2.61	2.94
B1	经济风险	建设成本超支	3.06	2.94
B2	经济风险	建设时间延长	2.97	2.73
B3	经济风险	运营维护成本增加	2.97	2.82
B4	经济风险	程序、合同及谈判等非生产性费用高	3.03	2.27
B5	经济风险	产品、服务高收费	2.64	2.76
C0	社会风险	总体评价	1.82	2.42
C1	社会风险	危害公民健康	1.45	2.45
C2	社会风险	环境污染	1.79	2.58
C3	社会风险	供给不足、低质	1.91	2.39
C4	社会风险	设备闲置	2.30	2.39
D0	治理风险	总体评价	2.18	2.39
D1	治理风险	利益集团操纵	2.52	2.94
D2	治理风险	政府官员腐败	2.52	3.21
D3	治理风险	政府信誉、权威受损	2.42	3.18

续表

序号	风险类型	风险表现维度	风险概率	风险危害
D4	治理风险	政府能力弱化	1.84	2.53
E0	发展风险	总体评价	2.00	2.27
E1		技术锁定	1.91	2.06
E2		财政投向锁定	2.15	2.24
E3		公共产品供给锁定	2.03	2.21
E4		区域发展锁定	1.91	2.45

仅对总体状况的评估结果进行分析，得到如图4.3所示统计图。分析可知，首先，从总体来看，综合公共风险相对居中，专家进行评估打分求得的均值基本在2~3，并未处于特别高的状况之下，但也反映了PPP风险在我国的分布现状不容乐观。其次，从四项具体风险的发生概率来看，经济风险的发生概率最高，这与我国难以避免的经济上的劣势不无关系；治理风险发生概率紧随其后，与我国治理困难、治理不严的国情和现实关系密切；而发展风险和社会风险的发生概率相对来说比较低。最后，从四项风险危害的分析发现，经济风险的危害最大，与经济状况在 PPP 项目中的决定性地位息息相关；社会风险的危害位居第二，PPP 可能造成的公民健康受到危害、财产面临损失、环境污染等问题造成的影响明显更广泛；治理风险和发展风险的危害性依次排列在第三和第四，这与二者的影响范围和影响程度相关。其余具体表现维度的分析思路与此相似，以下将从公共风险的四个方面分别进行简单分析。

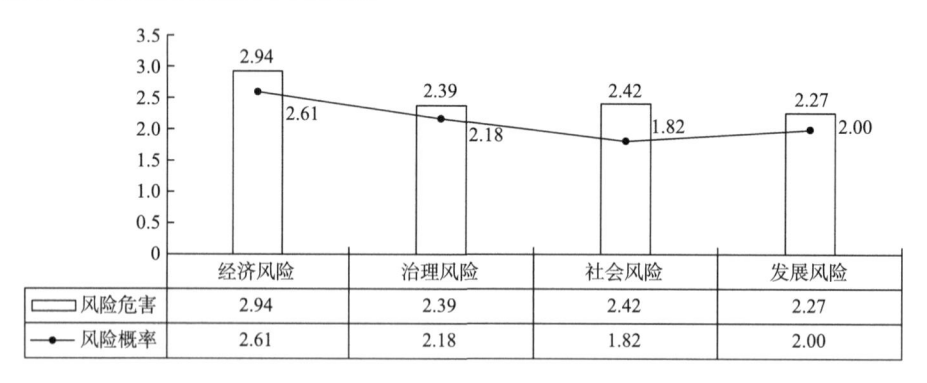

	经济风险	治理风险	社会风险	发展风险
风险危害	2.94	2.39	2.42	2.27
风险概率	2.61	2.18	1.82	2.00

图4.3 专家评估中PPP模式公共风险的总体状况

如图4.4所示，经济风险主要包括五个维度的具体表现，总体来看，经济风险的各个具体表现维度的风险概率和风险危害大体一致，大部分在 2~3，没有特别突出的风险表现维度。但对五个表现维度进行细致的比较发现，不同表现维度的风险概率和风险危害状况高低各不相同。就风险概率来看，建设成本超支最高，程序、合同及谈判等非生产性费用高紧随其后，建设时间延长和运营维护成本增加不相上下，产品、服务高收费最低；显然风险危害与风险概率的高低状况并不一致，建设成本超支的危害最大，运营维护成本增加的危害高居第二，风险概率最低的产品、服务高收费的危害处在第三，随后是建设时间延长和程序、合同及谈判等非生产性费用高。可见，高风险概率并非对应着高危害，要分开讨论和应对。

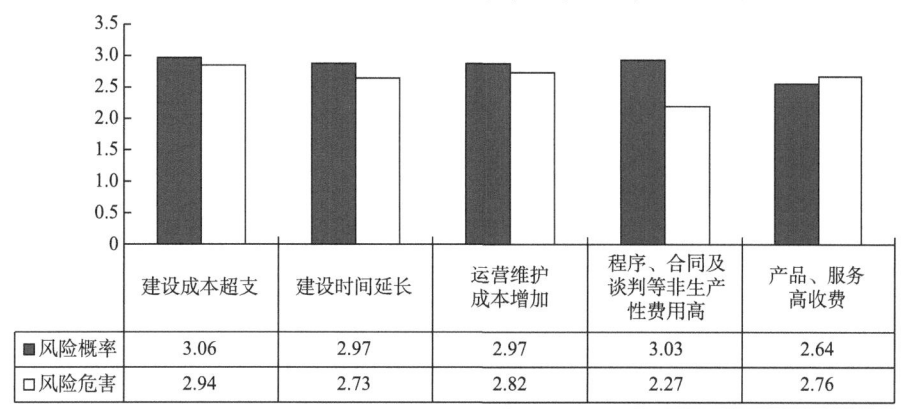

	建设成本超支	建设时间延长	运营维护成本增加	程序、合同及谈判等非生产性费用高	产品、服务高收费
■风险概率	3.06	2.97	2.97	3.03	2.64
□风险危害	2.94	2.73	2.82	2.27	2.76

图 4.4 经济风险各项具体维度下的风险概率和危害状况

以表 4.3 中数据为分析对象，对社会风险具体维度的风险状况进行统计得图 4.5。与经济风险相比，社会风险的总体状况均好于前者，风险概率和风险危害均在 1.4~2.5，且与前者不同，该项风险产生的危害都高于风险发生的概率，对该风险而言危害防范和治理更为重要。在风险概率上，社会风险四项具体表现维度的排名从低到高依次是设备闲置，供给不足、低质，环境污染，危害公民健康；就风险危害来说，供给不足、低质的危害最大，设备闲置次之，环境污染和危害公民健康危害最小。

	设备闲置	供给不足、低质	环境污染	危害公民健康
■风险概率	1.45	1.79	1.91	2.30
□风险危害	2.45	2.58	2.39	2.39

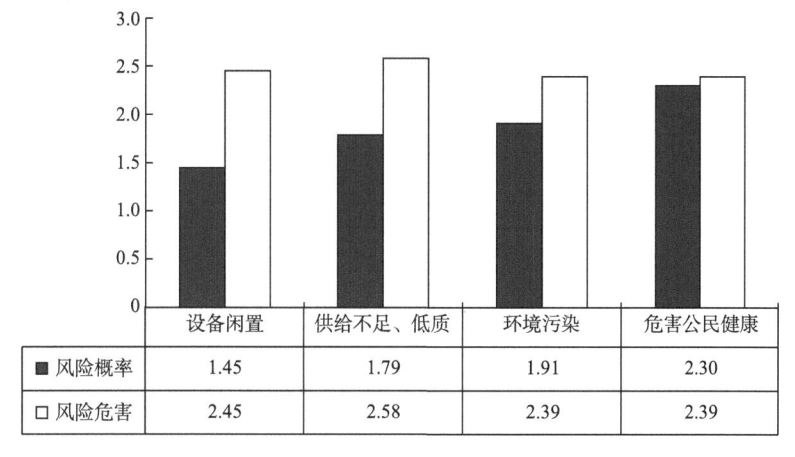

图 4.5 社会风险各项具体维度下的风险概率和危害状况

从前面可知治理风险主要包括四个维度的具体表现，与社会风险一样，该风险的危害程度总是高于风险发生概率，如图 4.6 所示。政府能力弱化的风险概率最低，政府信誉、权威受损的风险概率较低，政府官员腐败和利益集团操纵的风险概率最高。就风险产生的危害而言，政府官员腐败的危害最大，政府信誉、权威受损次之，利益集团操纵的危害位列第三，政府能力弱化的危害最低。综合来看，政府官员腐败的风险概率和产生的危害都是最高的，可见在 PPP 模式中此表现普遍且产生了深刻的影响；政府能力弱化的风险概率和风险危害均最低，可见在实践中该类现象或许不常有。

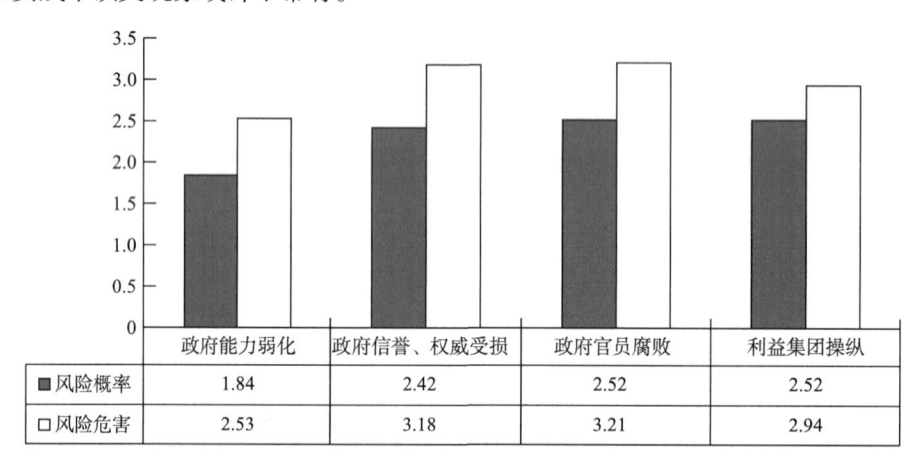

	政府能力弱化	政府信誉、权威受损	政府官员腐败	利益集团操纵
■ 风险概率	1.84	2.42	2.52	2.52
□ 风险危害	2.53	3.18	3.21	2.94

图 4.6 治理风险各项具体维度下的风险概率和危害状况

技术锁定、财政投向锁定、公共产品供给锁定和区域发展锁定是发展风险的主要表现维度，发展风险相对其他风险来说不算高，四个表现维度间的风险差异也没有前面三类风险明显，如图 4.7 所示。从风险概率来看，技术锁定和区域发展锁定的风险概率相同，为四个具体表现中最低的，公共产品供给锁定风险概率较高，财政投向锁定风险概率最高，这与我们的认知也是一致的。再者，就风险危害而言，四项具体表现维度的危害从高到低依次是区域发展锁定、财政投向锁定、公共产品供给锁定、技术锁定。

（二）专家评估中 PPP 风险因素的公共风险状况

通过对专家问卷的数据进行统计、处理、分析和归纳，得出了各项 PPP 模式公共风险因素的不同属性类别下的经济风险、社会风险、治理风险和发展风险的风险值高低，对各项数据进行分类统计，得到各项风险因素的风险值统计表。风险值统计表中清晰地展现了鱼骨图（图 4.2）中所示的 14 项风险因素对应的公共风险的大小，风险因素的不同属性对应着四类公共风险高低不一的值。下面从

第四章　PPP模式公共风险分布状况　　99

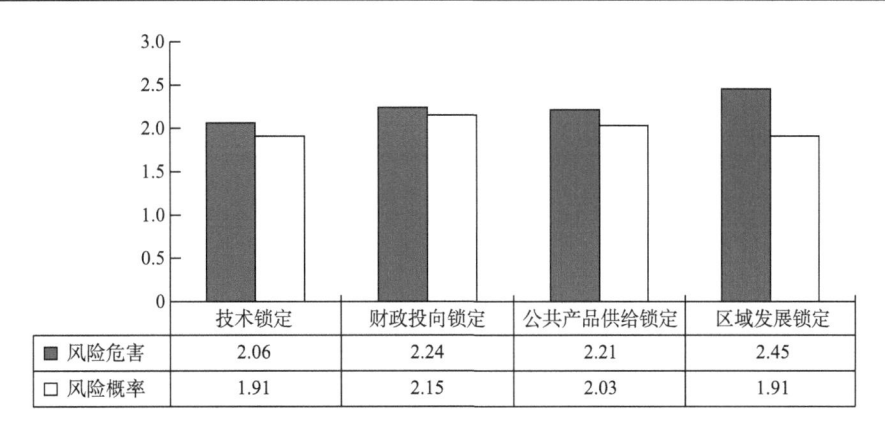

图 4.7　发展风险各项具体维度下的风险概率和危害状况

	技术锁定	财政投向锁定	公共产品供给锁定	区域发展锁定
■ 风险危害	2.06	2.24	2.21	2.45
□ 风险概率	1.91	2.15	2.03	1.91

PPP 模式的重要性、PPP 本质上的委托-代理关系、PPP 项目的控制权、不完全契约下 PPP 的监管问题这四大类对统计数据进行简单的分析和说明。

1. PPP 模式的重要性因素下公共风险状况

以经过处理后数据为分析对象，对包括项目总投资、区域城市化率、所属区域一般公共预算在内的三项风险因素的公共风险（包括四种风险）进行统计，得到如表 4.4 所示统计表。分析可知：就项目总投资的规模看，显然综合风险随投资规模的扩大而不断提高，投资规模越大则综合风险越高，且风险的上升趋势不断加快，投资金额位于第四档的风险值甚至达到第一档的风险值的两倍以上。单独比较经济风险、治理风险、社会风险和发展风险这四项具体风险类别，发现它们均是随着投资金额的增加、投资规模的扩大而提高，因而不同投资规模下的公共风险的分布规律很显然，就是随着项目总投资的增加，公共风险相应增加，规模越大风险越高，且风险值的增加速度也逐渐加快，甚至倍数化增长。经济风险在任何项目总投资规模下都高居第一位，治理风险在任何投资状况下都处于次高位，而社会风险和发展风险的高低状况在不同投资规模下呈现不同状态，在项目投资规模较小的前两档中，社会风险高于发展风险；而在项目投资规模超过 51 亿元（含）的大规模的后两档中，发展风险高于社会风险。

表 4.4　PPP 模式的重要性因素下公共风险的高低状况

具体因素	属性	经济风险	治理风险	社会风险	发展风险
项目总投资	0~10 亿元	1.97	1.97	1.76	1.58
	11 亿~50 亿元	2.61	2.45	2.15	2.06
	51 亿~100 亿元	3.24	2.91	2.64	2.76
	100 亿元及以上	3.79	3.36	3.06	3.27

续表

具体因素	属性	经济风险	治理风险	社会风险	发展风险
区域城市化率	50%以下	2.73	2.36	2.12	2.09
	50%~63%	2.36	2.12	1.97	1.85
	63%及以上	2.03	1.94	1.85	1.79
所属区域一般公共预算	100亿元以下	3.12	2.91	2.64	2.67
	100亿~500亿元	2.55	2.42	2.15	2.18
	500亿~1 000亿元	2.39	2.15	2.06	2.06
	1 000亿~2 000亿元	1.94	1.76	1.82	1.73
	2 000亿~3 500亿元	1.70	1.73	1.70	1.55
	3 500亿元及以上	1.76	1.70	1.67	1.52

就区域城市化率而言，低城市化水平下的综合公共风险最高，中等城市化水平下的公共风险居中，高城市化水平下综合公共风险最低，综合公共风险呈现出明显的随城市化率提高而降低的变化，二者具有显著的负相关关系。另外，对同一城市化水平下的四种（经济、治理、社会和发展）风险进行纵向比较，分析可知：无论城市化率的高低状况如何，城市化水平如何变化，四种风险的高低顺序始终不变，从高到低依次是经济风险、治理风险、社会风险、发展风险。

对于所属区域一般公共预算来说，分析发现随着一般公共预算的增加，综合公共风险在逐渐降低，一般公共预算和综合公共风险呈现明确的负相关关系，一般公共预算越低则综合公共风险越高，一般公共预算越高则综合公共风险越低。另外，对同一公共预算下的四种公共风险（经济、治理、社会和发展）进行纵向比较可知：在四种公共风险中，经济风险和治理风险较高，社会风险和发展风险差别不大，但相对于前两者风险较低，无论一般公共预算的金额是高是低，这样的高低分布关系始终未发生改变。

2. PPP本质上的委托-代理关系因素下公共风险状况

以经过处理后数据为分析对象，对包括项目类型、运作模式、采购方式和社会资本类型在内的四项风险因素的公共风险（包括四种风险）进行统计，得到如表4.5所示统计表，分别对该四项因素的公共风险状况进行简单分析和解读，结论如下。

表4.5 PPP本质上的委托-代理关系因素下公共风险的高低状况

具体因素	属性	经济风险	治理风险	社会风险	发展风险
项目类型	新建	2.48	2.00	1.88	1.88

续表

具体因素	属性	经济风险	治理风险	社会风险	发展风险
项目类型	混合	2.33	2.06	1.73	1.70
	改造	2.85	2.42	2.00	1.85
运作模式	BOT	2.55	2.18	2.15	1.88
	BOO	2.36	2.42	2.39	2.03
	TOT	2.25	2.25	2.25	1.91
	O&M	2.00	2.00	1.88	1.84
	MC	1.84	2.03	1.94	1.84
	ROT	2.22	2.19	2.13	2.13
	其他	2.25	2.11	2.18	1.96
采购方式	单一来源采购	3.09	2.97	2.61	2.30
	竞争性磋商	2.58	2.30	2.09	1.97
	竞争性谈判	2.52	2.48	2.15	1.97
	公开招标	1.91	1.82	1.73	1.73
	邀请招标	2.61	2.45	2.00	1.94
社会资本类型	中央企业	1.79	1.61	1.48	1.73
	地方国企	2.33	2.12	1.91	2.09
	上市民企	2.58	2.33	1.97	1.88
	非上市民企	3.24	3.12	2.58	2.33
	外资企业	2.58	2.52	2.30	2.09
	央企联合体	2.27	2.07	1.84	1.91
	国企联合体	2.44	2.26	2.00	2.05
	上市民企联合体	2.53	2.34	2.02	1.97
	非上市民企联合体	2.78	2.63	2.25	2.14
	外资企业联合体	2.53	2.41	2.14	2.05

从新建、混合、改造这三种项目类型的横向比较来看，改造类项目的综合风险在三种类型中居于最高位，新建类项目次之，混合类项目相对来说综合风险最小。但是仔细对比经济风险、治理风险、社会风险和发展风险这四个具体风险类别可以发现，尽管改造类的综合风险最高，但其发展风险却低于新建类。此外，新建类项目作为综合风险次高的类别，其治理风险却远低于改造类，也略低于混合类，混合类项目作为另外两类的中间状态，综合了两者各自的优势但并未继承

多少两者的缺点，因而其各类风险均较低，综合风险也不高。

就运作模式看，私有化类的 BOO 模式综合风险相对最高，另外，管理外包类的 O&M、MC 模式的综合风险在七种模式中相对较小，除这两类外的特许经营类中的运作模式如 BOT、TOT、ROT 等模式，它们的综合风险相对居中，低于私有化类而高于管理外包类。此外，从同一运作模式的四种风险（经济风险、治理风险、社会风险、发展风险）纵向比较可分析得知：在 BOT、TOT、ROT 这三个均属于特许经营类的运作模式下，经济风险始终处于第一位，接着是治理风险、社会风险和发展风险；在管理外包类的 O&M 模式下，经济风险和治理风险同高且居于第一位，社会风险和发展风险相继次之。在管理外包类的 MC 模式下，治理风险居于首位，接着是社会风险，经济风险和发展风险较低。

对不同采购方式的综合公共风险进行横向比较发现：公开招标的综合公共风险最低，竞争性磋商次低，邀请招标和竞争性谈判的综合公共风险相对较高，而单一来源采购的综合公共风险最高。再对同一采购方式下四种公共风险（经济风险、治理风险、社会风险、发展风险）进行纵向比较可知，无论在哪种采购方式之下，经济风险总是最高的，其次是治理风险，社会风险和发展风险依次排列其后。

就单个社会资本方来看，中央企业的综合公共风险最低，地方国企次低，上市民企居中，外资企业的综合公共风险较高，非上市民企的综合风险最高；就联合体来说，综合风险的高低排列状况与单个社会资本方的风险高低挂钩。此外，经济风险无论处于何种社会资本类型之下，都是最高的一类风险；其余几类风险在社会资本方影响下的程度高低与该社会资本的类型息息相关。

3. PPP 项目的控制权因素下公共风险状况

对包括合作期限、示范级、回报机制和行业领域在内的四项风险因素的公共风险（包括四种风险）进行统计，得到如表 4.6 所示统计表。分别对该四项因素的公共风险状况进行简单分析和解读，分析可得：明显可见，随着合作年限的增加，综合风险一直在增加，四类风险均呈现递增状态，合作期限越长，公共风险越高，长期 PPP 项目的公共风险最高（四类风险均如此），中期项目的公共风险次高，短期项目的风险相对最低。另外，经济风险无论在哪一类合作期限下都是最高的，治理风险次之，但社会风险和发展风险的分布却与合作年限的长短密切相关，短期项目的社会风险高于发展风险，而中期、长期项目的发展风险高于社会风险。

表 4.6 PPP 项目的控制权因素下公共风险的高低状况

具体因素	属性	经济风险	治理风险	社会风险	发展风险
合作期限	15 年及以下	2.52	2.21	1.82	1.76
	16~25 年	3.06	2.82	2.24	2.36
	26 年及以上	3.52	3.09	2.52	2.61
示范级别	财政部示范项目	1.73	1.67	1.48	1.64
	省级示范项目	2.03	1.97	1.85	1.88
	市级示范项目	2.58	2.42	2.24	2.33
	一般项目	3.18	2.73	2.79	2.64
回报机制	政府付费	2.79	2.48	1.91	2.24
	使用者付费	2.24	2.24	2.18	1.79
	可行性缺口补助	2.44	2.33	2.03	2.00
行业领域	市政设施	2.45	2.15	2.06	2.12
	交通运输	2.33	2.18	1.94	2.06
	公共事业	2.33	2.33	2.19	1.91
	环境保护	2.61	2.58	2.24	2.21
	农业、林业和水利	2.42	2.36	2.06	2.09
	城镇综合开发	2.94	2.73	2.53	2.42
	其他	2.21	2.07	2.00	2.04

横向比较可知，随着项目示范级别的降低，其综合公共风险逐渐增加，财政部示范项目的综合公共风险最低，省级示范项目的综合风险较低，市级示范项目的公共风险较高，一般项目的综合公共风险最高。进行纵向比较可知，经济风险无论在何种示范级别之下都是四种风险中最高的，而其余三种风险在同一级别中的高低状况与该项目是否为示范项目关系密切。在被列为示范项目前三类示范项目中，另外三种风险从高到低的排列顺序为治理风险、发展风险、社会风险；而在未被列入示范的一般项目中，除经济风险外的其他三种风险从高到低依次是社会风险、治理风险和发展风险。

在回报机制因素之下，政府付费的综合风险高于另外两种回报机制，可行性缺口补助次之，使用者付费的综合风险相对最低。经济风险和治理风险在何种回报机制下都是处于最高位和次高位的，社会风险和发展风险在回报机制上的高低状况不定，政府付费的发展风险高于社会风险，而使用者付费和可行性缺口补助的社会风险高于发展风险。

在七个行业领域间进行综合风险的横向比较，很明显可以发现，城镇综合开发领域的公共风险（包括经济风险、治理风险、社会风险和发展风险）最高，其对应的四种风险值均处于各个行业领域的最高位；紧接着的是环境保护行业，其各项风险值略低于城镇综合开发，但都明显高于另外几个行业；综合风险相对较低的是公共事业领域和交通运输行业；另外的农业、林业和水利与市政设施等领域的综合风险相对居中。四种具体风险的分布状况在每个行业领域差异显著，无明显特征。

4. 不完全契约下 PPP 的监管问题因素下公共风险状况

以经过处理后的数据为分析对象，对包括项目所属行政区级别、所属行政区生产总值和营商环境指数在内的三项风险因素的公共风险（包括四种风险）进行统计，得到如表 4.7 所示统计表。

表 4.7 不完全契约下 PPP 的监管问题因素下公共风险的高低状况

具体因素	属性	经济风险	治理风险	社会风险	发展风险
项目所属行政区级别	省级及以上	1.58	1.55	1.52	1.48
	省会城市	2.03	1.91	1.85	1.73
	一般地市	2.76	2.39	2.27	2.30
	区县级	3.58	3.15	2.91	2.82
所属行政区生产总值	100 亿元以下	3.27	3.15	2.76	2.82
	100 亿~500 亿元	2.73	2.58	2.30	2.36
	500 亿~1 000 亿元	2.52	2.27	2.09	2.00
	1 000 亿~5 000 亿元	2.09	1.94	1.88	1.91
	5 000 亿~10 000 亿元	1.82	1.76	1.70	1.64
	10 000 亿元及以上	1.64	1.64	1.61	1.61
营商环境指数	40 以下	3.58	3.21	2.66	2.81
	40~60	2.67	2.45	2.27	2.15
	60 及以上	1.79	1.64	1.64	1.45

分别对以上三种因素的公共风险状况进行简单分析和解读，可得：从项目所属行政区级别来看，行政区级别与该级别下项目的公共风险成反比，行政区级别越低综合公共风险越高，行政区级别越高综合公共风险越低。因而，省级及以上的公共风险最低，省会城市次低，一般地市较高，而区县级的公共风险最高。四种风险在各种行政区级别下的高低排列也相对一致，这四种风险从高到低的顺序依次为经济风险、治理风险、社会风险、发展风险。

所属行政区生产总值和综合公共风险呈现明确的负相关关系，随着生产总值的增加，公共风险在不断降低，生产总值越低则综合公共风险越高；反之，生产总值越高则综合公共风险越低。无论生产总值的大小，在四种具体风险中，经济风险始终是风险最高的一类，紧接着是治理风险，另外的社会风险和发展风险的高低分布与生产总值的大小相关。

营商环境越差，综合公共风险越高；营商环境越好，综合公共风险越低。很显然，营商环境与综合公共风险呈明确的负相关关系。此外，经济风险和治理风险在无论怎样的营商环境之下，均是处于最高和次高的两类风险，这是目前中国 PPP 无法摆脱的现实困境。社会风险和发展风险的高低状况则根据营商环境指数的高低即营商环境的好坏而定：在营商环境指数较低的营商环境之下，发展风险高于社会风险，而在营商环境指数较高的营商环境之下，社会风险高于发展风险。

第二节　中国 PPP 模式公共风险分布状况

通过对 PPP 模式公共风险分析框架的建构和风险因素的分析，最终得到了各项公共风险因素及四种公共风险的风险高低，并清晰地展现了风险因素的不同属性对应着四种公共风险的高低不一的值，成为接下来展开 PPP 模式公共风险现状和 PPP 模式公共风险治理研究的重要依据。

一、技术说明

对 PPP 项目风险分布进行量化研究，是提高分析真实性、可靠性的重要环节。为了更好地探讨全国 PPP 项目风险的分布情况，第一，在项目层面，本小节对每个 PPP 项目的属性进行拆解，分为项目总投资、区域城市化率、所属区域一般公共预算、项目类型、运作模式、采购方式、社会资本类型、合作期限、示范级别、回报机制、行业领域、项目所属行政区级别、所属行政区生产总值、营商环境指数共 14 个变量，将每个变量按照不同程度或者不同类型拆分为不同属性，并对每一种属性进行编号，又根据属性内部的近似程度将 14 个属性抽象为四大维度，具体抽象方式见表 4.8。在风险层面，本书将风险拆解为经济风险、治理风险、社会风险、发展风险四个层面。同时，由专家对每一种变量的每一种风险进行打分，得出如表 4.8 所示的风险统计表。

表 4.8　PPP 模式公共风险统计表

序号	维度	变量	属性	经济风险	治理风险	社会风险	发展风险	说明
K1	重要性	项目总投资	0~10 亿元	1.97	1.97	1.76	1.58	规模越大，依赖越强，影响范围越广
K2			11 亿~50 亿元	2.61	2.45	2.15	2.06	
K3			51 亿~100 亿元	3.24	2.91	2.64	2.76	

续表

序号	维度	变量	属性	经济风险	治理风险	社会风险	发展风险	说明
K4		项目总投资	101亿元及以上	3.79	3.36	3.06	3.27	规模越大，依赖越强，影响范围越广
P1		区域城市化率	50%以下	2.73	2.36	2.12	2.09	依赖程度，可替代性
P2			50%~63%	2.36	2.12	1.97	1.85	
P3	重要性		63%及以上	2.03	1.94	1.85	1.79	
Q1		所属区域一般公共预算	100亿元以下	3.12	2.91	2.64	2.67	依赖程度，可替代性
Q2			100亿~500亿元	2.55	2.42	2.15	2.18	
Q3			500亿~1 000亿元	2.39	2.15	2.06	2.06	
Q4			1 000亿~2 000亿元	1.94	1.76	1.82	1.73	
Q5			2 000亿~3 500亿元	1.70	1.73	1.70	1.55	
Q6			3 500亿元及以上	1.76	1.70	1.67	1.52	
F1		项目类型	新建	2.48	2.00	1.88	1.88	未知、复杂性导致不确定性
F2			混合	2.33	2.06	1.73	1.70	
F3			改造	2.85	2.42	2.00	1.85	
I1		运作模式	BOT	2.55	2.18	2.15	1.88	信息状况、不确定性不一样
I2			BOO	2.36	2.42	2.39	2.03	
I3			TOT	2.25	2.25	2.25	1.91	
I4			O&M	2.00	2.00	1.88	1.84	
I5			MC	1.84	2.03	1.94	1.84	
I6			ROT	2.22	2.19	2.13	2.13	
I7	代理		其他	2.25	2.11	2.18	1.96	
M1		采购方式	单一来源采购	3.09	2.97	2.61	2.30	信息披露，明确性
M2			竞争性磋商	2.58	2.30	2.09	1.97	
M3			竞争性谈判	2.52	2.48	2.15	1.97	
M4			公开招标	1.91	1.82	1.73	1.73	
M5			邀请招标	2.61	2.45	2.00	1.94	
N1		社会资本类型	中央企业	1.79	1.61	1.48	1.73	规范性、长期性、策略性动机
N2			地方国企	2.33	2.12	1.91	2.09	
N3			上市民企	2.58	2.33	1.97	1.88	
N4			非上市民企	3.24	3.12	2.58	2.33	
N5			外资企业	2.58	2.52	2.30	2.09	
G1		合作期限	15年及以下	2.52	2.21	1.82	1.76	控制权随时间增加而增大
G2	控制权		16~25年	3.06	2.82	2.24	2.36	
G3			26年及以上	3.52	3.09	2.52	2.61	

续表

序号	维度	变量	属性	经济风险	治理风险	社会风险	发展风险	说明
J1	控制权	示范级别	财政部示范项目	1.73	1.67	1.48	1.64	项目评审层级越高，越可能规范，空间越小
J2			省级示范项目	2.03	1.97	1.85	1.88	
J3			市级示范项目	2.58	2.42	2.24	2.33	
J4			一般项目	3.18	2.73	2.79	2.64	
L1		回报机制	政府付费	2.79	2.48	1.91	2.24	清晰度，自主性和弹性，政府的信用
L2			使用者付费	2.24	2.24	2.18	1.79	
L3			可行性缺口补助	2.44	2.33	2.03	2.00	
H1		行业领域	市政设施	2.45	2.15	2.06	2.12	不同影响的项目，其绩效可测量程度、信息披露程度是不一样的，所以影响控制权
H2			交通运输	2.33	2.18	1.94	2.06	
H3			公共事业	2.33	2.33	2.19	1.91	
H4			环境保护	2.61	2.58	2.24	2.21	
H5			农业、林业和水利	2.42	2.36	2.06	2.09	
H6			城镇综合开发	2.94	2.73	2.53	2.42	
H7			其他	2.21	2.07	2.00	2.04	
O1	监管	项目所属行政区级别	省级及以上	1.58	1.55	1.52	1.48	控制权的隐性空间
O2			省会城市	2.03	1.91	1.85	1.73	
O3			一般地市	2.76	2.39	2.27	2.30	
O4			区县级	3.58	3.15	2.91	2.82	
R1		所属行政区生产总值	100亿元以下	3.27	3.15	2.76	2.82	经济动机、治理能力
R2			100亿~500亿元	2.73	2.58	2.30	2.36	
R3			500亿~1 000亿元	2.52	2.27	2.09	2.00	
R4			1 000亿~5 000亿元	2.09	1.94	1.88	1.91	
R5			5 000亿~10 000亿元	1.82	1.76	1.70	1.64	
R6			10 000亿及以上	1.64	1.64	1.61	1.61	
S1		营商环境指数	40以下	3.58	3.21	2.66	2.81	治理的规范性、治理能力
S2			40~60	2.67	2.45	2.27	2.15	
S3			60及以上	1.79	1.64	1.64	1.45	

第二，将8 557个项目全部抽象为14个编号。例如，"Q县13个乡镇污水处理一期工程PPP项目"的项目属性为：所属县为Q县、所属行业为市政设施、项目总投资为13 164万元、处于执行阶段、回报机制为可行性缺口补助、为第四批次财政部示范项目、合作期限为22年、项目运作方式为BOT、采购社会资本方式为公开招标、项目类型为新建、社会资本类型为非上市民企、同时查得所属市生产总值为

1 000 亿~5 000 亿元、一般公共预算为 100 亿~500 亿元、所属市城市化率为 49.2%、所属省营商环境指数为 64.59。由此"Q 县 13 个乡镇污水处理一期工程 PPP 项目"可抽象为 K1、P1、Q2、F1、I1、M4、N4、G2、J1、L3、H1、O4、R4、S3。

第三，将同一维度的相同路径分为一类。例如，在"Q 县 13 个乡镇污水处理一期工程 PPP 项目"中，重要性路径为"K1、P1、Q2"、代理路径为"F1、I1、M4、N4"、控制权路径为"G2、J1、L3、H1"、监管路径为"O4、R4、S3"。8 557 个项目中，每一项目均可拆解为四条路径，而将相同的路径分为一类。由此，最终得到重要性有 63 类、代理有 173 类、控制权有 197 类、监管有 42 类（表 4.9~表 4.12）。

表 4.9　风险-重要性项目路径

重要性（63）								
K3P2Q1	K4P2Q5	K1P2Q1	K2P2Q5	K3P2Q2	K3P3Q6	K4P1Q2	K3P1Q1	K1P3Q6
K4P2Q2	K3P2Q3	K2P3Q2	K2P2Q6	K3P1Q3	K2P3Q3	K4P3Q3	K2P1Q3	K3P3Q5
K3P3Q1	K4P2Q6	K3P2Q5	K1P2Q3	K2P3Q1	K2P1Q6	K1P1Q6	K4P2Q1	K1P3Q5
K2P1Q1	K4P3Q4	K1P1Q2	K2P3Q4	K3P3Q2	K1P2Q2	K2P2Q1	K2P2Q2	K2P1Q4
K4P3Q2	K3P1Q4	K3P2Q6	K2P3Q5	K1P1Q1	K2P2Q4	K1P3Q3	K4P1Q1	K1P3Q4
K3P1Q2	K4P3Q5	K2P2Q3	K1P1Q4	K2P1Q2	K1P3Q2	K4P1Q4	K4P3Q6	K1P3Q1
K4P2Q3	K3P3Q3	K3P3Q4	K2P3Q6	K3P2Q4	K1P2Q5	K1P1Q5	K4P3Q1	K1P2Q6

表 4.10　风险-代理项目路径

代理（173）								
F1I6M4N1	F2I3M5N2	F1I8M4N4	F2I6M2N4	F1I1M3N3	F1I3M2N4	F2I6M2N2	F2I3M1N3	F1I2M2N3
F1I1M4N1	F2I6M4N5	F1I7M2N5	F1I1M1N2	F1I2M4N6	F3I1M2N6	F1I7M2N2	F3I6M2N4	F3I2M1N4
F1I7M4N1	F3I3M4N2	F3I1M2N5	F3I4M2N4	F2I6M3N4	F3I1M2N4	F3I1M4N3	F2I3M5N4	F1I2M3N2
F1I4M4N2	F1I2M2N2	F1I6M4N6	F2I7M4N4	F2I3M3N3	F1I7M2N6	F3I6M4N5	F1I8M4N4	F1I2M1N4
F3I7M4N1	F2I1M4N5	F1I6M4N4	F2I8M3N5	F1I1M3N2	F1I7M2N4	F1I2M2N1	F1I2M4N4	F3I7M2N3
F2I8M4N2	F2I4M4N4	F1I8M2N5	F3I7M4N5	F1I2M4N3	F3I3M5N4	F2I8M4N5	F3I8M2N4	F1I7M1N4
F2I6M4N2	F3I7M2N2	F3I8M4N6	F1I2M4N5	F1I6M2N3	F1I2M5N2	F1I3M4N3	F3I6M2N2	F1I1M4N4
F1I1M5N1	F3I3M4N3	F1I3M2N5	F2I3M4N2	F1I4M4N6	F3I8M3N6	F2I6M4N4	F1I2M1N2	F1I7M1N6
F2I1M4N2	F1I2M4N3	F3I8M4N4	F2I3M4N3	F1I4M4N4	F3I6M3N4	F3I6M4N3	F3I7M4N4	F1I1M4N6
F1I1M2N1	F2I3M3N4	F1I7M4N6	F3I7M2N2	F1I7M5N2	F3I1M3N4	F2I6M4N6	F1I1M3N4	F3I1M1N4
F2I3M4N2	F2I3M2N2	F1I7M4N4	F2I4M2N4	F1I1M4N5	F1I7M3N6	F3I8M4N3	F3I7M4N6	F2I3M2N5
F1I6M4N2	F3I7M4N3	F3I1M4N6	F1I7M3N3	F2I3M2N3	F1I7M3N2	F1I7M3N4	F1I1M3N4	F3I8M1N4
F2I7M4N2	F1I1M5N3	F3I1M4N4	F3I8M3N3	F2I7M4N5	F1I2M2N6	F1I7M2N4	F3I8M2N2	F2I8M2N4
F1I1M4N2	F2I7M2N6	F3I6M4N6	F1I7M3N2	F1I1M2N2	F1I2M2N4	F3I1M4N5	F1I7M1N2	F1I1M1N4
F2I3M4N3	F2I7M2N4	F3I6M4N2	F3I7M4N3	F3I7M4N5	F1I1M5N6	F3I1M4N2	F2I1M3N4	F1I1M2N5
F1I8M4N3	F2I3M2N6	F2I3M1N2	F3I1M3N2	F1I1M5N4	F1I2M2N4	F1I7M4N5	F1I7M5N6	F1I1M1N6
F1I7M2N1	F2I3M2N4	F3I8M2N5	F3I8M2N3	F1I8M2N5	F3I1M1N5	F3I6M4N2	F1I1M1N3	F2I3M3N5

代理（173）

F1I1M4N3	F1I6M2N2	F1I3M4N4	F3I6M2N3	F1I1M2N6	F2I1M1N6	F1I3M2N3	F3I8M5N6	F2I3M1N4
F3I8M4N2	F2I3M4N5	F2I2M4N4	F2I1M4N4	F1I1M2N4	F2I1M1N4	F1I7M4N3	F1I8M4N6	F2I6M2N6
F3I1M2N2	F2I4M1N4							

表 4.11 风险-控制权项目路径

控制权（197）

G3J4L1H6	G2J4L3H5	G3J1L1H4	G2J2L2H6	G3J1L2H5	G2J1L2H1	G3J4L2H7	G3J3L2H3
G3J4L1H4	G1J4L1H4	G3J1L3H6	G1J4L2H2	G2J1L1H3	G1J1L1H5	G3J1L2H1	G2J2L2H7
G3J4L3H6	G2J4L2H4	G3J2L3H4	G3J1L1H7	G2J1L1H2	G2J1L2H5	G3J4L2H2	G1J4L1H7
G2J4L1H6	G1J4L3H6	G1J4L3H1	G3J2L2H1	G3J1L3H7	G2J1L3H7	G2J4L1H7	G2J4L2H7
G3J4L1H1	G2J4L3H3	G1J4L3H5	G3J1L3H3	G1J3L3H2	G1J2L3H1	G1J2L1H4	G2J1L3H3
G3J4L1H5	G2J4L3H2	G1J4L2H4	G3J2L2H5	G2J2L3H3	G1J2L3H5	G2J4L2H4	G1J2L1H7
G3J4L2H6	G3J3L3H1	G3J2L2H7	G2J2L1H2	G2J2L3H2	G1J1L1H3	G3J3L1H1	G2J3L1H2
G3J4L1H2	G3J1L1H6	G2J3L3H1	G3J2L3H7	G2J1L3H4	G1J1L1H2	G2J4L3H4	G1J4L3H4
G3J4L3H4	G3J3L3H5	G2J1L1H6	G2J1L1H4	G3J1L2H2	G2J1L2H3	G3J4L2H3	G3J2L2H6
G3J4L1H7	G3J2L1H4	G1J3L1H4	G2J1L3H6	G3J1L2H3	G2J1L2H2	G2J2L3H1	G1J1L3H6
G2J4L1H4	G1J4L1H1	G2J2L1H4	G1J4L2H7	G1J3L2H1	G1J2L3H3	G1J1L1H6	G1J2L3H4
G2J4L3H6	G2J4L2H1	G3J1L1H1	G1J3L3H4	G1J2L1H1	G1J2L3H2	G2J2L3H5	G2J1L3H2
G3J4L3H1	G3J2L3H6	G1J4L3H3	G2J2L3H4	G2J2L2H1	G1J1L3H4	G3J4L2H5	G2J4L2H2
G3J4L3H5	G1J4L1H5	G2J2L3H6	G3J1L3H1	G1J2L1H5	G1J1L1H7	G2J4L3H3	G3J3L2H1
G3J4L2H4	G2J4L2H5	G1J4L3H2	G3J2L2H3	G2J2L3H1	G1J2L2H1	G2J4L1H2	G3J2L1H1
G2J4L1H1	G2J4L3H7	G3J1L1H5	G3J2L2H2	G2J2L3H7	G2J1L2H7	G3J4L3H7	G2J3L1H3
G3J4L3H3	G1J4L2H6	G3J2L3H1	G3J1L3H5	G3J1L2H7	G1J2L2H5	G3J1L3H2	G2J2L2H3
G3J4L3H2	G2J3L1H1	G1J2L3H6	G3J1L2H4	G2J2L3H1	G1J2L3H7	G3J2L2H7	G2J1L3H5
G2J4L1H5	G3J3L3H2	G2J3L3H3	G1J3L1H7	G1J3L2H3	G1J1L3H1	G2J1L1H5	G1J1L1H4
G1J4L1H6	G1J4L1H3	G3J2L3H5	G2J2L2H7	G1J2L1H3	G1J2L2H3	G1J3L3H1	G2J1L1H4
G2J4L2H6	G1J4L1H2	G2J3L3H2	G2J1L1H1	G1J2L1H2	G1J2L2H2	G2J4L2H1	G3J2L2H3
G3J4L2H1	G2J4L2H3	G1J4L2H4	G3J1L3H3	G2J2L2H5	G1J1L3H5	G1J2L3H6	G1J4L3H7
G1J2L1H6	G1J1L1H1	G3J1L3H4	G2J2L1H5	G1J1L2H3	G1J2L2H2	G2J2L1H1	G3J2L2H3
G3J2L3H2	G1J2L1H1	G1J1L2H5	G1J1L3H7	G1J4L2H5	G1J4L2H7	G1J3L1H1	G2J3L2H1
G1J1L2H4	G1J1L3H3	G1J1L3H2	G1J2L2H7	G1J4L2H3			

表 4.12 风险-监管项目路径

监管（42）

O4R1S1	O4R5S1	O3R6S1	O4R3S3	O4R5S3	O3R5S3	O4R2S2
O4R2S1	O3R3S1	O4R2S3	O1R4S1	O1R6S1	O3R6S3	O3R2S2
O4R1S2	O4R1S3	O4R5S2	O4R4S3	O4R6S3	O1R6S2	O3R4S2
O4R3S1	O3R4S1	O4R6S2	O2R5S1	O3R3S3	O2R3S3	O1R5S1

监管（42）						
O4R4S1	O4R3S2	O3R3S2	O3R5S2	O3R4S3	O2R5S3	O2R6S2
O3R2S1	O4R4S2	O2R4S1	O3R6S2	O2R5S2	O2R6S3	O1R6S3

第四，通过查阅表 4.8 的专家打分分值，用算术平均法算出四个维度每一类路径的四种风险。例如，重要性的"K1、P1、Q2"路径，查表 4.8 得 K1 经济风险为 1.97、P1 经济风险为 2.73、Q2 经济风险为 2.55，由此"K1、P1、Q2"路径的经济风险为 2.42（四舍五入保留小数点后两位）。四类风险无法加总，由此每一种路径均需分别算出四类风险。若不将 14 个变量分为四个维度计算，而直接用 14 个变量进行分类，使全国 PPP 项目风险的分布划分为经济、治理、发展和社会四大风险与 14 个变量的组合，则 8 557 个项目将分为 6 562 类。但是经过聚类，发现 8 557 个项目中有 6 000 余种各类风险的路径组合，几乎一个项目自成一例。鉴于路径组合的冗杂，进行高、中、低风险的归类区分度较不明显，由此进行的全国和各省份项目数的统计意义不大，故本小节并未对此进行数据分析，特此说明。

第五，通过聚类法将每个维度的每一种风险分为高风险、中风险、低风险三类，其中，经济风险的高风险值大于等于 3、中风险值在 2.5~3、低风险值小于 2.5；治理风险的高风险值大于等于 2.7、中风险值在 2.2~2.7、低风险值小于 2.2；社会风险的高风险值大于等于 2.5、中风险值在 2.0~2.5、低风险值小于 2.0；发展风险的高风险值大于等于 2.5、中风险值在 2.0~2.5、低风险值小于 2.0。将对风险分布的分析分为全国风险分布与各省份风险分布两大部分，由此探究中国 PPP 项目的风险分布情况。

在处理过程中，使用 SPSS 软件的"系统聚类法"对各风险值进行聚类处理。除此之外的其他数据处理过程，则使用Excel中的公式进行运算，或者用Excel的 VBA（visual basic for applications）编程语言编写相关代码进行数据处理。

二、经济风险

全国 8 557 个 PPP 项目的经济风险在 4 个维度中具有不同的属性组合，如表 4.13 所示。高经济风险的属性组合类别最少，重要性有 4 种组合、代理有 0 种组合、控制权有 3 种组合、监管有 6 种组合。中风险与低风险的组合类别较多，在中风险中，重要性有 28 种组合、代理有 59 种组合、控制权有 121 种组合、监管有 16 种组合；在低风险中，重要性有 31 种组合、代理有 85 种组合、控制权有 72 种组合、监管有 20 种组合。

表 4.13 PPP 项目经济风险组合

经济风险组合							
高风险组合（13）							
重要性（4）	K4P1Q1	K3P1Q1	K4P1Q2	K4P2Q1			
代理（0）							
控制权（3）	G3J4L1H4	G3J4L3H6	G3J4L1H6				
监管（6）	O4R2S1	O4R3S1	O3R2S1	O4R4S1	O4R1S2	O4R1S1	
中风险组合（224）							
重要性（28）	K3P2Q1	K3P1Q2	K3P2Q2	K2P1Q2	K3P1Q4	K2P1Q3	K4P3Q2	K4P3Q3
	K4P2Q2	K4P2Q3	K3P1Q3	K4P2Q5	K4P3Q5	K3P2Q4	K1P1Q1	K4P3Q4
	K3P3Q1	K4P1Q4	K2P3Q1	K3P2Q3	K3P3Q3	K4P3Q1	K4P3Q6	K2P2Q2
	K2P1Q1	K2P2Q1	K3P3Q2	K4P2Q6				
代理（59）	F3I1M1N4	F1I7M3N6	F3I1M3N4	F3I8M4N6	F3I6M2N4	F1I2M5N4	F2I1M1N4	F1I2M1N2
	F3I2M1N4	F1I7M3N4	F3I1M1N5	F3I8M4N4	F1I1M5N6	F3I4M2N4	F3I8M2N6	F3I6M2N2
	F3I8M1N4	F1I1M1N2	F1I7M1N6	F3I6M4N6	F1I1M5N4	F1I2M2N6	F1I3M2N4	F1I7M2N4
	F1I1M1N6	F1I7M1N3	F1I7M1N4	F3I6M4N4	F1I1M2N6	F1I2M2N4	F2I1M1N6	F2I6M3N4
	F1I1M1N4	F2I8M2N4	F3I3M5N4	F1I1M5N3	F1I1M2N4	F2I4M1N4	F2I3M1N4	F3I8M2N2
	F3I1M2N6	F2I6M2N6	F3I7M2N4	F2I3M1N2	F3I8M3N6	F1I2M3N4	F1I1M3N6	F1I7M2N6
	F3I1M2N4	F2I6M2N4	F3I8M5N6	F1I2M4N6	F3I6M3N4	F1I7M5N4	F1I1M3N4	F1I8M2N4
	F1I2M1N4	F3I8M2N5	F3I8M2N4					
控制权（121）	G2J4L1H6	G1J4L1H1	G2J4L1H3	G2J4L2H7	G2J1L1H5	G3J1L2H6	G1J4L1H6	G2J3L1H2
	G3J4L1H1	G2J4L2H1	G1J4L1H2	G3J3L2H3	G3J2L2H1	G2J3L3H3	G3J3L3H1	G2J3L2H6
	G3J4L1H5	G3J2L3H6	G2J4L3H7	G3J2L1H3	G1J3L1H3	G3J2L3H5	G2J2L2H6	G1J3L1H7
	G3J4L2H6	G1J4L1H5	G3J3L1H1	G3J1L1H4	G3J2L2H5	G2J3L3H2	G2J4L2H6	G1J4L3H4
	G3J4L1H2	G2J4L2H5	G2J4L3H4	G3J1L3H6	G2J2L1H2	G1J4L2H1	G3J1L1H6	G1J4L3H2
	G3J4L3H4	G2J4L2H3	G2J4L3H2	G2J4L3H7	G3J2L3H7	G1J4L1H5	G2J4L2H7	G1J4L2H2
	G3J4L1H7	G1J4L2H6	G3J4L2H2	G1J4L3H1	G2J1L1H4	G1J4L3H7	G3J4L2H1	G3J2L2H6
	G2J4L1H4	G2J3L1H1	G2J4L1H7	G1J4L3H5	G2J1L1H6	G1J3L1H1	G3J3L3H5	G3J1L1H5
	G2J4L3H6	G3J3L3H2	G3J4L2H7	G1J4L2H4	G1J4L2H7	G3J2L2H1	G2J1L1H1	G3J1L1H7
	G3J4L3H1	G1J4L3H1	G2J4L3H1	G3J3L2H7	G1J3L3H4	G2J2L1H1	G3J1L3H3	G3J2L2H7
	G3J4L3H5	G1J4L1H2	G2J4L3H5	G2J3L3H1	G2J4L3H4	G3J3L3H3	G3J4L2H5	G1J4L1H7
	G3J4L2H4	G2J4L2H3	G1J4L1H4	G2J1L1H6	G3J1L3H1	G3J3L2H2	G3J2L1H4	G3J2L3H1
	G2J4L1H1	G2J4L2H2	G2J4L2H4	G1J3L1H4	G3J2L2H3	G3J1L3H4	G3J1L3H5	G1J2L1H6
	G3J4L3H3	G3J3L2H1	G1J4L3H6	G2J2L1H4	G3J2L2H2	G2J2L1H5	G3J1L2H4	G1J4L3H3
	G3J4L3H2	G3J2L1H1	G2J4L3H3	G3J1L1H1	G2J4L1H5	G2J3L3H3	G2J4L3H2	G1J4L3H3
	G3J1L3H2							
监管（16）	O4R2S2	O4R3S2	O4R4S2	O4R5S2	O4R6S2	O3R4S2	O3R3S1	O3R4S1
	O4R5S1	O4R1S3	O3R2S2	O3R6S1	O4R3S3	O2R4S1	O4R2S3	O3R3S2

续表

<table>
<tr><td colspan="9" align="center">经济风险组合</td></tr>
<tr><td colspan="9" align="center">低风险组合（208）</td></tr>
<tr><td rowspan="4">重要性
（31）</td><td>K1P2Q1</td><td>K3P3Q4</td><td>K2P1Q6</td><td>K1P2Q3</td><td>K1P3Q3</td><td>K1P3Q6</td><td>K3P2Q6</td><td>K3P3Q6</td></tr>
<tr><td>K2P3Q2</td><td>K1P3Q1</td><td>K1P2Q2</td><td>K2P3Q4</td><td>K1P1Q6</td><td>K1P3Q5</td><td>K2P2Q5</td><td>K2P3Q6</td></tr>
<tr><td>K3P2Q5</td><td>K2P1Q4</td><td>K2P2Q4</td><td>K2P3Q5</td><td>K1P2Q5</td><td>K1P1Q5</td><td>K1P3Q4</td><td>K2P3Q3</td></tr>
<tr><td>K1P1Q2</td><td>K3P3Q5</td><td>K1P3Q2</td><td>K1P1Q4</td><td>K1P2Q6</td><td>K2P2Q6</td><td>K2P2Q3</td><td></td></tr>
<tr><td rowspan="11">代理
（85）</td><td>F3I1M4N3</td><td>F2I7M4N5</td><td>F3I1M3N2</td><td>F2I6M2N2</td><td>F1I1M3N3</td><td>F2I1M4N2</td><td>F1I7M3N2</td><td>F2I3M2N2</td></tr>
<tr><td>F1I8M2N5</td><td>F1I1M2N2</td><td>F3I8M2N3</td><td>F1I1M5N1</td><td>F1I8M4N6</td><td>F1I7M2N1</td><td>F1I7M3N3</td><td>F2I4M4N4</td></tr>
<tr><td>F2I7M4N4</td><td>F1I6M4N6</td><td>F3I6M2N3</td><td>F1I1M2N1</td><td>F1I8M4N4</td><td>F1I2M2N2</td><td>F1I7M2N2</td><td>F1I2M2N1</td></tr>
<tr><td>F2I8M3N5</td><td>F1I6M4N4</td><td>F2I1M4N4</td><td>F2I1M4N5</td><td>F2I3M3N3</td><td>F2I3M4N5</td><td>F3I1M2N2</td><td>F1I8M4N3</td></tr>
<tr><td>F3I7M4N5</td><td>F3I1M4N2</td><td>F1I3M2N3</td><td>F3I7M4N2</td><td>F1I1M3N2</td><td>F2I3M4N3</td><td>F1I4M4N2</td><td>F2I6M4N2</td></tr>
<tr><td>F1I2M4N5</td><td>F1I6M4N2</td><td>F1I7M4N5</td><td>F3I3M4N2</td><td>F1I1M2N3</td><td>F2I6M4N5</td><td>F1I7M4N5</td><td>F1I1M4N1</td></tr>
<tr><td>F2I3M4N6</td><td>F3I7M4N3</td><td>F3I1M4N5</td><td>F1I2M4N3</td><td>F1I6M2N3</td><td>F1I7M4N2</td><td>F1I1M4N5</td><td>F3I7M4N1</td></tr>
<tr><td>F2I3M4N4</td><td>F3I3M4N3</td><td>F2I8M4N4</td><td>F3I8M4N2</td><td>F1I4M4N6</td><td>F1I6M4N2</td><td>F2I3M2N3</td><td>F2I8M4N2</td></tr>
<tr><td>F3I7M2N2</td><td>F3I8M4N3</td><td>F2I6M4N6</td><td>F3I6M4N2</td><td>F1I4M4N4</td><td>F2I7M4N3</td><td>F3I8M4N5</td><td>F1I7M4N3</td></tr>
<tr><td>F2I4M2N4</td><td>F3I6M4N3</td><td>F2I6M4N4</td><td>F1I1M4N2</td><td>F1I7M5N2</td><td>F2I3M4N2</td><td>F3I6M4N5</td><td>F1I3M4N3</td></tr>
<tr><td>F1I7M3N3</td><td>F2I3M5N2</td><td>F3I8M3N3</td><td>F1I1M4N3</td><td>F1I6M4N1</td><td></td><td></td><td></td></tr>
<tr><td rowspan="9">控制权
（72）</td><td>G1J3L3H1</td><td>G1J1L1H5</td><td>G1J3L3H2</td><td>G1J1L1H7</td><td>G3J1L2H7</td><td>G1J2L2H7</td><td>G2J1L1H2</td><td>G1J2L3H2</td></tr>
<tr><td>G2J2L3H1</td><td>G2J1L2H5</td><td>G2J2L3H3</td><td>G1J2L2H1</td><td>G2J1L3H1</td><td>G1J2L1H1</td><td>G3J1L3H7</td><td>G1J1L3H4</td></tr>
<tr><td>G1J1L1H6</td><td>G2J1L3H7</td><td>G2J2L3H2</td><td>G1J2L2H7</td><td>G1J3L2H3</td><td>G1J1L3H5</td><td>G2J2L2H5</td><td>G1J1L3H3</td></tr>
<tr><td>G2J2L3H5</td><td>G1J2L3H1</td><td>G2J1L3H4</td><td>G1J2L2H5</td><td>G1J2L1H3</td><td>G1J1L3H7</td><td>G2J2L3H7</td><td>G1J1L3H2</td></tr>
<tr><td>G1J2L1H4</td><td>G1J2L1H2</td><td>G1J2L3H7</td><td>G1J2L3H3</td><td>G1J1L1H2</td><td>G1J2L1H3</td><td>G1J1L1H1</td><td>G1J2L1H7</td></tr>
<tr><td>G2J2L2H4</td><td>G1J1L1H3</td><td>G3J1L2H3</td><td>G1J1L3H1</td><td>G2J2L2H2</td><td>G1J2L2H1</td><td>G2J2L3H1</td><td>G2J2L2H7</td></tr>
<tr><td>G3J1L2H1</td><td>G1J1L1H2</td><td>G1J3L2H1</td><td>G1J2L2H3</td><td>G2J2L2H3</td><td>G1J1L3H6</td><td>G1J1L1H4</td><td>G1J2L3H2</td></tr>
<tr><td>G1J2L3H6</td><td>G2J1L2H3</td><td>G1J2L1H1</td><td>G1J2L2H2</td><td>G2J1L3H5</td><td>G1J1L3H4</td><td>G2J1L3H4</td><td>G2J1L3H3</td></tr>
<tr><td>G3J1L2H5</td><td>G2J1L2H2</td><td>G2J2L2H1</td><td>G1J1L3H5</td><td>G2J1L1H3</td><td>G1J2L3H3</td><td>G1J2L1H5</td><td>G1J1L2H4</td></tr>
<tr><td rowspan="3">监管
（20）</td><td>O4R4S3</td><td>O3R5S2</td><td>O3R3S3</td><td>O1R5S1</td><td>O2R3S3</td><td>O2R5S3</td><td>O2R5S2</td><td>O3R5S3</td></tr>
<tr><td>O2R5S1</td><td>O4R5S3</td><td>O4R6S3</td><td>O1R6S1</td><td>O3R6S3</td><td>O2R6S3</td><td>O1R6S2</td><td>O1R6S3</td></tr>
<tr><td>O1R4S1</td><td>O3R6S2</td><td>O3R4S3</td><td>O2R6S2</td><td></td><td></td><td></td><td></td></tr>
</table>

（一）全国 PPP 项目经济风险分布

全国 PPP 项目的经济风险主要集中在中、低风险项目上，只有监管领域的高风险相对较高。在经济风险-重要性 PPP 项目中，低风险项目数最多，为 5 698 个、占比 66.59%；在经济风险-代理 PPP 项目中，不存在高风险项目，中风险项目占比高达 67.49%；在经济风险-控制权 PPP 项目中，高、中、低风险之间形成最大极差，中风险项目数多达 7 504 个；在经济风险-监管 PPP 项目中，风险分布相对均衡，高、中、低风险占比分别为 20.86%、50.01%和 29.13%（图 4.8）。

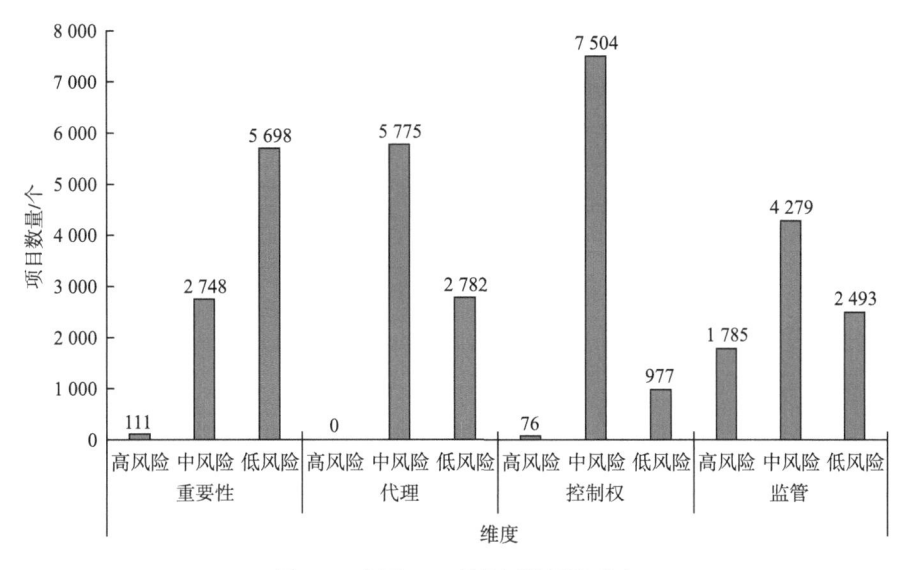

图 4.8　全国 PPP 项目经济风险分布

（二）各省份 PPP 项目经济风险分布

1. 省-经济风险-重要性项目分布

在重要性维度下的高经济风险中，高风险的分布具有"两极化"的特征，如图 4.9 所示。一端是云南、贵州、广西三个省区，其风险项目数分别为 29 个、16 个、10 个，在省内占比分别为 6.53%、3.12%、6.13%。在这三个省区中，云南"一骑绝尘"，风险项目数逼近贵州的两倍、广西的三倍。三个省区中云南、贵州位于西南地区，广西位于华南地区，均位于我国南方且三省接壤。三省区在国内各省区市中生产总值排名在半数之后，并不发达的经济水平与在重要性中体现出的较高经济风险，呈负相关趋势。另一端是上海、重庆、青海、天津、宁夏、北京、辽宁、江西、福建、江苏、浙江、山东 12 个省区市再加中央本级的高风险项目数为 0，这些省区市在全国各省区市中生产总值排名大多靠前，且多位于东部地区，因此，其经济水平与重要性的高经济风险也呈负相关趋势。

在重要性维度下的中经济风险中，云南与贵州分别以 236 个、226 个风险项目数，53.15%、44.05% 的省内风险项目占比，9.35%、8.95% 的全国中风险项目占比位列一二。中风险项目较少的地区分别为天津、中央本级、西藏、上海，四者的中风险项目数分别为 9 个、4 个、1 个、0 个，前三者区域内占比分别为 28.13%、100%、50%。西藏 PPP 项目数一共为 2 个，同时中风险项目数占比达到半数，由此西藏不应该属于真正中风险较少的地区，故将西藏剔除。即便如此，重要性维度下的中度经济风险高低仍然与地区经济发展水平呈负相关趋势。

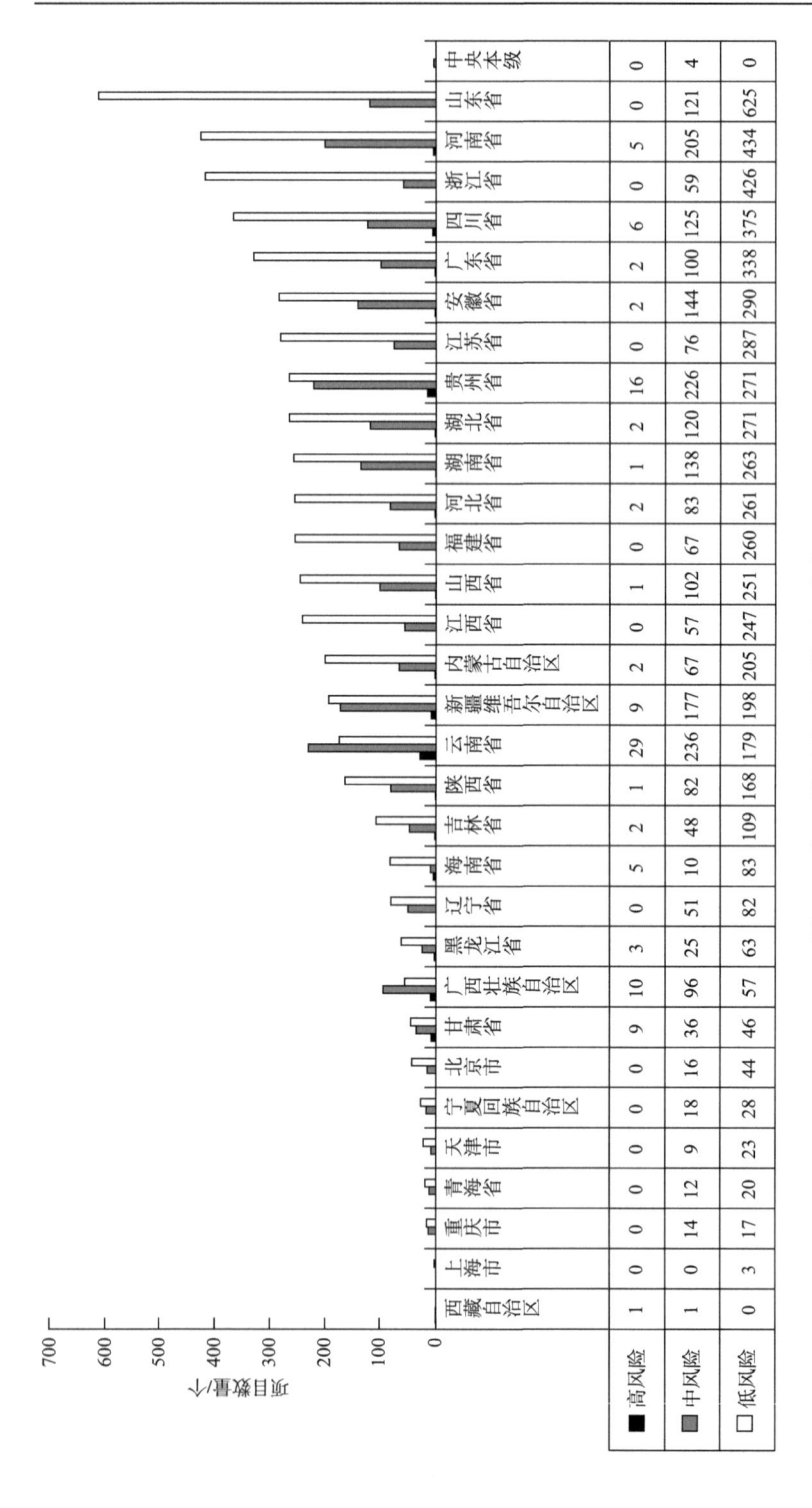

地区	高风险	中风险	低风险
中央本级	0	4	0
山东省	0	121	625
河南省	5	205	434
浙江省	0	59	426
四川省	6	125	375
广东省	2	100	338
安徽省	2	144	290
江苏省	0	76	287
贵州省	16	226	271
湖北省	2	120	271
湖南省	1	138	263
河北省	2	83	261
福建省	0	67	260
山西省	1	102	251
江西省	0	57	247
内蒙古自治区	2	67	205
新疆维吾尔自治区	9	177	198
云南省	29	236	179
陕西省	1	82	168
吉林省	2	48	109
海南省	5	10	83
辽宁省	0	51	82
黑龙江省	3	25	63
广西壮族自治区	10	96	57
甘肃省	9	36	46
北京市	0	16	44
宁夏回族自治区	0	18	28
天津市	0	9	23
青海省	0	12	20
重庆市	0	14	17
上海市	0	0	3
西藏自治区	1	1	0

图 4.9　省－经济风险－重要性项目分布

在重要性维度下的低经济风险中,项目数主要集中在 10~400 个。山东的低风险项目数为 625 个,为全国低风险项目数最多,占比 10.55%,省内项目数占比 83.78%,超出低风险项目数次多的河南省近 200 个项目。西藏和中央本级的低风险项目数为 0 个,为全国低风险项目数最少,上海低风险项目数为 3 个,是全国次少。剔除西藏后,山东 2018 年生产总值为 76 469.70 亿元,位居全国第三,上海为 32 679.87 亿元,居全国前列,两者均在东部地区,但是经济结构有所差异,上海新兴产业比重较高,山东制造产业比重较高。由此得知重要性维度下的低经济风险与经济结构有一定关系。

综上,重要性维度下的经济风险分布,与各省区市经济发展水平、产业结构有一定关系。

2. 省-经济风险-代理项目分布

在代理维度下的经济风险中,不存在高风险项目,中风险项目数集中在 100~400 个,如图 4.10 所示。其中,山东的中风险项目数在全国最多,为 633 个,占比 10.11%,省内项目数占比 84.85%;河南的中风险项目数为 543 个,为全国中风险项目数次多,占比 8.67%,省内项目数占比 84.32%,为中风险中较为突出省份;排名第三的是浙江,其中风险项目数为 419 个,与山东和河南有较大差距。上海、西藏、中央本级中风险项目数较少,分别为 3 个、2 个、4 个。中风险项目数较多省份的新兴产业大体比中风险项目数较少省份的新兴产业发展程度低,新兴产业发展程度与代理维度下的中经济风险程度呈负相关关系。

在代理维度下的低经济风险中,湖南、云南、贵州风险项目数超过 200 个,而上海、天津、西藏、中央本级的风险项目数为 0 个,重庆、北京、青海的风险项目数在 10 个以内。多省份属性与代理维度下的低经济风险程度之间的关系并不明显。

3. 省-经济风险-控制权项目分布

控制权维度下的高经济风险项目数较少,以中经济风险为主,而低经济风险次少,如图 4.11 所示。

在高经济风险中,重庆、青海的高风险项目数在各地经济风险分布中占比高于 3.00%,而北京、甘肃、海南、黑龙江、江西、内蒙古、宁夏、山西、上海、天津、西藏、中央本级高风险项目数为 0 个,为全国高风险项目数最少。重庆与青海位于西部地区,而高风险项目数较少的省区市大多位于东部地区,因此所处位置不同可能带来控制权维度下高经济风险分布的差异。

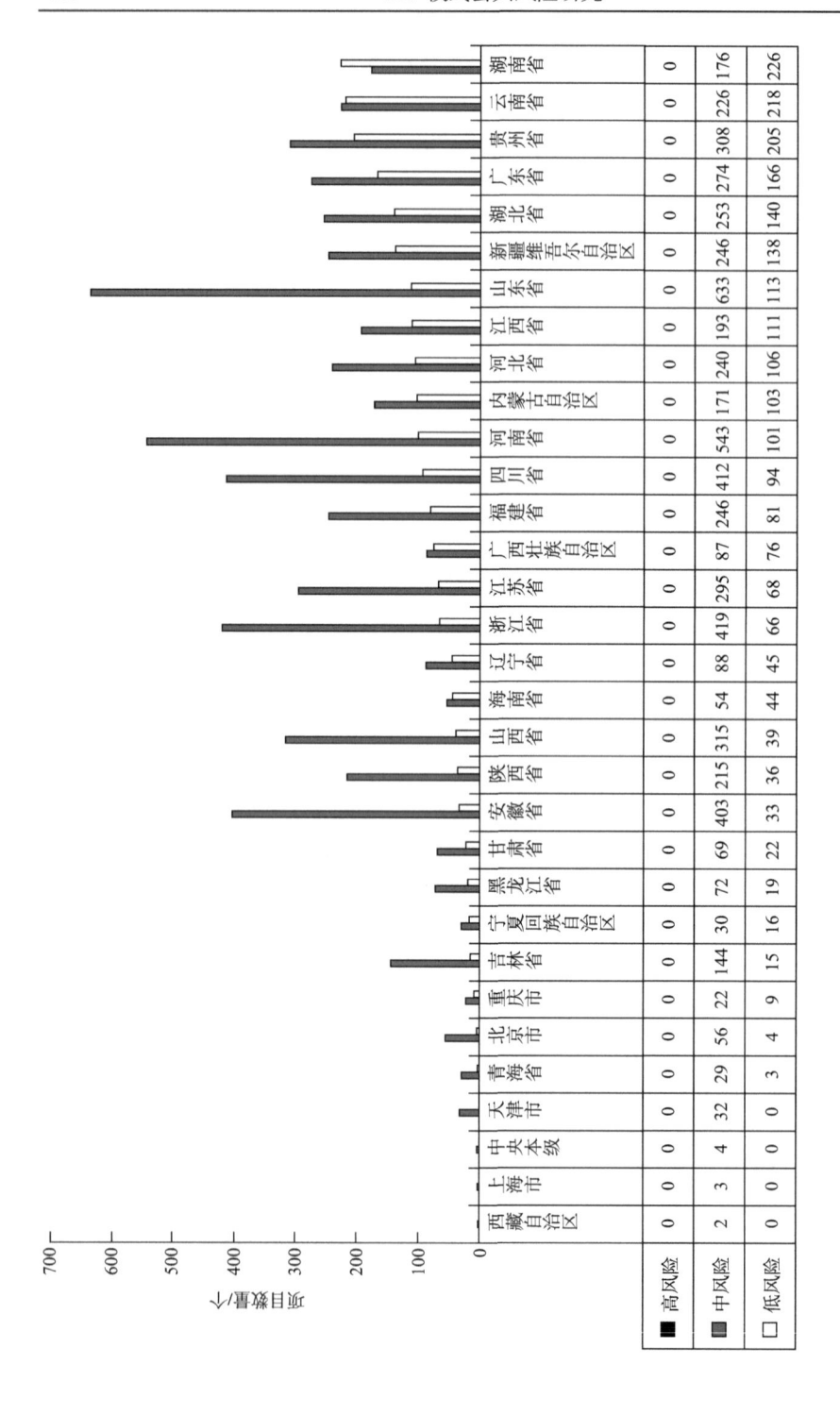

省份	高风险	中风险	低风险
湖南省	0	176	226
云南省	0	226	218
贵州省	0	308	205
广东省	0	274	166
湖北省	0	253	140
新疆维吾尔自治区	0	246	138
山东省	0	633	113
江西省	0	193	111
河北省	0	240	106
内蒙古自治区	0	171	103
河南省	0	543	101
四川省	0	412	94
福建省	0	246	81
广西壮族自治区	0	87	76
江苏省	0	295	68
浙江省	0	419	66
辽宁省	0	88	45
海南省	0	54	44
山西省	0	315	39
陕西省	0	215	36
安徽省	0	403	33
甘肃省	0	69	22
黑龙江省	0	72	19
宁夏回族自治区	0	30	16
吉林省	0	144	15
重庆市	0	22	9
北京市	0	56	4
青海省	0	29	3
天津市	0	32	0
中央本级	0	4	0
上海市	0	3	0
西藏自治区	0	2	0

图 4.10 省-经济风险-代理项目分布

第四章 PPP模式公共风险分布状况　　117

省份	高风险	中风险	低风险
湖南省	5	304	93
山东省	1	656	89
内蒙古自治区	0	190	84
浙江省	4	405	76
陕西省	1	178	72
四川省	2	436	68
河南省	5	585	54
湖北省	10	329	54
云南省	2	390	52
贵州省	6	463	44
河北省	5	301	40
安徽省	9	392	35
江苏省	5	328	30
福建省	2	295	30
新疆维吾尔自治区	1	354	29
广东省	6	412	22
江西省	0	287	17
海南省	0	83	15
吉林省	4	144	11
山西省	0	344	10
辽宁省	1	122	9
广西壮族自治区	4	150	9
甘肃省	0	83	8
北京市	0	54	6
宁夏回族自治区	0	40	6
黑龙江省	0	87	4
青海省	1	27	4
重庆市	1	28	2
天津市	0	31	1
上海市	0	2	1
西藏自治区	0	1	1
中央本级	0	4	0

图 4.11 省—经济风险—控制权项目分布

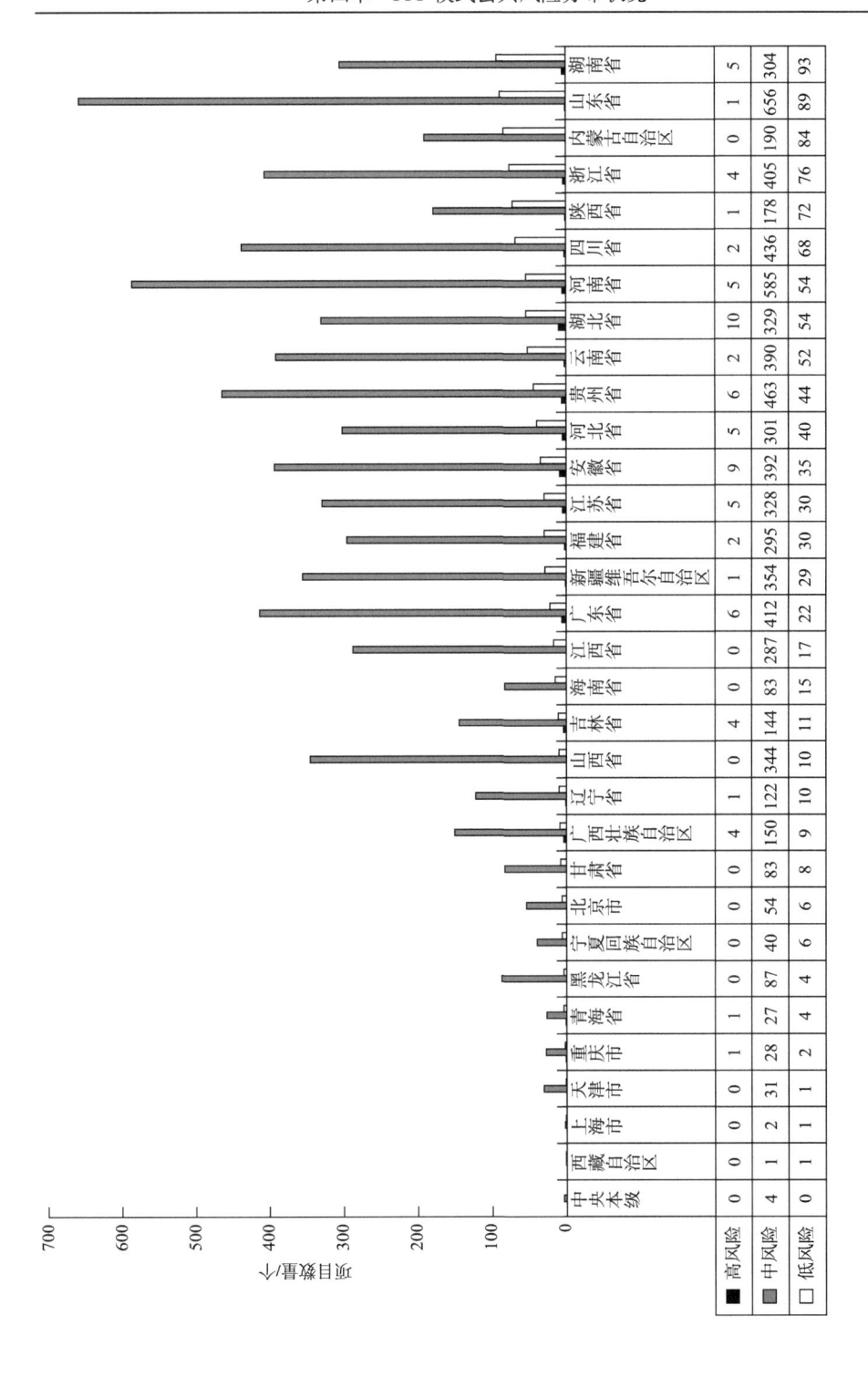

在中经济风险中，中央本级、山西、天津、黑龙江、江西、广东、新疆、广西、辽宁、甘肃的中风险在各地经济风险分布中占比高于 90%，而西藏占比低于 60%。相对而言，中风险分布差异不大，各地之间无明显特殊性。

在低经济风险中，上海、内蒙古、陕西的低风险在各地经济风险分布中占比高于 25%，而黑龙江、天津、山西的低风险在各地的占比低于 5%。在中风险中占比较低的省区市在低风险中占比较高，反之较低。由此可见，高风险对控制权维度下的省经济风险分布的影响较小。

4. 省-经济风险-监管项目分布

在省-经济风险-监管 PPP 项目的经济风险中，两极化的趋势较为明显，三种风险中高者极高，低者极低，三种风险中均有风险项目数为 0 个的省区市，同时也有风险项目数在 400 个以上的省份。如图 4.12 所示，在监管领域的经济风险差异较为明显，监管的极值之间相差较大。

在省-经济风险-监管 PPP 项目的高经济风险中，高风险的项目数是相较于其他维度最多的。一方面，贵州、新疆、云南、内蒙古四地的高风险项目数不低于 200 个，最高的贵州甚至超过 400 个，说明四地在监管方面难度大、风险高，这些地区普遍经济发展水平较为落后，且少数民族较多，而少数民族在与汉族的接触过程当中，就存在有语言、文化、习俗方面的困难；另一方面，四川、中央本级、上海、江西、黑龙江、辽宁、河南、河北、安徽、天津、陕西、吉林、北京、湖南、广西、福建、江苏、浙江、广东、山东的高风险项目数为 0，这些地区大多经济发展水平较高，且汉族占人口比例的绝大多数。由此可见，监管维度下的高经济风险程度与经济发展水平呈负相关关系，与少数民族人口占比呈正相关关系。

在省-经济风险-监管 PPP 项目的中经济风险中，河南、四川、安徽三省的风险项目数相对较高，在 400 个以上。其中，河南的中风险项目数占比 14.65%，为全国最多；四川次之，占比 11.76%。西藏、上海、中央本级的中风险项目数为 0 个，为全国中风险项目数最少。

在低经济风险中，山东的低风险项目数为 719 个，广东的低风险项目数为 409 个，二者相差近一倍；西藏、海南、山西、内蒙古等地区的低风险项目数相对较少。由此可得，监管维度下的低经济风险程度与经济发展水平呈负相关关系，与少数民族人口占比也呈负相关关系。

第四章　PPP模式公共风险分布状况　　119

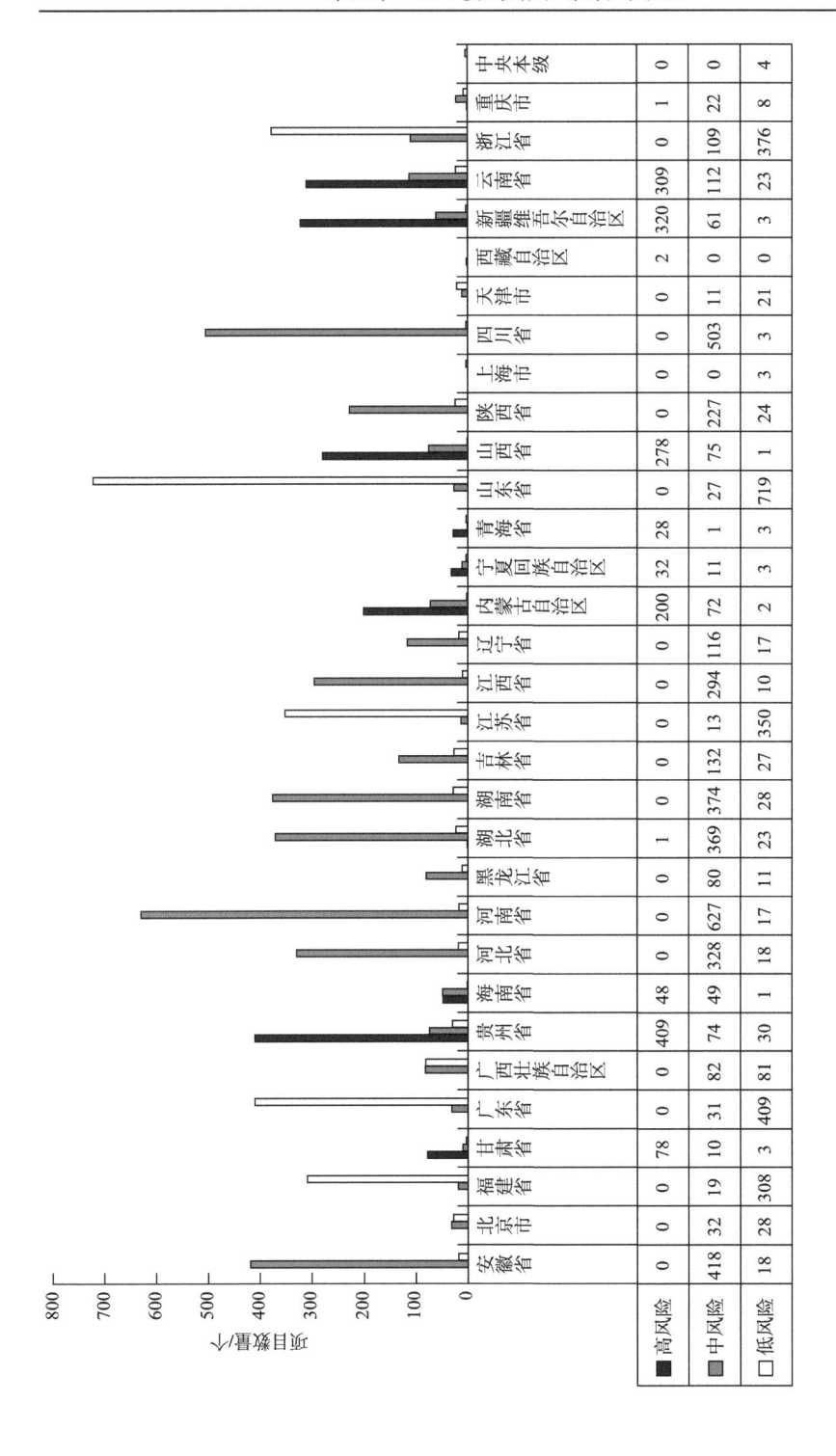

	安徽省	北京市	福建省	甘肃省	广东省	广西壮族自治区	贵州省	海南省	河北省	河南省	黑龙江省	湖北省	湖南省	吉林省	江苏省	江西省	辽宁省	内蒙古自治区	宁夏回族自治区	青海省	山东省	山西省	陕西省	上海市	四川省	天津市	西藏自治区	新疆维吾尔自治区	云南省	浙江省	重庆市	中央本级
高风险	0	0	0	78	0	0	409	48	0	0	0	1	0	0	0	0	0	200	32	28	0	278	0	0	0	0	2	320	309	0	1	0
中风险	418	32	19	10	31	82	74	49	328	627	80	369	374	132	13	294	116	72	11	1	27	75	227	3	503	11	0	61	112	109	22	0
低风险	18	28	308	3	409	81	30	1	18	17	11	23	28	27	350	10	17	2	3	3	719	1	24	3	3	21	0	3	23	376	8	4

图4.12　省-经济风险-监管项目分布

三、治理风险

全国 8 557 个 PPP 项目的治理风险在四个维度中具有不同的属性组合，如表 4.14 所示。高风险的属性组合类别最少，重要性、代理、控制权和监管分别有 5 种、1 种、6 种、8 种组合。中风险的组合类别最多，重要性组合有 35 种、代理组合有 133 种、控制权和监管分别有 172 种和 18 种组合。低风险的组合类别较少，重要性有 23 种组合、代理有 39 种组合、控制权有 18 种组合、监管有 16 种组合。

表 4.14　PPP 项目治理风险组合

治理风险组合							
高风险组合（20）							
重要性（5）	K4P2Q1	K4P3Q1	K3P1Q1	K4P1Q2	K4P1Q1		
代理（1）	F3I2M1N4						
控制权（6）	G3J4L3H5	G3J4L1H5	G3J4L2H6	G3J4L3H6	G3J4L2H5	G3J4L1H6	
监管（8）	O4R4S1	O4R2S1	O3R2S1	O4R1S2	O4R2S2	O4R5S1	O4R3S1	O4R1S1
中风险组合（358）							
重要性（35）	K3P2Q1	K4P2Q3	K2P3Q1	K4P2Q6	K1P2Q1	K3P2Q5	K3P3Q3	K2P3Q2
	K4P2Q2	K4P1Q4	K3P3Q2	K4P3Q4	K2P2Q2	K1P1Q2	K4P3Q6	K3P2Q4
	K3P3Q1	K2P2Q1	K1P1Q1	K3P1Q4	K2P1Q3	K3P2Q6	K3P2Q2	K4P2Q5
	K2P1Q1	K4P3Q3	K2P1Q2	K4P3Q5	K1P3Q1	K2P2Q3	K3P1Q3	K3P2Q3
	K4P3Q2	K3P1Q2	K3P3Q4					
代理（133）	F3I8M1N4	F3I1M4N6	F1I2M3N4	F2I8M3N5	F2I3M2N4	F3I6M4N5	F3I6M2N4	F1I6M4N4
	F3I1M1N4	F3I1M4N4	F1I2M5N4	F3I7M4N5	F1I8M2N4	F1I7M2N2	F3I1M2N6	F3I8M2N2
	F1I2M1N4	F1I7M1N3	F3I7M2N4	F1I2M4N5	F1I1M2N6	F3I1M2N2	F2I7M2N6	F2I6M4N6
	F2I3M1N4	F2I3M1N2	F2I6M3N4	F2I3M4N6	F1I1M1N3	F1I1M3N3	F2I7M2N4	F2I6M4N4
	F2I1M1N6	F1I2M4N6	F3I4M2N4	F2I3M4N4	F2I1M3N4	F3I6M2N2	F1I2M1N2	F2I3M5N2
	F2I1M1N4	F1I1M1N2	F1I2M2N6	F3I7M2N2	F1I1M2N4	F1I8M2N5	F1I3M2N5	F3I3M4N3
	F1I1M1N6	F1I3M4N4	F1I2M1N6	F2I4M2N4	F3I7M4N6	F2I3M3N3	F3I8M2N6	F1I8M4N4
	F1I1M1N4	F2I2M4N4	F1I1M3N6	F1I7M3N3	F3I7M4N4	F1I1M3N2	F3I8M2N4	F1I6M4N6
	F3I3M5N4	F2I3M3N5	F1I1M3N4	F3I8M3N3	F3I8M4N6	F1I1M2N3	F2I6M2N6	F3I1M4N5
	F3I8M3N6	F1I1M2N5	F1I1M5N6	F1I7M3N2	F1I2M4N4	F1I6M2N3	F2I6M2N4	F2I8M4N4
	F3I6M3N4	F1I8M4N6	F1I1M5N4	F1I7M2N3	F2I3M5N4	F1I4M4N6	F1I7M2N6	F2I4M4N4
	F3I1M3N4	F2I3M2N5	F1I7M3N6	F3I1M3N2	F2I3M1N3	F1I4M4N4	F1I7M2N4	F1I1M5N3
	F1I7M1N6	F1I1M4N6	F1I7M3N4	F3I8M2N3	F3I8M4N4	F1I7M5N2	F3I1M2N4	F2I7M4N4
	F1I7M1N4	F1I1M4N4	F1I7M5N6	F3I6M2N3	F3I6M4N6	F1I1M4N5	F3I1M2N5	F2I7M4N5
	F3I8M5N6	F3I7M2N3	F1I3M2N4	F2I1M4N4	F1I7M2N5	F2I3M2N3	F3I6M4N4	F1I1M2N2

续表

治理风险组合								
中风险组合（358）								
代理 （133）	F2I4M1N4	F1I2M3N2	F2I3M3N4	F1I3M2N3	F2I3M2N6	F3I8M4N5	F3I8M2N5	F1I7M4N4
	F3I1M1N5	F1I2M2N3	F2I8M2N4	F1I7M4N5	F1I7M4N6			
控制权 （172）	G2J4L1H6	G2J1L1H5	G2J4L1H1	G2J2L1H1	G3J3L2H1	G1J2L3H5	G2J4L3H4	G2J1L2H5
	G2J4L1H5	G2J2L3H3	G2J4L3H2	G3J1L3H4	G1J4L2H6	G2J2L2H1	G3J4L3H7	G1J4L3H1
	G3J4L3H5	G1J3L1H3	G3J3L1H1	G2J2L3H2	G1J4L2H5	G2J2L3H7	G3J2L3H3	G1J2L3H6
	G3J4L1H4	G3J1L3H3	G3J3L3H2	G1J3L2H3	G3J2L1H4	G1J3L1H7	G2J4L3H7	G1J2L1H3
	G3J4L2H3	G2J3L2H1	G1J4L1H6	G3J1L1H1	G2J3L1H1	G3J1L2H1	G1J2L1H1	G2J1L2H1
	G3J4L1H2	G1J4L3H4	G2J4L2H4	G3J1L2H2	G2J3L3H2	G2J1L3H4	G1J2L2H2	G2J1L3H7
	G2J4L3H6	G2J2L1H4	G1J4L1H5	G2J1L3H3	G3J2L2H3	G3J1L3H7	G2J3L1H3	G1J3L1H4
	G2J4L1H3	G3J2L2H2	G2J3L3H3	G1J2L1H6	G2J4L2H7	G2J1L1H1	G3J4L2H1	G3J2L3H7
	G2J4L3H5	G2J2L2H3	G3J4L2H7	G2J2L2H4	G1J4L3H3	G2J1L3H2	G2J4L2H1	G3J1L3H1
	G3J3L3H5	G1J4L1H1	G3J2L3H6	G1J2L1H5	G2J2L3H6	G1J2L2H5	G3J1L1H5	G1J4L2H7
	G2J4L2H6	G3J1L1H4	G2J4L2H2	G3J2L2H7	G2J3L3H5	G1J3L3H1	G3J4L2H2	G1J1L1H3
	G2J4L2H5	G1J4L3H2	G3J2L3H3	G1J4L2H1	G3J1L3H6	G2J2L3H7	G2J1L1H6	G1J1L3H5
	G3J4L3H4	G2J2L1H2	G3J2L3H5	G3J1L2H4	G3J3L2H7	G1J1L1H6	G3J4L1H1	G3J2L2H1
	G3J4L1H1	G3J1L2H3	G2J4L1H7	G2J2L2H2	G3J1L3H5	G2J2L2H4	G3J3L2H3	G2J2L3H4
	G3J4L3H2	G3J2L3H1	G2J4L3H1	G1J4L3H7	G1J4L1H4	G1J1L1H5	G2J2L2H5	G1J3L1H1
	G2J4L3H3	G2J1L3H6	G2J3L1H2	G2J1L1H4	G1J4L2H3	G1J2L3H3	G3J1L1H6	G1J3L3H2
	G3J4L2H4	G2J3L2H7	G3J2L2H6	G3J1L2H2	G2J2L2H6	G3J2L2H7	G3J1L2H5	G1J2L1H2
	G2J4L1H4	G2J1L1H3	G3J2L2H5	G1J3L3H4	G2J2L2H5	G1J2L2H2	G3J2L1H1	G1J1L1H6
	G3J4L2H2	G2J1L3H5	G3J3L3H1	G3J1L1H7	G1J4L2H2	G1J3L2H1	G2J3L2H1	G2J1L3H1
	G3J4L1H7	G1J4L2H4	G1J4L3H6	G2J1L2H3	G3J2L3H4	G1J2L1H4	G3J1L1H6	G1J2L2H3
	G2J4L2H3	G1J4L2H2	G1J4L1H3	G2J2L3H1	G1J1L3H3	G1J1L2H5	G2J1L2H7	G1J2L3H4
	G2J4L1H2	G1J4L1H7	G1J4L3H5	G2J1L1H2				
监管 （18）	O4R1S3	O3R4S1	O4R2S3	O4R6S2	O2R4S1	O4R3S3	O3R4S2	O3R5S2
	O3R3S1	O4R4S2	O4R5S2	O3R3S2	O2R5S1	O1R4S1	O3R6S1	O4R3S3
	O4R3S2	O3R2S2						
低风险组合（96）								
重要性 （23）	K3P3Q5	K2P3Q5	K1P2Q2	K1P1Q6	K1P2Q3	K1P3Q6	K1P3Q4	K2P1Q6
	K2P1Q4	K1P1Q4	K2P2Q4	K1P2Q5	K2P3Q4	K1P3Q3	K1P1Q5	K2P2Q5
	K3P3Q6	K2P3Q6	K1P3Q2	K1P2Q6	K2P2Q6	K1P3Q5	K2P3Q3	
代理 （39）	F3I8M4N3	F1I2M4N2	F1I6M2N2	F2I8M4N2	F3I1M4N2	F1I7M4N2	F1I7M4N1	F1I6M4N1
	F3I6M4N3	F1I8M4N3	F3I3M4N2	F2I6M4N2	F3I7M4N2	F1I7M2N1	F1I1M4N1	F1I1M2N1

续表

\	治理风险组合							
\	低风险组合（96）							
代理 （39）	F3I1M4N3	F1I1M4N3	F2I6M4N5	F2I1M4N2	F2I3M4N3	F3I7M4N1	F1I2M4N3	F1I1M4N2
	F2I3M2N2	F1I2M2N1	F2I1M4N5	F1I6M4N2	F1I3M4N3	F1I4M4N2	F3I8M4N2	F2I7M4N2
	F3I7M4N3	F1I7M4N3	F2I3M4N5	F1I1M5N1	F3I6M4N2	F2I6M2N2	F2I3M4N2	
控制权 （18）	G1J2L2H2	G1J1L2H3	G1J2L2H1	G1J1L1H1	G1J2L2H4	G1J1L3H1	G1J1L1H7	G1J1L3H7
	G1J2L1H7	G1J2L3H1	G1J2L3H7	G1J1L3H2	G1J1L2H2	G1J1L2H1	G1J1L3H4	G1J2L2H7
	G1J1L1H4	G1J1L1H2						
监管 （16）	O4R5S3	O4R6S3	O2R5S2	O3R4S3	O3R5S3	O1R6S2	O3R6S2	O3R3S3
	O1R5S1	O1R6S1	O2R6S2	O2R3S3	O3R6S3	O2R5S3	O2R6S3	O1R6S3

（一）全国 PPP 项目治理风险分布

全国 PPP 项目的治理风险主要集中在中风险项目上，高风险项目相对较少，如图 4.13 所示。具体而言，治理风险-重要性 PPP 项目中，中风险和低风险都相对较高，分别占比 59.51% 和 39.09%；治理风险-代理 PPP 项目中，高风险项目数仅占比 0.02%，中风险项目占比高达 74.62%；治理风险-控制权 PPP 项目中，中风险项目数最多，占比达到 96.31%，高风险和低风险项目占比分别仅为 0.99% 和 2.70%；治理风险-监管 PPP 项目中，高风险项目数相对其他有所提升，占比达到 22.18%，但中风险项目数依然最多，占比 61.76%。

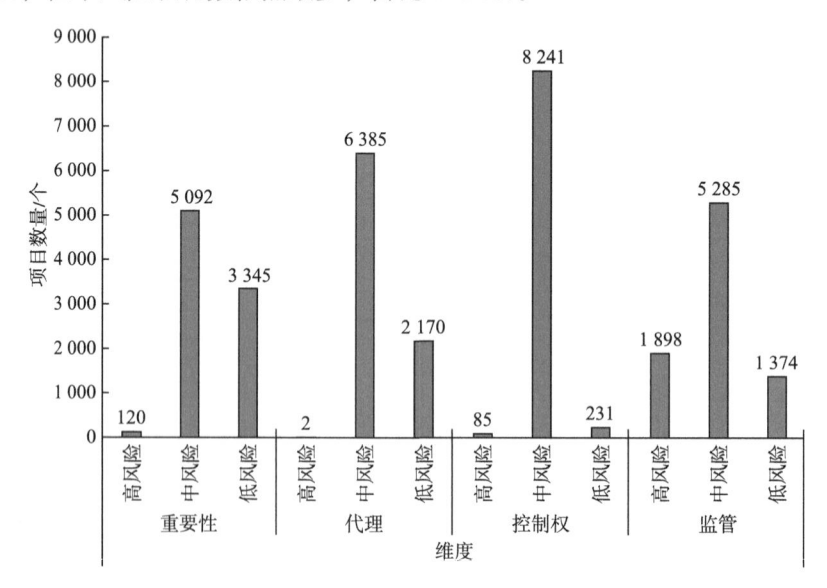

图 4.13 全国 PPP 项目治理风险分布

（二）各省 PPP 项目治理风险分布

1. 省-治理风险-重要性项目分布

省-治理风险-重要性 PPP 项目的风险分布如图 4.14 所示。具体而言，高风险主要集中在云南、贵州、广西三地，三地高风险项目数均不低于 10 个，其中，云南的高风险项目数为 32 个，为全国高风险项目数最多；贵州和广西的高风险项目数分别为 16 个和 10 个。北京、福建、海南、辽宁、江西、宁夏、山东、青海、上海、重庆、中央本级不存在高风险项目。浙江、陕西、湖南、山西、天津、西藏的高风险项目数仅为 1 个，为全国高风险项目数次少。高风险项目数为 1 个或者 0 个的省区市超过半数。这里云南、贵州、广西三地可以作为近似处理，三地接壤，在社会治理、风俗习惯等多方面具有相似性。

中风险项目大多分布在西部地区。全国中风险项目数最多的是贵州，为 458 个，占比 8.60%。中风险项目数小于 20 个的有中央本级、上海、西藏。因此，从数据来看各地之间无明显的相关关系。

2. 省-治理风险-代理项目分布

省-治理风险-代理 PPP 项目分布如图 4.15 所示，除江苏高风险项目数为 1 个之外，其他地区并无代理维度下的高治理风险项目。治理风险主要集中在中风险，部分集中在低风险。

中风险项目数在 500 个以上的有山东、河南两省，项目数分别为 664 个和 590 个。中风险项目数在 10 个以下的有中央本级、上海、西藏，从数量上看，各地与风险之间并无明显相关关系。同时，中风险项目数在各省项目数中所占比例在 90% 以上的有青海、上海、天津、西藏、中央本级、安徽、北京、陕西、河南、甘肃。因此，从比例上来看，各地与风险之间并无明显相关关系。

在低风险项目中，唯一高于 100 个的省份是湖南，其项目数为 132 个。广东、山东、湖北、江西、贵州等地项目数均不低于 70 个，属于低风险项目数较多的省份。上海、西藏、中央本级、青海、天津的低风险项目数为 0 个，由此而言，各地与风险之间并无明显相关关系。

3. 省-治理风险-控制权项目分布

在控制权维度下的治理风险分布中，将各省在各风险级别上的项目数与各省 2018 年生产总值相联系，发现生产总值高的省区市中风险项目数相对更多，而与

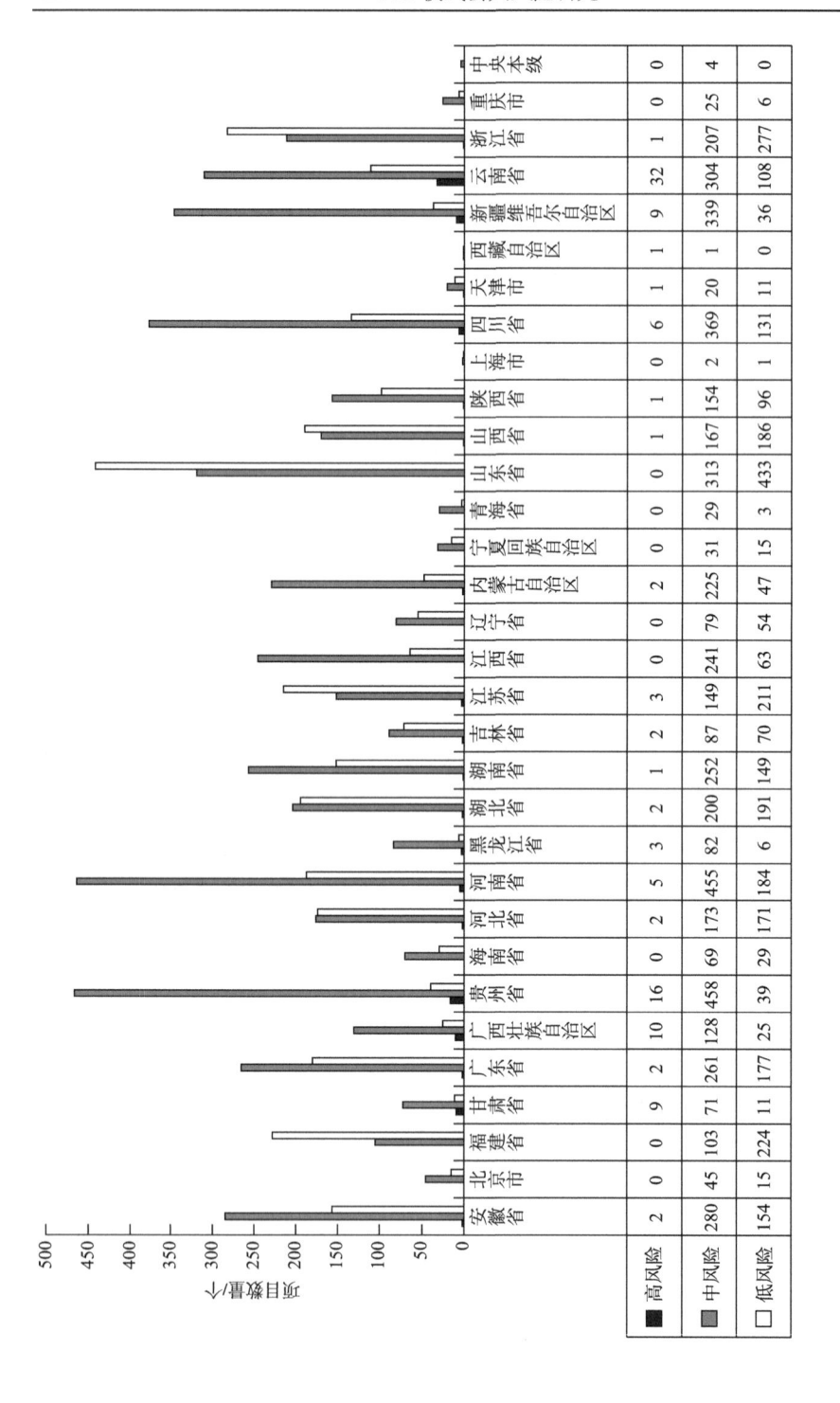

	安徽省	北京市	福建省	甘肃省	广东省	广西壮族自治区	贵州省	海南省	河北省	河南省	黑龙江省	湖北省	湖南省	吉林省	江苏省	江西省	辽宁省	内蒙古自治区	宁夏回族自治区	青海省	山东省	山西省	陕西省	上海市	四川省	天津市	西藏自治区	新疆维吾尔自治区	云南省	浙江省	重庆市	中央本级
高风险	2	0	0	9	2	10	16	0	2	5	3	2	1	2	3	0	0	2	0	0	0	1	1	0	6	1	1	9	32	1	0	0
中风险	280	45	103	71	261	128	458	69	173	455	82	200	252	87	149	241	79	225	31	29	313	167	154	2	369	20	1	339	304	304	25	4
低风险	154	15	224	11	177	25	39	29	171	184	6	191	149	70	211	63	54	47	15	3	433	186	96	1	131	11	0	36	108	277	6	0

图 4.14 省-治理风险-重要性项目分布

第四章 PPP模式公共风险分布状况

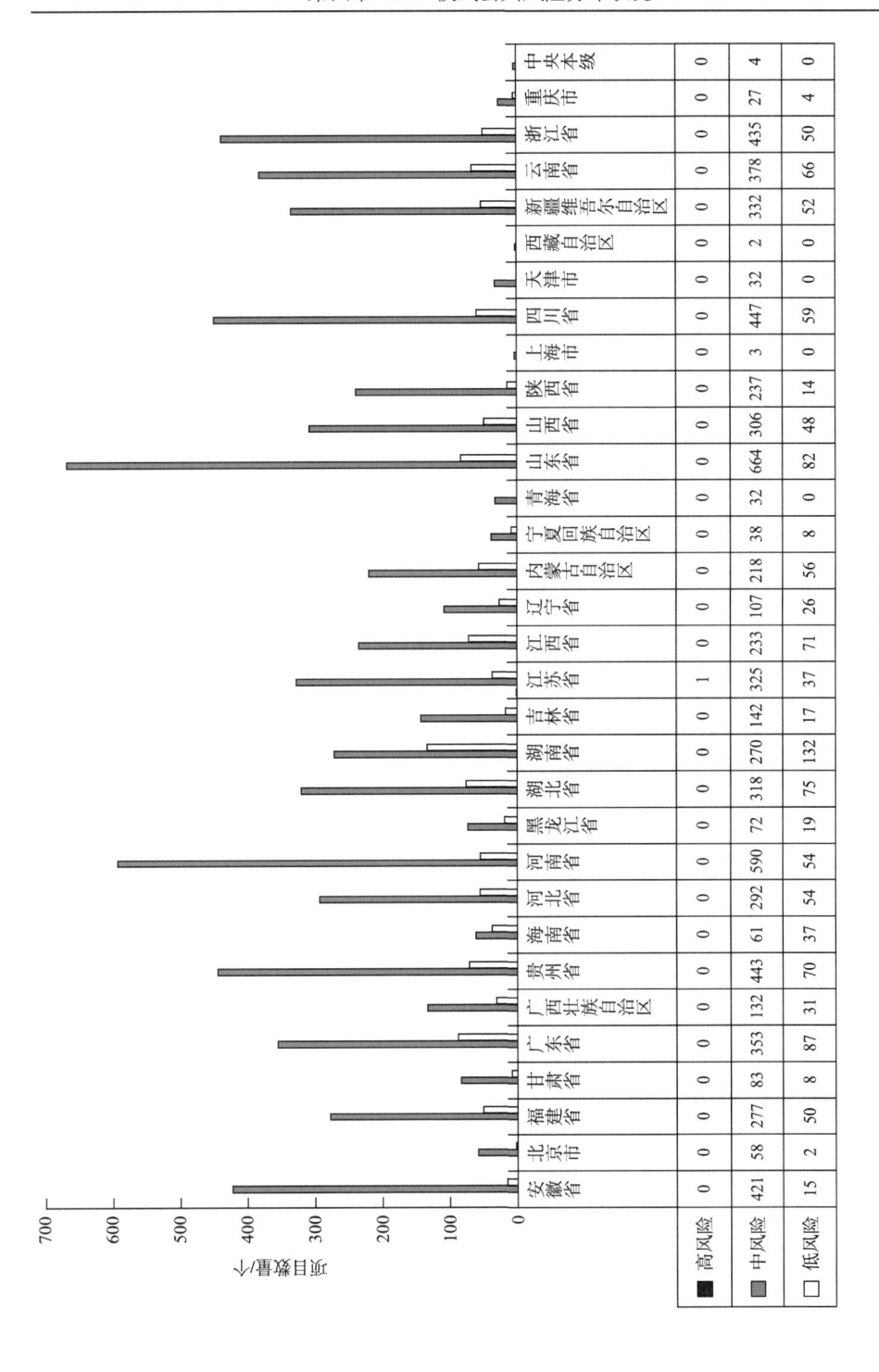

	安徽省	北京市	福建省	甘肃省	广东省	广西壮族自治区	贵州省	海南省	河北省	河南省	黑龙江省	湖北省	湖南省	吉林省	江苏省	江西省	辽宁省	内蒙古自治区	宁夏回族自治区	青海省	山东省	山西省	陕西省	上海市	四川省	天津市	西藏自治区	新疆维吾尔自治区	云南省	浙江省	重庆市	中央本级
高风险	0	0	0	0	0	0	0	0	0	0	0	0	0	0	1	0	0	0	0	0	0	0	0	0	0	0	0	0	0	0	0	0
中风险	421	58	277	83	353	132	443	61	292	590	72	318	270	142	325	233	107	218	38	32	664	306	237	3	447	32	2	332	378	435	27	4
低风险	15	2	50	8	87	31	70	37	54	54	19	75	132	17	37	71	26	56	8	0	82	48	14	0	59	0	0	52	66	50	4	0

图 4.15 省-治理风险-代理项目分布

高风险及低风险无明显联系，如图4.16所示。2018年各省区市生产总值排名前十的地区中，除上海之外，其余的广东、江苏、山东、浙江、河南、湖北、河北、福建、湖南九省，中风险项目数均在300个以上，其中更有近半数在400个以上。在2018年各省区市生产总值排名后五的地区中，中风险项目数均在100个以下。甘肃的中风险项目数为89个，生产总值排名倒数第五；海南的中风险项目数为92个，生产总值排名倒数第四；宁夏的中风险项目数为44个，生产总值排名倒数第三；青海的中风险项目数为30个，生产总值排名倒数第二；西藏的中风险项目数为2个，生产总值排名最低。

4. 省-治理风险-监管项目分布

省-治理风险-监管PPP项目中，各省的高风险项目分为两个聚类：一类的项目数为0个，另一类的项目数在200~400个，如图4.17所示。其中，贵州、云南、新疆、山西、内蒙古五地的高风险项目数在200个及以上，最高的贵州的高风险项目数为409个，占比21.55%。安徽、北京、福建、广东、河北、河南、湖南、吉林、江苏、江西、山东、上海、天津、浙江、中央本级不存在高风险项目。对比而言，高风险项目数较多的省区市主要集中在西部及北部地区，经济发展普遍落后且地形地势复杂，贵州、新疆、云南、山西多山地、多盆地、有高原，而新疆、内蒙古地广人稀，村镇之间距离大，管理困难。在高风险项目数较少的省区市，经济较为发达，地形地势多以平原丘陵为主，自然条件较为优越。

在中风险项目中，中风险项目数较多的省份大多本身在省内中的占比较高。中风险项目数最多的前八省，除山东之外，省内占比均在90%以上。河南的中风险项目数为627个，省内项目数占比97.36%；四川的中风险项目数为461个，省内项目数占比91.11%；山东的中风险项目数为452个，省内项目数占比60.59%；安徽的中风险项目数为418个，省内项目数占比95.87%；湖南的中风险项目数为374个，省内项目数占比93.03%；湖北的中风险项目数为369个，省内项目数占比93.89%；河北的中风险项目数为339个，省内项目数占比97.98%；江西的中风险项目数为294个，省内项目数占比96.71%。

在低风险项目中，项目数量分布形成明显断层。在山东、江苏、广东、浙江、福建五省，项目数量高于150个，而剩下所有地区，项目数量均低于30个，其中西藏、上海、青海、宁夏、海南的低风险项目数为0个，为全国低风险项目数最少。

第四章　PPP模式公共风险分布状况

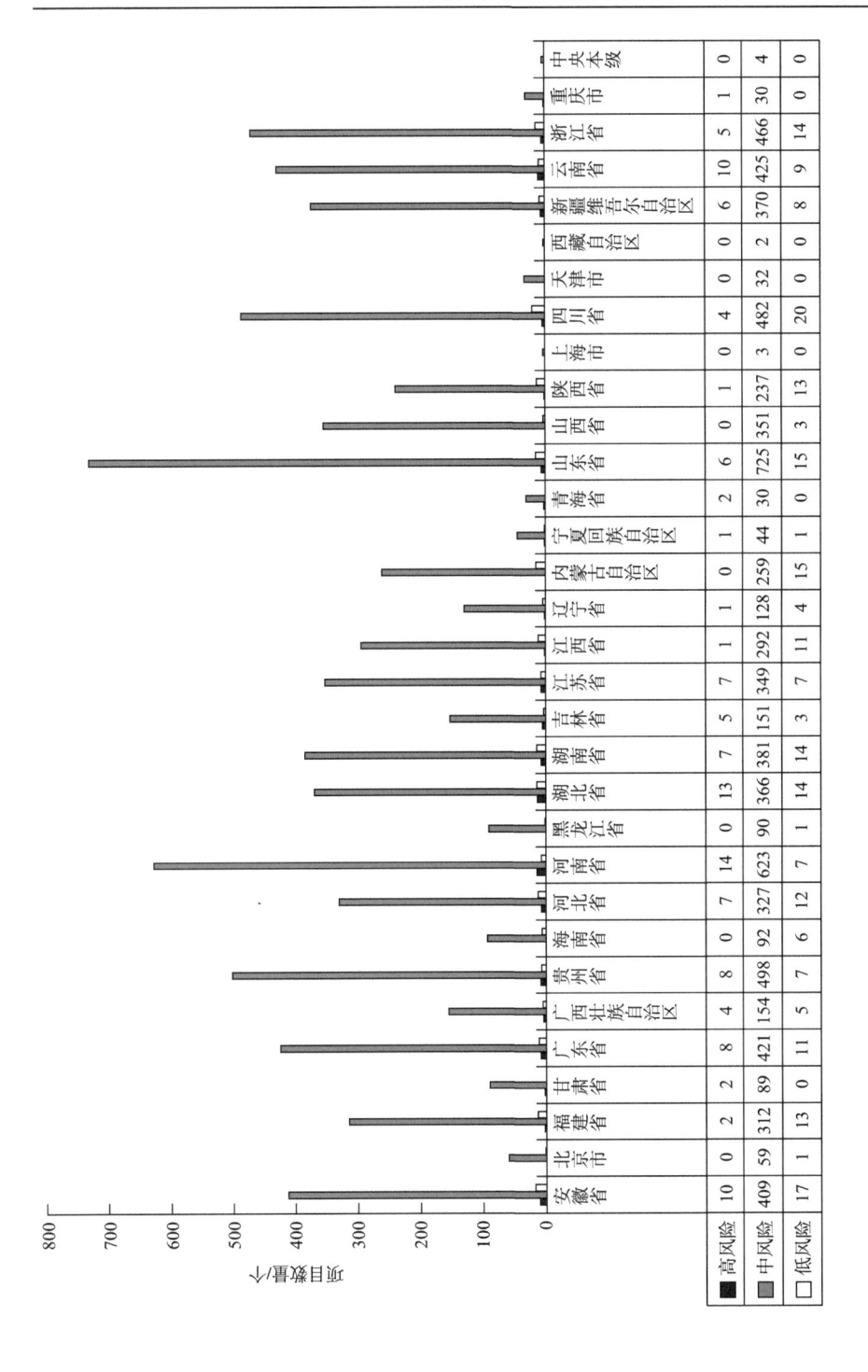

地区	高风险	中风险	低风险
中央本级	0	4	0
重庆市	1	30	0
浙江省	5	466	14
云南省	10	425	9
新疆维吾尔自治区	6	370	8
西藏自治区	0	2	0
天津市	0	32	0
四川省	4	482	20
上海市	0	3	0
陕西省	1	237	13
山西省	0	351	3
山东省	6	725	15
青海省	2	30	0
宁夏回族自治区	1	44	1
内蒙古自治区	0	259	15
辽宁省	1	128	4
江西省	1	292	11
江苏省	7	349	7
吉林省	5	151	3
湖南省	7	381	14
湖北省	13	366	14
黑龙江省	0	90	1
河南省	14	623	7
河北省	7	327	12
海南省	0	92	6
贵州省	8	498	7
广西壮族自治区	4	154	5
广东省	8	421	11
甘肃省	2	89	0
福建省	2	312	13
北京市	0	59	1
安徽省	10	409	17

图 4.16　省-治理风险-控制权项目分布

128　PPP 模式公共风险研究

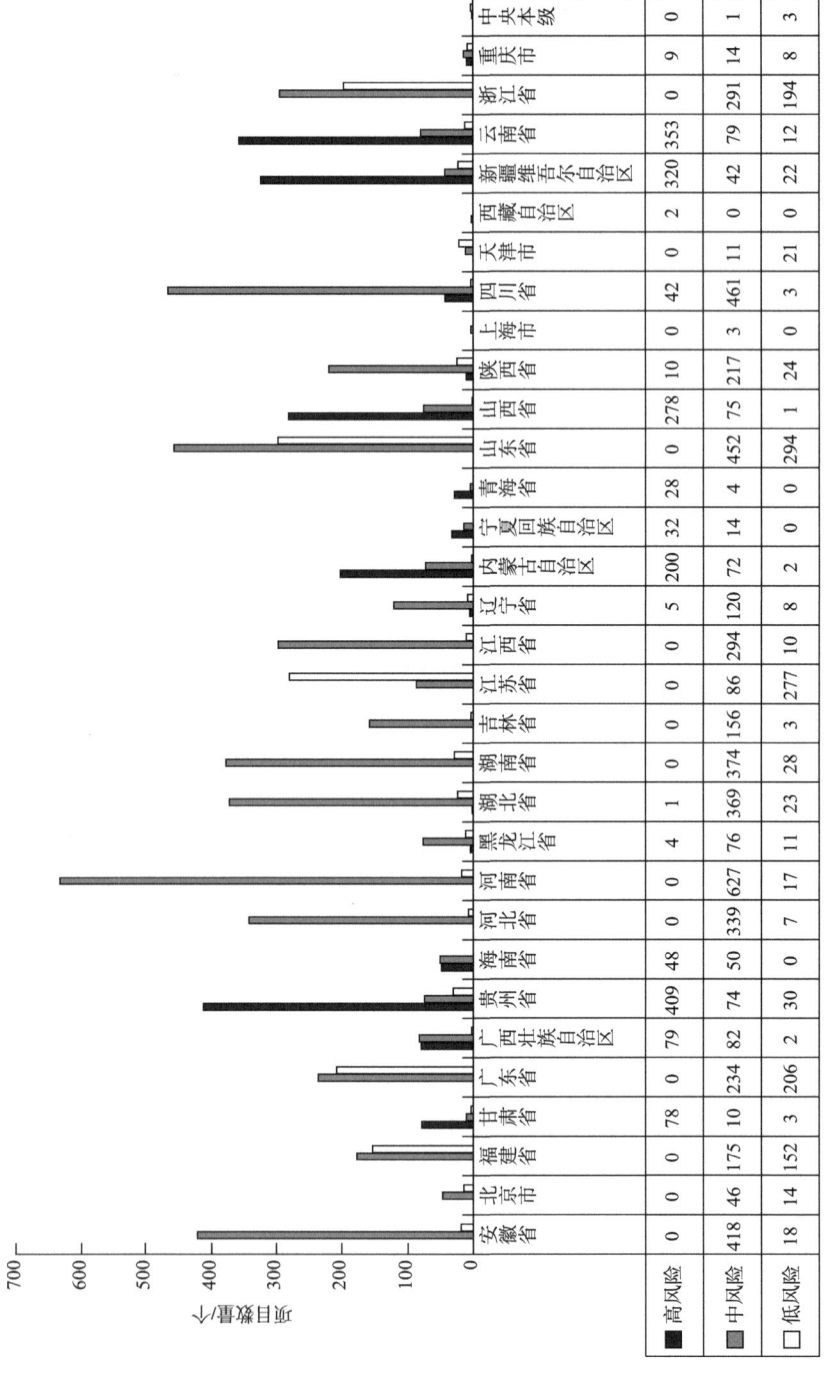

	安徽省	北京市	福建省	甘肃省	广东省	广西壮族自治区	贵州省	海南省	河北省	河南省	黑龙江省	湖北省	湖南省	吉林省	江苏省	江西省	辽宁省	内蒙古自治区	宁夏回族自治区	青海省	山东省	山西省	陕西省	上海市	四川省	天津市	西藏自治区	新疆维吾尔自治区	云南省	浙江省	重庆市	中央本级
高风险	0	0	0	78	0	79	409	48	0	0	4	1	0	0	0	0	5	200	32	28	0	278	10	0	42	0	2	320	353	0	9	0
中风险	418	46	175	10	234	82	74	50	339	627	76	369	374	156	86	294	120	72	14	4	452	75	217	3	461	11	0	42	79	291	14	1
低风险	18	14	152	3	206	2	30	0	7	17	11	23	28	3	277	10	8	2	0	0	294	1	24	0	3	21	0	22	12	194	8	3

图 4.17　省-治理风险-监管项目分布

四、社会风险

（一）全国 PPP 项目社会风险分布

全国 PPP 项目社会风险分布如图 4.18 所示。

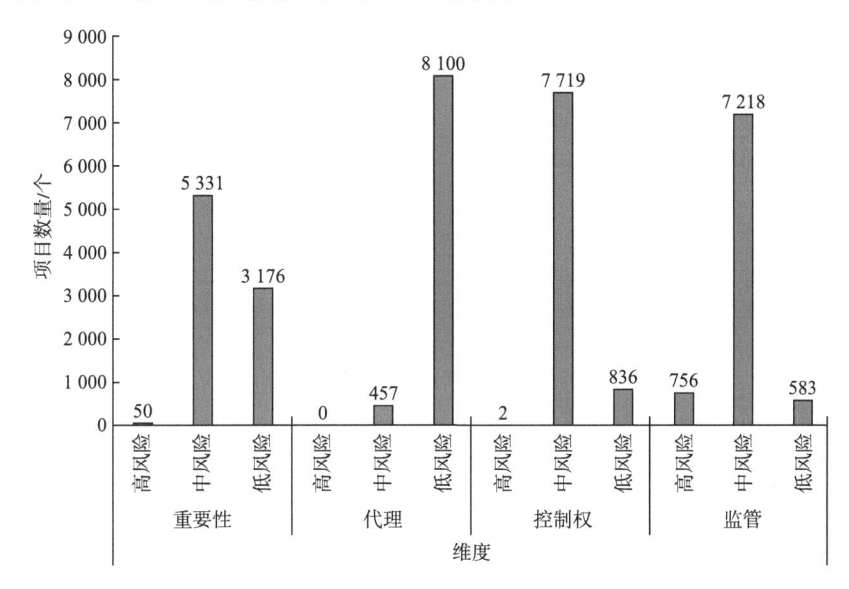

图 4.18 全国 PPP 项目社会风险分布

社会风险的高、中、低风险路径如表 4.15 所示。

表 4.15 PPP 项目社会风险分布路径

	社会风险分布路径			
	高风险组合（8）			
重要性（3）	K4P3Q1	K4P1Q1	K4P2Q1	
代理（0）				
控制权（1）	G3J4L2H6			
监管（4）	O4R1S1	O4R2S1	O4R1S2	O4R3S1
	中风险组合（240）						

重要性（41）	K3P2Q1	K3P2Q2	K3P1Q4	K2P3Q2	K3P1Q1	K2P1Q4	K3P1Q2	K2P1Q2
	K4P2Q2	K3P1Q3	K4P2Q5	K3P2Q5	K4P1Q2	K3P3Q5	K4P2Q3	K4P2Q5
	K3P3Q1	K3P2Q1	K3P3Q3	K1P1Q2	K1P2Q1	K3P3Q6	K2P1Q3	K3P3Q4
	K2P1Q1	K3P3Q2	K4P2Q6	K3P2Q6	K4P1Q4	K3P2Q3	K3P2Q4	K1P3Q1

续表

社会风险分布路径

中风险组合（240）

重要性 (41)	K4P3Q2	K1P1Q1	K2P2Q2	K2P2Q3	K2P2Q1	K4P2Q6	K4P3Q3	K4P3Q4
	K2P3Q3							
代理 (33)	F3I2M1N4	F2I1M1N4	F3I6M3N4	F2I4M1N4	F1I2M2N4	F3I1M2N6	F3I1M1N4	F1I2M2N6
	F1I2M1N4	F3I1M1N5	F1I2M5N4	F1I3M2N4	F1I7M3N6	F3I1M2N4	F3I8M1N4	F1I1M1N4
	F1I7M1N6	F1I2M3N4	F1I7M2N6	F1I2M1N2	F1I7M3N4	F3I8M2N6	F3I3M5N4	F2I1M1N6
	F1I7M1N4	F3I7M2N4	F1I7M2N4	F2I3M1N4	F3I1M3N4	F3I8M2N4	F1I1M1N6	F3I8M3N6
	F3I6M2N4							
控制权 (140)	G3J4L1H6	G3J4L2H1	G3J3L3H5	G3J2L2H6	G3J1L2H6	G3J2L2H5	G2J2L2H3	G2J2L2H5
	G3J4L1H4	G3J4L2H5	G3J2L1H4	G1J4L1H7	G2J3L3H3	G3J2L3H7	G2J1L2H4	G2J2L3H7
	G3J4L3H6	G2J4L1H3	G1J4L1H1	G2J4L2H7	G3J2L3H5	G2J1L3H6	G3J1L2H2	G3J1L3H7
	G2J4L1H6	G2J4L1H2	G2J4L2H1	G3J3L2H3	G2J3L3H2	G1J4L2H7	G3J1L2H3	G1J3L3H2
	G3J4L1H1	G3J4L3H7	G3J2L3H6	G3J2L1H3	G1J4L2H1	G1J3L3H4	G1J2L2H3	G2J2L2H3
	G3J4L1H5	G3J3L1H1	G1J4L1H5	G3J1L1H4	G1J4L2H5	G2J2L3H4	G1J3L2H1	G2J2L3H3
	G3J4L1H2	G2J4L3H4	G2J4L2H5	G3J1L3H6	G1J4L3H7	G3J1L3H1	G2J4L2H6	G3J1L1H6
	G3J4L3H4	G3J4L2H3	G2J4L3H7	G3J2L3H4	G1J3L1H1	G3J2L2H3	G2J2L2H2	G2J2L2H1
	G3J4L1H7	G3J4L2H2	G1J4L2H6	G1J4L3H1	G2J3L2H1	G3J2L2H2	G1J4L3H4	G3J2L3H1
	G2J4L1H4	G2J4L1H7	G2J3L1H1	G1J4L3H5	G2J2L1H1	G3J1L3H5	G2J1L3H4	G3J1L2H5
	G2J4L3H6	G3J4L2H7	G3J3L3H2	G1J4L2H4	G3J2L3H3	G3J1L2H4	G1J3L1H3	G1J2L3H6
	G3J4L3H1	G2J4L3H1	G1J4L1H3	G3J3L2H7	G3J4L3H2	G2J2L3H7	G2J1L2H3	G1J3L2H3
	G3J4L3H5	G2J4L3H5	G1J4L1H2	G2J3L3H1	G3J1L3H4	G3J1L3H3	G2J4L1H5	G2J4L3H2
	G3J4L2H4	G1J4L1H4	G2J4L2H3	G2J1L1H6	G2J2L1H5	G3J2L2H7	G1J4L1H6	G3J3L3H1
	G2J4L1H1	G3J4L2H4	G2J4L2H2	G1J3L1H4	G1J2L1H6	G1J3L3H1	G2J3L1H3	G2J2L3H6
	G3J4L3H3	G1J4L3H6	G3J3L2H1	G2J4L1H4	G1J4L3H3	G2J2L3H1	G3J1L2H2	G1J4L3H2
	G3J4L3H2	G2J4L3H3	G3J2L1H1	G1J4L3H3	G2J2L3H6	G2J2L3H5	G2J2L2H7	G3J1L2H7
	G1J4L2H2	G2J2L2H4	G3J2L2H1	G3J1L2H1				
监管 (26)	O4R4S1	O3R6S1	O2R5S1	O3R4S1	O3R4S2	O4R6S3	O4R5S1	O4R6S2
	O3R2S1	O4R2S3	O3R5S2	O4R3S2	O4R3S3	O3R3S3	O4R5S3	O3R2S2

社会风险分布路径							
中风险组合（240）							
监管 （26）	O4R2S2	O4R5S2	O3R6S2	O4R4S2	O1R4S1	O3R3S2	O4R4S3	O2R4S1
	O3R3S1	O4R1S3						
低风险组合（227）							
重要性 （19）	K2P1Q6	K2P2Q5	K2P3Q6	K1P2Q6	K2P3Q5	K1P2Q5	K2P2Q4	K2P3Q4
	K1P2Q2	K2P2Q6	K1P1Q5	K1P3Q4	K1P1Q4	K1P3Q6	K1P1Q6	K1P3Q5
	K1P2Q3	K1P3Q3	K1P3Q2					
代理 （140）	F1I1M3N6	F2I7M2N4	F1I2M4N6	F2I6M2N4	F3I6M4N6	F3I7M2N3	F1I4M4N2	F3I6M4N2
	F1I1M3N4	F2I3M2N6	F1I2M4N4	F3I8M2N5	F3I6M4N4	F1I2M3N2	F1I7M4N1	F1I7M2N1
	F1I7M5N6	F2I3M2N4	F2I3M5N4	F1I3M2N5	F1I3M4N4	F1I2M2N3	F1I1M4N2	F2I1M4N2
	F1I7M1N3	F1I1M5N6	F2I3M1N3	F2I3M1N2	F2I2M4N4	F1I8M4N6	F1I6M4N2	F1I1M5N1
	F3I8M5N6	F1I1M5N4	F1I1M1N2	F1I7M4N6	F2I3M3N5	F1I8M4N4	F2I3M4N2	F2I6M4N2
	F2I3M3N4	F1I1M1N3	F3I4M2N4	F1I7M4N4	F1I1M2N5	F1I6M4N6	F1I6M4N1	F1I8M4N3
	F1I1M2N6	F2I1M3N4	F1I7M2N5	F3I1M4N6	F1I8M2N5	F1I6M4N4	F3I1M3N2	F3I8M4N5
	F1I1M2N4	F2I6M3N4	F3I1M2N5	F3I1M4N4	F2I3M2N5	F2I7M4N4	F3I7M4N1	F3I8M4N2
	F1I8M2N4	F3I7M4N6	F2I8M2N4	F3I8M4N6	F1I1M4N6	F2I8M3N5	F1I6M2N3	F1I1M5N3
	F2I7M2N6	F3I7M4N4	F2I6M2N6	F3I8M4N4	F1I1M4N4	F3I7M4N5	F2I3M4N3	F1I1M2N1
	F1I2M4N5	F3I8M2N3	F3I6M4N5	F1I4M4N6	F2I3M2N2	F3I3M4N2	F2I6M4N5	F3I1M4N2
	F2I3M4N6	F3I6M2N3	F1I7M2N2	F1I4M4N4	F3I7M4N3	F2I6M2N2	F2I7M4N2	F2I8M4N2
	F2I3M4N4	F2I1M4N4	F3I1M2N2	F1I7M5N2	F1I2M4N3	F1I7M4N3	F2I1M4N5	F1I3M4N3
	F3I7M2N2	F1I3M2N3	F1I1M3N3	F1I1M4N5	F3I3M4N3	F3I1M4N3	F2I3M5N2	F1I7M4N2
	F2I4M2N4	F1I7M4N5	F3I8M2N2	F2I3M2N3	F2I4M4N4	F1I2M2N1	F1I1M3N2	F1I6M2N2
	F1I7M3N3	F3I1M4N5	F3I6M2N2	F2I7M4N5	F3I7M2N2	F3I8M4N3	F1I1M2N3	F2I3M4N5
	F3I8M3N3	F2I8M4N4	F2I3M3N3	F1I1M2N2	F1I2M4N2	F3I6M4N3	F1I1M4N1	F1I1M4N3
	F1I7M3N2	F2I6M4N6	F1I7M2N3	F2I6M4N4				
控制权 （56）	G3J1L1H1	G1J2L1H4	G1J1L1H4	G2J1L3H7	G1J2L2H1	G1J2L2H7	G1J1L1H6	G1J1L1H4
	G3J1L1H5	G2J1L1H3	G1J1L3H6	G1J2L3H1	G2J1L2H7	G1J2L2H1	G3J1L3H2	G1J2L1H2

续表

社会风险分布路径								
低风险组合（227）								
控制权 （56）	G3J1L1H7	G2J1L1H2	G1J2L3H4	G1J2L3H5	G1J2L2H5	G1J1L2H5	G2J1L1H5	G2J1L3H5
	G2J2L1H2	G1J2L1H1	G1J1L3H2	G1J1L1H3	G1J2L3H7	G1J1L3H7	G2J1L2H1	G1J2L3H2
	G2J1L1H4	G1J2L1H5	G1J2L3H3	G1J1L1H2	G1J1L3H1	G1J1L2H3	G1J1L1H5	G1J1L3H4
	G1J3L1H7	G2J1L3H1	G1J2L1H7	G2J1L2H2	G1J2L2H2	G1J1L2H2	G1J1L2H4	G1J1L3H2
	G2J1L1H1	G1J2L1H3	G1J1L1H1	G1J2L3H2	G1J1L3H5	G1J1L3H3	G1J1L1H7	G2J1L2H5
监管 （12）	O1R5S1	O2R6S3	O3R4S3	O3R6S3	O2R6S2	O2R3S3	O3R5S3	O2R5S3
	O1R6S1	O1R6S3	O2R5S2	O1R6S2				

全国 PPP 项目的社会风险主要集中在中风险和低风险项目上，高风险项目相对较少，如图 4.18 所示。社会风险-重要性 PPP 项目中，中风险项目数最多，为 5 331 个，占比 62.30%，低风险项目数次之，为 3 176 个，占比 37.12%；社会风险-代理 PPP 项目中，不存在高风险项目，但是低风险项目占比高达 94.66%；社会风险-控制权 PPP 项目中，高风险和低风险项目占比都较低，但是中风险项目占比高达 90.21%；社会风险-监管 PPP 项目中同样是中风险项目数最多，为 7 218 个，占比 84.35%。

（二）各省 PPP 项目社会风险分布

1. 省-社会风险-重要性项目分布

省-社会风险-重要性 PPP 项目中，各省的高风险项目数多集中在 0~50 个，中风险项目数集中在 100~350 个，低风险项目数集中在 50~200 个，如图 4.19 所示。

社会风险-重要性的 PPP 项目的高风险省有云南，其高风险项目数为 15 个，为全国高风险项目数最多，占比 32.61%，省内项目数占比 3.38%。中风险地区有贵州、河南、四川和新疆等。低风险省有山东、浙江、福建等。

由此可见，高风险省多分布在西部生产总值水平较不发达地区；中风险省多分布在中部和西部生产总值水平处在全国中游地区；低风险省多位于东部沿海一带，生产总值水平较高，项目总投资、区域化城市率和公共预算水平较高，给项目建设本身带来了稳定性。因此风险与生产总值水平具有一定的负相关关系。

2. 省-社会风险-代理项目分布

省-社会风险-代理 PPP 项目中，不存在高风险项目，中风险项目数集中在 0~50 个，低风险项目数集中在 200~500 个，如图 4.20 所示。社会风险-代理 PPP

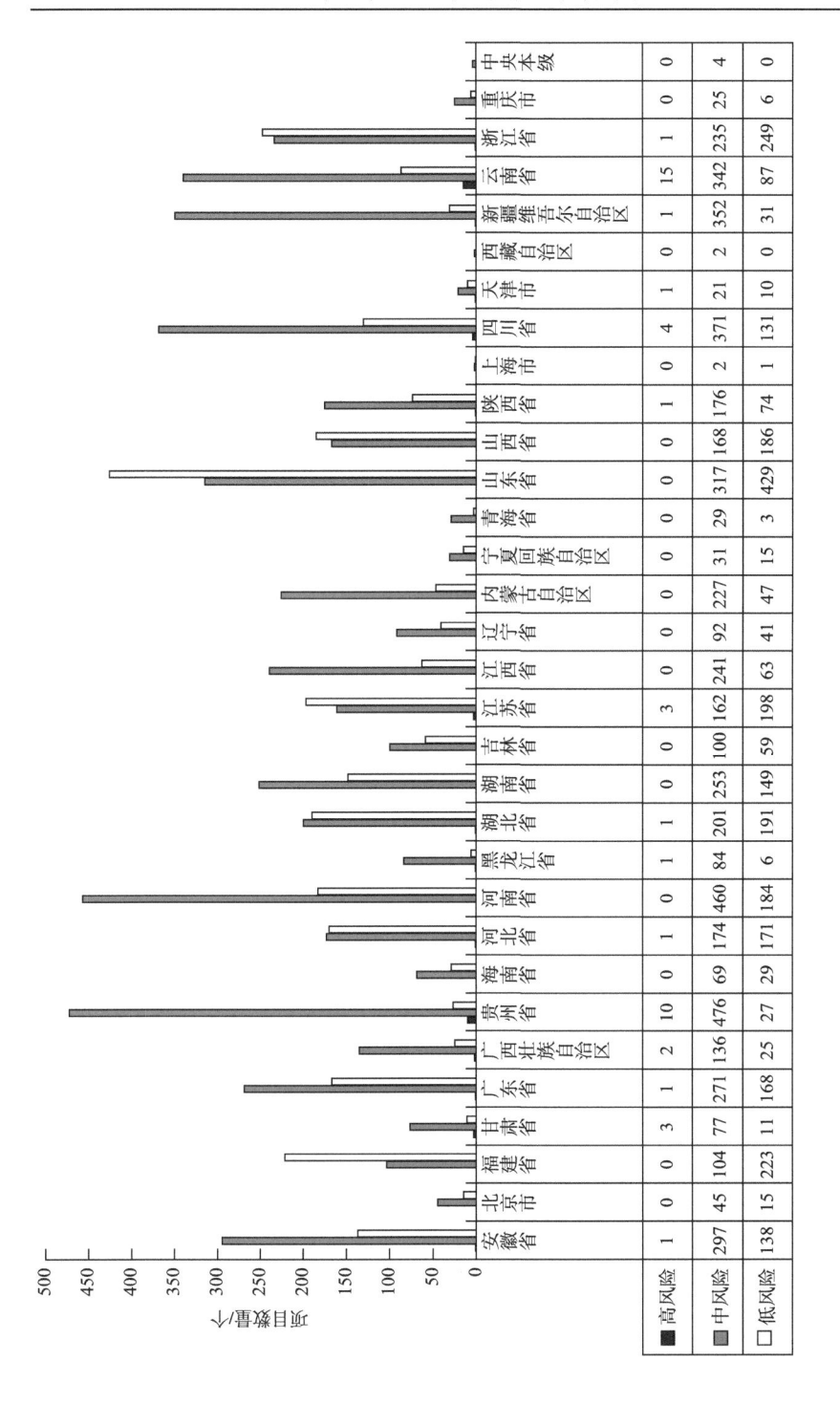

	中央本级	重庆市	浙江省	云南省	新疆维吾尔自治区	西藏自治区	天津市	四川省	上海市	陕西省	山西省	山东省	青海省	宁夏回族自治区	内蒙古自治区	辽宁省	江西省	江苏省	吉林省	湖南省	湖北省	黑龙江省	河南省	河北省	海南省	贵州省	广西壮族自治区	广东省	甘肃省	福建省	北京市	安徽省
■ 高风险	0	0	1	15	1	0	1	4	0	1	0	0	0	0	0	0	0	3	0	0	1	1	0	1	0	10	2	1	3	0	0	1
▨ 中风险	4	25	342	342	352	2	21	371	2	176	168	317	29	31	227	92	241	162	100	253	201	84	460	174	69	476	136	271	77	104	45	297
□ 低风险	0	6	249	87	31	0	10	131	1	74	186	429	3	15	47	41	63	198	59	149	191	6	184	171	29	27	25	168	11	223	15	138

图 4.19 省-社会风险-重要性项目分布

地区	高风险	中风险	低风险
中央本级	0	4	0
重庆市	0	0	31
浙江省	0	37	448
云南省	0	15	429
新疆维吾尔自治区	0	26	358
西藏自治区	0	0	2
天津市	0	0	32
四川省	0	7	499
上海市	0	0	3
陕西省	0	16	235
山西省	0	5	349
山东省	0	10	736
青海省	0	0	32
宁夏回族自治区	0	2	44
内蒙古自治区	0	5	269
辽宁省	0	7	126
江西省	0	5	299
江苏省	0	13	350
吉林省	0	9	150
湖南省	0	7	395
湖北省	0	23	370
黑龙江省	0	0	91
河南省	0	25	619
河北省	0	10	336
海南省	0	5	93
贵州省	0	27	486
广西壮族自治区	0	3	160
广东省	0	22	418
甘肃省	0	3	88
福建省	0	0	327
北京市	0	4	56
安徽省	0	39	397

图 4.20 省-社会风险-代理项目分布

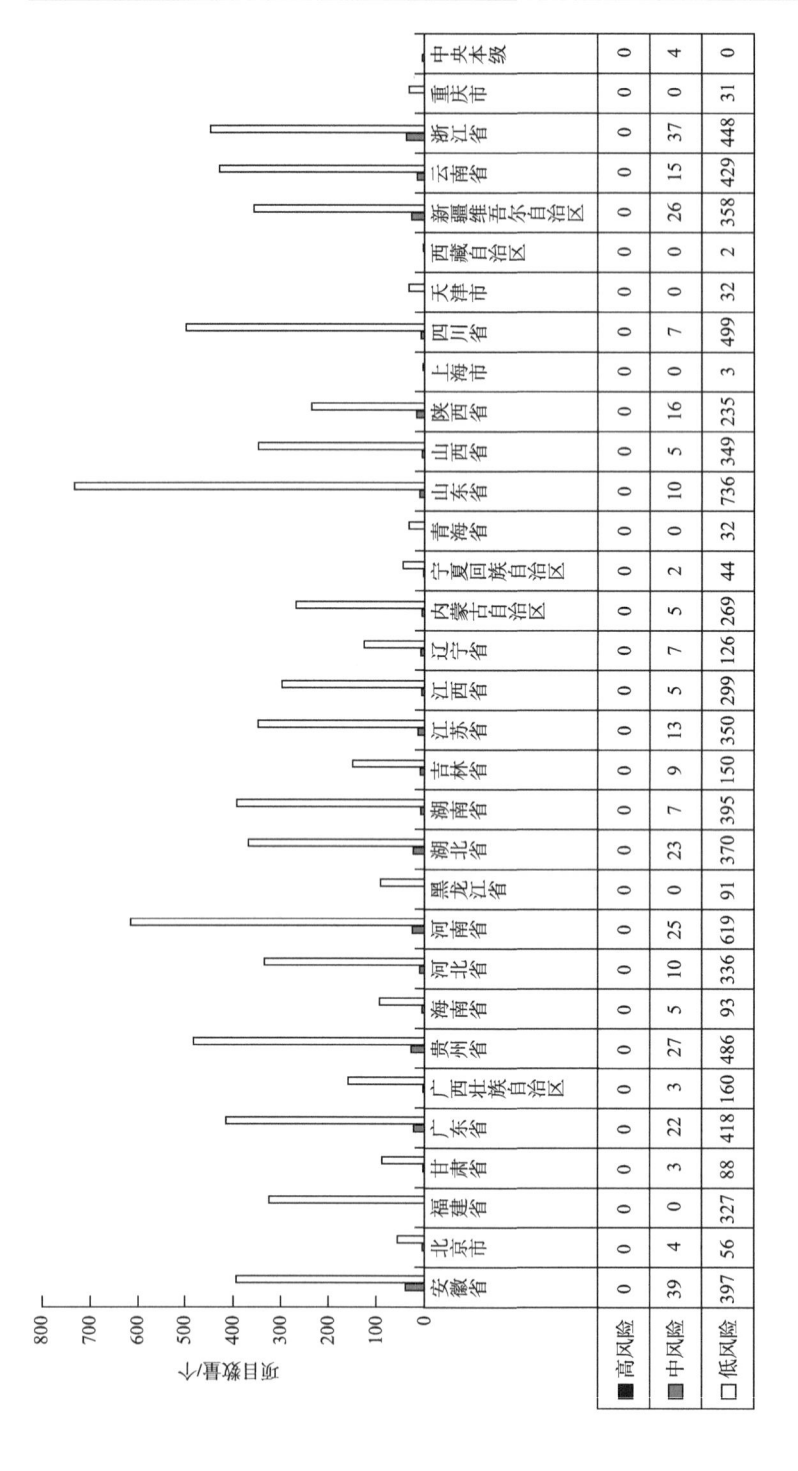

项目低风险分布与人口规模有一定的相关关系，如人口规模较大的省份山东、四川等，占比数目高达 95%以上。中风险省多分布在中部地区和部分东部地区，如安徽，所处地带生产总值水平较发达，所以投资金额和稳定性得以保证，进而降低项目的风险。

3. 省-社会风险-控制权项目分布

省-社会风险-控制权 PPP 项目中，如图 4.21 所示，高风险项目依旧寥寥无几，中风险项目最多，集中在 200~500 个，低风险项目数集中在 0~50 个。

社会风险-控制权的 PPP 项目的高风险省有吉林和浙江，占比均为 50%。中风险省有山东、河南、贵州、四川等。其中山东和河南的中风险项目数分别为 681 个和 599 个。低风险省有山东、陕西、浙江等，低风险项目数分别为 65 个、59 个和 59 个。

由此可见，高风险省多分布在东部沿海地区，生产总值水平较高，可能由于 PPP 项目合作期限较长、政府付费项目较多，所以风险较高；中风险省分布在全国各地，尤其是人口规模较大的省，项目数较多且中风险项目占比大；低风险省分布在全国各地，和中风险省分布具有一定的同质性，分布在人口规模大、项目数量多的中部省份，以及生产总值水平较高、主要发展公共事业、交通运输等基础设施的东部省份。低风险和生产总值水平具有一定的相关关系。

4. 省-社会风险-监管项目分布

省-社会风险-监管 PPP 项目中，各省的高风险项目数多集中在 0~100 个，中风险项目数集中在 200~500 个，低风险项目数集中在 0~50 个，详细可见图 4.22。

社会风险-监管的 PPP 项目的高风险地区有山西、内蒙古和云南等。其中，云南和山西的高风险项目数分别为 125 个和 119 个，占比 24.04%和 22.88%，省内占比分别为 28.15%和 33.62%。中风险省有山东、河南、四川和贵州等。其中数目最多的是山东，为 664 个，占比 9.91%，省内占比 89.01%；河南次之，项目数为 627 个，占比 9.36%，省内占比 97.36%。低风险地区有新疆、云南、山西等。其中新疆的低风险项目数最多，为 265 个，占比 19.79%；云南次之，占比 10.23%。

由此可见，高风险省分布在全国各地、基础设施建设未完备、生产总值水平较不发达的地区，所以营商环境等使得项目的风险值较高；中风险省多分布在全国各地人口规模较大的省份，如山东、河南、四川；低风险省多分布在中西部地区，生产总值水平较不发达，可能由于需求量较小、项目数较少且集中分布在省会级城市，所以风险较低。

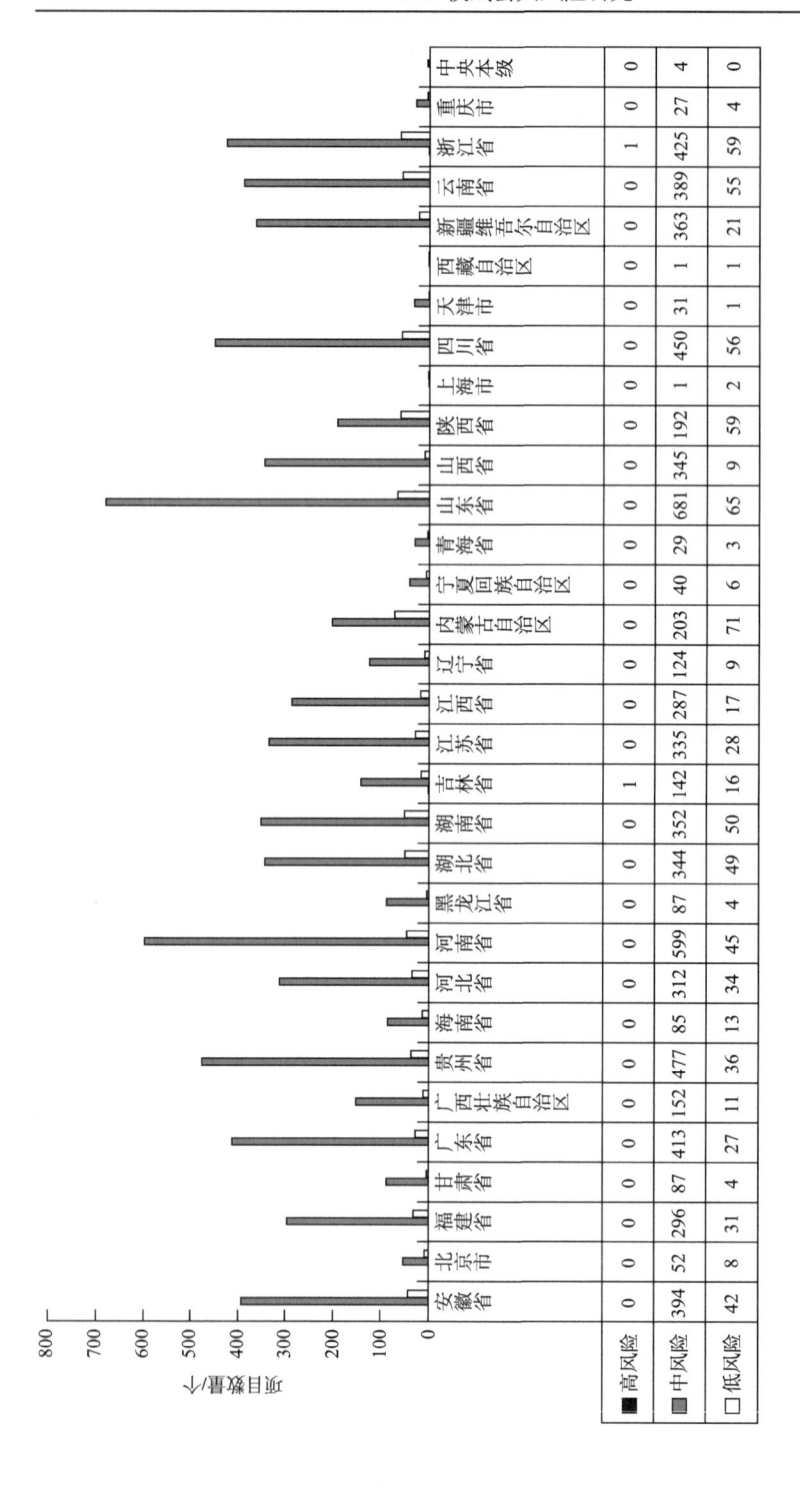

省份	高风险	中风险	低风险
中央本级	0	4	0
重庆市	0	27	4
浙江省	0	1	425	59
云南省	0	389	55
新疆维吾尔自治区	0	363	21
西藏自治区	0	1	1
天津市	0	31	1
四川省	0	450	56
上海市	0	1	2
陕西省	0	192	59
山西省	0	345	9
山东省	0	681	65
青海省	0	29	3
宁夏回族自治区	0	40	6
内蒙古自治区	0	203	71
辽宁省	0	124	9
江西省	0	287	17
江苏省	0	335	28
吉林省	1	142	16
湖南省	0	352	50
湖北省	0	344	49
黑龙江省	0	87	4
河南省	0	599	45
河北省	0	312	34
海南省	0	85	13
贵州省	0	477	36
广西壮族自治区	0	152	11
广东省	0	413	27
甘肃省	0	87	4
福建省	0	296	31
北京市	0	52	8
安徽省	0	394	42

图 4.21 省-社会风险-控制权项目分布

第四章 PPP模式公共风险分布状况

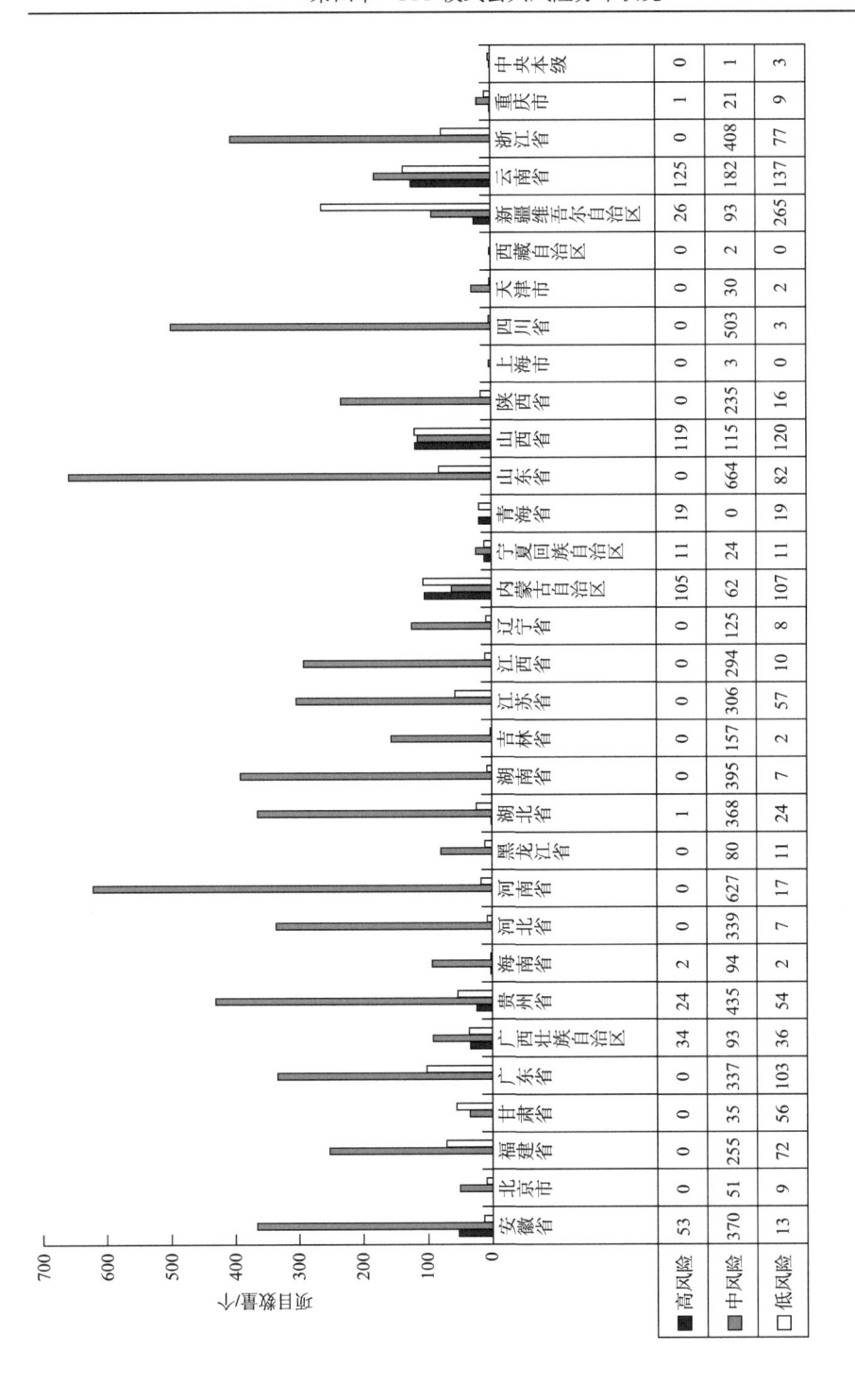

	中央本级	重庆市	浙江省	云南省	新疆维吾尔自治区	西藏自治区	天津市	四川省	上海市	陕西省	山西省	山东省	青海省	宁夏回族自治区	内蒙古自治区	辽宁省	江西省	江苏省	吉林省	湖南省	湖北省	黑龙江省	河南省	河北省	海南省	贵州省	广西壮族自治区	广东省	甘肃省	福建省	北京市	安徽省
高风险	0	1	0	125	26	0	0	0	0	0	119	0	19	11	105	0	0	0	0	0	1	0	0	0	2	24	34	0	0	0	0	53
中风险	1	21	408	182	93	2	30	503	3	235	115	664	0	24	62	125	294	306	157	395	368	80	627	339	94	435	93	337	35	255	51	370
低风险	3	9	77	137	265	0	2	3	0	16	120	82	19	11	107	8	10	57	2	7	24	11	17	7	2	54	36	103	56	72	9	13

图 4.22 省-社会风险-监管项目分布

五、发展风险

（一）全国 PPP 项目发展风险分布

全国 PPP 项目的发展风险如图 4.23 所示。

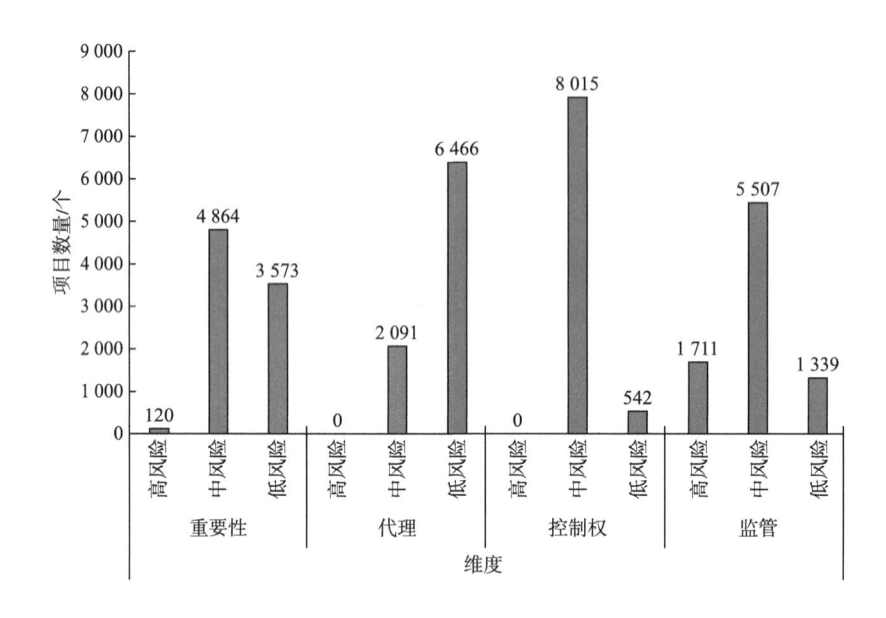

图 4.23 全国 PPP 项目发展风险分布

全国 PPP 项目发展风险高、中、低风险分布如表 4.16 所示。

表 4.16 PPP 项目发展风险分布路径

	发展风险分布路径					
	高风险组合（10）				
重要性（5）	K4P3Q1	K3P1Q1	K4P2Q1	K4P1Q2	K4P1Q1	
代理（0）						
控制权（0）						
监管（5）	O4R1S1	O4R4S1	O4R2S1	O4R1S2	O4R3S1	
	中风险组合（276）				
重要性 （35）	K3P2Q1	K3P2Q2	K3P1Q4	K2P3Q2	K3P1Q2	K2P1Q2	K4P3Q2	K1P1Q1
	K4P2Q2	K3P1Q3	K4P3Q5	K3P2Q5	K4P2Q3	K4P2Q5	K3P2Q4	K2P3Q3
	K3P3Q1	K2P3Q1	K3P2Q3	K1P1Q2	K4P1Q4	K3P2Q3	K2P2Q2	K2P2Q3
	K2P1Q1	K3P3Q2	K4P3Q6	K3P2Q6	K2P2Q1	K4P2Q6	K2P1Q3	K4P3Q3

第四章　PPP模式公共风险分布状况

续表

发展风险分布路径							
中风险组合（276）							
重要性(35)	K3P3Q4	K4P3Q4	K1P2Q1				
代理(64)	F3I2M1N4	F2I1M1N4	F3I6M3N4	F3I8M4N4	F1I1M3N6	F2I6M3N4	F2I3M1N4	F3I1M3N4
	F1I2M1N4	F3I1M1N5	F1I2M5N4	F3I6M4N6	F1I1M3N4	F1I2M4N6	F2I1M1N6	F3I8M3N6
	F1I7M1N6	F1I2M3N4	F1I7M2N6	F3I6M4N4	F1I7M5N6	F1I1M1N2	F3I8M2N4	F3I8M2N2
	F1I7M1N4	F3I7M2N4	F1I7M2N4	F1I8M2N5	F1I7M1N3	F3I4M2N4	F3I6M2N4	F3I6M2N2
	F3I1M1N4	F1I2M2N6	F3I3M5N4	F1I8M4N6	F3I8M5N6	F2I8M2N4	F1I1M5N6	F2I3M1N2
	F3I8M1N4	F1I2M2N4	F3I1M2N4	F1I8M4N4	F1I1M2N6	F2I6M2N6	F1I1M5N4	F3I8M4N6
	F1I1M1N6	F1I7M3N6	F3I1M2N4	F1I6M4N6	F1I1M2N4	F2I6M2N4	F1I6M2N2	F1I2M1N2
	F1I1M1N4	F1I7M3N4	F3I8M2N6	F1I6M4N4	F1I8M2N4	F3I8M2N5	F1I1M2N4	F2I4M1N4
控制权(155)	G3J4L1H6	G3J4L2H1	G3J3L3H5	G3J2L2H6	G3J1L2H6	G3J2L2H5	G3J1L1H1	G2J2L1H2
	G3J4L1H4	G3J4L2H5	G3J2L1H4	G1J4L1H7	G2J3L3H3	G3J2L3H7	G3J1L1H5	G3J1L2H5
	G3J4L3H6	G2J4L1H3	G1J4L1H1	G2J4L2H7	G3J2L3H5	G2J1L3H6	G3J1L3H4	G3J1L2H2
	G2J4L1H6	G2J4L1H2	G2J4L2H1	G3J3L2H3	G2J3L3H2	G1J4L2H7	G2J2L3H7	G3J1L2H7
	G3J4L1H1	G3J4L3H7	G3J2L3H2	G3J2L1H3	G1J4L2H1	G1J3L3H4	G2J1L1H1	G1J1L1H6
	G3J4L1H5	G3J3L1H1	G1J4L1H5	G3J1L1H4	G1J4L2H5	G2J3L2H4	G3J1L1H7	G1J3L3H2
	G3J4L1H2	G2J4L3H4	G2J4L2H5	G3J1L3H6	G1J4L3H7	G3J1L3H1	G3J1L2H3	G1J3L2H1
	G3J4L3H4	G3J4L2H3	G2J4L3H7	G3J2L3H4	G1J3L1H1	G3J2L2H3	G1J3L2H3	G2J2L2H2
	G3J4L1H7	G3J4L2H2	G1J4L2H6	G1J4L3H1	G2J3L2H1	G3J2L2H2	G2J1L1H2	G3J1L3H2
	G2J4L1H4	G2J4L1H7	G2J3L1H1	G1J4L3H5	G2J2L1H1	G3J1L3H5	G2J2L3H3	G2J3L3H2
	G2J4L3H6	G3J4L2H7	G3J3L3H2	G1J4L2H4	G3J2L3H3	G3J1L2H4	G2J2L2H1	G2J2L2H5
	G3J4L3H1	G2J4L3H1	G1J4L1H3	G3J3L2H7	G3J2L3H2	G2J3L2H3	G2J2L2H3	G2J3L3H1
	G3J4L3H5	G2J4L3H5	G1J4L1H2	G2J3L3H1	G3J1L3H4	G3J1L3H3	G2J4L2H6	G3J1L1H6
	G3J4L2H4	G1J4L1H4	G2J4L2H3	G2J1L1H6	G2J2L1H5	G3J2L2H7	G3J4L2H6	G3J1L1H7
	G2J4L1H1	G2J4L2H4	G2J4L2H2	G1J3L1H4	G1J2L1H6	G1J3L3H1	G1J4L3H4	G3J2L3H1
	G3J4L3H3	G1J4L1H6	G3J3L2H4	G2J2L1H4	G1J4L2H3	G2J2L3H1	G1J3L1H7	G2J1L1H5
	G3J4L3H2	G2J4L3H3	G3J2L1H1	G1J4L3H3	G2J2L2H6	G2J2L3H5	G1J3L1H3	G1J2L3H6
	G2J4L1H5	G2J4L3H2	G2J3L1H3	G2J2L3H6	G1J4L2H2	G2J2L2H4	G2J1L1H3	G1J2L1H4
	G1J4L1H6	G3J3L3H1	G2J3L1H2	G1J4L3H2	G3J2L2H1	G3J1L2H1	G1J2L1H1	G2J1L1H4
	G2J1L3H5	G2J1L3H2	G2J1L3H7					
监管(22)	O4R4S1	O3R6S1	O2R5S1	O4R2S2	O4R5S2	O3R3S1	O4R3S2	O3R3S2
	O3R2S1	O4R2S3	O3R5S2	O4R5S1	O4R6S2	O4R1S3	O2R4S1	O4R3S3
	O3R4S1	O3R4S2	O4R4S2	O1R4S1	O3R2S2	O4R4S3		

续表

发展风险分布路径								
低风险组合（190）								
重要性 （23）	K2P1Q6	K2P3Q6	K1P3Q1	K2P2Q6	K1P2Q6	K2P2Q5	K1P3Q2	K1P1Q6
	K1P2Q2	K1P1Q5	K3P3Q5	K1P2Q3	K1P3Q4	K1P1Q4	K1P2Q5	K1P3Q6
	K2P2Q4	K1P3Q3	K3P3Q6	K2P3Q4	K1P3Q5	K2P3Q5	K2P3Q3	
代理 （110）	F2I3M4N2	F1I2M4N6	F2I6M2N4	F3I6M4N6	F3I7M2N3	F3I8M4N2	F1I6M2N3	F2I3M3N3
	F1I1M2N1	F1I2M4N4	F3I8M2N5	F3I6M4N4	F1I2M3N2	F3I6M4N2	F3I6M4N3	F1I1M3N2
	F2I1M4N2	F2I3M5N4	F1I3M2N5	F1I3M4N4	F1I2M2N3	F1I7M2N1	F1I1M5N3	F1I1M2N3
	F1I1M5N1	F2I3M1N3	F2I3M1N2	F2I2M4N4	F1I8M4N6	F1I1M4N3	F2I6M4N4	F3I1M4N5
	F2I8M4N2	F1I1M1N2	F1I7M4N6	F2I3M3N5	F1I8M4N4	F1I8M4N3	F3I8M4N5	F2I8M4N4
	F2I6M4N2	F3I4M2N4	F1I7M4N4	F1I1M2N5	F1I6M4N6	F2I3M4N3	F1I3M2N3	F2I6M4N6
	F3I7M4N1	F1I7M2N5	F3I1M4N6	F1I8M4N6	F1I6M4N4	F1I1M4N2	F1I7M4N5	F3I6M2N2
	F1I4M4N2	F3I1M2N5	F3I1M4N4	F1I2M4N4	F2I7M4N4	F1I6M4N5	F1I6M2N2	F2I3M2N3
	F1I7M4N1	F2I8M2N4	F3I8M4N6	F1I1M4N6	F2I8M3N5	F2I7M4N2	F2I3M4N5	F2I7M4N5
	F1I1M4N1	F2I6M2N6	F3I8M4N4	F1I1M4N4	F3I7M4N5	F2I3M4N4	F2I4M4N4	F1I2M4N4
	F3I8M2N3	F3I6M4N5	F1I4M4N6	F2I3M2N2	F3I3M4N2	F1I1M3N3	F3I7M4N2	F3I8M4N3
	F3I6M2N3	F1I7M2N2	F1I4M4N4	F3I7M4N3	F2I6M2N2	F3I8M2N2	F2I3M5N2	F1I7M4N2
	F2I1M4N4	F3I1M2N2	F1I7M5N2	F1I2M4N3	F1I7M4N5	F1I2M4N2	F2I6M4N5	F3I1M4N2
	F1I1M2N2	F1I1M4N5	F3I3M4N3	F3I1M4N3	F2I1M4N5	F1I3M4N3		
控制权 （42）	G3J1L2H3	G1J1L3H4	G1J1L1H2	G1J1L3H1	G1J1L2H3	G1J2L1H3	G1J1L1H7	G1J1L3H2
	G1J3L2H3	G2J1L3H3	G2J1L2H2	G1J2L2H2	G1J1L2H2	G1J1L2H2	G1J2L3H5	G1J1L1H3
	G2J2L2H3	G1J2L1H7	G1J1L2H3	G1J1L3H5	G1J1L2H5	G1J1L1H4	G2J1L2H7	G1J1L2H1
	G2J1L2H3	G1J1L1H1	G1J2L2H2	G1J1L2H4	G1J1L3H7	G1J1L3H6	G1J2L2H5	G1J2L3H7
	G1J2L2H3	G2J1L2H1	G1J1L3H4	G1J1L3H3	G1J2L2H1	G1J1L2H7	G1J2L1H5	G1J1L1H5
	G2J1L2H5	G1J2L3H1						
监管 （15）	O1R5S1	O2R6S3	O4R5S3	O2R5S2	O1R6S2	O3R5S3	O3R4S3	O2R5S3
	O1R6S1	O1R6S3	O4R6S3	O2R6S2	O2R3S3	O3R6S3	O3R3S3	

全国PPP项目的发展风险主要集中在中风险和低风险项目上，高风险项目相对较少，如图4.23所示。发展风险-重要性PPP项目中，中风险项目数最多，为4 864个，占比56.84%，低风险项目数次之，为3 573个，占比41.76%；发展风险-代理PPP项目中，中风险项目数为2 091个，占比24.44%，低风险项目数最多，为6 466个，占比高达75.56%；发展风险-控制权PPP项目中，中风险项目数为8 015个，占比最高，达到93.67%，低风险项目数为542个，占比6.33%；发展风险-监管PPP项目中，中风险项目数最多，为5 507个，占比64.36%，低风险

项目数仅占比 15.65%。

全国发展风险-高风险 PPP 项目中，不存在发展风险-代理和发展风险-控制权的项目，社会风险-监管的项目数最多，为 1 711 个，占比 20.00%；发展风险-中风险项目中，发展风险-代理的项目数最少，为 2 091 个，占比 24.44%，发展风险-控制权的项目数最多，为 8 015 个，占比 93.67%；发展风险-低风险项目中，发展风险-控制权的项目数最少，为 542 个，占比 6.33%，发展风险-代理的项目数最多，为 6 466 个，占比 75.56%。

（二）各省 PPP 项目发展风险分布

1. 省-发展风险-重要性项目分布

省-发展风险-重要性 PPP 项目中，各省的项目风险分布如图 4.24 所示。高风险项目数多集中在 0~50 个，中风险项目数集中在 150~400 个，低风险项目数集中在 100~300 个。

发展风险-重要性的 PPP 项目中高风险省有云南、贵州等，项目数分别为 32 个和 16 个，省内占比分别为 7.21% 和 3.12%。中风险省有贵州、河南、四川、山东、浙江等。其中浙江的中风险项目数为 475 个，为全国中风险项目数最多，占比 9.24%，省内占比 97.94%。低风险省有山东、云南、江苏、福建等。其中山东的低风险项目数为 433 个，为全国低风险项目数最多，占比 13.11%，省内占比 58.04%。

由此可见，高风险省多分布在西南部、生产总值水平较不发达的地区，项目总投资较少，公共预算水平不高，区域城市化率不高，所以项目的风险评估值较高；中风险省主要是人口规模较大，项目数较多的中部和东部省份；低风险省多分布在东部沿海地区，生产总值水平较高，区域城市化率和公共预算水平较高，所以项目的风险评估值较低。

2. 省-发展风险-代理项目分布

省-发展风险-代理 PPP 项目分布如图 4.25 所示，无高风险省，大多数项目都是混合型、国企投资，项目的风险评估值较小。中风险省有山东、安徽、四川、浙江等，其中山东是全国中风险项目数最多的地方，项目数为 311 个，占比 16.88%，省内占比 41.69%。低风险省有河南、贵州、广东、福建、浙江、四川等，其中河南的低风险项目数居于全国第一，有 543 个，占比 8.09%，省内占比 84.32%。

142　PPP 模式公共风险研究

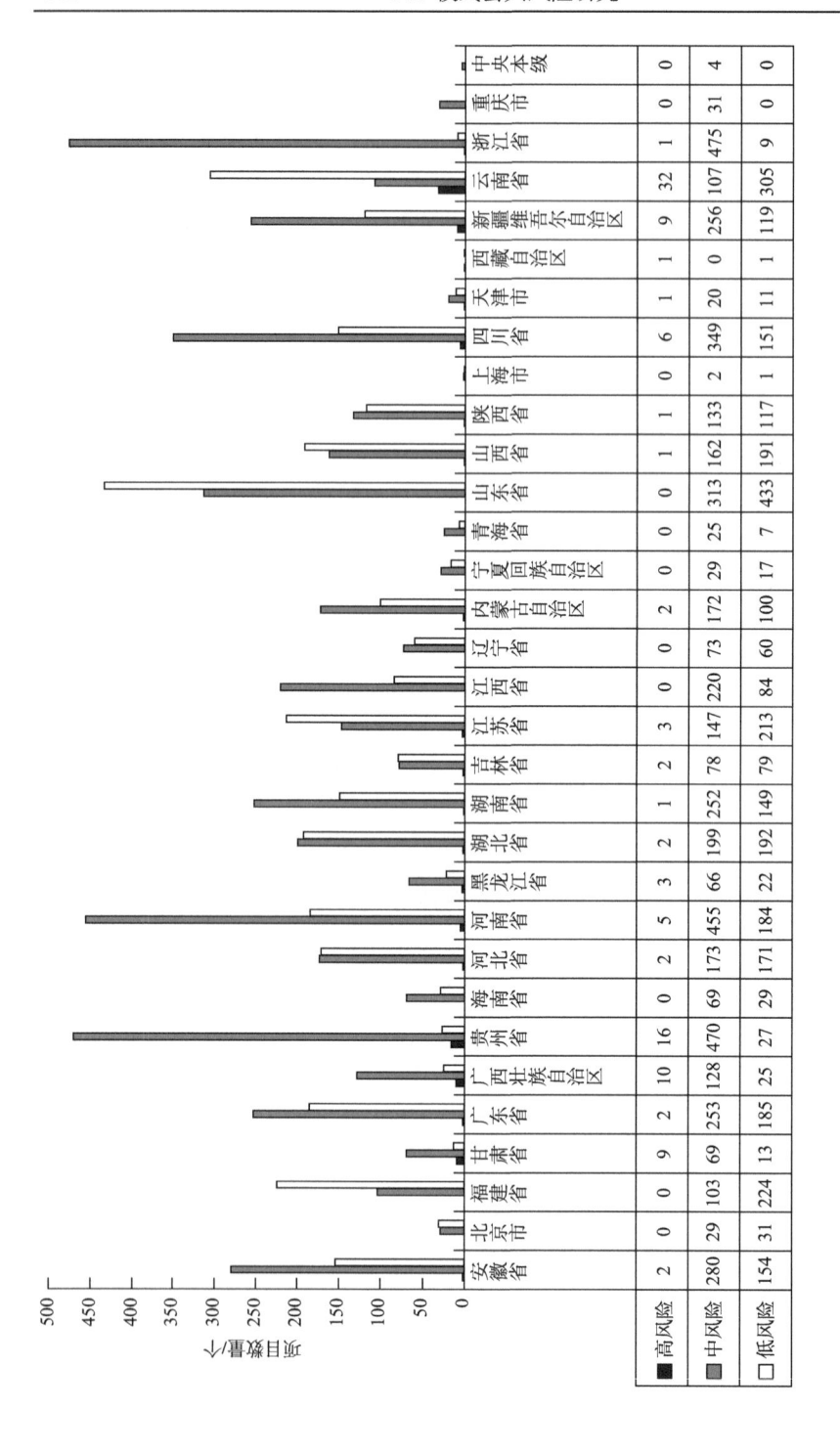

	高风险	中风险	低风险
中央本级	0	4	0
重庆市	0	31	0
浙江省	1	475	9
云南省	32	107	305
新疆维吾尔自治区	9	256	119
西藏自治区	1	0	1
天津市	1	20	11
四川省	6	349	151
上海市	0	2	1
陕西省	1	133	117
山西省	1	162	191
山东省	0	313	433
青海省	0	25	7
宁夏回族自治区	0	29	17
内蒙古自治区	2	172	100
辽宁省	0	73	60
江西省	0	220	84
江苏省	3	147	213
吉林省	2	78	79
湖南省	1	252	149
湖北省	2	199	192
黑龙江省	3	66	22
河南省	5	455	184
河北省	2	173	171
海南省	0	69	29
贵州省	16	470	27
广西壮族自治区	10	128	25
广东省	2	253	185
甘肃省	9	69	13
福建省	0	103	224
北京市	0	29	31
安徽省	2	280	154

图 4.24　省-发展风险-重要性项目分布

第四章　PPP模式公共风险分布状况

	安徽省	北京市	福建省	甘肃省	广东省	广西壮族自治区	贵州省	海南省	河北省	河南省	黑龙江省	湖北省	湖南省	吉林省	江苏省	江西省	辽宁省	内蒙古自治区	宁夏回族自治区	青海省	山东省	山西省	陕西省	上海市	四川省	天津市	西藏自治区	新疆维吾尔自治区	云南省	浙江省	重庆市	中央本级
高风险	0	0	0	0	0	0	0	0	0	0	0	0	0	0	0	0	0	0	0	0	0	0	0	0	0	0	0	0	0	0	0	0
中风险	151	32	18	36	44	28	101	30	58	101	24	101	31	30	44	35	21	61	10	15	311	97	42	2	100	0	0	115	80	120	0	4
低风险	285	28	309	55	396	135	412	68	288	543	67	292	371	129	319	269	112	213	36	17	435	257	209	2	406	32	2	269	364	365	31	0

图 4.25　省-发展风险-代理项目分布

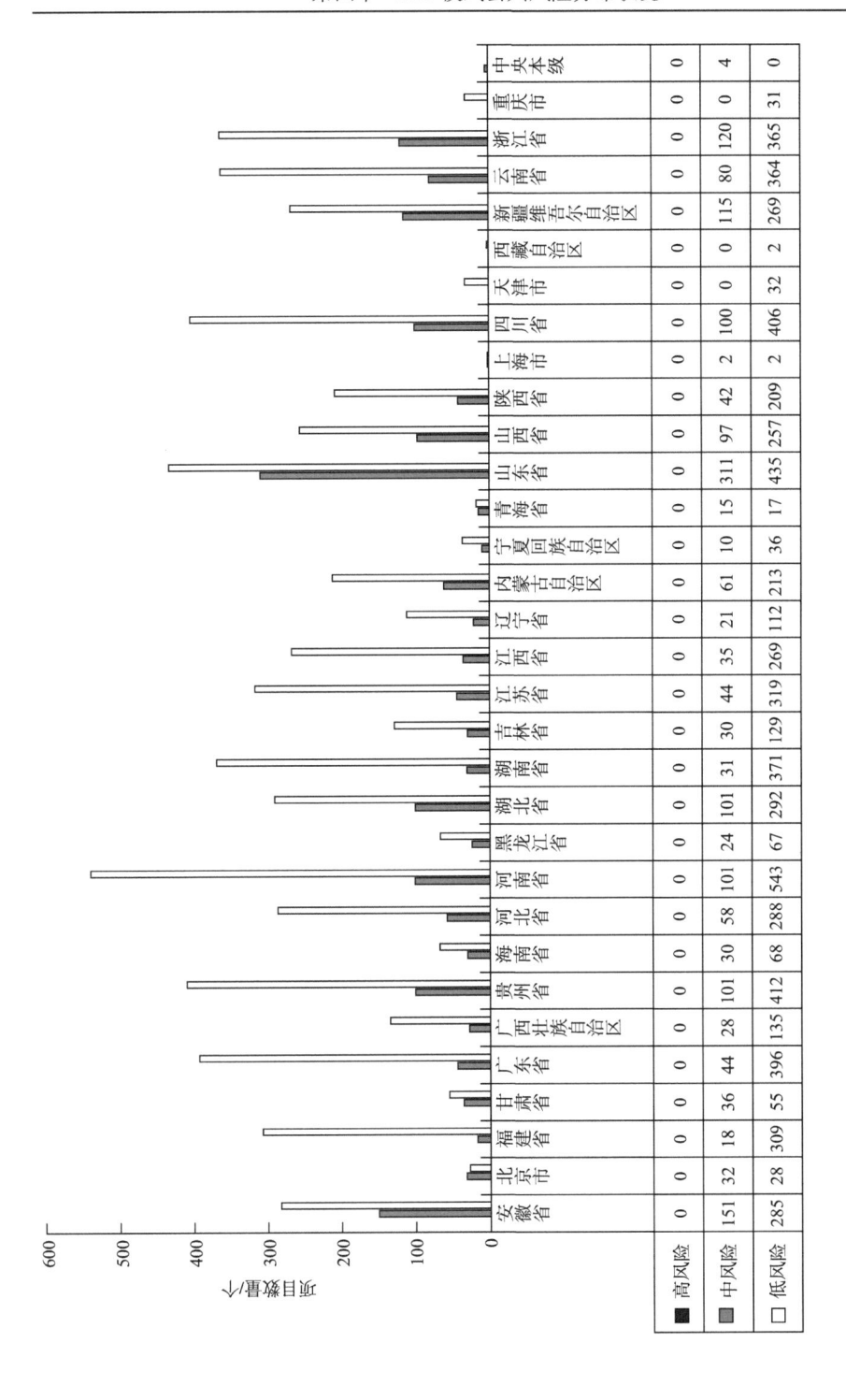

由此可见，中风险省多分布在中部和东部地区，人口规模大，项目种类多，国企投资和民企投资较多，所以项目风险值中等。低风险省多分布在中部人口规模大的省份如山东、河南，以及东部沿海地区，生产总值水平高，项目的风险评估值较低。

3. 省-发展风险-控制权项目分布

省-发展风险-控制权 PPP 项目分布如图 4.26 所示，发展风险-控制权的 PPP 项目无高风险省，大部分项目合作期限较短，项目的风险评估值较低。中风险省有山东、四川、河南、浙江等，其中山东的中风险项目数为 688 个，为全国中风险项目数最多，占比 8.58%，省内占比 92.23%。低风险省有山东、浙江等，山东依旧居于全国第一，低风险项目数为 58 个，占比 10.70%，省内占比 7.77%。

由此可见，中风险省多分布在中部和东部人口规模较大的省份，项目需求量大，生产总值水平中上；低风险省多分布在中部地区，项目合作期限较短，多方融资使得项目建设周期短，因此项目的确定性和可控性强，项目的风险评估值较低。

4. 省-发展风险-监管项目分布

省-发展风险-监管 PPP 项目分布如图 4.27 所示，各省的高风险项目数多集中在 0~100 个，中风险项目数集中在 0~300 个，低风险项目数集中在 0~200 个。

发展风险-监管的 PPP 项目的高风险省有贵州、山东、云南等。其中，高居前两位的是贵州和云南，项目数分别为 409 个和 299 个，占比分别为 33.31%和 24.35%，省内占比分别为 79.73%和 67.34%。中风险省有河南、四川、湖南、安徽等，其中河南的中风险项目数为 627 个，为全国中风险项目数最多，占比 11.98%，省内项目数占比 97.36%。依据项目数判断，低风险地区有山东、江苏、浙江、新疆、广东等。

由此可见，高风险省多分布在西南部、生产总值水平较不发达、营商环境欠佳的地区，项目的风险评估值较高；中风险省多分布在中部人口规模较大的省份，项目需求量大，省级以上项目多，项目的风险评估值因此不高；低风险省多分布在东部沿海地区，生产总值水平高，营商环境较好，项目的风险评估值较低。低风险和生产总值水平具有一定的相关关系。

第四章　PPP模式公共风险分布状况

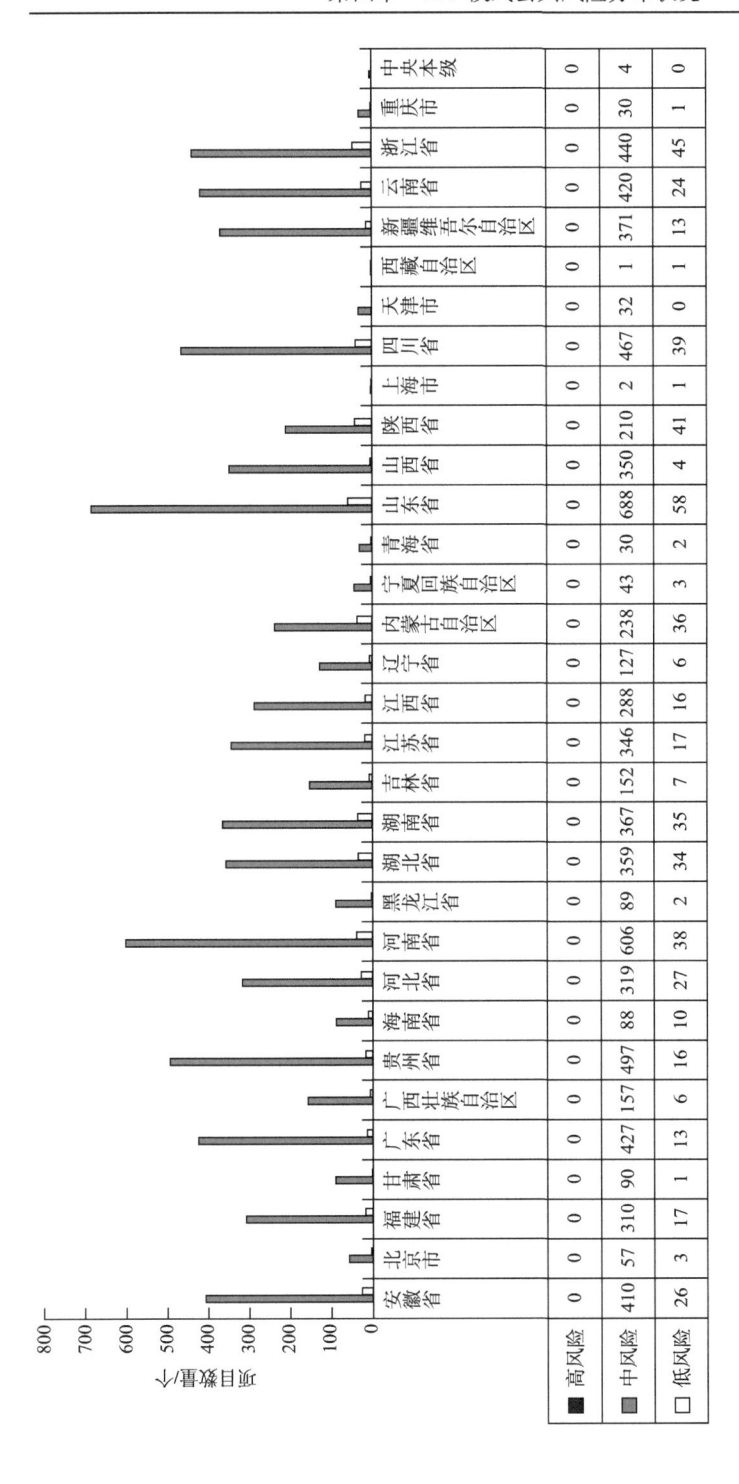

地区	高风险	中风险	低风险
中央本级	0	4	0
重庆市	0	30	1
浙江省	0	440	45
云南省	0	420	24
新疆维吾尔自治区	0	371	13
西藏自治区	0	1	1
天津市	0	32	0
四川省	0	467	39
上海市	0	2	1
陕西省	0	210	41
山西省	0	350	4
山东省	0	688	58
青海省	0	30	2
宁夏回族自治区	0	43	3
内蒙古自治区	0	238	36
辽宁省	0	127	6
江西省	0	288	16
江苏省	0	346	17
吉林省	0	152	7
湖南省	0	367	35
湖北省	0	359	34
黑龙江省	0	89	2
河南省	0	606	38
河北省	0	319	27
海南省	0	88	10
贵州省	0	497	16
广西壮族自治区	0	157	6
广东省	0	427	13
甘肃省	0	90	1
福建省	0	310	17
北京市	0	57	3
安徽省	0	410	26

图 4.26　省-发展风险-控制权项目分布

146　　PPP 模式公共风险研究

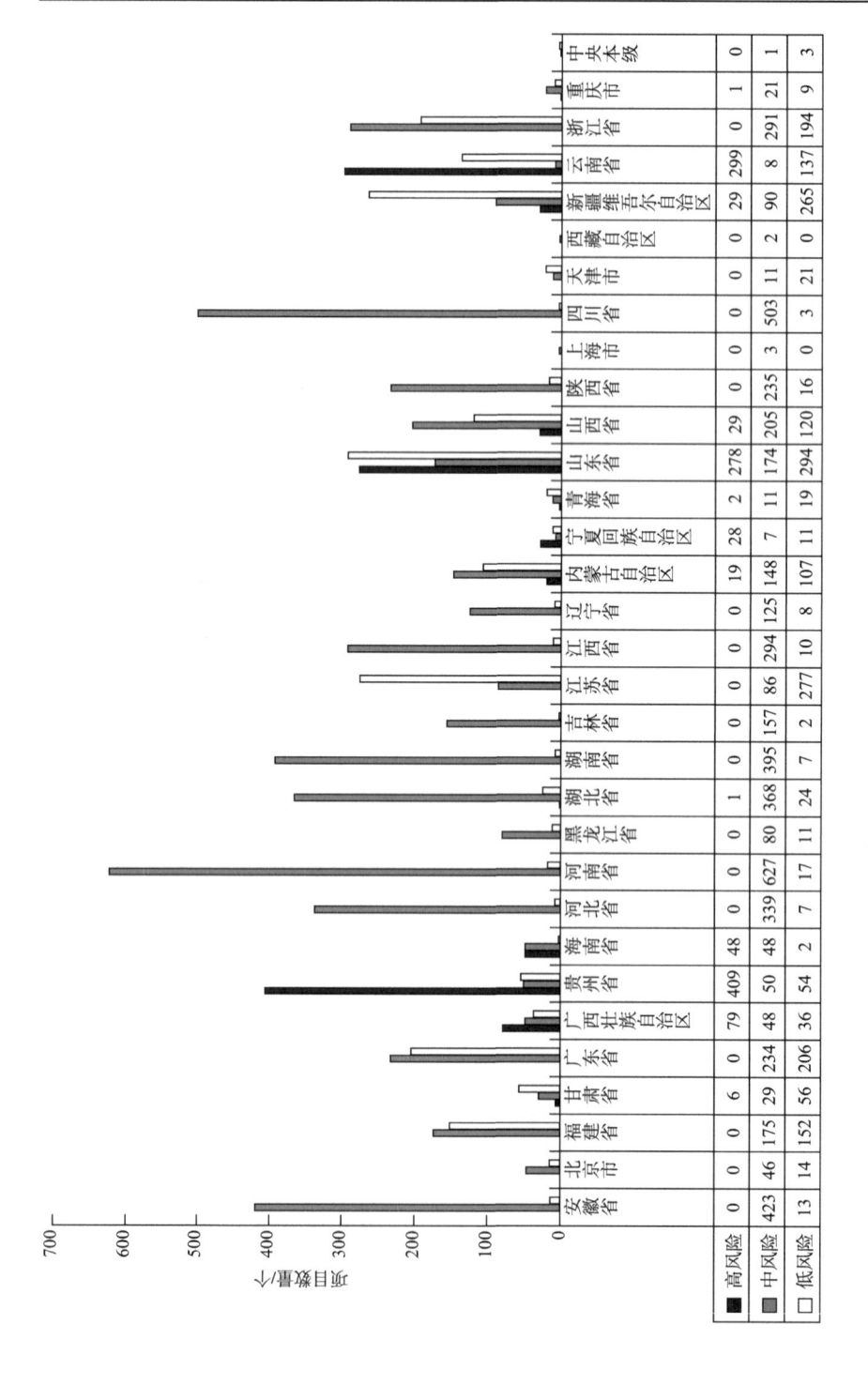

	高风险	中风险	低风险
安徽省	0	423	13
北京市	0	46	14
福建省	0	175	152
甘肃省	6	29	56
广东省	0	234	206
广西壮族自治区	79	48	36
贵州省	409	50	54
海南省	48	48	2
河北省	0	339	7
河南省	0	627	17
黑龙江省	0	80	11
湖北省	1	368	24
湖南省	0	395	7
吉林省	0	157	2
江苏省	0	86	277
江西省	0	294	10
辽宁省	0	125	8
内蒙古自治区	19	148	107
宁夏回族自治区	28	7	11
青海省	2	11	19
山东省	278	174	294
山西省	29	205	120
陕西省	0	235	16
上海市	0	3	0
四川省	0	503	3
天津市	0	11	21
西藏自治区	0	2	0
新疆维吾尔自治区	29	90	265
云南省	299	8	137
浙江省	0	291	194
重庆市	1	21	9
中央本级	0	1	3

图 4.27　省-发展风险-监管项目分布

第三节 PPP 模式公共风险分布归纳

本节通过对全国 PPP 项目的风险分布情况进行整理和概括,为搭建全国 PPP 项目风险分析框架铺垫。

首先是全国范围内的整体风险分析,将 8 557 个 PPP 项目按照经济风险、治理风险、社会风险和发展风险四大维度,以及重要性、代理、控制权和监管四大变量,结合聚类所得的高、中、低风险的不同路径组合,计算得出四大风险类别下不同变量维度所对应的高、中、低风险项目的个数,以此来探讨 PPP 项目风险在全国的分布。

全国 PPP 项目的经济风险主要集中在中、低风险项目上,高风险主要集中在监管领域且相对较少。经济风险-重要性 PPP 项目中,低风险项目占比最多,达到 66.59%;经济风险-代理 PPP 项目中,中风险项目占比 67.49%;经济风险-控制权 PPP 项目中,中风险项目占比达到 87.69%;经济风险-监管 PPP 项目中,中风险项目占比 50.01%。从各省的经济风险分布状况来看,重要性维度下的经济风险分布,与各省经济发展水平、产业结构有一定关系;多省属性与代理维度下的低经济风险程度之间的关系不明显;高风险对控制权维度下的省经济风险分布的影响较小;监管维度下的低经济风险程度与经济发展水平呈负相关关系,与少数民族人口占比也呈负相关关系。

全国 PPP 项目的治理风险主要集中在中风险项目上。在重要性、代理、控制权和监管四个维度上,中风险项目占比分别为 59.51%、74.62%、96.31% 和 61.76%。从各省的治理风险分布状况来看,在重要性和代理维度下,中风险省包含四川、浙江、河南、山东等省;在控制权维度下,生产总值越高的地区中风险项目数量相对越多;在监管维度下,高风险项目数较多的地区,经济发展普遍落后,地形地势复杂,如贵州、新疆、云南,高风险项目数较少的地区,经济较为发达,地形地势多以平原、丘陵为主,自然条件较为优越。

与经济风险类似,全国 PPP 项目的社会风险主要集中在中风险和低风险项目上,高风险项目相对较少。社会风险-重要性 PPP 项目中,中风险项目占比最高,为 62.30%;社会风险-代理 PPP 项目中,低风险项目占比高达 94.66%;社会风险-控制权 PPP 项目中,中风险项目占比 90.21%;社会风险-监管 PPP 项目中,中风险项目占比 84.35%。从各省的社会风险分布状况来看,高风险省多分布在西南、西北地区,基础设施建设较不完备,生产总值水平较不发达,如云南、内蒙古等地;中风险省多分布在中部和东部人口规模较大的省份,如山东、河南、四川、浙江等；低风险省多分布在东部沿海地区，生产总值水平发达，项目需求量大（除社会风险-控制权的高风险省多分布在东部沿海地区，生产总值水平较高，可能由于 PPP 项目合作期限较长、政府付费项目较多，所以风险较高；社会风险-监管的低风险省多分布在中西部地区，生产总值水平较不发达，项目需求量较小、项目数较少且集中分布在省会级城市，所以风险较低）。

同样地，就发展风险而言，全国 PPP 项目也主要集中在中风险和低风险项目上，高风险项目相对较少。发展风险-重要性 PPP 项目中，中风险项目占比 56.84%；发展风险-代理 PPP 项目中，低风险项目占比 75.56%；发展风险-控制权 PPP 项目中，中风险项目占比 93.67%；发展风险-监管 PPP 项目中，中风险项目占比 64.36%。从各省发展风险分布的状况来看，高风险省多分布在西南部、生产总值水平水平较不发达的地区，项目总投资较少，公共预算水平不高，如云南、贵州等；中风险省分布在全国各地，尤其是人口规模较大，项目数较多的中部和东部省份，如山东、四川、浙江、河南等；低风险省多分布在东部沿海地区，生产总值水平较高，区域城市化率和公共预算水平较高，所以项目的风险评估值较低，如福建、广东等。

由此可见，在四大风险类别和四大变量维度下各省的 PPP 风险分布中，在各省内部，中风险和低风险项目数较多，高风险项目数较少；整体而言，四大风险维度的高风险省多集中在西南、西北等地理位置偏远、地形较复杂、生产总值水平不发达的地区，中风险省多集中在中部和东部人口规模大的省份，尤其是山东、河南、浙江、四川在几乎所有维度下都是中风险省，低风险省多集中在东部沿海地区，生产总值水平发达，项目需求量大。

第五章　PPP模式公共风险转化为公共危害的机制——基于新制度主义的审视

第一节　问题的提出

在第四章我们讨论了PPP模式公共风险的多样性，即PPP可能从多个方面威胁"公共利益"或"公共价值"的实现，主要表现为经济风险、社会风险、治理风险和发展风险。更为重要的是，公共风险常常会转化为现实的公共危害，给政治、经济和社会的方方面面造成一系列负面影响。有部分学者已经注意到PPP的引入给国家和社会带来的一些危害。Adams认为私营组织追求灵活与适应性的目标，与公共组织强调制度、等级和专业化的目标不一致，可能给PPP运作带来诸如公共部门控制权丧失、消极的民主治理、过高的成本及问责机制的缺失等问题[116]；B. Keating和M. Keating认为PPP模式涉及的公共服务领域具有非竞争、非排他的属性，与私人部门追求垄断利润、限制输出和减少竞争等行为产生价值取向的冲突，易导致高价格服务、服务分配不均、供给不足、利益寻租和腐败[117]。遗憾的是，这些学者更多关注PPP给程序价值造成的威胁，而没有对更广泛的公共危害进行讨论，另外，公共危害的发生机制也没有得到深入的探究。

因此，我们试图通过对不同国家和地区、不同类型的PPP项目进行梳理来探究PPP模式公共风险转化为公共危害的机制。由于嵌入在不同的治理体系和治理结构中，公共风险的转化过程是高度多样化和情境化的。为此，我们基于新制度主义理论和方法建构了一个制度分析框架，将这个过程置于不同的制度情境中进行多维度、多层次的探究和剖析，进而揭示公共风险演化为公共危害的多样化机制。

第二节　分析框架：基于新制度主义的视角

虽然学者们已经意识到 PPP 不一定能实现物有所值，反倒可能会给公共利益和公共价值带来损害，但他们大多是从 PPP 绩效或 PPP 成败的角度去研究。PPP 机构设置[13]、政府监管、政府承诺[118]、PPP 合同[119, 120]、市场化机制[121]等因素被认为对 PPP 成败至关重要。沃尔曼和姜文发现，PPP 的绩效差异与不同国家自身的政治结构、法律框架及文化传统有关[122]。当然，这对于我们系统性研究影响公共危害发生的因素和公共风险向公共危害转化的机制具有基础性意义。公共服务供给经常被看作多元行动者与管制框架之间的互动网络[123]。宏观的政治结构和微观的市场机制，法律法规、合同等正式规则和规范，习俗或认知文化意义上的非正式因素，以及公共部门和私人资本的目标和偏好都可能影响 PPP 项目的运行。公共危害的发生也是多要素综合作用的结果，且在不同国家、不同项目、不同行业有着不同的表现和发生机制。新制度主义在经历了各学派交流与争鸣后逐渐发展出一套较为成熟的解释政治、经济和社会现象的框架，既重视结构性因素的作用又关注制度背景下的个体行为及其能动性，既重视正式规则和法律又关注非正式因素，这对我们全面解释 PPP 绩效差异和公共危害的多样化发生机制具有极好的工具性作用。

一、引入制度主义视角

学界对制度的定义并没有形成严格意义上的共识。根据 North 对制度的界定，制度是一个社会中的博弈规则（game of rules），它被用来约束人类的行为。它包括了人类在什么情况下可以做和什么情况下不能做的限制。制度的基本成分有规范（norms）、规则（rules）、惯例（conventions）、价值、习惯和它们的实践[124]。Scott、Williamson、格兰诺维特等对制度理论进行了总结和拓展，将"制度"视为一个多层次、多维度且相互影响的制度系统。制度被视为一个"框架"、一种"环境"、一道"行为边界"。Scott 和 Christensen 认为，制度环境可以被划分为三个层面：认知性制度、规范性制度和强制性制度[125]。制度环境中的认知性成分是指共享的重要价值观、信仰和认知框架的集合体，它可以为组织成员提供模式化的思想、感受和反应，从而引导其制定决策和进行其他行为。规范性成分表现为规则和法律中对特定行为的激励或限制，与道德规范和专业化相联系。强制性成分来源于政治压力和合法性问题，它们以法律授权的强迫或威胁引导着组织活动和组织观念[126]。Williamson 将交易成本引入制度经济学，以有限理性和机会主义行为为基本假设，将影响市场交易的制度因素划分为四个层次，这一框架具有较强的操作性。第一层次是嵌入性（制度环境），主要是指非正式制度，如习俗、传统、规则和信仰，对交易进行约束；第二层次是正式制度，包括产权、政策、司法、官僚体制等，这一层次是直接为交易活动设置的制度环境；第三层次是治理结构，这一层次以合同设计为工具，直接涉及交易的组织形式；第四层次是与价格、质量、激励相关的资源分配与雇用方式，这一层次是为了确保边际约束。在这四个层次之间存在自上而下的约束机制和自下而上的反馈机制[127]。尽管不同学者各自的侧重点有所差异，但在有些方面达成了基本共识：一是制度意味着社会的某种结构化因素，要将社会现象置于这些结构化因素和场景中去研究和解释；二是制度既包括法律规则等正式因素，也包括规范、传统等非正式因素；三是关注行动者与制度之间的相互作用——这是新制度主义超越结构主义的最大优势。制度约束个体行为，在特定制度背景下产生的个体行为具有一定的规律性；反过来，行动者之间的互动又可能导致制度变迁或者影响制度功能的发挥。

二、分析框架：制度系统与公共危害的发生

什么样的合同在怎样的条件下会失败或取得应有的成效是公共服务市场化研究的"下一步"。许多学者已经充分意识到制度背景对 PPP 绩效的重要影响，并尝试建立整体的制度分析框架。Petersen 试图以政府层级为基础建立 PPP 制度框架，制度分为国际制度、国内制度、区域制度、地方制度，但是这种分析框架过于强调等级性，忽视了PPP模式本身的特殊性[128]。有研究者在此基础上，将制度进一步明确划分为国际制度、国家层次的宏观制度变量、政府支持变量和项目层次变量。在深入理解新制度主义理论内涵和方法论的基础上，我们借鉴并完善了上述制度分析框架。一方面，从制度环境、制度安排、合同安排、项目运行机制四个维度去分析制度因素如何影响公共风险向公共危害转化的过程；另一方面，观察在特定制度情境下，PPP 参与者的能动行为及其与制度框架的互动，进而展示多样化的公共危害发生机制。

（一）制度环境

一个国家或地区政府对 PPP 的认知、目的和态度对 PPP 的影响是最为根本的，具有直接导向性作用。政治环境和经济环境决定了政府对 PPP 的认知，决定了政府是否愿意采纳 PPP 模式、在多大程度上接纳社会资本方参与公共服务供给，以及政府推广 PPP 的目的。因此，这些制度环境层面的因素成为影响 PPP 模

式公共风险的最为宏观和根本的因素。政治制度环境主要是指权力结构，尤其是在 PPP 模式的采用和推广过程中政治权力与社会资本方的关系形态，为项目控制权在政府和社会资本方之间的分配奠定了基础。市场制度环境主要是一个国家或地区的市场化程度和市场发育状况。成熟稳定的市场经济一般是市场制度完备、市场体系完整、市场机制完善，并且能够有效调节供需以确保政府和市场的协调配合。反之，在缺乏良好市场条件的国家和地区，供需失衡、政府与社会资本职能边界的不清晰都会给 PPP 项目运行带来负面影响。

整体而言，制度环境通过两种方式影响公共风险转化过程：一是 PPP 所嵌入的制度环境可能直接引起公共利益的损失，如社会资本方向政府进行不正当的利益输送，腐败本身就会对社会公正和政府合法性产生损害；二是制度环境在很大程度上决定了具体制度安排甚至合同安排，这也间接为公共风险向公共危害转化的过程埋下了隐患。

（二）制度安排

制度安排是指与 PPP 模式直接相关的全国性或区域性法律法规和行政条例，也包括 PPP 机构设置。各国 PPP 法律和政策的顶层设计不尽相同，特定的制度设计旨在将合作双方的行为限定在"合理范围"内。一个国家或地区内部的 PPP 法律和制度规定直接决定了 PPP 在什么样的体制内运作和以什么样的方式运行。根据 PPP 流程，我们将 PPP 制度安排划分为四个方面的内容：PPP 决策、招投标程序、PPP 监管和纠纷解决机制。在每一个阶段都有具体的政策规定和保障机制，特定的制度安排会形成一定的政策空间，项目参与方在政策空间内采取行动。

在较为完备的 PPP 制度安排下，PPP 项目的运作往往比较规范，遵循一定的程序和标准，但这些程序和标准恰恰可能成为合作双方追求自身利益或实现各自目标的工具，双方的博弈过程很可能在政治、经济和社会领域引发公共危害。在尚未建立起规范的 PPP 法律和制度的地区，风险贯穿了整个项目运作过程，由于缺乏制度约束和保障，政府和社会资本方都可能直接采取损害公共利益的方式来推进项目或达到各自的目标。

（三）合同安排

合同安排是针对某一具体项目的合同规定，包括口头承诺和书面承诺，合同规定了参与者的权利和义务、风险和收益，直接影响参与者的行为选择。一般而言，合同主要包括工作和服务范畴、产出需求、绩效标准、支付结构（包括需求和绩效风险）、延迟时间、法律法规变更说明、违约事件、终止权利、纠纷解决机制、不可抗力因素（如自然灾害、金融危机）等。和制度安排相比，项目合同是针对某一项目过程、参与者责任和权利的更为详细的规定，可以说合同是最重要的PPP治理工具。但是，合同不能解决PPP项目过程中的一切问题，签订一份完备的PPP合同来消除当前和未来的项目风险直至项目结束是不可能的。虽然合同条款是双方谈判和妥协后达成一致的结果，但在实际执行的过程中，合同能起到的约束作用是极为有限的。一方面，合同无法对意料外的特殊情况进行规定，可能需要合作双方就具体问题进行专门的商讨；另一方面，在特定情形下，合同条款本身会成为社会资本方趋利避害的工具。就搜集到的公共危害案例来看，融资结构、交易结构（回报机制、支付方式等）、产品定价、"非竞争条款"等是造成公共危害最核心的争议点或触发点。

（四）项目运行机制

PPP在本质上是政府与社会资本方就基础设施和公共服务形成的一种委托-代理关系，代理人和委托人之间的联系可以通过PPP制度安排和合同安排加以协调，但考虑到有限理性、交易成本、不完全市场等因素，任何制度设计都可能给行动者留下自主行为空间。Klijn和Teisman认为，在PPP模式中，合作双方很难共同决策和组织，因为行动者嵌入在特定的行动网络、场域中，有不同的利益诉求和目标，也会各自采取行动策略[129]。根据新制度经济学的观点，PPP项目运作过程可以被视为政府和社会资本方为谋求各自利益最大化的一场博弈[13]。在这个过程中，不仅会出现双方互相损害的逆向选择、机会主义行为，也会产生负外部性，这就是公共危害发生的最直接原因。

考虑到项目运作模式与行动者策略的多样性和复杂性，我们按照PPP项目过程来对项目运作模式与公共危害发生之间的关系进行阐述，分别是建设阶段的公共危害、运营阶段的公共危害、移交阶段的公共危害。

第三节 研 究 方 法

针对"PPP模式公共风险到公共危害发生机制"这一主题，笔者试图去分析制度为什么导致公共风险转化为公共危害及其影响机制，这属于"why"和"how"的问题范畴。考虑到制度因素的复杂性、公共危害的多样性，本章采用案例研究法。殷[130]等学者认为案例研究法在解答这类探索性问题方面具有突出优势，他们对案例研究法的基本原则、策略、步骤、理论构建进行了深入研究，对我们开展相对规范的案例研究起到了指导作用。

为了探究不同制度情境下公共风险向公共危害转化的多样性机制，我们采用多案例比较分析法。为保证案例的丰富性，我们的案例尽可能覆盖发达国家和发展中国家，也尽可能覆盖道路桥梁、垃圾污水处理、城市供水供电供气、通信、教育、医院、监狱等多个行业和服务类型。在案例搜集阶段，我们首先查阅了大量国内外新闻报道，再以新闻报道为基础进一步查找相关政府公告、政策文件、合同文本、调查报告、论文研究等资料，最大限度地还原项目概况、项目背景和公共危害的表现及发生原因。此外，PPP 相关的案例研究众多，从已有的学术论文中挑选出符合"公共危害"标准的案例，再沿着上述路径进一步搜集资料，也是重要的案例搜集路径。最终研究者共搜寻和整理了 62 个案例，建立项目库，以便全面观察 PPP 公共危害现象，并对比分析不同层级的制度差异。

尽管我们尽可能保证案例类型的多样化并通过"滚雪球"的方式保证资料的完整性，但仍然不可避免出现案例资料不够系统的问题。一方面，各个国家的案例数量不一，不够齐全，有些国家只有一两个案例。因此，我们在案例分析中避免以"国家"为基本单位，而以多个层次的"制度类型"为基本分析单位，结合一些制度比较的文献，尽可能避免案例数量不足导致的分析结果偏差。另一方面，案例素材有限，不能直接展现当时的制度环境和制度安排。因此，我们以案例为基础，对各个国家的政治经济状况、PPP 法律条款等进行了进一步查阅。最终，结合本章构建的分析框架，我们以案例完整性、准确性、代表性为标准，从案例库中筛选出二十余个案例（不含重复案例）进行经验展示，对制度影响公共危害的发生机制予以详细说明。

第四节　PPP 公共危害发生机制的多案例表达

根据前文构建的多层次制度分析框架，本节将分别从制度环境、制度安排、合同安排、项目运行机制四个层面来展示公共危害发生机制。公共风险向公共危害转化的过程受到多重因素的影响，且四个层面的因素是不能完全分割的。因此，一方面，我们根据决定性因素将案例分别在特定制度层面和因素下展示，突出这一核心要素在公共危害发生的过程中发挥的作用；另一方面，在描述一个具体案例时，我们会全面展示各影响因素如何交互导致公共危害的发生，重点关注特定情境中各要素的互动关系而非因果关系。通过对案例的描述、比较和分析，我们试图展现情境化、多样化的公共危害发生机制。

一、制度环境：PPP 模式的选择

制度环境是影响 PPP 运行状况及 PPP 模式公共风险与危害最根本的因素，它

直接决定了政治集团选择 PPP 模式的初衷，也为项目控制权在政府和社会资本间的分配奠定了基本格局。PPP 运行的制度环境包括政治制度环境和市场制度环境。就政治制度环境而言，PPP 项目为政治权力与社会资本提供了合作的契机，一个国家的政治制度环境从根本上决定了这种合作的走向，不基于公共利益而选择的 PPP 项目往往导致严重的腐败和政治动荡。

（一）政治制度环境

1. 权力被资本俘获的国际机场项目[①]

社会资本方很容易通过贿赂和不当途径影响政府决策，获取 PPP 的合法性。2010 年 2 月，秘鲁交通运输部命令 Proinversion（负责 PPP 相关流程的国家机构）发布招标公告，以 PPP 方式修建一个新机场，项目涉及机场的设计、融资、建设、运营和维护。实际上，通过 PPP 实施该项目的决定并非基于与传统公共采购实施项目的潜在成本相比的成本和效益分析，相反，决定是在定性分析的基础上做出的。2014 年 4 月，Proinversion 将该项目授予 Kuntur Wasi 财团。项目签约后，经多次协商，项目的融资结构从"财团（71.4%）和州（28.6%）"变更为：80.7%的资金来自国家，19.3%的资金来自私人合作伙伴，国家成为主要融资伙伴。此外，重新谈判的合同还要求国家在建设阶段开始之前提供 4 000 万美元的初步捐款。虽然该增编违反了 PPP 法的若干条款，但获得经济和财政部及公共交通基建投资监察委员会批准。当时的秘鲁总统也公开支持该计划。有专家和官员对增编质疑——从财政角度看，这个项目变成了一个"公共工程"项目。但由于行政力量对市场的强势干预，该项目合同还是得以通过和执行。

此外，该项目在方案设计上也没有进行充分的协商，对社区居民生活造成恶劣影响。机场的布局使得当地居民使用的 15 条道路及灌溉渠道消失，这导致那些想在钦切罗（Chinchero）储存或销售某些产品的居民需要在行程上花费更多时间。计划建造新机场的原因之一是为了更好地服务于该国主要旅游目的地马丘比丘（该地于 1983 年被联合国教育、科学及文化组织宣布列为世界遗产）的经济发展。但方案设计的规划没有充分考虑马丘比丘保护区有限的接待能力，机场开放后实际日负荷远超预期，严重影响区域发展可持续性和遗产保护。因此国家不得不进行干预，造成过度的公共财政损耗。

2. 美国 SH130 高速公路：权力与速度的交易

SH130 高速公路的社会资本方 SH130 特许经营公司用金钱换取了全国最高

---

① https://www.eurodad.org/HistoryRcPPPcatcd.

限速及政府对周边平行公路的降速。SH130 这个耗资 13.5 亿美元的设施由 SH130 特许经营公司承建并提供资金。根据与得克萨斯州交通运输部签署的 50 年特许经营协议，公司负责运营和维护这条公路。该协议表明，交通运输部给予该公路限速 85 英里[①]/小时（是当时全国最快的高速公路）的优势，因此能够获得 1 亿美元的回报。同时，为增加新修公路的流量，政府还通过自身权力和经济激励将平行免费公路的限速从 65 英里/小时降低为 55 英里/小时，此举严重损害了消费者的利益。在该案例中，政治权力被资本俘获，社会资本方绑架了政府的政策议程。

（二）市场制度环境

1. 菲律宾电力供给改革

菲律宾政府对市场的乐观态度，导致在金融危机来临时，仍大量签订 PPP 协议，造成供过于求，而过剩产能则由政府买单，最终也转嫁到消费者身上。20 世纪 80 年代，菲律宾面临严重的电力短缺，情况严重时全国每天平均停电 8~10 小时。当时居于行业垄断地位的国家电力公司无力在短期内增加发电装机容量弥补供应缺口。在此背景下，菲律宾政府于 1987 年 7 月发布第 215 号政府令，向私营部门开放电力市场，允许私营投资者以 BOT 方式建设独立电厂，向国家电力公司售电。在中央政府释放信号后，1991~1993 年短短三年，国家电力公司就完成 25 个 BOT 合同谈判。同时，其他电网公司也向私营部门投资的电厂购电。在市场化的背景下，用电大户也被允许筹建自备电厂。1993 年，菲律宾政府宣布渡过电力短缺危机，但之后国家电力公司仍在向私营部门购买发电装机以建立"保险容量"。当时菲律宾国内普遍认为电力危机后经济将快速增长，电力需求也将同步增长。基于以上市场预测，政府制定了电力部门继续大发展的规划，国家电力公司也按照这个规划继续通过 BOT 模式扩大发电装机容量，甚至在 1997 年亚洲金融危机爆发后，这一趋势也没有消减。但是随着金融危机的深化，菲律宾电力系统供给过剩问题逐渐凸显。以 2002 年为例，其电力需求峰值仅为 749.7 万千瓦时，相当于电力系统从私营部门购买发电总装机的三分之二。同时，国家电力公司 PPP 项目运作能力和经验不足，以及 BOT 合同风险分担设计不合理带来的严重后果也开始显现。当初电力公司和独立电厂 BOT 合同中的购电协议均采取了"take or pay"条款，即电力公司按照电厂发电量而不是实际调度电量支付费用，承担全部市场需求变化风险。这导致电力公司最终又将此部分额外电力的购买费用转嫁给消费者，造成电价高涨，但是国家电力公司与私营投资者签订的都

---

① 1 英里 ≈ 1.609 千米。

是长期合同，所以消费者不得不一直支付着仅次于日本的第二高电价（零售电价约合 2 元/千瓦时）。高昂的电价不仅削弱了菲律宾制造业的国际竞争力，也对该国经济发展产生了深远的不利影响。

2. 英国伦敦地铁的技术性失误[131]

英国的市场化基础较好，有能力保障公共服务的正常供给和民众需求的满足。但是，英国的 PPP 项目也因为监管、债务担保、技术性失误导致了严重的经济问题，最终引发其他公共危害。经过 4 年多的论证和试行，英国政府分别于 2002 年 12 月和 2003 年 4 月签署了 3 份 PPP 合同，将伦敦地铁 30 年的特许经营权分别转让给 SSL、BCV 和 JNP 3 家公司（由两大联合体 Metronet 和 Tube Lines 控制），决定使用 DBFO 模式，3 家公司分别负责不同类别地铁的维护和修复，而运营和票务依然由伦敦地铁公司负责。由于该项目对保证伦敦城市经济的稳定性政治意义重大，政府采取了债务担保的方式确保项目的持续性，政府部门（交通运输部）无法控制项目的金融风险，不是项目的直接参与方，却给项目担保，只能使得政府对项目的监控表现得无力。2008 年，Metronet 联合体因经营不善宣告破产，英国政府不得不承担起大约 38 亿英镑的遗留债务，总损失超过 41 亿英镑。该项目最大的问题在于联合体企业的管理：一方面，没有经营权而缺乏收益激励的联合体对项目管理的责任及创新意识淡薄；另一方面，组成联合体的控股企业过多，5 家企业不但没有形成合力，反而因各自利益而决策不统一，加之频频更换管理者使得对项目管理不足，影响项目进度。此外，该项目的负债率相对较高，其银行贷款和联合体股份的比例为 88.3：11.7，联合体企业对它们的束缚相对较小，一旦发生联合体破产的情况，政府为 95%的债务担保，几家企业为它们的股份 3.5 亿英镑买单，而这些钱对于国际大型机构而言并不是大的问题，不会影响到企业的业绩，且这些企业本身就是该项目的供应商，在 2003~2007 年已经获得了 30 亿英镑的服务费收入，相比于它们的股份比例，结果是稳赚不赔的。正是因为如此，私营部门并不重视如何与公共部门保持长期良好关系。Metronet 联合体宣告破产后，经过仲裁决议，Metronet 协议收归为国有，Tube Lines 也随之收归国有。根据合同约定，遗留债务只能由政府来承担。同类案例还有加拿大联邦大桥项目、美国加利福尼亚州 91 号快速路（SR91）项目等，都是方案设计上的缺陷（如过高估计市场需求）造成高收费问题，并且合同上对政府责任的界定问题导致政府财政被锁定。

3. 过度市场化导致 PPP 项目造成公共损失

就市场化基础而言，发展中国家经济发展相对落后，PPP 往往成为政府解决资金短缺问题、绕开预算限制的融资工具；再加上发展中国家市场化程度相对较低，公共服务的生产和供应、基础设施建设等原本是由公共部门把控的，从产权结构上来看，要完成从"国有"向"私有"的过渡和转变，是一个艰巨的任务。PPP 模式很容易使政府失去对公共服务的控制权，给政府造成沉重的财政负担，造成市场的动荡。这些国家往往急于推进公共服务市场化过程，在缺乏整体制度安排的情况下过度地将公共项目控制权让渡给社会资本方，合同安排上收益和风险分配不合理，以至于项目运行后政府处于失控状态，往往会造成严重的"塌方式灾害"——经济危害、社会危害、发展危害及政治危害并发。但部分发达国家早已接受了公共服务"供给"和"生产"分离的理念并付诸实践，对其而言，PPP 强调物有所值，通常旨在提高公共服务供给质量和效率。市场化基础较好的国家在考虑与社会资本方合作时，会侧重考虑社会资本方是否有充足的技术能力和财务能力改进公共服务供给效率，让民众以更低的成本享受更优质的服务。但是，即使政府能够对社会资本方充分考量，项目也可能因合同不完善、监督不到位、激励不相容、机会主义行为、意外情况及其他因素造成公共损失。在英国伦敦地铁项目中，政府出于稳定考虑而对项目过度担保且保留了项目经营权，这种制度设计没能对社会资本方的责任意识和创新意识形成正面激励，加之政府对多个联合体的合作缺乏监管和激励，导致联合体破产带来的损失最终由政府承担，给政府财政带来了严重损害。经过案例分析可以看出，PPP 项目主要是技术性失误导致的经济问题，最终可能引发其他公共危害。

二、制度安排[①]：制度保障与行动空间

PPP 法律和制度规定对于 PPP 的运作方式具有直接决定性作用。在具体制度安排中，有四个方面的规定对 PPP 公共危害的发生过程起着重要作用：①PPP 决策。PPP 决策是指决定采用 PPP 模式的相关规定，主要涉及决策权和决策标准。决策权主要涉及决策机构问题，各级政府、各部门、各组织以各自的方式对项目决策产生影响。决策标准主要有"经济效率"标准、"特殊复杂性"标准等，不

---

① 根据世界银行经济学人信息部（Economist Intelligence Unit，EIU）的评估标准，在判断一国 PPP 法律制度环境优劣时，要考虑以下4个因素：PPP 相关制度的质量和一致性、PPP 项目遴选及决策是否高效、招投标程序及合同变更是否公正透明、争议解决机制是否通畅便捷。利用上述标准，经济学人信息部在 2015 年所做的有关非洲公私合营环境评估的报告中对 15 个非洲国家的 PPP 法律政策进行了评估。所选取的 15 个非洲国家根据得分高低分别是南非（75.0）、肯尼亚（65.6）、埃及（59.4）、摩洛哥（56.3）、科特迪瓦（53.1）、加纳（50.0）、坦桑尼亚（50.0）、突尼斯（50.0）、赞比亚（50.0）、卢旺达（46.9）、喀麦隆（43.8）、乌干达（37.5）、尼日利亚（31.3）、安哥拉（28.1）、刚果（金）（21.9）。

同的标准所赋予决策机构的自由裁量权是不同的。②招投标程序。通常情况下，公开竞标、邀请招标、议标这三种形式在科学性、公正性和效率等方面各有优劣，但在现实中这一程序很可能被形式化处理而使其无法充分发挥规范作用。③PPP 监管。PPP 监管中最重要的制度安排是信息披露制度。由于商业运营的特殊性，社会资本方常常以商业机密为由不向公共部门展示企业的财务状况、项目运作情况等信息，这也就不便于政府对社会资本方进行监督和管理。政务公开是民主政府的必然要求，不向社会公开也进一步削弱了社会监督的有效性。④纠纷解决机制。当政府和社会资本方发生矛盾且协商不一致时，通常采取的解决方式有两种：一是行政方式，提请上级机关或组织仲裁，是一种自愿型公断；二是政府或社会资本方单方面向法院提起诉讼。PPP 的引入给公共服务供给的调节机制带来的一个重要变化就是传统的通过行政手段解决的问题现在只能通过法律程序来解决。这可能会增加纠纷解决的成本，也可能给社会资本方新的机会主义行为空间。另外，一个良好的纠纷解决机制对于 PPP 来说是必不可少和至关重要的，当合作双方的矛盾不能妥善解决时，政府和社会资本方的工作都难以继续。这种拖延一方面会造成巨大的资源浪费；另一方面可能导致社会资本方为规避风险而将成本转嫁给消费者。

PPP 模式将具有不同性质和价值追求的行动者纳入同一行动体系中，那么这些参与者在追求各自利益时难免会存在一些冲突。虽然 PPP 制度安排旨在通过对程序、标准等进行规定，对参与者权益进行保障来协调双方的合作，但政策本身所留下的行动空间却会被不同价值追求的行动者利用到极致。在较为完备的 PPP 制度安排中，PPP 项目以较为规范的形式运作，对公共利益的损害也以更为隐蔽的方式发生。在尚未建立起规范的 PPP 法律和制度的地区，公共利益没有保护机制，政府和社会资本方追求各自目标所采用的手段很少受到约束和限制。

（一）PPP 决策

1. 被收买的咨询公司：瑞典 NKS 医院的失败[①]

瑞典 NKS（Nya Karolinska Solna）医院就出现了第三方机构被社会资本方收买，成为社会资本方中标工具的情况。这些成本，最终都转嫁给公共部门或者民众，如高收费、高补贴。2001 年，斯德哥尔摩市议会任命了一个委员会，调查 NKS 医院是否应该进行翻修或全部更换。委员会发现，翻修现有医院的费用将与更换医院的费用相当。2008 年 6 月，斯德哥尔摩市议会正式决定通过 PPP 项目建设一所新的大型医院。虽然有许多公司对该项目表示有兴趣，但只有一家公司最

[①] https://www.eurodad.org/HistoryRePPPeated.

终提交了投标：瑞典医院合作伙伴（Sweden Hospital Partner，SHP）。即便如此，2010年瑞典政府还是授予 SHP 一份 PPP 合同，负责建设和管理 NKS 医院。但是，随着工程建设的展开，政府发现原本做的成本估算是严重不足的，当初并未考虑电缆、实验室和医疗技术设备等重要服务的外包成本，政府不得不承担大量额外的财政支出。而且，由于技术故障，该项目一直延期，迟迟无法投入运营，这也加剧了周边医院的拥挤。后来一次调查发现，NKS 在 2015~2018 年向北欧国际咨询服务有限公司支付了总计 1 286 万欧元的高额咨询费，这一交易遭到了广泛批评。这么高的溢价显然不符合正常的市场价格标准，咨询公司很可能被私人资本收买而做出不公正的评估，影响政府决策的科学性。

除了咨询公司被社会资本方收买导致政府决策失误及招投标过程的不规范以外，政府对社会资本方的监管也存在很大障碍。在 SHP 获得 PPP 合同几个月后，就委托普华永道会计师事务所在卢森堡创建了一个新的税收结构。实际上就是把资金转移到卢森堡，因为卢森堡是免税的，这就减少了瑞典的应税利润，实际上是社会资本方利用政策空间进行避税，对瑞典政府来说也是一大损失。即使在相对完善的制度环境下，瑞典政府也没能避免社会资本方充分利用政策空间而采取的机会主义行为。

2. "特殊复杂"的新巴黎法院

在制度相对规范的国家，政府在决定采用 PPP 模式时需要严格的决策依据。例如，PPP 模式比传统的政府供给模式更能节省成本，这是追求经济效率的逻辑；又如，由于项目具有较高的复杂性，政府缺乏业务经验和专业知识，需要授权专门的公司承建；再如，有些特定情境下政府迫于压力而决定采用 PPP 模式。但是后两种具有较大的裁量空间，往往由政府意志所决定。这类决策往往伴随着信息的不透明和公民参与的缺失。新巴黎法院的建设就体现了决策依据本身的模糊性和可操纵性[①]。2006~2014 年，法国司法部多次使用公私合作伙伴关系建设监狱，并在卡昂建立新法院。因此，司法部也决定采用 BOT 模式建设新的巴黎法院。但是，在"经济效率"标准的基础上，该部无法说明其为何决定采用 PPP 模式而非传统的公共采购。因为 PPP 选项比传统的公共采购模式更昂贵，就借款成本而言，该部在这方面的利率比它使用公共合同时的利率要高得多；与公营部门外包维修工程相比，政府资助下的维修费用也较高；合同的复杂性和重新谈判过程的延误也会产生额外成本；在竞标过程结束时，政府还授予竞标失败者一定的补偿费。于是，政府的决定因项目的"特殊复杂性"而得到证明。换句话

---

① https://www.eurodad.org/HistoryRePPPeated.

说，该部认为该项目过于复杂，无法通过公共采购进行。实际上，决策依据的选择权和决策权是掌握在政府手中的，其科学性有待考证。在这样的决策过程下，项目方案没有经过慎重审核，风险没有合理地估计，在运作过程中有一系列不确定性。这一风险在 2013 年 7 月显现出来，当时 PPP 建设被中断了 8 个月，原因是 PPP 在法庭上受到了"La Justice dans La Cite"[①]协会的质疑；加上 2015 年 11 月巴黎发生了恐怖袭击事件，在建设阶段对安全提出了新的要求；再加上新的环境标准颁布，该建筑需要大量改造，估计公共财政的总成本为 6 680 万欧元，因此，建设工程被推迟到 2018 年以后。项目的频繁推迟造成了巨大的成本浪费，而囿于合同规定，该类风险由公共部门承担，这无疑加重了政府的财政负担。

3. PPP 决策失败引发公共危害

PPP 决策主要涉及决策权和决策依据。就决策权而言，PPP 必然涉及多部门配合、央地配合问题，若各部门、各层级政府无法达成一致和相互配合，PPP 项目合作方都会受损，而这种损失都可能被转嫁给社会。例如，在项目决策中引入第三方评估公司是为了确保决策的科学与公正，但瑞典 NKS 医院案例中作为决策辅助机构的第三方评估公司被社会资本方收买，也引发了严重的经济损失和政治损失。

从决策依据来看，"经济效率"标准是相对科学的决策标准，但"特殊复杂性"标准就具有较大的裁量空间，往往由政府意志决定。这类决策往往伴随着信息的不透明和公民参与的缺失。新巴黎法院的建设就体现了决策依据本身的模糊性和可操纵性。对投标人评估的方式也可能为公共风险向公共危害的转化过程埋下隐患。如果认定 PPP 模式是最优选择，则应证明该模式相比其他方式在哪些方面更具优势，如私人组织的介入是否能提高项目效率，还要建立完善的监督机制来确保该过程的客观合理性，如可以通过增强公众监督的透明性，综合考虑各方利益，分析比较 PPP 模式是否是最优选择，是否能带来利益最大化。否则，单纯的定性分析无法保证决策的科学性。

（二）招投标程序

1. 缺乏可行性分析的澳大利亚悉尼跨城隧道[63]

澳大利亚悉尼跨城隧道决策和招投标程序的不规范，也导致了全面的公共危害。例如，预期流量没有实现，隧道通行量不足造成资源浪费；又如，社会资本方为增加收益提高通行费标准，民众承担高昂的通行费用。在悉尼跨城隧道项目中，在选择中标方案和合同设计时，州政府不愿承担多出原预期的额外资金，要

---

① 法语，意为"城市司法"。

求必须由道路和交通管理局自身承担，于是表明"政府坚决不补贴"，这点确实保护了纳税人的利益，但是同时危及了隧道使用者的利益，以及其他替代道路的使用权利。当时，政府对于是否适合采取 PPP 模式没有进行过详细分析，项目方案也未进行项目可行性分析。隧道建成后通行量不足，社会资本方不仅持续亏损，还因为建设过程中的方案变更增加了大量的额外建设成本。对此，政府依然不愿出资补贴，而是选择关闭地面免费通道（公众认为是为了迫使其使用收费的隧道）。随着这一现象的持续发酵，最终进一步降低了行驶者对隧道的使用率。虽然在隧道开通近一年的时间后，恢复了原关闭地面道路的通行，但是并未获得预期的效果。一方面，并未扭转跨城隧道项目在公众心中的坏印象，并降低了民众对政府的信任；另一方面，道路和交通管理局财政预算的限制，导致隧道建设多出的额外成本最终转移到私人组织中标者身上，因此该组织出于成本考虑，只能提高隧道收费标准，将成本转嫁到消费者身上。

2. PPP 项目招投标程序的"形式化"负面影响

对 PPP 项目招投标程序的规定是为了规范招投标过程，确保过程公开透明，也为了更好地实现双方的合作，改进公共服务供给效率。在悉尼跨城隧道项目中，悉尼政府对于是否适合采取 PPP 模式没有进行过详细分析，立项阶段也未进行项目可行性分析，交通量预测得过高，项目规划设计也不尽合理。最终收益不足，政府坚决不补贴，社会资本方便通过提高价格来将成本转嫁给消费者，进而损害公共利益。

（三）PPP 监管

1. 英格兰卡尔德代尔皇家医院："商业机密"还是信息透明[1]

在英格兰卡尔德代尔皇家医院（Calderdale Royal Hospital）项目中，社会资本方以"商业机密"为由刻意向政府隐瞒项目交易信息，导致政府过度的财政投入。卡尔德代尔皇家医院是 1998~2001 年通过 PPP 在英格兰北部西约克郡地区建立的一家医院。该医院的初始成本预计为 4 250 万美元，但到建成时，这一数字几乎翻了一番，达到 8 100 万美元。在长期的发展中，PPP 合同已经易手十次，而财政部的 PFI 数据库却没有相关记录，调查人员通过查阅公司文件才发现这家医院的股票曾九次转手。这些公司也拒绝透露它们通过出售卡尔德代尔皇家医院的股票获得了多少利润，称这是商业机密信息。而且，由于合同约定，如果不触发违约条款，合同将继续履行 30 年，并继续支付高额服务费。不管项目如何易手，

---

[1] https://jubileedebt.org.UK/report/uks-ppps-disaster-lessons-private-finance-rest-world.

当地的卫生服务机构每年都必须为建筑和维护服务付费。目前，偿还不断增长的 PFI 债务大约需要卡尔德代尔皇家医院年度预算的 10%，而且这一比例还将上升。卡尔德代尔皇家医院 PPP 项目增加了英国政府的医疗成本，挤占了其他公共服务开支。此外，卡尔德代尔皇家医院的巨额支出导致了当地医疗服务的资金危机。因为英国政府给当地医院的资金不足以支付所有支出，而选择关闭哈德斯菲尔德医院的部分业务。这遭到了民众强烈反对，13 万名当地民众签署了反对关闭的请愿书，并举行了广泛的示威活动，造成了政府信任危机。卡尔德代尔皇家医院成为英国国民健康保险制度（national health service，NHS）中最昂贵、最不负责任的私人融资项目之一。

2. 公民参与和社会监督缺失：哥伦比亚马格达莱纳河的社会危害[①]

由于决策和项目运行过程中没有充分的公民参与，哥伦比亚马格达莱纳河的通航能力建设项目给地方经济、民众生活、地方环境造成了严重的损害。马格达莱纳河是哥伦比亚的主要河流，为周边沿河社区提供重要的生活资源以及经济发展资源。因此，该国时任总统胡安·曼努埃尔·桑托斯（Juan Manuel Santos）希望改善河流的通航能力，以促进该国大部分地区货物的出口。然而，这一项目进行的初步工作已经对河流内外的环境、民众生计产生了严重的负面影响——排水危害渔业社区，农民从事农业活动的土地面积减少。此外，由于河流流量、速度和水量的变化，沼泽等生态系统也受到不利影响。据了解，该项目决策时从未对社区进行过适当的咨询，项目开启前也没有进行全面的环境评估。环境损害、民众生计损失都没有充分纳入项目决策的考虑中，更别提对民众的补偿措施和环境保护措施。实际上，政府对于项目运行时的民主过程是有规定的，"社会资本方的重大决策要进行社区协商"。在执行的过程中，Navelena 组织了一些沿海社区的会议，但这些会议只提供了信息，并未考虑民众的意见和诉求。这也最终导致民众利益的严重受损。而且，政府对此还无力改变。因为合同设立了"不可抗力"条款，以防因不能归责于公司而延迟或未能获得环境许可证。原因包括如果该公司必须与社区协商以获得许可证而造成工期延迟，必须由国家赔偿损失。由于签订合同时没有进行全面的环境影响评估和风险评估，这给国家带来了沉重的潜在负担。

3. 被质疑的评估报告：印度塔塔蒙德拉超大型电力项目[②]

对政府而言，经济发展与环境保护本身就是难以协调的政治任务，因此这类

[①] https://ppp.worldbank.org/public-private-partnership/library/public-private-partnership-navigability-magdalena-river.

[②] https://www.eurodad.org/HistoryRePPPeated.

重点项目的评估和合理设计就显得格外重要。塔塔蒙德拉超大型电力项目位于印度古吉拉特邦的蒙德拉海岸,横跨 72 千米,覆盖 10 个沿海定居点,战略上位于蒙德拉港和经济特区内。这个海岸也是渔民的家园,他们已经在这里生活了几个世纪,每年几乎有 9 个月的时间居住在这里。这一地理位置也决定了项目本身的复杂性。该项目从一开始就受到强烈质疑:一是质疑项目社会影响评估报告,该报告声称该项目地区没有居民和定居点,因此,它不承认该项目对渔业社区的负面影响;二是质疑项目生态环境影响评估报告,部分专家和民众认为该项目没有考虑对海洋环境和周边生物的潜在危害。印度政府并没有认真核实项目评估报告的真实性和科学性,是重要的监管失责行为,各方质疑也被政府忽视。项目正式运行后对海洋环境的破坏是巨大的,其结果是,水质和鱼类种群都在恶化,由于疏浚作业,一些最具价值的捕捞品种,如对虾,已经大幅减少;对自然栖息地的破坏,尤其是对红树林的破坏是毁灭性的;空气排放对社区健康的影响明显。该项目使人们流离失所,夺走了他们的生计,居民到达渔场的路线大大延长,妇女们只能从事分类、烘干和将产品推向市场的工作,为了生存,女孩们也被迫离开学校,从事体力劳动和家务劳动。此外,由于饮用水水源在工厂建设期间被破坏,居民为饮用水支付的生活费用也增加了。

4. 英国伯明翰监狱的监管困境[132]

自 1992 年起,英国政府开始允许私人经营监狱,然而伯明翰一家私人公司运营的监狱由于管理混乱不堪、卫生情况堪忧,被政府收回了管理权。运营这家监狱的私人公司是 G4S,在 2011 年获得了经营伯明翰监狱 15 年的合同。威德尔曾表示,他曾在 2013 年被提名为年度监狱官。他表示,这份工作的压力导致他的精神状况恶化,并经常出现焦虑症状,导致他现在无法工作。检查人员发现,监狱的管理者对囚犯们的监管非常薄弱,监狱内毒品泛滥、暴力横行、环境污秽……该监狱的一些管理人员因害怕囚犯们的攻击,竟然把自己锁在办公室里。综合外媒报道,2016 年,该监狱爆发大规模暴乱,有囚犯从一名狱警那里偷了钥匙,将数百名囚犯从他们的牢房中放了出来。囚犯们占领了 4 个监区,开始纵火,肆意破坏监狱设施。暴乱在持续了 12 个小时后才被英国当局镇压。就在 2016 年伯明翰监狱爆发暴动后,G4S 被媒体曝光,自从它接手监狱后裁掉了 98 名员工,并有囚犯表示"我们多数时候被关在牢房里 24 小时,4 层监狱只有 2 个狱警",并且新招募的员工年薪也远低于旧员工的平均水平,这更加使得员工没有动力去严加看管。随着局势的恶化,英国政府不得不收回该监狱的管理权。

《卫报》报道,英国工党的发言人理查德·伯根(Richard Burgon)表示,如果工党执政的话,英国将不会出现新的私营监狱,也不会对公共监狱进行私有化。这是对自 20 世纪 80 年代末以来,英国政府大力推行的公共服务外包的深刻反思。公共监狱交由逐利的私人资本运营必然无法达到正常的惩戒目的,也无法维持社会公正。企业为追求利益最大化,无视公共安全风险,只管压缩成本,具体表现在减少狱警人数、压榨犯人生活费用上。暴动事件与私营公司只追求企业利益、枉顾公众安全的贪婪性脱不了干系。

5. 信息披露不足不利于 PPP 有效监管

由于 PPP 项目的公共属性和生产者与供给者的分离,PPP 成为一个涉及诸多利益相关者的工程。在 PPP 监管制度中,最核心的是信息披露问题。作为监管方的公共部门,若不能掌握足够的项目信息,就可能由于控制权的过度转让而失去对公共项目的监管能力。如果缺乏项目信息,民众作为消费者、作为公民的知情权都无法保障,更无法履行社会监督权利,民众很可能成为社会资本方获利的牺牲品。在 PPP 模式的运行过程中,由于商业运行的特殊性,社会资本方很容易以"商业机密"为由而拒绝向公共部门和民众提供项目信息和企业信息,这会导致项目的失控。英格兰卡尔德代尔皇家医院案例中社会资本方瞒着政府数次将合同易手,导致政府持续财政损失;哥伦比亚马格达莱纳河通航能力建设项目由于缺乏充分的公民参与也引发了全面的社会危害。

信息披露机制是 PPP 监管和监督的前提,但是即使信息公开也不能完全确保监管到位,因为拥有实际监管权和决策权的是地方政府。在印度塔塔蒙德拉超大型电力项目中,公开的项目社会影响评估报告和生态环境影响评估报告受到了专家和民众的质疑,但印度政府并没有进一步认真核实项目评估报告的真实性和科学性,而是继续推进项目,最终给生态环境和当地民众生活带来严重危害。英国伯明翰监狱发生的动乱显然是政府监管不到位导致的,政府授权私人资本来经营监狱,却也将对于惩罚罪犯、维护社会公正的责任抛给了私人资本,这显然与企业的逐利性是相悖的。但是,政府加强对监狱的监管是否能够彻底解决这一问题?英国伯明翰监狱的动乱需要我们反思的是监狱作为国家强制力的工具是否能够由私人资本运营。

(四)纠纷解决机制

1. 加利福尼亚州 91 号快速路[59]进一步扩容计划遭法院反对[133]

加利福尼亚州 91 号快速路是政府和社会资本方合作的成功典范,在投入使用后的最初几年极大地缓解了当地的交通拥堵,有效地提高了行车安全,同时私营方也获得了可观的经济收益。然而由于橙县在 20 世纪 90 年代末持续、快速发展,当地交通出行量节节攀升,91 号快速路上的交通拥堵和安全问题再一次地摆在了政府面前。迫于当地民众的压力及媒体的轰炸,当地交通部门(加利福尼亚州交通运输部）开始考虑扩大免费车道通行能力计划。但特许经营者不接受公共机构提出的安全评估，认为扩容计划违背了政府承诺的"非竞争条款"（也称为排他性条款）：政府承诺在2030年之前不在该项目沿线两侧一英里半的范围之内新建具有竞争性的道路，或者升级、拓宽具有竞争性的现有道路，以此为依据反驳公共机构提出的"安全问题可高于非竞争条款"的说法。公私双方矛盾加剧，特许经营者向法院提起了反对扩容计划的法律诉讼。最终，法院依据特许经营协议条款支持特许经营者的诉求，并明确公共机构要想完成扩容计划必须先赎回该项目。公共机构最终于2002年以近2.1亿美元（比项目造价高出8 000万美元）的价格回购了加利福尼亚州91号快速路，才得以解决非竞争条款的限制。法院称该调解协议的目的是"保护私营方的原始投资及该项目的合理收益"，同时"限制加利福尼亚州交通运输部在非竞争条款所保护的地理范围内建设任何公共交通设施，并限制加利福尼亚州交通运输部以任何方式负面地影响该项目的车流量及收益"。显然，法院并不认可行政法中行政优益权（在这里体现为"安全因素可以免除来自非竞争条款的限制"）在PPP中的适用性。因此，这不仅限制了公民出行自主性，还导致政府斥巨资回购公路。政府只能通过法律而不是行政的方式来解决问题，加大了问题处理难度。这是引入PPP的一个重要变化，即传统的通过行政手段解决的问题，现在只能通过法律程序来解决。

2. 政府行政优益权得以保障：印度塔塔蒙德拉超大型电力项目[①]

在印度塔塔蒙德拉超大型电力项目中，法院却根据行业监管的固有惯例承认了政府的决定，这一判决不利于社会资本方，仍然导致了公共危害的发生——社会资本方不计后果地将成本转嫁。在该项目中，由于进口煤炭价格不稳定，该项目的财政可行性从一开始就受到质疑。该项目原本计划使用来自印度尼西亚的煤炭。然而，2010年，印度尼西亚政府颁布法令，煤炭出口只能以与国际价格挂钩的价格进行。尽管如此，塔塔电力有限公司（Tata Power Company Limited）还是坚持了下去，并满怀信心地认为，根据购电协议，其将能够与公共分销公司重新调整关税。随后，塔塔电力有限公司和阿达尼电力有限公司（Adani Power Limited，APL）联系了中央电力监管委员会，要求提高电价以补偿煤炭价格的上涨，这一要求得到委员会的批准。但几家国有配电公司认为这是行业固有的风险，不能允许电力生产商对煤炭进口价格的变动征收更高的补偿性关税，所以向印度最高法院（Supreme Courtof India）质疑，由两名法官组成的法官席驳回了最初的裁决。最高法院裁定，如果由于海外法律的变化，燃油价格上涨，电力公司不能提高关

---

① https://www.eurodad.org/HistoryRePPPeated.

税。最高法院实际上拒绝了补偿性关税，塔塔电力有限公司面临着损失。遭受巨额财务损失的电力公司（如塔塔电力有限公司）已经表明，它们无力全额履行电力购买协议的义务。五个州都面临着电力供应短缺的问题，它们都被要求以更高的价格购买电力。

　　3. 纠纷解决不力损害公共利益

　　基于双方自愿原则提请上级机关或组织仲裁，或是由政府或社会资本方单方面向法院提起诉讼是常见的两种纠纷解决方式。在法院的裁决中，不同的裁决依据选择可能导致截然不同的结果。一些国家倾向按照行政法裁决，这样的裁决往往对政府是有利的，能保障行政优先权，一般情况下也更有利于保障公共利益的实现；还有一些国家倾向按照民法裁决，那么政府和社会资本方则是平等的民事主体，享有平等权益，那么这种裁决要保障社会资本方的营利权（而这本身很可能就是与公共利益相悖的），而不会考虑公共利益和政府责任问题。PPP 的引入将问题的解决方式从原有的行政转变为依靠法律，这实际上使政府在项目中的控制权大大减弱。虽然司法裁决更加有利于保障公平正义，但第三方主体的介入和额外的程序也会增加纠纷解决的成本，同时还可能给社会资本方新的机会主义行为空间。其实，无论是何种纠纷解决方式，都需要耗费双方一定的时间成本和金钱成本，社会资本方可能为降低成本或转嫁成本而损害公共利益。加利福尼亚州 91 号快速路中的政府扩容计划遭法院拒绝，即使这一计划是出于维护公共利益，但被判违背合约规定。印度塔塔蒙德拉超大型电力项目的诉讼中政府的行政优益权虽然被满足，但社会资本方的亏损却通过价格上涨转嫁给了民众。

三、合同安排：赋权与约束

　　合同是最重要的 PPP 治理工具。合同条款是双方谈判的结果，既对合作双方的权利和责任进行了约定，又对项目操作层面的过程和形式进行了规定，旨在规范合作双方的行为，促成合作的顺利进行。由此可见，合同既对合作方进行了赋权，也对合作方的行为进行了约束。但是，没有绝对完善的合同，合同的约束力是有限的。由于政府和社会资本方都有各自的价值追求，一方面，合同条款可能会被合作方以不同的方式利用来达到各自的目标；另一方面，合同留下的行动空间也会被社会资本方利用到极致。通过对大量 PPP 案例的分析，我们发现，合同中对融资结构、交易结构、产品定价和"非竞争条款"的规定是影响社会资本方行为选择最重要的条款，也最有可能成为社会资本方维护自身权益或谋取更大利益的工具。

　　融资结构包括了直接和间接融资的分别占比，间接融资占比过大通常面临更多的不确定性，对外部金融环境的变动更加敏感，应对金融危机的抵抗力也更差。交易结构主要是指回报机制、支付标准等规则，如使用者付费、政府付费、使用者付费加政府补贴（政府兜底承诺）制度及具体操作方式、可用性付费、基于需求付费等相关规定。交易结构事关对组织的激励，良好的回报机制设定能创造良好的绩效，但交易结构也很可能影响了公共危害的类型。产品定价一直是一个相当复杂的问题，公共产品的公益性和社会资本方的逐利性之间的矛盾是天然存在的，所以 PPP 模式的产品定价权及其相关条款至关重要。"非竞争条款"也称"排他性约定"或"唯一性条款"，即要求政府承诺在一定期限内不在项目附近新建竞争性项目。这一条款虽然保障了社会资本方的获利，但是也极其容易锁定政府行为，限制区域发展，还可能成为企业垄断的保护伞。

（一）融资结构

1. 政府过度债务担保：英国伦敦地铁[131]

英国伦敦地铁项目因融资结构不当，联合体股份比例小，严重影响了社会资本方 Metronet 联合体的经营热情，最终经营不善，企业倒闭，政府买单。一旦发生联合体破产的情况，政府为 95% 的债务担保。5 家企业为它们的股份 3.5 亿英镑买单，这些钱对于国际大型机构而言并不是大的问题，不会影响到企业的业绩，同时这些企业本身就是该项目的供应商，在 2003~2007 年已经获得了 30 亿英镑的服务费收入，相比于它们的股份比例，结果是稳赚不赔的。因此私营部门也就不会特别在意如何与公共部门保持长期良好关系，甚至最后联合体倒闭也不会对企业本体造成太大的财政压力。

2. PPP 项目间接融资占比过高易面临经营风险

在融资结构方面，间接融资对外部金融环境的变动更加敏感。在这种情况下，项目可能面临经营风险，若政府弃之不顾，社会资本方通常会通过涨价、降低服务质量等方式将成本转嫁给民众，或者服务供给不足直接给民众生活带来不便。若合同对政府补贴有一定要求，则政府很可能承担过大的财政压力，造成财政投入或服务方向锁定等发展危害。英国伦敦地铁就是很好的例子，由于项目负债率高，社会资本方没有足够的动力去改进生产，最后经营不善，企业倒闭，政府买单。

（二）交易结构

1. 英国伦敦地铁：激励失效的合作形式[131]

英国伦敦地铁项目是交易结构未能激励社会资本方提高绩效的典型案例。伦敦地铁 PPP 模式可能是世界上最复杂的结构之一，政府希望私营机构在项目前期为伦敦地铁带来大约 70 亿英镑的直接投入。作为回报，政府每年向 PPP 联合体支付 11 亿英镑的服务费。费用由英国交通运输部直接划拨给伦敦交通局，然后再下拨给伦敦地铁公司。PPP 合同允许联合体提出 3.6 亿英镑的上限来弥补一些无法预见的问题和风险，但是联合体要自行承担每年大约 5 000 万英镑的费用直到 7.5 年之后才可以结算。这是英国政府为了确保该结构有效运营及 PPP 合作有效执行而设立的一种独特的仲裁审核机制。但项目的主要目的是对地铁基础设施和车站进行修复和维护，与地铁实际收益（车票收费）相剥离，因此很难激起参与方的创新能力，这意味着在 7.5 年以内社会资本方要持续投入，这对社会资本方来说似乎不太划算。再加上联合体管理不善、该项目使用的内部供应链（tied supply chain）模式使得整个联合体公司无法通过激励的方式促使供应商提供最佳的产品和服务等问题，Metronet 联合体还没撑过一个审核期就宣告破产。英国政府不仅要回购地铁，还要承担公司剩余债务，该 PPP 项目的失败直接导致英国政府损失超过 41 亿英镑。

2. 可用性付费机制的高风险：菲律宾电力供应系统

菲律宾电力供应系统项目中，电力公司和独立电厂 BOT 合同中的购电协议均采取了"take or pay"条款。1997 年亚洲金融危机爆发后，国家电力公司出于种种原因，仍大量签订 BOT 协议。随着危机的深化，电力系统供给过剩问题凸显。2002 年，菲律宾电力需求峰值仅为 749.7 万千瓦时，相当于电力系统从私营部门购买发电总装机的三分之二。电力公司遵从协议购买了全部电量，最终又将此部分额外电力的购买费用转嫁给消费者，造成电价高涨。由于国家电力公司与私营投资者签订的都是长期合同，消费者一直支付着仅次于日本的第二高电价。居民仍然是最终的受害者。

3. 政府"坚决不补贴"政策的自我反噬：澳大利亚跨城隧道[63]

澳大利亚跨城隧道项目也曾因为交易结构的不合理出现成本转嫁现象。在选择中标方案时，州政府出于保护纳税人利益，不愿承担多出原预期的额外资金，要求必须由道路和交通管理局自身承担，于是表明"政府坚决不补贴"，这点确实保护了纳税人的利益，但是同时危及了隧道使用者的利益，以及其他替代道路的使用权利。隧道建成后通行量不足，社会资本方面临持续亏损，而且建设过程中方案的改变，还增加了大量的额外建设成本。一方面，政府对此不愿出资补贴，而是关闭地面免费通道（公众认为是为了迫使其使用收费的隧道），随着这一现象的持续发酵，最终进一步降低了行驶者对隧道的使用率。虽然在隧道开通近一年的时间后，恢复了原关闭地面道路的通行，但是并未扭转跨城隧道项目在公众心中的坏印象，政府的选择极大地影响了民众对政府的信任。另一方面，由于道路和交通管理局财政预算的限制，隧道建设多出的额外成本最终转移到私人组织中标者身上，因此该组织出于成本考虑，只能提高隧道收费标准。

4. 交易结构导致过高付费和财政浪费

交易结构很可能决定了公共危害的类型，如使用者付费方式可能使民众承担过高的价格；可用性付费在机制设计上可能会鼓励浪费，无论项目建设用掉多少投资，都要由政府买单，这是典型的倒逼政府财政资金对工程建设投资及其回报进行兜底的行为，而且还是对固定回报进行兜底。菲律宾电力系统改革的合同设计中采用"take or pay"条款，是一种可用性付费方式，无论需求多少，政府都要照单购买，这种设计让政府作为购买者承担了全部的风险，也考验了政府的"道德"，最终这个成本还是转嫁给了消费者。但是，政府过于投机的"坚决不补贴"政策在澳大利亚跨城隧道项目中也被证明是失效的，因为受合同约束的政府即使不通过出资方式帮助社会资本方改进项目，也采用强制使用的方式以民众利益为代价来增加流量。

（三）产品定价

1. 被社会资本方掌控定价权的加拿大407收费公路[134]

加拿大407收费公路存在收费持续上涨，造成邻近免费公路拥挤的情况。该高速公路的运营权在1999年被安大略省政府以31亿美元的价格卖给了一个加拿大-西班牙-澳大利亚的财团，租期为99年。合同规定了第一年的最高收费标准。最初，根据高峰时段的交通量确定了基本交通流量，并假定这一流量将以每年1%~3%的速度增长。合同规定如果交通量超过增长假设，可以无限制地提高通行费；然而，如果数量低于预期且通行费仍然上调，该省可能会处以罚款。但无论是由于政府无法核实准确通行量还是社会资本方确实面临收益不足的压力，截至2008年，收费已经提高了6次，该财团还打算再次提高收费，通行费上涨导致相邻的道路网络的拥塞程度进一步增加。政府无法阻止财团提高收费，于是向法院提起诉讼，声称它违反了合同，提高收费没有得到政府的许可，但政府败诉了。法院站在了该财团一边，甚至一名独立仲裁员也同意，该财团有权在未经省政府授权的情况下提高过路费。政府只能通过法律而不是行政的方式来解决问题，导致治理问题解决困难。

2. 美国杜勒斯绿道[①]：政府失去价格调控权

美国华盛顿杜勒斯绿道（Dulles Greenway）、加利福尼亚州 91 号快速路作为以使用者付费为回报机制的 PPP 项目，都使民众陷入高收费的困境中。高收费基础设施往往也伴随着邻近免费设施的急剧拥堵。在杜勒斯绿道项目中，1995 年开业时，一辆车的收费是 1.75 美元，如今的高峰时间是 5.55 美元，其高收费一直饱受民众质疑和抱怨。面对民众的愤怒，政府官员要求社会资本方麦格理研究所基于距离定价。但研究所却拒绝改变定价标准。政府虽然可以对价格进行统一管制，但是合同的存在，使得政府无计可施。此外，高收费的杜勒斯绿道使得邻近的交通非常拥挤，缓解交通压力的目标实现不了。因此，为缓解平行线路上的严重交通拥堵而建造的高速公路所提供的交通量明显少于其容量允许的交通量，收费的杜勒斯绿道反倒加剧了平行路线的拥堵。

3. 不合理定价影响 PPP 项目供给质量

产品定价权及定价方式的规定是核心的引爆点。加拿大 407 收费公路项目中政府过度转让控制权，定价权完全掌握在社会资本方手中，导致最后的购买者（政府或民众）承担高额付费。基础设施建设项目（如公路、桥梁）的高收费往往还会加剧邻近免费设施的拥堵，加剧公共安全危害。还有些项目缺乏合理的调价机制，社会资本方在遇到特殊情况（如消费量不足）时，无法通过涨价来减少损失，可能就会通过降低产品质量等方式来削减成本。

（四）"非竞争条款"

加利福尼亚州 91 号快速路[133]的"非竞争条款"就给加利福尼亚州交通运输部和地方政府带来了麻烦，这一条款在保障社会资本方获利的同时很容易成为锁定政府行为，限制区域发展的死结，还可能成为企业垄断的保护伞。根据加利福尼亚州 91 号快速路特许经营合同，社会资本方全权负责该项目的建设，包括设计、融资、建造、运营和维护，在项目建成投入使用之后社会资本方将获得 35 年的运营权并独享该项目的全部收益。特许经营合同中包含了一项"非竞争条款"（也称为排他性条款）：政府承诺在 2030 年之前不在该项目沿线两侧一英里半的范围之内新建具有竞争性的道路，或者升级、拓宽具有竞争性的现有道路。社会资本方以此为依据向法院提起了反对扩容计划的法律诉讼。最终，法院依据特许经营协议条款支持特许经营者的诉求，并明确公共机构要想完成扩容计划必须先赎回该项目。公共机构最终于 2002 年以近 2.1 亿美元的价格回购了加利福尼亚州 91 号快速路，才

[①] https://www.dullesgreenway.com/drive for charity/.

得以解决"非竞争条款"的限制。

四、项目运行机制：利益驱动与策略行为

在合约签订后，项目就进入正式运作阶段。PPP 项目运行机制是最微观的制度层面。从项目运作过程来看，PPP 可以划分为建设阶段、运营阶段和移交阶段，虽然 PPP 在本质上是一段委托-代理关系，但在每一个阶段中，政府和社会资本方的关系是有所变化的。例如，在项目建设阶段和运营阶段，社会资本方有强烈的动机去降低成本和扩大收益，这种方式既可能是常规的市场手段也可能是恶意的投机策略；在项目移交阶段，社会资本方利用信息的不对称坐地起价也是常见的策略行为。社会资本方在项目运作中所采用的工具可以划分为价格、质量、内部管理（激励）、谈判等，在合同范围内，社会资本方充分调用这些工具来确保自身收益最大化。社会资本方逐利本身是无可厚非的，但在调用这些工具和采用投机行为的过程中很可能牺牲的是公共利益，让政府和民众受到伤害。社会资本方的策略行为直接决定了公共危害的表现和严重性。

（一）建设阶段的"投机"

项目建设阶段，通常容易引发公共危害的是社会资本方为节省成本而消极怠工或偷工减料。消极怠工会导致项目进展缓慢，造成资源浪费；项目偷工减料，很可能导致运营过程中出现安全问题。

（二）运营阶段的"失控"

1. 澳大利亚国家电力市场"竞价售电"

澳大利亚国家电力市场改革项目呈现了一种"高收费"的形式——"竞价上网"[135]。澳大利亚联邦和州总理会议共同决定在澳大利亚南部和东部创建一个统一的竞争性的国家电力市场，最初覆盖 5 个行政区域。供需矛盾是本应由公共部门承担和解决的压力（必然要承担的转型压力），政府交给了私人部门。澳大利亚的供电系统由私人运营，供电全国联网，发电厂"竞价上网"，随行就市。高峰时段用电量超负荷，"竞价上网"变成了发电企业竞价售电。企业在卖更多的电给商业机构的同时对居民用电实行限量，电价攀高也导致政府无力为公共设施支付账单。2009 年热浪肆虐澳大利亚，导致许多老人和儿童丧生，一个很重要的原因就是热浪发生时居民和公立医院用电量反而被减少甚至停供。电力设施是民众生活的基本保障，私人部门却随行就市，为使收益最大化而有损社会公平。此外，面对自然灾害，私人部门却将其视为"商机"，

不考虑民众的生命安全。

2. 服务质量降低的学校

社会资本方为节约成本或增加收益而降低服务质量的案例也非常多。例如，埃及拟利用PPP模式在18个州修建近345所公立学校。在一个学校项目中，根据合同，学校只在早上7点到下午4点开放。下午4点以后，学生不能在学校。这意味着，如果负责接他们的人因为任何原因迟到了，孩子将不得不待在外面的街道上等待，孩子们的安全则无人保障。律师表示："学校在周末或工作日晚上开放，将对投资者的安全构成威胁，如果实施这样的项目，将会带来额外的成本。"财政部负担不起这额外的费用。相反，投资者还希望通过晚上在学校举办"文化活动"来扩大他们的"收入流"。相较于政府运营的公立学校而言，私人资本修建的学校尽一切可能降低成本，不承担任何无偿的公益性任务。

3. 社会资本方运营行为侵害公共利益

项目运营阶段是最容易发生公共危害的，最直接的原因通常是社会资本方为节省成本或增加收益单方面涨价、刻意降低服务质量等，在基础设施建设和公共服务项目中都非常常见，根据项目性质的不同，最终也会导致不同的危害形式，这在BOT项目中表现最为显著。运营阶段是社会资本方通过运营来谋利的重要时机，内部管理手段、价格杠杆、成本控制等都是社会资本方增加收益的重要工具，在这一阶段社会资本将"利润"作为首要追求。政府如果不能以合适的方式来补偿成本、限制收益或约束社会资本方行为，那么社会资本方就会处于一种"失控"状态，公共利益就可能被漠视乃至受损。澳大利亚电力项目中随着政府转让控制权，市场陷入失序，"竞价上网"使许多贫困家庭和医院等公立机构无法享受充足的用电保障。埃及学校的私有化改革使得社会资本完全放弃了公益性安排，在非上课时间关闭学校，降低成本，被驱赶和滞留在校外的学生很容易出现安全问题。

（三）移交阶段的"困难"

移交是PPP项目的最后一环。在依照合同约定时间正常移交的PPP项目中，政府和社会资本方比较容易达成一致。但绝大部分PPP项目都是以"提前回购"来结束的。在项目移交过程中，由于财务状况不透明等（这给双方关于回购价格的谈判留下了很大的空间），社会资本方可能强势提高要价，政府为尽早解决项目的负面影响，可能不得不高价回购，形成巨大的财政负担，对纳税人来说也是一种资源浪费。

五、PPP模式公共风险转化为公共危害机制的多样性与复杂性

在表5.1中，我们充分展示了案例的丰富性及危害发生机制的多样性。从项目类型来看，案例全面覆盖了各种基础设施工程和公共服务项目，其中交通项目（如公路、桥梁、隧道、航道、机场、高铁、地铁等）占比最大；城市水电服务项目（如供水、供电、污水处理等）次之；城市公交项目和医院项目各2个；此外，案例还包括学校、法院、监狱等特殊领域。从国家分布来看，除非洲外，覆盖了欧洲、美洲、亚洲、大洋洲的国家，它们既包括英国、美国、法国、加拿大、瑞典5个发达国家；也包括印度、菲律宾、秘鲁等发展中国家。从影响因素来看，我们一共展示了制度环境、制度安排、合同安排及项目运行机制4个维度共13个（不含"其他"）影响公共风险向公共危害转化的因素。通过对多个案例进行系统性研究，我们对PPP公共危害的多样性、公共危害影响因素的复杂性、公共危害发生机制的多样性及其原因都有了更清晰和更深刻的认识。

（一）决策、监管、纠纷解决、融资结构是引发公共危害的主要因素

整体来看，PPP决策不当、监管（监督）不力、纠纷解决机制不完善、融资结构不合理是公共危害发生最主要的原因，而运营阶段又是公共危害最容易发生的阶段。首先，诸多PPP项目的问题出在政府决策的过程中，在16个案例中，有很多项目都在决策过程中出现了一些问题。一种可能的情况是公共部门自身的某些问题导致项目（方案）在未经充分审核的情况下得以通过；另一种是社会资本方以不当手段获得项目实施权，这都可能导致决策不当。瑞典NKS医院项目就是这样一个例子，社会资本方向Nordic Interim AB支付了高额的咨询费，实际上是一种收买行为，咨询公司因此向政府提交不公正的建议，政府也就没能做出科学的决策，导致政府在项目中承担了过多的财政负担。

监管问题是PPP委托-代理结构与生俱来的难题，11个PPP项目的监管过程都存在一定问题。一方面可能是政府自身疏于监管，如哥伦比亚马格达莱纳河通航能力建设项目和印度塔塔蒙德拉超大型电力项目中，在项目决策和运行阶段，都或多或少受到了民众和专家的反对和质疑，但这并没有引起政府的重视，反倒继续推行，造成严重社会危害和经济损失；另一方面可能是由于社会资本方刻意向政府和公众隐瞒真实信息而造成监管（监督）不到位。英格兰卡尔德代尔皇家医院项目就是一个典型例子，社会资本方以"商业机密"为由不告知政府项目易手情况，给政府造成巨大经济损失。

纠纷解决机制对PPP的重要意义在于，合同作为PPP治理工具的效力是有限的，因为合同不可能规定所有的情形，也不可能协调参与者的所有矛盾，这时一

第五章　PPP模式公共风险转化为公共危害的机制——基于新制度主义的审视　175

表 5.1　公共危害与公共风险向公共危害转化过程影响因素的案例展示（按文本中案例出现顺序排列）

序号	案例	制度因素											公共危害表现			
		制度环境		制度安排				合同安排				项目运行机制			经济危害	社会危害	治理危害	发展危害
		政治制度环境	市场制度环境	决策	招投标程序	监管	纠纷解决	融资结构	交易结构	产品定价	非竞争条款	其他	建设阶段"投机"	运营阶段"失控"	移交阶段"困难"				
1	秘鲁国际机场	√		√				√											√
2	美国 SH130 高速公路	√	√	√												√			
3	菲律宾电力供给改革							√	√	√						√	√		√
4	英国伦敦地铁					√		√	√										√
5	瑞典 NKS 医院			√		√										√			√
6	法国新巴黎法院			√		√		√											
7	澳大利亚悉尼跨城隧道			√	√				√			√坚决不补贴		√		√			
8	英格兰卡尔德代尔皇家医院					√	√		√			√违约触发条款		√		√		√	
9	哥伦比亚马格达莱纳河通航能力建设			√		√	√					√不可抗力			√			√	
10	印度塔塔蒙德拉超大型电力项目			√		√								√				√	
11	英国伯明翰监狱			√		√										√		√	

续表

序号	案例	制度因素											公共危害表现			
		制度环境			制度安排				合同安排				项目运行机制					
			政治制度环境	市场制度环境	决策	招投标程序	监管	纠纷解决	融资结构	交易结构	产品定价	非竞争条款	其他	建设阶段"投机"	运营阶段"失控"	移交阶段"困难"	经济危害	社会危害	治理危害	发展危害
12	加利福尼亚州 91 号快速路		√				√				√				√	√	√		√
13	加拿大 407 收费公路						√			√						√	√		
14	美国杜勒斯绿道							√		√				√		√	√		
15	澳大利亚国家电力市场改革							√						√		√	√		√
16	埃及学校											√公益性安排				√	√	√	

个高效合理的纠纷解决机制就能够发挥巨大的调解作用，使得双方关系可持续，使项目得以进行，而诸多国家或地区都没能在这方面建立良好的制度安排，导致双方一旦出现矛盾就各自"背叛"彼此。在16个案例中，有部分项目由于没能寻找到良好的纠纷解决机制而引发公共危害。

受融资结构影响而造成公共危害的项目也不在少数，这是因为融资结构对于一个项目的影响是全方位的，通过影响社会资本方的成本收益来影响社会资本方的选择，进而引发不同类型的公共危害。政府投入多少决定了政府在多大程度上被卷入项目运营过程，外部贷款过多严重影响项目的稳定性。英国伦敦地铁项目中政府出于安全性考虑为项目提供了95%的债务担保，而且该项目本身负债率很高，占总投资的80%以上，这就使得联合体企业的自身风险比较低，对它们的束缚也更小。企业对项目的责任感不足，最终导致项目联合体企业倒闭，给政府造成了巨大财政负担。

运营阶段是公共危害的高发期，其原因在于制度环境、制度安排和合同安排的问题很多时候会在项目运营的阶段暴露出来，如美国杜勒斯绿道中社会资本方提高收费导致政府持续补贴等，运营阶段社会资本方利用信息优势而采取的机会主义行为是引发公共危害的重要原因。

（二）制度因素之间相互影响

通过对案例进行系统性分析我们发现，制度因素之间有着强烈的相互影响的关系，在共同的"互动"中引发公共危害。其中最为重要的是制度环境对制度安排的影响，以及制度安排和合同安排对项目运作机制的影响。

第一，一个国家或地区的制度环境主要影响政府对 PPP 的认知、目的和态度，它决定了 PPP 在何种关系结构中运行及 PPP 的价值导向，而这种特定的结构关系和政府采用 PPP 的价值导向在很大程度上决定了政府对制度安排的设计和践行。在这种情况下，双方的合作协议都是由社会资本方单方面拟定的，这完全不符合决策程序和正义精神，最终政府被合同所累，百般让步，项目也没能顺利投产，一直延期，造成严重资源浪费和社会损失。

第二，制度安排和合同安排对项目运行中的行动者策略有着至关重要的影响。从 PPP 实际运行机制看，公共服务供给被视为多元行动者与管制框架的互动网络[123]。政府和私人资本方在价值追求和责任体系上存在根本性的差异。虽然 PPP 法律法规和 PPP 合同对项目过程、行动者权利与义务进行了规定，但仍然为政府和社会资本方留下了行动空间，在实际运作过程中，双方为实现各自的目标，都可能充分利用规则甚至超越规则的边界采取策略性行为。加利福尼亚州 91 号快速路项目中的"非竞争条款"就成为社会资本方阻止政府扩容或修建新的道路的埋由，只能让民众承受拥堵或让政府高价赎回，实际上"非竞争条款"的边界在哪儿是很不明确的，这就为社会资本方的行动留下空间。在PPP项目中，规则本身能发挥的作用是极为有限的，如果不能协调好参与者的关系，以及确保透明性和公平性，项目就不可持续，项目参与者的机会主义行为只会给公共利益带来更大的危害。

（三）公共危害间存在连锁反应

从公共危害发生的可能性来看，四类公共危害在PPP项目中都是很常见的，而社会危害和经济危害相对而言最容易发生。一般而言，PPP项目是与民众生活直接相关的项目，所以一旦项目出现问题，很容易给民众的社会生活带来直接影响。经济危害的发生则与社会资本方对利润的追求紧密相关。

进一步来看，不同危害间也是具有连锁反应或相互强化的。限制地区发展、锁定政府服务方向的发展危害往往是经济危害的伴生（次生）危害，而政府合法性危机等治理危害常常作为经济危害和社会危害的伴生（次生）危害而存在。菲律宾国家电力市场改革项目充分体现了这两种伴生路径。在菲律宾电力市场全面向私人资本开放后，整个市场开始"竞价售电"，电价迅速提升，更多的电被卖给了私人企业。电价的攀升不仅加剧了民众生活的负担，也加重了国内制造业的负担，严重削弱了菲律宾制造业的国际竞争力，阻碍了国家发展。另外，在一次热浪中，项目所引发的社会危害格外显著，民众和公立医院用电受限，造成了大量人员伤亡，引发民众抗议，威胁了政府合法性。

（四）同一个危害可能由多种不同的原因导致

公共危害发生的情景性非常强，相同公共危害可能是由多种不同的因素所致。例如，环境污染作为一种社会危害，既可能是由于项目在立项之初就没有考虑环境影响，也可能是社会资本方在项目运营过程中为了降低成本而采取的投机行为。一些国家和地区政府在决策和项目方案设计时不够重视环境评估，哥伦比亚马格达莱纳河通航能力建设项目、印度塔塔蒙德拉超大型电力项目都是最初的环保考量不足导致了严重的环境污染和生态破坏。

又如，高收费可能是社会资本方过度追求利润而采取的策略行为（此时制度安排、合同安排能够保障社会资本方的基本收益），在美国杜勒斯绿道项目中就体现了私人资本的贪婪，通行费连续6次上涨。另一种可能性是在合同设计中社会资本方的营利权没有得到保障，而是受到了政府的欺骗或压榨，最终不得不采取提高收费的方式来保障收益。

（五）特殊行业的公共危害更为复杂和影响深远

从项目的行业性质来看，公交、法院、监狱、医院、学校、电力等公共服务领域特别容易出现"塌方式"的公共危害,尤其是引发正义危机和政府合法性危机。由于制度约束的有限性和委托-代理问题中的监管难题,这些从根本上事关国计民生或代表国家暴力的行业一旦受到商业逻辑的裹胁,就会给政府、民众带来严重的危害。例如,菲律宾过快的电力市场化改革造成政府完全失去对电力市场的控制,电价疯涨,不仅消费者承受着超高的电费成本,高电价也严重削弱了菲律宾制造业的国际竞争力,严重阻碍了菲律宾经济的发展。此外,英国伯明翰监狱私有化引发的城市暴乱、新巴黎法院给政府带来的沉重财政负担、埃及利用PPP模式建立的学校不顾学生安全在放学后将学生赶出学校、英格兰卡尔德尔皇家医院为降低成本砍掉部分医疗服务进而引发民众游行等现象最后也引发了一系列连锁式反应。在经历了新巴黎法院给法国司法部带来的沉重财政负担之后,法国历届政府、不同政党的参议员和独立审计法院都强调"公私合伙制不适合",最高法院在2017年的报告中表示,"未来不应将PPP用于监狱和法院房地产"。这些关键行业领域有其特殊使命,与商业逻辑是天然相悖的,私人资本的逐利性会颠覆整个社会的正义认知,从根本上威胁政府合法性。

第五节　PPP制度环境与公共危害的产生

伴随着新公共管理运动和市场化改革,PPP作为一种创造性的公共服务供给制度安排备受推崇,也受到学术界的高度关注。但是,由于PPP引入而日益频发的公共危害却没能引起PPP研究者足够的重视。因此,本章的重要任务也即创新点主要在于:一是将以往PPP研究中忽视的"公共危害"作为PPP研究的重要内容来讨论;二是超越了从因果关系的角度寻找PPP失败原因的基本范式,以一种后实证主义的范式将观念、结构、制度、行动者纳入同一系统中探究特定情境下的公共危害发生过程和机制。通过构建一个多层次的制度分析框架,我们将不同影响因素情境化地联系在一起,讨论了不同层次的制度因素影响公共危害发生的机制,以及解释了为什么PPP在不同的制度环境下会产生多样化的公共危害。

本章充分展现了PPP公共危害及其发生机制的多样性。一方面,就公共危害的多样性来看,经济危害和社会危害是最为常见的公共危害,治理危害和社会危害往往作为次生危害而出现;另一方面,公共危害发生机制的多样性可以从三个方面得到体现。第一,每一个制度层次对PPP公共危害发生过程的影响是不同的,一个国家或地区的政治、经济环境对PPP模式的运行有着根源性和导向性的影响,影响政府对PPP的认知、目的和态度。PPP制度安排和合同安排通过对项目流程、监管过程、纠纷解决机制、参与者权利责任等进行规定,为政府与社会资本方合作及项目运行过程保驾护航，也为项目参与者提供了行动空间。在项目运作过程中，政府和社会资本方根据自身的价值追求和目标采取行动，公共危害就可能在双方的互动过程中发生。第二，制度层次间存在相互影响，公共危害在不同制度因素之间的互动中发生。例如，制度环境影响制度安排，在领导人竞选连任的契机下或在社会资本方以贿赂方式获得项目参与权的环境下，其制度安排和合同安排可能是倾向保护社会资本方的利益，而公共利益就无法得到保障。又如，制度安排和合同安排影响项目运作过程中的参与者行为选择，具体的法律条款、合同条款都可能成为社会资本方在项目运营中用以增加收益的工具。第三，行业的特殊性质可能直接影响公共危害的发生，公交、电力、学校、医院、法院这些从根本上事关国计民生或代表国家暴力的行业一旦受到商业逻辑的裹胁，必然会给政府、民众带来严重的危害。因此，即使同样的公共危害也可能在多个不同要素的组合与碰撞中发生。

　　本章的核心目的在于系统性梳理制度环境和公共危害之间的复杂关系及影响机制，但由于内部变量的多样性及当下经验研究本身的缺乏，各要素之间的复杂关系可能并没有得到完整而清晰的展示。同时，由于本章所涉及理论本身的复杂性，在经验上只能利用多案例对制度框架涉及的机制和维度进行非严格的比较分析，囿于资料条件和变量控制问题，案例分析的结果仅以展示和说明的形式呈现，而非稳健的实证数据分析。可见，无论是 PPP 制度环境的测量还是公共危害发生机制的研究都还有很大的探索空间。一方面，需要从理论上对 PPP 制度环境进行深入探究；另一方面，需要建立更为详尽、庞大的案例库以便对变量进行操作化处理，同时通过详尽的实验或者准实验的方法控制变量，以此来对公共风险转化为公共危害的发生机制进行更为充分的讨论。

第六章　PPP 风险治理模式

PPP 模式在运行的过程中，出现了各种各样的风险，这些风险发生在其生命周期的各个阶段，产生的原因也不尽相同。在 PPP 模式的项目识别、项目准备、项目采购、项目执行和项目移交五个阶段，都会不同程度地出现风险[136]。为了防止这些风险导致 PPP 项目的失败，各国都积极进行 PPP 风险的治理，追求政府和企业的投入实现最大化物有所值。PPP 模式有着情景性，不同国家的制度环境和市场成熟度等因素都会影响到风险发生的程度和 PPP 的实施绩效[137]。各国在 PPP 治理中的综合风险管理资源，受到发展过程和国家综合治理能力的双重影响，呈现出不同的 PPP 治理生态。西方发达国家（地区）的 PPP 模式发展较早，市场体制也相对完善，私人资本在市场中独立性和抗风险能力较强。政府部门倾向于将更多市场风险分配给私营部门，同时建立了完善的法律和机构减少风险发生的概率。相反，大多数新兴国家 PPP 项目市场成熟度较低，国家对于基础设施和公共服务建设的需求大，为了吸纳社会资本保证项目的顺利推行，政府部门主动承担更多的风险[138]。

为了对各国的 PPP 风险治理现状进行详尽呈现，本章在对各国 PPP 治理的学术文献和政策文件进行梳理的基础上，从法律政策和管理机构两个维度出发，将各国的治理模式分为四种类型。在每一种类型下，探究在风险识别、风险评估、风险分配、风险控制四个阶段，PPP 风险治理上的特征和每一种治理类型下国家间的差别。通过纵向与横向的比较，分析各国风险治理的发展现状和差异。在这一过程中，主要探讨了如下几个问题。各个国家对 PPP 风险的治理主要分为哪些类型？各种风险治理模式有什么特征？在同一种治理模式下，不同国家的治理绩效有何差异？出现差异的原因是什么？

第一节　理论：风险治理模式的划分

一、法律与机构：风险治理的两大要素

法律政策和管理机构是 PPP 风险治理的两大重要方式。PPP 模式属于公私合作的融资模式，需要从法律层面确立合法性和程序规范，在机构上进行来自政府的规范和管理，发挥政府的能动性作用保障项目的成功。法律政策和管理机构的重要性，Scott 在国家制度的概念中已经突出强调[139]，他认为国家的制度包括正式制度、社会规范和文化认知，这些方面涵盖了政府进行社会治理的主要制度，而法律颁布和机构设置是正式制度的关键组成部分[140]。从国际上的治理经验来看，是否有专门的 PPP 立法和管理机构，对于 PPP 的成功发展和风险治理起着重要的作用。基于理论因素和各国的实践经验，本小节从法律政策和管理机构两方面，对各国的 PPP 风险治理现状进行分析并划分出治理类型。

法律政策和管理机构，在 PPP 模式的管理中发挥着重要作用。一方面，PPP 模式往往涉及基础设施和公共服务的供给，公私双方投资规模大、现实之中法律关系复杂，专门的 PPP 政策法律可以发挥指导、约束和保护的作用[141]。在 PPP 模式发展中，选择适当的项目、进行合理的权利与义务划分、合理分配风险和适度的监管，是项目成功的关键因素，完善的法律体系则是这些因素的切实保障，是引导和规范 PPP 顺利运行的关键变量。另一方面，法律的实施需要复杂的上传下达和执行，PPP 模式本身也涉及众多的行政审批、监督检查、管理咨询、人员培训等工作，这都需要专业的政府管理机构。基础设施和公共服务的供给与许多政府部门的职能相关联，在进行项目建设中，需要各个部门的密切配合才能顺利推行，这些部门需要专业的政府部门加以协调，成立专业的 PPP 管理机构，可以显著提高风险管理的效率。

健全的法律制度环境是 PPP 模式赖以生存的基础，也是增强投资者信心、降低风险的有效措施。法律政策的制定，可以为政府和企业提供一套清晰的 PPP 实施程序，显著地降低 PPP 模式的各类风险。各国的 PPP 立法主要为两种：一是核心类，如 PPP 法、特许法、PPP 政策指南等；二是关联类，如政府采购法、公共财政管理法、行政许可法、土地法、环境法、税法、劳动法等。在全国性的立法问题上，有些国家会设立专门的 PPP 法律，而有些国家没有专门为 PPP 立法，而是通过程序立法、合同法、相关指南等对 PPP 模式进行规范。在 PPP 立法的内容上，不同国家对于细节的规范程度是不同的，大陆法系国家在构建 PPP 法律框架

时，更关注法律条款的制定与援引，而英美法系国家更注重 PPP 合同内容的具体约定[142]。PPP 模式的立法体系中，中央法与地方法之间起着相互促进的作用，不同国家地方法律的完备程度和作用也是不同的。在中央权力较大的国家，通常是中央政府进行政策制定，建立全国性的法律对 PPP 进行统一管理。在部分联邦制国家，由联邦政府颁布全国性法律，明确 PPP 的总体运作模式，然后由省级政府根据当地现实状况，在联邦法律的框架下制定自身权限范围内的 PPP 法律与规范。

发达国家的经验表明，建立全国性的 PPP 管理机构既可以支持 PPP 项目的技术和政策指引，同时还对于规范政府行为、减少多头管理、提升 PPP 项目运行效率等有着非常重要的作用[75]。一般而言，在中央层面建立专门的 PPP 管理机构，将涵盖财政、住建、交通运输等多个部门的成员，负责 PPP 政策制定、项目规划、审批和确定项目优先顺序。同时，地方政府会设立相应的 PPP 分管机构，对政策进行上传下达，进行地方性 PPP 项目的日常管理，形成完善的 PPP 管理体系。在具体的部门设置上，有着两种主要模式：一是设立独立的管理部门；二是在财政部等部门下设立附属机构。一般而言，设立于财政部之下的机构更加注重融资，政府发展部门之下的机构注重将 PPP 模式作为社会发展的工具，政府管理部门之下的机构注重对 PPP 模式进行管理和风险规避。建立多层面、多部门的治理机构，是 PPP 治理的一个重要国际经验。从纵向上来看，在中央与地方、政府与社会，建立多层次的治理机构，以保证政策和项目的顺利推行；从横向上来看，财政部门、交通部门、科教文卫部门、监管部门等，往往针对 PPP 制定政策，进行资金支持和项目监督。在官方部门之外，非官方部门有时也会对 PPP 的管理起到重要作用，特别是在社会力量较多参与社会治理的国家。

二、PPP 风险治理的类型

法律政策和管理机构是对 PPP 模式进行风险治理的重要手段。从各国 PPP 治理的现状来看，法律政策和管理机构不仅在各国差异巨大，对 PPP 的实际运作绩效也起着关键的作用。完善的法律体系和机构体系，与 PPP 的运作绩效有着正相关关系。同时，PPP 既是政府治理方式的重要创新，也内嵌于社会的整体治理之中，PPP 模式的良好运行离不开政府规制能力建设、政府与社会资本的伙伴关系和社会参与的合作治理机制。法律政策和管理机构这两个因素与一个国家的整体治理能力和政治体制密切相关，体现出制度环境和国家能力对具体治理绩效的影响。法律政策和管理机构在一个国家的治理体系中，有着多种层面和等级，有无一个全国性法律政策和专门的管理机构，对 PPP 的治理作用更是巨大。本章在对各国 PPP 风险治理进行梳理的基础上，根据有无全国性法律政策和有无专门管理机构，将各国对于 PPP 的风险治理划分为四种模式，如表 6.1 所示。

表 6.1 PPP 风险治理模式划分表

机构	有全国性法律政策	无全国性法律政策
有专门管理机构	政府主导模式	机构主导模式
无专门管理机构	法律主导模式	嵌入型模式

政府主导模式：政府既设立专门的管理机构也颁布全国性 PPP 专门法律，通过行政力量对 PPP 加以推动和规范，这一模式多为发展中国家或传统上行政力量强势的国家应用。政府是提供公共服务的主导力量，社会资本方的进入虽然带来了资本，也会产生动力不足、威胁政府公信力等问题，在政府强力的指导下，既可以鼓励社会资本方的进入，也对整个 PPP 模式加以控制和规范。

机构主导模式：政府只设有专门的 PPP 管理机构，没有全国性 PPP 立法，而是通过关联法律和政策指南对其进行规范，这一模式多为英联邦之下的国家应用。英联邦国家继承了英国的英美法系传统，不主张进行专门法律的制定，而是通过政策指南、相关法规、合同法规的完善对 PPP 进行管理。同时，政府建立起专门的 PPP 管理机构，对各方利益进行协调，对 PPP 过程进行管理和监督，提高项目成功的概率。

法律主导模式：政府并未建立专门的管理机构，而是通过立法对其进行管理，在各个国家中这一模式极其少见。在政府治理的过程中，法律制定和机构设置密不可分，核心法律可以使用关联法来代替，但管理机构很难通过其他方式来取代。通常来说，设置了专门大法意味着政府对 PPP 模式极为重视，进行机构设置也会同时进行，因此很少有国家处于这一模式之下。

嵌入型模式：政府既未设置专门的管理机构，也未颁布专门的 PPP 法律，直接将这一模式嵌入传统治理体系。政府作为公共服务的传统提供者，在项目管理中积累了丰富的经验，如果治理能力足够强可以直接将 PPP 纳入原有的治理体系之下。这一模式下的国家，可能存在政府重视程度的不够与治理创新不完全的问题，对 PPP 发展产生了负面影响。

为了对各种类型进行详细的分析和阐释，本章根据各国 PPP 模式的发展和实践情况，选取了八个国家进行研究，它们分别是英国、加拿大、法国、美国、韩国、巴西、印度、土耳其。这些国家分布在世界各个大洲，在历史文化、经济实力、制度环境、治理绩效等各方面都存在着差异，同时在 PPP 风险治理中也存在着一定的联系和相似点，因此可以进行现状的对比分析。通过对各个国家 PPP 治理现状的梳理，可以对不同国家的治理模式进行分类，从而在类型内部和类型之间进行比较，分析各国 PPP 风险治理的异同。结合上文对于风险治理类型的划分，这八个国家的 PPP 风险治理现状，可以大致划分为三类：法国、韩国、巴西属于政府主导型；英国、加拿大、印度属于机构主导型；美国和土耳其属于嵌入型。

三、PPP 风险治理的周期性

在对 PPP 风险治理进行分析时，对其进行阶段划分，是一种有效的方法。PPP 的风险治理，可视为在整个 PPP 生命周期阶段对潜在风险和不确定性进行评估和控制，以求减少带来的潜在损失[143]。通过对各种文献进行梳理和总结，本章将 PPP 模式的风险治理，按照生命周期划分为风险识别、风险评估、风险分配和风险控制四个方面。结合各国的治理措施，对于 PPP 模式的风险治理，大多基于这些阶段，制定相应法规，建立各种机构，有针对性地对各种潜在风险进行预防和控制。

风险识别是 PPP 风险治理的关键一步，也是整个风险治理的基础。通过使用各种技术手段和专业方法，可以最大可能发现制约 PPP 项目达到最大绩效的因素，为政府和企业提供风险治理的目标方向。各国对风险识别重视程度的不同，不仅与该国 PPP 管理制度相关，也受国家发展水平和治理能力的影响，最终影响到风险识别的质量和 PPP 项目的绩效。第一，不同国家 PPP 管理制度存在差异，风险识别的程序和水平各不相同。第二，国家的经济条件和治理能力会制约风险识别的水平。在巴西、印度等发展中国家，资金、技术、人员上的不足阻碍了各方行动的能力。第三，项目前期的风险识别对风险产生影响。政府和社会资本方在成功进行风险因素识别后，双方可以进行有效的协商，讨论出合适的风险分配原则和风险控制措施，优化建设和运营的流程，建立灵活有效的危机应对机制，从而更好地对风险进行防范。

风险评估是对各种风险发生的概率和影响进行评估，确定各类风险对于项目成功与否的重要性，对风险的预期影响加以估计和排序[144]。一方面可以通过评估项目中风险的情况预测项目可行性，避免风险极大项目的实施；另一方面可以帮助政府和企业在项目实践中，集中优势的人力物力资源、优化项目程序来避免高风险关键因素的影响[145]。政府为了给社会提供公共服务，在立项之初对项目和合作伙伴都进行了详细的风险评估，社会资本方为获得与风险相对应的收益，也在建造运营前做好充分的准备。无论是发达国家还是发展中国家，都制定了严格的程序对项目进行可行性论证。政府通过各种手段谨慎地选择合作伙伴，通过对企业进行资格审查来进行筛选。

风险分配主要体现在项目的合同谈判和签订过程中，PPP 项目的运作绩效和风险分配模式之间存在着显著的关联性[146]。在运用不同具体方式的项目之中，公共部门与私人部门之间即将承担的风险也是不同的。经过几十年的发展，PPP项目中风险的分配已经形成一系列默认原则，对各国PPP模式的治理发挥着指导作用。首先，"风险应该由最能管理风险的一方承担"[147]已经成为许多政府和学者的共识；其次，公私部门所承担的风险应与预期的回报相匹配，即成本和收益应大致对等；最后，无论是政府还是企业，承担的风险要有上限[148]。私人部门承担与市场相关的风险和不确定性，公共部门承担政府和民众的风险，是最为普遍的做法。在PPP项目的实践过程中，受权力关系结构、组织的风险管理能力、竞争状况等因素的影响，分配的原则难以得到实施，风险通常分配给较为弱势的一方，形成不对等的分配结果。

　　风险控制是PPP风险治理最为关键的环节，是指通过各种措施防止风险转变为危害。由于外部环境中的不确定性和实践主体的复杂性，各种潜在风险无法通过前期预防和合同完全予以消除，需要各种方法减少风险带来的危害。首先，PPP模式面临着复杂的外部环境，风险本身却是多样而相互关联的，但内部管理者对于风险的感知能力不可避免地存在着差异，因此建立如PPP中心等协调机构，可以节约大量的风险管理成本；其次，为了对这些机构和PPP本身进行科学化的管理，颁布专门的PPP法律成为必要措施；最后，为了减轻PPP项目中的风险，使用多元的治理手段十分必要，对项目融资、合同签订、技术咨询、应急处理等多种难题，政府不仅制定宏观的政策加以规范，也充分利用社会组织和专业机构等资源，提供专业知识和信息支持。

　　综上所述，从法律政策和管理机构两个层面，可以将各国PPP风险治理划分为四种类型，各国在治理实践中，主要存在着三种风险治理途径。政府主导模式、机构主导模式和嵌入型模式，法律主导模式则极其少见。因此，本节主体部分将对三种模式下的八个国家进行分析，主要按以下思路进行分析。第一，对各种治理模式的特征进行总体性概括，并对各个国家的基本情况加以梳理；第二，按照风险治理的四个阶段，对各种治理模式的风险识别、风险评估、风险分配和风险控制进行共性和差异性的分析，风险识别与评估在时间和政策上存在显著重叠，因此将二者共同进行论述；第三，选取各国的典型案例，从案例的分析中对风险治理进行呈现。通过这一过程，可以呈现出几种主要PPP风险治理模式的特征，并对不同类型内部国家间的异同进行展现，从而寻找风险治理的关键要素和成功经验。

第二节　政府主导模式

　　政府主导模式下，政府在PPP发展中起着绝对的主导作用，通过建立全国性

PPP 法律体系和机构体系，使行政力量在风险治理中发挥作用。PPP 模式面临着市场和政府的双重不确定性，政府既要鼓励私人资本的投资，又要防范各种风险造成的损失。在各种干预手段中，设立法律进行程序完善，建立部门进行日常管理，是政府的主要干预手段。法国、韩国和巴西是典型的政府主导模式，政府积极调动各类资源来发挥 PPP 模式的优势，避免不确定性带来的风险。各国在 PPP 风险治理中既有这一模式的总体特征，也存在着各自的差异，具体如表 6.2 所示。

表 6.2 政府主导模式的风险治理

国家	法国	韩国	巴西
外部环境	政府对市场的影响力很大，行政力量主导着 PPP 的发展		
	中央集权度较高；政治稳定，经济发达，将 PPP 合同定义为行政合同	"发展型国家"，政府威信大；经济发达，市场观念明显	联邦制，但中央政府的权力相对较大；发展中国家，政治经济条件不够完善
风险识别与评估	以政府的逻辑进行风险识别与评估，目的是实现社会利益		
	政府部门进行主导；同时充分利用社会资源	注重"物有所值"；在政府财政能力内发展 PPP 项目	考虑政府的财政承受能力，建立专门机构进行风险识别与评估
风险分配	政府在分配中占据主导作用		
	公共部门占据优势地位；在行政合同下进行分配；考虑企业的"财务平衡"	通过法律来明确各方权责；引入市场机制进行伙伴选择	通过特许合同规范各方利益；环境复杂导致风险分配难度较大
风险控制	制定了全国性 PPP 专门法律和管理机构		
	在欧盟和本国体系下建立 PPP 法律；使用"伙伴关系合同"；以财政部为核心进行管理，并设置了 PPP 中心	建立"齿轮传动结构"法律体系；以国会、财政部和专门 PPP 机构进行管理	形成了联邦立法和州立法；以专门的管理委员会和政府各部门进行 PPP 管理

一、政府在 PPP 中的主导作用

在政府主导模式下，政府对市场有着较强的影响力，在 PPP 模式的发展中起到了主要的作用。PPP 模式是公私之间进行合作的新型融资发展模式，需要政府与社会资本方的积极配合，政府对市场的控制力度和影响力，增加了各种政策和机构出现的可能性，从而为基础设施的建设和社会经济的发展提供制度基础。在不同的国家，受到自身外部环境的影响，这种主导的程度也是不同的。法国在传统上一直是欧洲中央集权度很高的国家，同时市场经济也很发达；韩国在 20 世纪后期逐步建立起"发展型国家"模式，政府对市场有着很大的影响力；巴西的历史根植于葡萄牙，中央政府相对于地方仍有着很大的权力，同时对基础设施的需求量与自身的社会资本发展水平形成矛盾，这促使政府积极主导 PPP 的发展。

（一）法国：PPP 治理中的行政性

在法国，政府对市场的影响力大，在 PPP 治理中呈现出很强的行政性，但是市场仍然占据着重要的地位，发展出多种 PPP 模式。法国在传统上属于中央集权度很高的国家，中央政府有着很高的权力和地位，第二次世界大战后福利国家的建设使政府对社会的控制力度进一步加强。为了保持对公共服务的稳定供给和对风险的管理，政府在 PPP 模式中发挥着重要的作用。法国将 PPP 协议界定为一种行政合同[142]，而不是作为一种市场合同契约进行管理。在引入了 PPP 模式后，法国的各种社会组织也不断发挥自身的作用，提供资金技术和管理经验的支持。经过对传统的政府采购方法加以革新，该国形成了三种主要的运行方式，特许经营模式、所有权公私共有和相关单位直接管理模式[149]。在政府的大力支持下，法国的 PPP 模式成为促进社会发展的一种重要工具，签署合同数量和金额甚至超过了英国，发展出一个集中度高且运营能力强的 PPP 市场。

（二）韩国：发展型国家下的 PPP 治理

韩国是亚洲地区较早实施 PPP 模式的国家之一，政府通过法律和管理机构对 PPP 进行鼓励和规范，特别是利用法律体系来贯彻自身的意志。韩国政府相对于地方有着很高的权威，20 世纪后期韩国的经济获得了飞速进步，逐渐形成"发展型国家"的发展模式。20 世纪 90 年代，韩国逐步引进 BOT 和建设-移交-租赁（build-transfer-lease，BTL）等模式，在各种基础设施领域加以应用，成功地引入社会资本以缓解政府在公共服务供给上的财政压力。政府对 PPP 项目进行了各种政策支持，在税收和审批等多重环节给予帮助。政府建立了专门的管理机构，在市场和政府两大主体之间起到了良好的沟通作用。为了更好地贯彻政府意志，政府颁布了众多的 PPP 立法，对社会资本的发展起到了极大的促进作用[150]。经过长期的发展，韩国的 PPP 获得长足发展，大量项目被应用于高速公路、铁路、环保和教育等领域，为社会的进步做出不可磨灭的贡献。韩国在 PPP 管理上处于许多国家的前列，为东亚地区 PPP 模式的发展做出了良好的表率作用。

（三）巴西：发展中大国的努力与困境

巴西属于新兴的发展中大国，政府在发展 PPP 模式中有着强烈的动机，积极发挥着自身的作用，但在发展中出现许多问题。20 世纪后期，巴西在基础设施的建设上面临着公共财政压力，这大大制约了经济的发展，而政府的垄断也带来低效率和高成本[87]。出于这些考虑，巴西政府大力引进 PPP 模式，建立了专门的机构统筹全国性事务，并以专门的法律对 PPP 加以规范。由于自身政治经济环境的制约，巴西在 PPP 管理中大力进行风险防范，以减少新型融资模式给政府和社会带来的风险。为了防止国内政府财政不稳定性的加剧，PPP 管理以控制风险为目标，特别是避免政府过多的投资和债务，并力图通过完善 PPP 合同和建设程序，最大限度地减少项目失败带来的风险。虽然巴西政府采取了许多措施，但仍然存在诸多因素制约着项目的成功推行。地方政府的能力不足，对 PPP 做出了过多的限制；政府出于自身利益的考虑，存在着极大的违约风险；在税收问题上巴西将地方政府 PPP 项目款项移交给中央政府，加大了企业和地方政府的资金压力[151]；巴西国内市场体系的脆弱性和环境的不稳定性，如自然灾害、融资体系等，也加大了企业的投资成本。

二、政府逻辑下的风险识别与评估

政府主导型国家以政府逻辑为主线，进行风险识别与评估，积极发挥政府作用实现社会利益的最大化，并根据各国实际情况进行政策调整。政府对于市场的影响力较大，在进行风险的识别与评估时主要关注项目本身带来的社会效益和潜在风险，社会资本方的物有所值处于附属地位。在具体的项目中，公共部门是风险识别与评估的主要参与者，社会资本方起着补充性作用。

（一）法国：政府为主社会为辅

法国政府对 PPP 项目风险因素识别和评估十分看重，雄厚的社会力量也为其打下了坚实的基础。财政部之下的 PPP 中心，获得授权对项目进行前期的审查，保证竞标中的项目评估真实可信。在这一机构的监管下，各级公共部门在项目论证的过程中，组织大量专家和政府人员，对各种内外部环境和项目本身进行综合性评估。法国的 PPP 协议属于行政合同的范畴，这对公共部门提出了更高的要求。企业在前期对 PPP 项目的风险进行详细的论证，法国发达的文化教育和市场体系，极大地提高了这一工作的可行性。在法国，进行可行性研究和风险评估，存在着一个发达的承包商市场和相关的专业服务，这样的公司拥有专业化、规模化、稳定化的优势，可以与政府建立长期的合作关系，承担基础设施的建设和运营。在这些承包商背后，有着一个包含了咨询、律师、会计、保险、银行等众多领域的专家组成的群体，在项目的规划、可行性研究和设计上，为其提供了完善又高效的服务[152]。

（二）韩国：公私部门的"物有所值"

韩国政府在 PPP 模式推行中，遵循"物有所值"理念，并主张对项目方案进行详细评估。首先，对政府和企业而言，在进行公共服务提供和基础设施建设过程中，不仅要关注市场上的价格变动，还必须综合考虑产品质量、参与者水平、方案合理性和项目的社会影响等因素。因此，在立项和后续建设运营的过程中，政府相关部门需要对进度保持密切关注，对潜在的风险因素加以评估并对负责人提出对策建议。其次，为了避免过度投资和盲目决策带来的财政风险，韩国对财政部门的财政能力进行了严格的评估与限制，涉及 PPP 项目的金额被设置了一定上限，财政预算也被详细计算和管理。最后，韩国的 PPP 中心作为专门的 PPP 机构，对社会资本的预期收益、成本、项目可行性和资金状况加以评估，对 PPP 的风险预防也发挥着重要的作用[150]。

（三）巴西：政府能力约束下的风险评估

巴西的 PPP 环境较为复杂，为了避免对政府产生的风险，在机构设置和法律特许合同中都进行了详细的安排。在联邦 PPP 法案的精神下，巴西成立了跨部门的委员会，立足整体对 PPP 项目的风险进行全程识别和评估，并对后续的履行状况加以监督。这一部门的具体职责涉及 PPP 项目的选择、采购流程的制定与优化、项目招标与合同履行的评估等。巴西地方政府财政能力的不足与基础设施需求大的矛盾，极有可能产生盲目滥用 PPP 模式进行融资，大规模进行项目建设的现象。环境和项目本身的不确定性，会给政府的投资带来不安全，巨额的债务也会限制政府在其他方面职能的发挥。巴西政府为了防止这一现象的发生，在进行立项前会评估政府的财政承受能力和项目的预期风险，谨慎地进行决策。为了保障项目的安全，政府对合作伙伴的选择也做了详细规定，对企业的资本、技术、风险承受能力进行综合性评估。

三、政府利益优先的利益分配

在风险分配阶段，政府主导型模式下的公共部门占据着主导地位，风险的分配倾向维护公共利益和政府利益。在 PPP 模式的运行中，政府将原本由自身承担的风险转嫁给社会资本方，这种转嫁本来应该遵循一定的原则，但在实际操作中更多的风险转移给相对更为弱势的市场一方。在不同的国家，市场经济发展状况存在着差异，公私双方的话语权不同，在风险分配中的模式也呈现出不同的类型。法国基于行政合同体系确立了风险分配的原则，行政力量的作用显著；韩国风险分配的过程中，社会资本方处于被动接受的地位，但是其利益得到了充分的保障；巴西的风险分配以防范对政府本身造成风险为起点，社会资本方的力量严重不足。

（一）法国：行政合同下的利益分配

法国 PPP 风险的分配，主要是基于伙伴关系合同对公私部门的权利和义务都做了详细划分，但公共部门占据着相对优势地位。从理论上来说，企业在合同签订后就需要对分配给自身的风险承担成本，但潜在的风险无法在合同中被尽数列出，在实际运行中双方会进行一定的协调。法国针对 PPP 模式制定了专门的法律，政府在与私人签署合同时，必须在法律框架之下进行谈判。政府在合同执行中有着很大的权力，当其认为出于对社会整体利益的考虑时，可以单方面修改甚至取消合同，但需要对私人做出补偿。从这些规则中可以看出，法国政府在 PPP 模式中占据着主导地位，国家意志和行政权力很大地影响了双方的合作。尽管如此，在市场经济体制下，逐利性的企业享有"财务平衡"的权利，当出现以下三种情况时，可以向公共部门提出补偿。政府的行为超出合同范围且对私人造成损失；发生不可抗力和不可预料的风险因素；外部环境发生重大变化[142]。在这一原则下，私人部门通过补偿来减少付出的成本，承担的风险得到了一定缓解。

（二）韩国：法律为指导下的权责分明

在政府与私营资本合作的过程中，合理的风险分配是必需的，它将各方的权责加以明确，对项目的稳定性起到了至关重要的作用。韩国政府主要通过以下四种方式，对 PPP 的风险因素加以分配。第一，用法律明确投资者的权责。在进行项目融资和谈判的过程中，依据不同责任方承担风险能力的不同和投资程度的差异，法律上会对相关利益者的决策权力和责任加以明确，在享受收益的同时也必须对自身的投资行为负责。第二，在投资者承担风险的同时，引入竞争机制来防范不法的交易。政府主张在进行合作伙伴的选择时，对各个企业的标书进行严格筛选，充分发挥市场和竞争的作用来防范弄虚作假。第三，如果企业在约定时间内无法获得预期的收益，则政府有权对其进行监督和责任追究，以此鼓励社会资本方进行合理的项目运营。第四，在发达的市场经济的基础上，政府借助资本市场的收益，发展获益性融资项目，来减轻债务带来的压力和风险[138]。

（三）巴西：复杂环境中的利益分配

巴西的 PPP 模式主要以特许经营为主，因此对于风险的分配，也主要在特许合同中对各方利益进行规定。政府和私企都有着自身的利益诉求，而巴西国内复杂的环境对伙伴关系的维持带来了风险，因此提前规定好各自的权责是十分必要的。政府和企业的分工权责不明确，导致在后期的运营阶段出现新问题时，双方往往陷入谈判的僵局，扩大了问题的恶劣影响。巴西政府意识到这一问题的严重性，因此很早便在法律中对此加以规定。在1995年颁发的《8987法案》中，有许多关于风险分配的要求。首先，对公共部门的权责加以明确，政府必须积极进行项目跟进，密切对变化中的经济社会情况加以了解，不断对公共服务的规模和设施的技术条件加以优化，并对项目承担着监督责任。其次，当项目操作中出现诸如自然灾害、不可抗力、政府不正当行为时，国家需要根据情况保障私营部门的利益。这些风险的源头主要是政府或非人为因素，拥有优势地位的政府应当为此承当主要的责任[153]。最后，对于市场中的自带风险，企业需要对其承担。私人部门提供公共服务的方式、运作的绩效都被政府加以评估，当市场状况良好带来更多的收益时，双方也需要进行一定的共享。

四、立法和机构并重的风险控制

在进行风险控制时，政府通过专门的 PPP 立法和机构设置，减少风险出现的概率和危害。政府对 PPP 发展中风险的治理，实质上是行政权力对公共服务和市场运行的一种干预，而法律和人事是权力的两大重要运作方式。法国、韩国和巴西为了促进对 PPP 模式的管理，都建立了详细的法律体系和机构体系：法国在欧盟和自身立法的双重框架下，形成了系统性的"伙伴关系合同法"，在管理机构上则以财政部和各行业部门为主干建立起严密的管理机构。韩国在几十年的发展中相继颁布了众多 PPP 法律，逐步系统化形成"齿轮传动结构"，并将各级政府部门和专业 PPP 管理部门相结合进行管理。巴西颁布了以《公私合作关系法》为代表的专门法律，跨部门的管理委员会和其他政府职能机构负责风险管理。

（一）法国："伙伴关系合同法"与多层级管理

法国的 PPP 立法同时受到欧盟和本国的影响，已经达到了十分完善的地步，体现出强烈的风险防控意识。法国的 PPP 法律主要包括欧盟立法和国内立法，欧盟的约束主要体现在：对 PPP 做了界定；通过绿皮书鼓励各国推广 PPP；建立 PPP 管理委员会，在各国之间进行协调工作；制定了部分法规文件；等等[154]。在国内，法国的中央立法机构制定了众多的法律文件，地方政府的权力相对很小，因此在立法上并未形成有代表性的 PPP 立法。中央的法律包括法典、条令等形式，形成了独具特色的法律体系，逐渐形成了现在的"伙伴关系合同法"。法国在 2004 年启动了"伙伴关系 PPP 模式"的框架性规定，正式引入"伙伴关系合同"这一概念，对其定义、程序、权限、风险解决等方面做出规定，先后在 2008 年和 2009 年对其进行了修改。当 PPP 项目出现纠纷时，法国存在着许多司法途径进行解决，方便各个主体维护自身合法权益，如赋予第三方诉权；建立了"先合同紧急诉讼""合同紧急诉讼""第三人一般诉讼"这些模式。除此之外，政府还鼓励合作方通过专家调解和仲裁等手段进行纠纷解决，减少时间成本和物质成本。

法国对 PPP 的管理，主要依靠中央的财政部和各行业主管部门，其中法国的 PPP 中心，即"PPP 财政专责小组"是专门的 PPP 管理机构。在中央，财政部是整个 PPP 事业的主管部门，在 PPP 的政策制定、计划规划和项目批准上都有着很大的发言权。各大主管部门在基础设施领域有着专业知识和资源，在进行特别行业的重大项目建设时，在部门内部都设有进行 PPP 项目管理的机构。财政部之下的专费小组，在 2011 年正式成为国家能力服务机构，担负着项目评估、项目准备和谈判监督支持的责任。这一部门直接对经济和财政部负责为其提供决策上的建议。地方的 PPP 项目，主要是由当地的部门参与，专费小组站在国家的角度对其进行知识和技能上的普及，举办各类活动为不同行业提供专业知识。除此之外，政府还进行优惠政策、补贴、贷款承诺和担保等措施，促进 PPP 项目的融资。相比于企业，政府站在更加长远和宏观的角度，在信息和战略上处于优势，可以努力协调长短期目标之间的矛盾。

（二）韩国："齿轮传动结构"与专业管理机构

韩国拥有完整的 PPP 法律体系，从层级上大致可分为专门法律、实施法案、项目规划和实施指南四个层次[150]。经过多年的发展，韩国形成了"齿轮传动结构"这一立法模式，韩国的战略与财政部为了对本国的经验和教训加以总结，于 2011 年制定出《公私合作 PPP 项目基本计划》。该计划将与 PPP 相关的所有法律、法规和政令集中起来，为 PPP 模式的推进提供了明晰的守则，对各种事务的管理和风险的控制起到了良性作用，具体的法律体系如表 6.3 所示[155]。韩国依照各种 PPP 法律，逐步设立项目调解委员会等专业机构，以灵活、高效的方式处理利益主体间的矛盾。在处理问题的制度上，主要有异议、调解制度和诉讼三种方式供社会资本方和政府进行选择[156]。相比之下，前两者属于民事维权手段，各种成本的损耗较少，也更受企业和公民的青睐。

表 6.3　"齿轮传动结构"法律体系

项目	法律或法案
与基础设施具体门类相关的法律	《公路法》《铁路企业法》《城镇铁路法》《港口法》《航空法》《水坝与辅助设施建筑法》《废水再利用促进法》《河流法》《渔村渔港法》《垃圾处理法》《电信框架法》《电力资源发展促进法》《城镇天然气业务法》《统一能源供给法》《信息与交通网络应用及信息保护促进法》《物流设施管理与发展法》《客运服务法》《旅游业促进法》《停车场管理法》《城镇公园绿化带等公共建设法》《水质与水生生态系统保护法》《动物排泄物管理与利用法》《资源再循环和保护促进法》《运动设施安装与利用法》《青少年活动促进法》《博物馆和艺术长廊支持法》《国际会议产业促进法》《国家交通系统提效法》《国家空间数据基础设施法》《国家信息化框架法》《科学博物馆建设运营和促进法》《铁路业务发展框架法》《高等教育法》《国防与军事设施建设法》《租住公屋法》《老年人福利法》《公共健康与医疗服务法》《新港口建设促进法》《文化艺术促进法》《林业再生法案》《植物园建造和促进法》《建筑法》《新可再生能源发展使用与散播促进法》《工业分组改进与工厂建设法》

续表

项目	法律或法案
与《基础设施公私合作法案》相关联的法案	《收费公路法》《铁路建设法》《首尔城区建设中新机场促进法》《电信业法》《无线电波法》《学校基础设施促进法》《房屋法》《国有土地规划与利用法》《森林资源种植与管理法》《山区管理法》《国家森林行政管理法》
与PPP相关的金融机构法案	《银行法》《韩国理财公司法》《韩国发展银行法》《韩国进出口银行法》《韩国兴业银行法》《金融投资服务与资本市场法》《保险业法》《农业合作法》《渔业合作法》《专业信用金融业法》

在韩国，与 PPP 相关的重要部门包括国会、财政部、行业主管部门与地方政府、PPP 审核委员会和 PPP 中心。这些部门从中央到地方，跨越多个职能机构，可见政府对 PPP 模式的重视程度。国会属于韩国最高的立法机构和权力机关，在 PPP 事务上负责全国性法律法规的制度和完善，在预算和项目批准上也有着最高的权力；财政部主管资金支持和具体法规政策的完善；行业主管部门与地方政府在本领域本地区的 PPP 项目上发挥着关键作用；设立在财政部之下的 PPP 审核委员会，则将政府官员、行业代表和社会资本方集合在一起，进行项目的审查和规划等工作；PPP 中心附属于财政部，对财政部的日常工作起着协助作用。此外，在 PPP 项目参与的机构中，还包括战略投资部、PPP 评估委员会、公私参与基础设施投资管理中心等[157]。

（三）巴西：中央地方的法律、部门协调

巴西制定了专门的 PPP 法律，逐渐形成了联邦立法和州立法两个体系。联邦立法从宏观上对 PPP 进行界定和规范，大型的项目也由联邦立法来管理，而州内的法律则以中央的法案内容为基础，按照自身的地方性环境和知识加以调整。联邦的立法以 1995 年的《特许权法》和 2004 年的《公私合作关系法》（"联邦 PPP 法案"）最为重要，前者奠定了巴西 PPP 模式发展的基础，后者涵盖了项目立项、监管、合同管理、收费、争议解决等整个 PPP 阶段，并依照法律成立了专门的 PPP 项目仲裁机构[140]。在此之外，巴西先后在特许经营模式中形成一系列法规，如 1993 年的《8666 法案》、1995 年 5 月的《8987 法案》和 1995 年 7 月的《9074 法案》等，对特许经营权做了详细的规定，防止在运行中出现大的风险。

巴西政府为了协调各部门在 PPP 模式中的利益，降低不确定性给政府带来的风险，通过成立跨部门的管理委员会来进行统筹。在联邦政府的 PPP 法案的支持下，这一委员会由总统民事办公室、财政部、计划预算和管理部组成[153]，对 PPP 项目有着很大的权力，在各个独立的政府部门之间建立起沟通机制和协调机制，整合资源以投入 PPP 项目之中。在地方州政府，也成立了相应的跨部门委员会，以对本地区的 PPP 发展进行规范。除此之外，某些领域是巴西 PPP 模式的重点投资行业，因此特地成立了PPP的管理机构，如在交通部门，巴西于2001年建立了土地交通国家机构，2012年建立了交通部门的规划和后勤单位。这些领域的PPP项目往往涉及巨大的金额，在运营周期上时间很长，相应的风险发生概率和影响也会更大，因此政府给予高度重视。

五、案例分析

（一）法国南部大西洋高速铁路项目

法国南部大西洋高速铁路连接了法国图尔市和波尔多市，线路全长300余千米，大大加强了法国东部和西部大西洋沿岸的联系。这一项目采用特许经营模式，由法国政府授权法国铁路网（Réseau Ferré de France，RFF）公司进行融资，成功地吸收了大量社会资本进入高铁建设领域。在这一高铁项目中，政府不但为RFF的银行贷款提供了担保，而且制定了铁路运营的规章和收费方案。高铁项目的资金需求量大，政府财政难以独立支撑，欧洲发达的金融市场在此发挥了重要的作用。RFF利用法国政府的贷款担保，在金融市场进行融资，这些私人资本为RFF的企业债券和私人募资提供支撑，占据了公司资产的60%以上[158]。实践证明，这一模式结合了政府和私人的比较优势，政府发挥政策支持和宏观调控作用，私人利用资金和技术进行项目建设运营，在保证质量的同时大大提高了效率，铁路建设取得了辉煌的成绩。

法国南部大西洋高铁项目采用了合作契约的方式，在公共部门与私营部门间签订伙伴关系合同，对各种细节进行明确规定。法国属于典型的大陆法系国家，PPP合同契约追求内容的完备性和清晰性，公共部门前期对此项目进行了详细的可行性论证和成本收益分析，并根据该国的合同法律，在行政合同中对项目目标、评估、技术、监督、建设计划和融资方式等都进行了规定。政府、RFF和其他投资者根据付出的成本，在合同中对应得的收益进行分配，民营资本可以在特许经营期内进行建设和运营，获得有关费用和使用费等收益。在政府的大力支持和社会资本的通力参与下，这一项目按期投入运营，大大缩短了高铁沿线的交通时间，实现了项目的物有所值。

这一PPP项目取得了巨大的成功，大大促进了当地的基础设施建设和社会经济发展，尽管高铁项目建设难度大，法国政府仍然通过多种途径最终达成了目标。首先，政府部门发挥了主导作用。在特许经营模式下，法国政府授权RFF负责前期融资和准备，政府也给予了多种政策支持。其次，社会融资体系大大便利了项目的推行。法国和欧洲发达的金融市场，为这一项目提供了充足的资金保障。最后，建立了良好的风险管理机制。在行政合同的框架下，政府和企业在整个风险识别、评估、分配和控制阶段,都取得了良好的绩效。

（二）韩国高速铁路 PPP 项目

韩国高速铁路 PPP 项目,是韩国政府与社会资本方合资进行高铁建设的一个典型案例。高铁项目在资金、科技、运营上有着很大的不确定性,韩国政府为了明晰各方的权责,特地授权交通部门组织各方专家进行风险识别与评估。在确立关键风险后,对政府部门和各家公司的风险承担能力进行科学的评价,通过合同将风险分配给最能控制它的主体,而且建立起风险应对机制。得益于完善的"齿轮传动结构"法律体系,这一项目合同的签订和项目的运营有着众多法律政策作为支撑。在这一 PPP 项目中,主要存在着政府、项目管理公司、承包商、运营公司和贷款方五个主体。政府是项目的发起者,在宏观政策和运作程序上予以支持和规范,财政、交通等各个部门相互协作,并赋予私人资本方合法的特许经营权。社会资本方积极参与了后期运营和前期的贷款工作,韩国的社会资本力量雄厚且市场开放度高,积极吸纳国内外资本进行投资。

在高铁项目逐步推进后,韩国政府意识到依赖于各级政府的协调和传统的管理机构难以发挥统领全局的作用,因此建立了专门的 PPP 管理机构。韩国的国会、财政部、交通主管部门、地方政府、PPP 审核委员会和 PPP 中心等,都对 PPP 项目发挥着自身的作用,政府委托铁路建设工团成立了 PPP 模式管理机构,引入大量行业专家学者加入项目的决策和建设。这一机构经过不断地磨合,在竞争监督、风险分担和责任追究等领域积极提出建议,解决了许多项目实施中的难题[159]。面对陌生的行业和复杂的利益纠葛,政府和社会资本方充分利用各种资源,完善的法律体系、充分的社会资本和有力的管理机构,最终克服困难取得了项目的成功。

（三）巴西圣保罗州医院 PPP 项目

20 世纪 90 年代,巴西圣保罗州政府为了改变公立医院效率低下的现状,将部分医院进行改造并委托给非营利组织运营。州政府意图通过 PPP 模式,将医院的运营转移给社会,提升竞争力和活力。政府出于防范风险的考虑,仍然采用了传统的政府采购方法,由公共财政投资进行医疗卫生设施的完善,且 16 家医院中只有一部分作为试点交由非营利的医疗集团公司运营[160]。这些组织被该国的法律定义为社会健康组织,负责向居民提供医疗服务但不具备收费的资格,政府根据服务的情况向其支付费用。社会健康组织有着私人管理的优势,但在法律上受到诸多因素的制约。政府在传统上对社会资本有着一定的不信任,对其资本投资做了严格的限制,这导致医疗设施进一步维修和升级受到制约[161]。

巴西圣保罗州医疗项目是该国 PPP 起步阶段的一次尝试,主要有着以下几个特征。第一,政府实现了从公共服务的直接提供到服务的社会购买,改变了传统的低效率模式;第二,政府并未与普通的市场主体进行合作,而是将特许经营权给予法律规定的社会健康组织,这既是出于降低风险的考虑,也是制约于该国不太发达的社会资本力量[162];第三,公立医院和改革后的医院效率差距,主要来自内部管理的改革和竞争机制的引入;第四,医院的产权仍然归于国家、医院属于一种关乎国民健康的重要基础设施,圣保罗州仅仅将经营权进行转让,社会资本方并不具备产权和收益权。从这些特点可以看出,巴西在 PPP 项目的起步阶段,受制于传统的法律体系和政府对社会资本方的不信任,PPP 项目只是在部分阶段进行改革,需要进一步地明确改革方向,从而更好地为社会提供公共服务。

第三节 机构主导模式

在机构主导模式下,政府在进行 PPP 的风险治理时,建立了专门的 PPP 管理机构,但没有颁布专门的 PPP 法律。PPP 模式有着很强的情境性,不同的制度背景会对其发展产生深远的影响,这一影响在机构主导模式下最为明显。英国、加拿大和印度同属于这一模式,中央政府建立专门 PPP 法律是一种有效的政策选择,但是机构主导模式国家在立法上强调关联法、合同法、政策指南,而非颁行专门的法律,在进行 PPP 治理时这一特征得到保留。三个国家的 PPP 风险治理既有明显的共性,也受各国政治经济等因素影响而呈现出不同的治理特征,具体如表 6.4 所示。

表 6.4 机构主导模式的风险治理

国家	英国	加拿大	印度
外部环境	联邦制;市场观念影响 PPP 管理;英美法系国家		
^	政党竞争对 PPP 治理影响重大;经济发达,合同体系完善;PPP 治理处于世界前列	地方政府自主性强,形成以事权为基础的风险控制模式;经济发达,社会资本丰富	发展中大国,基础设施需求大;经济欠发达;地方政府发展不均衡,政策环境不稳定
风险识别与评估	市场的逻辑明显;坚持政府和企业双方的"物有所值"		
^	建立风险矩阵进行识别与评估;以专门的指南来促进"物有所值"的实现	实行"物有所值",对企业资格和项目风险进行整体评估	建立多部门和多法律管理的风险评估体系
风险分配	政府和社会资本方利益分配较为协调;基于合同进行分配		
^	将风险按种类分配;在招标和合同签订时详细分配风险和收益	既在公共部门和企业间进行分配,也在各级政府之间进行权责的分配	政府以各种方式让利给私人部门
风险控制	各级政府部门协调治理,并建立了专门的机构;以相关政策指南、合同体系而不是专门 PPP 法律进行治理		

续表

国家	英国	加拿大	印度
风险控制	以"PFI"模式为核心，建立了政策、合同、指南三大类PPP文件系统；形成三个层面六类机构的管理部门；成立了PPP中心；治理手段丰富且灵活	联邦和省颁布了PPP相关立法；各级政府以事权为基础进行PPP的治理；成立了PPP中心	颁布众多相关法律；以财政部为核心进行风险治理；以多种努力促进项目融资

一、多主体的 PPP 管理

在机构主导模式国家，政府各级部门独立性与自主性较强，中央政府在 PPP 治理中与地方政府、社会资本方共同发挥着作用。在政治制度上，这些国家的中央和地方处于联邦制之下，各级政府事权与财权分明，地方相对于中央有着很大的自主性，在各级政府都存在着管理机构，对 PPP 模式进行管理和协调。在经济方面，市场经济在各国不同程度地建立起来，社会资本方有着相对独立的话语权。政府的投资需要社会资本方的参与，在 PPP 管理和风险防范中，企业和社会组织也积极参与，从而保障自身投资的合法利益。

（一）英国：PPP 的起源地与领先国

英国是现代 PPP 模式的起源地，20 世纪 70 年代，资本主义世界遇到剧烈的经济危机，英国公共支出和政府赤字不断加大。经过一定时间的探索，政府和社会资本方逐渐形成一种稳定的合作伙伴关系，逐步形成了发达的 PPP 体系。在这些法律的制定过程中，不同政党的上台产生了重要的影响，政党换届使得各种治理的不足得以修正。一方面，PPP 风险治理弹性的治理手段和有效的治理绩效兼备。英国围绕 PPP 模式建立了相关法规、政策、操作指南和特殊合同，这些法规针对性很强且层级鲜明，大大提高了治理手段的灵活性；另一方面，英国在整个项目阶段对风险进行预防和控制，治理体系十分完善。首先，在项目立项前，英国的公共部门对项目的各方面进行论证，在物有所值的原则下建立起完善的风险评价制度；其次，英国通过标准的合同体系，对公私之间的风险进行明确的分配，妥善处理好投资各方的权利和责任；最后，英国建立起专门的管理机构 PPP 中心，协调各级政府之间和公私之间的利益，对各种风险进行防控和应对。

（二）加拿大：权责分明的国家治理

加拿大是发展 PPP 模式最好的国家之一，在各级政府的分级管理下，建立了发达的风险治理体系[163]。一方面，加拿大在联邦制下实行中央与地方的分治，形成以各级政府的事权为基础的风险控制模式。该国国土面积广阔、地广人稀，加剧了联邦制下中央与地方的分权程度，联邦、省级和地方政府在 PPP 项目中承担着不同的责任。另一方面，加拿大政府对于 PPP 的风险进行了严格的管理。加拿大的自然环境给 PPP 的实施带来了众多不确定性，但良好的市场体系和政治决策体制又可以进行充分的风险治理。加拿大属于经济高度发达国家，积累了大量潜在社会资本，靠近美国的区位也为该国带来了巨大的国外资金，在此基础上加拿大建立了完善的风险管理体系，关于风险评估、风险分配和项目的风险控制，制定了高效的策略。自 2003 年大力推广开始，加拿大的 PPP 模式取得了辉煌的成就，仅仅在 2003~2013 年这十年就实施了 206 个项目，总投资金额高达 630 亿加元，在行业上涵盖了科教文卫、能源交通等众多领域，成功为该国创造了众多的工作岗位、巨额的国民收入和税收，并大大降低了政府提供公共服务的成本[164]。

（三）印度：碎片化的 PPP 环境

印度是一个发展中大国，拥有庞大的人口和广袤的国土，对基础设施和公共服务的需求巨大。面对 PPP 模式的兴起，印度积极把握时机发展国内的基础设施，取得了辉煌的成就。为了在项目的规划、评估、支持、审批、监管和审计等全过程进行管理，印度在财政部的领导下设立了众多的机构进行日常的项目规划和协调。政府通过各种措施，控制风险的发生，减小潜在损失。但是，受制于制度环境和经济水平，印度不同邦的经济水平和自然禀赋差异很大，在发展 PPP 项目时也不可避免地产生了马太效应，财政能力的不足加剧了这一状况[89]。印度政府在风险治理和项目管理上存在着不足，对 PPP 模式推广产生了阻碍作用。首先，印度仍属于发展中国家，政府财政能力不足，财政赤字对社会造成了巨大压力，无法满足国内对基础设施的庞大需求；其次，政府的决策体制复杂多变，中央和地方的许多政策朝令夕改，企业在进行投资时面临着极大的不确定性；最后，印度的税收体系涉及中央、邦和地方三个层面，私人资本在项目管理中交税复杂，增大了自身的成本。

二、市场逻辑下的风险识别与评估

在风险识别与评估的过程中，政府以市场的逻辑进行管理，较好地顾及社会资本方利益。尽管政府的根本目的是提供公共服务，但这些国家政府的风险识别与评估兼顾到企业的利益，力求进行全方位的项目评估。在这些国家，契约精神和市场经济的理念得到广泛的传播和认同，政府在进行决策时积极考虑企业的利益，双方共同参与对风险的前期预测，谋求达到共赢的目标。英国和加拿大的经济发达，政府坚持"物有所值"原则，运用科学的方法加以评估；印度面临着财政压力，对合作伙伴和 PPP 风险都进行了严格的评估。

（一）英国：完善的风险评估

在几十年的 PPP 壮大过程中，英国逐步完善出一套风险矩阵，并要求对所有的项目按照此矩阵进行风险识别，在收益、效率和社会影响上做出综合性评估。风险矩阵内包括外部环境和项目本身两大类因素。前者包括政治环境、法律体系、市场、融资条件；后者包括施工、运营、维护等生命周期内的潜在风险因素[165]。在进行风险识别的基础上，英国建立起对各种风险因素的潜在风险进行物有所值评估程序，为了更好地进行这一评价，英国颁发了专门的文件，其中以《英国财政部公共项目投资手册（绿皮书）》（简称《绿皮书》）和《大项目评估办法》最为重要，《绿皮书》对项目的评审、规划和评估都做出了规定，《大项目评估办法》主要针对中央推动的大型 PPP 项目进行管理。为了使物有所值评价更加合理，政府与私人努力加强信息交流和信息公布，提高信息利用效率。政府部门建立起完善的物有所值体系，将英国各部门的人才集合起来，对项目全生命周期的潜在风险进行评估，并在运营过程中随时保持信息的更新和评估的优化。此外，公私双方积极进行信息的有效披露和沟通，政府方面在社会资源上占据着天然优势，私人部门了解更多地方性知识[166]。

（二）加拿大："物有所值"的推广应用

为了对项目的风险进行有效评估，加拿大将物有所值评估作为确定最佳采购模式的工具[167]。首先，在项目招标之前，加拿大政府对项目的各种风险进行定量与定性评价，在运用各种科学的技术和程序收集项目数据和环境状况的基础上，由专家进行定量的分析和主观性的风险评估。在一个相对稳定的环境下，PPP 模式本身也有着长期的经验积累，这些评估可以大致反映项目的风险因素，为政府采用何种方式进行公共服务供给的决策提供参考。其次，在签订合同时，政府会对企业的综合素质进行评价，以确定合作伙伴是否能够应对后续的各种不确定性。公共部门对企业的规模、资本、人事、技术和项目经历进行评估，对企业能否实现物有所值做出判断。最后，在整个项目的生命周期内，加拿大政府会实时对潜在风险进行跟进评估，为中标企业提供信息支持和起到监督的作用。

（三）印度：部门协作与伙伴选择

印度的多部门协作与各种评估指南共同形成了完备的风险识别与评估体系。PPP 项目的评估与规划，由财政部下设的基础设施委员会（Infrastructure Committee，IC）负责，对项目的政策制定、评估和审批发挥着重要的作用。委员会下特别设置了 PPP 评估委员会，负责全国的 PPP 事务。在这一机构的基础上，印度的财政部从政府本身的财政能力出发，从投资绩效、融资条件、潜在风险、政府债务等角度对项目进行整体性评估,对特许协议进行审查,为政府的决策提供参考。此外,印度的 Kelkar 委员会和全国改革印度学会,也对 PPP 起着风险评估的作用。为了统一和优化 PPP 项目的实践,印度颁发了《中央 PPP 项目规划、评估和审批指南》《PPP 项目投资指南》《PPP 基础设施项目审计指南》等文件[89],为具体的风险评估提供指引。印度政府最为显著的一个特点,是对私营企业的资格进行了严格的筛选,对企业的资金、技术、专业知识、信用、管理和风险应对能力进行综合性考察,只有符合条件的企业才会与政府进行基础设施的合作,对外资企业的审批尤为严格。政府对于投资的限制,一方面促进了合作伙伴质量的提高;另一方面过于烦琐的流程和严格的规定,也制约了 PPP 投资规模的扩大。

三、公私均衡的风险分配

在机构主导模式下,政府和社会资本方的风险分配遵循风险与收益相匹配的原则,双方的权益得到了制度保障。一方面,合同观念在这些国家深入人心,注重合作各方的收益共享,政府为了吸引社会资本的进入,在前期谈判中也进行了一定的让利。合作共赢是市场经济的一个重要精神,政府和企业实现了合理的风险分配,各方在项目实施中的积极性才能得到良好的发挥。另一方面,对于不同类型的风险,政府和市场基于自身的比较优势,合理地分配给企业和公共部门。英国和加拿大的社会资本方力量强大,政府的整体治理能力也很强,在风险分配中制定了严格的程序进行科学合理的利益均衡;印度为了吸引社会资本方的进入,积极进行让利来促进本国的基础设施建设。

(一)英国:合同体系下的风险分配

英国在 PPP 治理上有着发达的合同体系,在公共部门私人签署的合同中,按照合理的分配原则进行各种收益和风险分配,并加强后期协商来更好地建立合作机制。首先,对于各种风险的分配,政府坚持整体成本最小化原则,针对不同的风险类型,会选择相对更有承受能力的一方来承担。其次,政府在前期的招投标时会把风险因素列举出来,在竞争和谈判的过程对分配方式进行优化。政府将风险划分为可转移、可协商、可保留三类[165],社会资本可以根据项目本身投入和预期的风险成本,提交标准和弹性的 PFI 报价,选择按照政府规定的方式或者根据自身能力来承担风险。最后,政府在合同中会对二者承担的不同风险进行界定,将不同类型的风险分配给公共部门或者企业,这种分配最终的预期收益也保持一定的平衡。总体上看,市场因素由企业来承担,而非市场因素则分配给政府,且当双方在建设过程中遭遇风险和纠纷时,可以通过内部协调机构来进行沟通。

（二）加拿大：公私与层级政府间的利益分配

加拿大在 PPP 的风险分配中，不仅需要对政府和企业之间的利益进行均衡，也需要对不同政府部门间的风险和职责加以分配。在项目合同签订时，加拿大政府会和私人进行详细的谈判，对于不同的风险因素给予不同的处理方式，从而最大限度均衡私人和政府的利益。加拿大在项目建设中的风险特别是市场因素产生的风险，主要由私人部门来承担，但政府也会在合同中给予其更多的收益进行补偿。对于不同的 PPP 风险，在政府和企业间有着不同的承担方式。对于自然灾害等不可抗力因素产生的风险，政府对损失进行负责；对于项目运行本身和市场因素造成的延后和损失，政府和企业根据事先在合同中约定的比例进行承担。在整个项目的分工上，无论是项目的规划还是后期维护运营，政府部门都占据着主导地位，之所以如此安排，是为了防止存在多个私人投资方时，决策权力不统一产生的分歧，从而更好地进行风险治理。

（三）印度：风险分配中的政策优惠

为了最大限度地吸引社会资本，印度政府在进行合作中大量让利于私营部门，并通过多重措施进行风险分配。印度庞大的人口与薄弱的基础设施水平相矛盾，政府在进行风险分配时对私人部门给予政策上的优惠。在进行谈判的过程中，政府以融资担保、延长特许经营时间、调整经营价格、保证最低回报率和最低交通流量保有量等手段让利于社会资本。在长期的 PPP 项目中政府通过动态的价格制度[92]，为企业降低在运营中的风险，减少价格变化带来的额外成本。风险分配的原则和实际执行可能出现偏差，因此，印度成立了 Kelkar 委员会这一监管机构，充分发挥政府对于 PPP 项目的监管职责。印度在 PPP 治理中面临着政府能力不足的风险，处于相对优势地位的政府有着违约以谋求自身利益的倾向。在这一独立的监管机构下，政府和私营部门的行为受到监督，不仅改善了前期的项目谈判和合同签订，也在执行阶段避免了双方利益分配不均衡导致的项目终止。通过这种方式，利益主体之间复杂的利益得到更加合理的分配和维护，让合作的双方伙伴关系更加稳固。

四、关联法与多元控制策略

为了进行全方位的风险控制，机构主导模式国家建立了层次分明的 PPP 管理机构，在 PPP 立法上强调关联法、合同法、政策指南，而非颁行专门的 PPP 法律。这些国家大多属于英联邦体系之下，继承了英国的社会治理模式，在 PPP 管理中也产生了深刻的影响。一方面，英国的联邦制在加拿大和印度得到继承，中央政府和地方政府在权责分明的基础上进行社会治理，对于 PPP 模式，也在各级政府形成了相应的管理机构；另一方面，英国的立法逐渐发展成独特的英美法系，加拿大和印度都曾经是英国体系的一部分，在社会治理中留下了深厚的英国痕迹，英美法系在这两国中得到继承。在进行 PPP 的管理时，两国同样注重相关法律与合同体系的建设，并未形成全国性专门法律。

（一）英国：PFI 为核心的合同法和管理部门

英国没有为 PPP 制定专门的法律，而是通过不断出台相关政策和指南进行管理[142]。总体来看，英国的 PPP 文件大致可以分为政策、合同和指南三类[168]。第一，对 PPP 模式进行规范，使其具有合法性的政策。这类法律在法理上授予公私双方进行合作的合法性，对 PPP 进行基本的概念界定和程序规范，如 1997 年的《国家卫生服务法案》和《地方政府契约法案》，2006 年的《公共合同法》、《公用事业单位合同法》和《政府采购法》。第二，规范 PPP 模式的合同文件。PFI 和 PF2（Private Finance 2.0）PPP 新路径是英国主要的 PPP 模式，为了对其进行规范政府先后出台一系列文件对其合同加以明确。1999 年，英国出台了《标准化 PFI 合同》，随后在 2002 年、2004 年、2007 年进行了修改；2012 年，颁布了《标准化 PF2 合同》，对原有的 PFI 模式进行改进优化。第三，对 PPP 项目的风险和资金状况进行评价的指南。英国颁布了众多的指南方便各级政府和企业进行 PPP 操作，主要有《资金价值评估指南》《定量评价用户指南》《绿皮书：政策评审、项目规划与评估论证手册》《大项目评估办法》[169]等。

英国的 PPP 主要归财政部管理，形成了三个层面六类机构的架构。首先，在中央层面，财政部、国家审计署和几个主要的行业部门构成了相互协作的顶层领导机关；其次，英国除英格兰以外的地方，都建立有 PPP 管理机构，对本区域内的 PPP 项目政策进行细节调整和风险管理，英格兰则直接由中央政府管辖；最后，中央和地方过渡层面，这主要包括地方伙伴关系公司和政府采购管理当局，这两个机构积极协调各方的利益，在具体的项目识别、选择、准备、采购、监测等阶段发挥着作用[170]。在各级政府部门之外，英国还建立了专门的 PPP 管理单位——PPP 中心，这一部门直接附属于财政部，在 PPP 的项目融资、交付、保障和政策指引上进行全局管理。

为了对风险进行有效控制，英国使用了多元的治理手段。首先，建立丰富的融资渠道。英国地方政府承担了绝大多数的 PPP 项目，为帮助地方政府解决公私合作时的资金来源问题，财政部制定了资金上的优惠政策。建立 PPP 项目引导基金和多种基金与投资平台，政府进行前期的合作贷款和担保，鼓励银行和资本市场进行融资贷款等。其次，完善 PPP 项目全过程的决策。英国的 PPP 项目需要经过 7 个环节，包括发起、准备、初步筛选、初审、指导与监督、最终审批和审计监管，从中央到地方多级政府多个部门对此进行了科学化的管理。最后，积极吸引专业人才进行风险治理。英国的 PPP 项目管理机构，积极与社会中的各领域专家加强合作，力求制订科学合理的风险管理方案[165]。

（二）加拿大：事权为基础的多层级风险控制

加拿大没有专门的全国性 PPP 立法，但受到三级政府部门的影响，形成了责任明确的立法结构。联邦政府的法律更加具有宏观性，以《加拿大战略性基础设施基金法》为代表，这些法规对 PPP 的基本定义、目标、领域、程序等关键内容做了详细规定，下级政府的法律也必须在这一框架内进行完善；省政府的法律则进一步在 PPP 的类型、合作程序和利益主体责任上加以规定，方便公私双方在进行项目建设中选择合适的操作模式；市政府的立法权力相对较小，主要负责在具体的细节上进行修正和规范。经过多年的实践，加拿大的 PPP 立法已逐步完善，多个省级政府建立起自身的地方性法规，具体的立法情况如表 6.5 所示[171]。

表 6.5　加拿大有关 PPP 的法律政策一览表

政府部门	法律政策
联邦政府	加拿大战略性基础设施基金法
省政府	渥太华 PPP 政策
	圣艾伯特 PPP 政策
	埃德蒙顿 PPP 政策
	卡尔加里 PPP 政策
	亚伯达 PPP 框架&指南
	英属哥伦比亚交通投资修正案；交通投资法第 65 章；卫生部门伙伴关系协议法第 93 章；固定资产管理框架
	安大略高速公路 407 法案
	安大略基础设施项目公司法
	魁北克基础设施法，代替法案 61；交通基础设施伙伴关系法
	新不伦瑞克省高速公路公司法

在进行风险控制和职责划分时，加拿大各级政府在基于事权的基础上发展出明晰的治理结构。加拿大的省级政府相对于联邦政府，有着极大的自主权，且该国的地域之间发展差异很大[163]。联邦政府在重要领域保持着绝对地位；省政府主要担负着承上启下的作用；市政府直接接触民众和企业，在公共服务的提供和 PPP 项目的建设上承担着最大的责任。为了更好地协调三级政府部门，加拿大成立了 PPP 中心，帮助各级政府积极进行配合。这一机构直接附属于财政部，承担着 PPP 模式的宣传和实施职责。在省级政府，如安大略、魁北克等 6 个省也成立

了相应的PPP中心[164]，与联邦的机构相互配合以有效控制PPP模式带来的风险，形成了一个良性的风险治理体系。

（三）印度：政府的风险管控与资本吸纳

印度为了降低 PPP 项目的风险发生概率，运用多种手段规范合作双方的行为，在法律、机构和融资等各方面进行风险控制。印度在各个基础设施领域的立法上，对PPP的应用加以鼓励和管理，如《电力法》《港口法》等；在进行项目采购的问题上，印度财政部颁布了《通用财政规则》；在推进项目科学化上也发布了一系列的行动指南。2015 年，印度政府发布了《重提和振兴公私合作模式（PPP）模式委员会》的报告（简称《Kelkar 委员会报告》）[172]。地方各邦的 PPP 立法发展差异很大，存在立法的邦仅占少数。

印度的风险控制不仅得到各个政府部门的支持，还设立了专门的机构对其进行规范。印度的各个 PPP 机构附属于财政部，在政府总理、财政部部长、全印改革学会的参与下，设立了财政部之下的 IC，对 PPP 的全过程进行行政上的管理。财政部的经济事务司，直接负责全国的 PPP 政策规划，在此部门下又设立了专门的PPP 中心，中央政府对全国的 PPP 事务作宏观上的协调。为了加强PPP 执行的过程监管，印度政府设立了 Kelkar 委员会，负责合作双方行为的监督，以此减少项目的不确定性。从中央到地方各邦、各个基础设施部门都为了促进 PPP 的应用彼此协同合作，建立了涵盖全国的多层次、宽领域的管理体系。

在印度，私人资本不足和融资体系不完善是十分严峻的问题，因此政府进行了多重努力，为企业提供融资服务和信息服务。政府建立了印度 PPP 中心网站，将政府的各种政策和指南进行公布，并设计了 PPP 在线工具箱，包含各种结构化工具和 PPP 合同管理工具，为 PPP 发展提供指导。印度政府通过各种措施来吸引资本，为企业提供良好的融资平台。在 PPP 项目的早期，印度政府会以银行或基金等方式为资金来源，在项目进行中对资金重新回收和利用。在融资方式上，先后成立了 PPP 项目适应性缺口补偿基金、印度基础设施发展金融有限公司、印度基础设施发展基金等，为 PPP 项目提供潜在的资金支持。

五、案例分析

（一）英国 Derant Valley 医院 PPP 项目

PFI 模式是英国在 PPP 领域的代表模式，在许多领域得到普及和推广，而 Derant Valley 医院项目则是PFI在医疗卫生领域的标志性项目。在这一案例中，政府和社会资本方使用 PFI 模式，积极利用市场和政府内各种资源，使得项目在预期时间内成功投入运营，积累了宝贵的 PPP 治理经验。

1995 年，英国达塔福德和格雷夫斯国家卫生部信托基金会进行了新医院的可行性分析，试图利用 PFI 模式提供这一公共服务。在项目前期规划时，政府和私营部门进行了充分的风险识别与评估，并对风险进行合理的分配。公共部门在协议签订前，进行了详细的项目可行性分析，确保项目的投资能获得可观的回报；在进行合作伙伴选择时，对私营部门的能力和资格进行严格审查。英国的 PFI 立法十分完善，因此在签订合同时，各方直接依据以往的政策法规进行权责分配和流程规划。政府和私人基于风险与收益基本对等的大原则，在特许权协议中制定出风险分配和管理的原则，对项目的质量进行规定，若未实现预期的绩效，私人部门将承担相应的损失[173]。

英国的社会资本力量雄厚，市场化程度高，这给 Derant Valley 医院项目的融资带来了便利。这一项目的累计投资为 1.15 亿英镑，1997 年 7 月 30 日，项目公司从共计 13 家银行获得了长期贷款，初期资金以公司资产为担保，后来为了应对风险发行了 0.14 亿英镑的配股资金。受到多种不确定性的影响，Derant Valley 医院项目遇到许多风险，这对当地公共部门和私营部门提出了挑战。这些风险主要包括设计和建造风险、剩余风险、收益风险、运营风险、法律风险、融资风险和二级市场风险等。为了减少这些风险的影响，政府和私人部门采取了多种风险治理措施，公共部门（如国家审计署）加强风险管理，对基金会的各种行为进行宏观监督；私营部门利用新技术和新设备，对房间设计和空间质量不断加以优化。

（二）加拿大 Bob Ward 住宅 PPP 项目

加拿大 Bob Ward 住宅项目，是政府通过 PPP 模式，为社会弱势群体提供的保障性住房。加拿大的联邦、省、市等各级政府基于事权，在 PPP 领域发展出层级分明的治理结构，保障房的建设关乎民生福利，对社会发展带来巨大的正面效益，各级政府不同程度地给予了支持。首先，联邦政府和地方政府的 PPP 法律政策，为合同签订和项目建设提供了宏观指引和帮助；其次，当地的 PPP 管理机构和其他各级政府部门，发挥了自身的监督和管理作用，妥善协调各方利益；最后，各级政府提供了资金、土地等支持。联邦政府的人力资源和发展部门提供了 100 万加元，占据项目成本的近四分之一；阿尔伯塔省财政拨款 15 万加元；卡尔加里市政府直接捐献 93.5 万加元的土地，为项目提供建设场所并负责道路等配套基础设施的完善工作[174]。

加拿大社会资本和社会组织的力量很发达，此项目在三个非营利组织的帮助下，大大降低了成本。首先，卡尔加里市的住房建设者基金会。该基金会在住房建设方面拥有丰富的专业性知识，积极参与社会公益活动，为了帮助社会弱势群体获得保障性住房，该组织主动参与了设计、建造和融资工作，为政府节约了大量成本。其次，房屋水平线协会。该协会回应当地社会成员的疑惑和咨询，提供租户等成员的基本名单和信息，并参与了保障房工程的物资购买和管理工作。最后，卡尔加里无家可归基金会。这一基金会与当地社区志愿者保持着密切联系，积极参与筹资活动和项目的前期游说工作。私营部门出于自身诉求和社会公益的目的，在资金筹备过程中争取到大量慈善捐助用于项目建设，在工程建设和运营中提供自身的独特知识和管理技能，各方力量通力合作帮助项目取得最终成功。

总体上来看，这一项目体现了加拿大在PPP领域的鲜明特征，特别是在保障性住房这一独特领域。第一，各级政府在PPP项目中发挥了至关重要的作用，政府的政策法律和部门机构起到了指引和监督的作用，各级政府也提供了资金和技术支持，住房保障项目的批准、前期规划和物有所值评价，都离不开政府各部门的努力；第二，社会组织积极发挥自身主动性，在政府和民众之间构建起桥梁，缓解了潜在的需求风险、运营风险和项目建设风险；第三，政府和社会资本方的充分合作，公私双方基于提供公共服务实现社会价值这一共同目标，在合同中清晰界定权责和成本收益，最大限度地调动了各方的积极性。

（三）印度塔塔蒙德拉超大型电力项目

塔塔蒙德拉超大型电力项目，是印度古吉拉特邦的一个大型电力PPP项目，该项目在带来能源的同时出现了运营风险和公共环境风险。在项目的风险识别和评估阶段，由于公共部门评价的不充分，带来了一系列的社会环境问题。该项目位于沿海地区，以煤炭为能源的发电厂有着巨大的环境破坏性。基于社会经济的考虑，政府在进行可行性分析和风险评估时，刻意降低了风险发生的概率和影响，不充分的风险评估带来了一系列恶果。项目建成投产后，发电厂带来的污染改变了海洋的生态环境，渔业资源凋敝、渔民生活恶化，对海洋生物生存、空气质量、红树林等造成了毁灭性打击。此外，当地社区的饮用水水源遭到破坏，加大了居民的生活成本。该项目的融资得到了政府的大力支持，但在后续的运营过程中，由于市场不确定性和政府风险，出现了严重的社会风险。面对原材料价格的上涨，私营公司希望政府提高部分关税来对价格上涨进行补偿，但是最高法院最终否决了这一提议，最终当地民众不得不承担更高的电费[1]。

这一项目出现的风险，暴露出印度在PPP风险治理中的许多弊端，需要在之后的实践中继续改进。首先，风险识别的不完善。在前期的项目评估中，这一发电厂的财政可行性受到过质疑，但政府部门并未加以重视。其次，公共部门与私人部门权责不清。在签署的合同中，公私部门权责并不分明，在发生市场不确定

---

[1] https://www.eurodad.org/HistoryRePPPeated.

性时，公私双方没有明确的主体承担责任，导致成本被转嫁给民众。最后，风险控制能力弱。当社会环境风险和市场风险发生时，私营企业准备将亏损的项目出售给政府，政府并未承担相应的责任，对于环境恶化、民众生活压力、项目失败等，都未能做出有力回应。在面临众多不确定性，特别是环境与发展的矛盾、市场不确定性时，印度需要进一步加强风险治理能力，构建新型风险治理结构，实现 PPP 模式的健康发展。

第四节 嵌入型模式

在嵌入型模式下，面对 PPP 模式的兴起和发展，政府没有进行全国性专门法律和机构的建设，直接将 PPP 模式嵌入传统的政府治理体系之下。政府原有的法律政策和管理部门，进行内部调整后可以对 PPP 模式进行管理，市场体系也发挥了补充的作用。这一模式主要包括美国和土耳其等国家，两国在具体细节上存在很大的差异，在 PPP 风险治理中存在着许多的共性，具体如表 6.6 所示。

表 6.6 嵌入型模式风险治理

国家	美国	土耳其
外部环境	PPP 被纳入政府原有的治理框架下，通过局部调整进行治理	
	通过市场机制和合同进行管理；社会组织发挥补偿作用；政府重视程度整体不足	政府高度重视 PPP 的发展；PPP 项目以行业为主体进行整体性推进
风险识别与评估	风险识别与评估依赖于政府的重视度和社会治理体系的完善度	
	通过市场中原有的项目管理模式进行风险的识别和评估；有着完备的物有所值评价体系	对部分行业存在偏好；政府高度重视项目的风险评估
风险分配	分配体系有着很大的不确定性，受到政府因素的制约	
	将风险转嫁给私人部门；发达的经济和科技降低了企业的成本	通过相关法规进行分配的管理，对社会资本方让利
风险控制	未建立全国性专门的 PPP 立法和部门；对原有的政府部门和法律体系进行调整和补充	
	联邦政府和州政府颁布了部分法律条文；法律集中在某些行业内；社会组织积极参与到风险的治理过程中	以一系列的相关立法促进 PPP 在各行业的应用；各个政府部门进行合作来对 PPP 加以管理

一、传统结构下的 PPP 管理

面对 PPP 的兴起，嵌入型模式的政府将其嵌入原有的管理部门和法律体系之中。PPP 模式政府和市场双方的合作才能实现良好的绩效，这导致 PPP 既可以利用政府的逻辑进行领导，也可以利用市场的逻辑以契约方式加以规范。政府不断对自身进行改革，在多领域进行自身的改革以适应时代的变化，这些措施都为PPP的治理提供了制度安排。通过政策的变通和局部革新进行管理，建立全国性的专门立法和机构，往往在议题达成一致时面临着多种阻碍，如果能够在既有大体系下进行管理，能够大大节约治理成本。美国的市场机制发育完善，契约精神深深地融入政府的日常管理，面对PPP模式的兴起，其利用自身的治理能力和治理资源，有效地对其进行管理。土耳其政府以行政力量为主导，将PPP作为一种发展的工具，利用传统的管理方式对其进行优化改进，为基础设施的建设和公共服务的提供做出了卓越的贡献。

（一）美国：传统治理体系下的PPP管理

美国在公私部门合作上有着悠久的历史，曾经在基础设施建设上大量吸引私人资本，形成了自身独特的治理方式。首先，在PPP模式的风险管理上，美国主要将其作为私有化的一种形式，将PPP纳入政府原有的体制内，各个州的风险治理水平分化程度大。处于联邦体制下的美国地方政府独立性很强，各州根据自身的基础设施需求发展PPP，在地方上PPP的发展地域差异很大[175]。其次，美国的社会组织十分活跃，成立了诸多为促进PPP发展的非政府组织[176]，这些组织积极促进PPP事业的发展，在PPP进行风险治理中作用巨大。最后，美国对PPP的治理虽然有着显著的效果，但政府在各方面的资源投入不足，导致在治理中出现许多问题。政府对PPP模式重视度不够，宣传也不足，导致民间、部分政府和工会对PPP不了解进而产生抵制情绪。这些因素导致美国政府的资金投入，无法满足相对于经济发展带来的基础设施需求，大大制约了美国对PPP模式的应用。美国虽然经济发达，社会资本充分，但从整体上看美国对PPP的重视程度并不高，相对于其庞大的经济体量，PPP的项目数量和投资额远远不足，PPP风险治理呈现出不均衡的状态，需要政府不断地创新和管理。

（二）土耳其：政府重视下的PPP集群发展

土耳其的PPP模式发展时间较早，经过几十年的不断推进，取得了良好的效果。20世纪80年代，为了推进国内大型基础设施的建设，土耳其颁布了世界上第一部BOT法律，首次确立BOT概念，成为后来世界各国在PPP领域应用最多的合作模式，此后政府又设计了移交运营权（transfer of operate right，TOR）、建设-运营（build-operate，BO）、建设-租赁-移交（build-lease-transfer，BLT）等新型PPP模式[177]。在社会资本存量不足的压力下，土耳其各级政府高度重视PPP模式的管理，形成了完善的风险治理体系。土耳其未颁布全国性专门PPP法律和设置国家级PPP管理机构，利用既有的政府机构和颁布关联性法律，以行业为主轴进行项目推进和风险的治理。为了预防可能出现的风险，政府利用各级部门自上而下进行协同管理。同时，以行业为主干进行重点推进，发挥规模效应和集聚效应，并制定多项政策和法律保障项目的实施。经过政府几十年的不断创新，形成了自身独特的政府协同管理体制，并通过相关法律的完备，发展出一套涵盖招标、融资、协商和监管的 PPP 运作程序。在政府的积极推动下，土耳其的 PPP 模式在许多行业得到广泛使用，极大地推进了基础设施的建设。

二、政府注意力约束下的风险识别与评估

在进行风险识别与评估时，相比于其他的风险治理类型，这一模式更加依赖于政府对 PPP 的注意力分配程度，具有很大的不确定性。在国家主导和机构主导的国家中，公私双方有着一定的规则作为参考。在嵌入型模式中则缺乏一套系统性的管理模式，其绩效在很大程度上依赖于政府的重视程度。美国政府对 PPP 的重视程度并不充分，但在其他的项目风险管理上积累了丰富的经验，在 PPP 模式中得到了良好的应用；土耳其的国家财政和社会资本相对不足，但是在实践中不断进行 PPP 操作模式的创新，进行了多次的相关立法，优化风险管理的程序，使得土耳其的 PPP 风险识别与评估获得了较好的绩效。

（一）美国：项目管理经验的继承

在嵌入型模式下，风险的识别和评估往往直接与原有的管理方式呈现出很大的相关性。为了对 PPP 模式的风险进行有效的预防，美国运用了详尽的物有所值评价体系，对项目中的成本和预期风险加以评估。通过一定的技术手段，将 PPP 模式运作的预估成本，与传统政府管理下的项目成本进行比较，为政府进行项目建设提供决策指导。在进行物有所值评价的过程中，美国形成了独特的评价体系。第一，PSC 的使用。通过此方法评估公共部门的成本，将传统的交付方式与 PPP 或私有化方案进行比较。第二，对每个选项进行全生命周期成本和收益分析。在进行比较的过程中，涉及的方面包括资本与建设成本、运营成本、税收、项目收入、风险相关的成本等。第三，确定最合适的风险分担方案。在进行收益与成本分析的基础上，合理地对公私双方进行权利与义务的划分，保持二者的公平。第四，评估公众意见并保持透明度。这些措施，为政府在后续项目建设中大大地节约了建设成本、运行成本、维护成本和其他成本，降低了潜在风险发生的可能性。

（二）土耳其：行业为主导的风险评估

在风险识别与评估阶段，土耳其积极出台各种措施促进融资、招标、监管和项目评估，以求减轻项目立项的阻力，发挥社会资本的积极性。基础设施往往涉

及大量的资金投入，对政府和企业的要求很高，因此该国对前期的风险识别与评估阶段格外重视。在进行前期的项目立项和伙伴选择中，土耳其有着明显的国家推动和行业偏好，如电力和基础设施的参与者具有优先性[88]。为了有效进行风险规避，项目前期的评估和招标也是极其重要的一环，该国政府在此方面进行了积极的管理。政府成立由总理担任主席的高级计划委员会，作为 PPP 项目的最高决策机构，并委派相应职能部门负责项目的可行性研究。2002 年，政府制定了《公共金融和债务管理法》，在国库偿还担保下对现有的担保进行重新组合，并制定措施进行管理。为此，政府设计了一个 PPP 的信用等级模型，对涉及 PPP 的公共部门进行内部评级，对 PPP 项目的违约概率和预期损失进行风险评估[178]。该模型通过分析部门财务比率、过去的违约数据和使用 Logit 模型得到的违约概率等数据，对风险进行评估。

三、不确定的风险分配

在嵌入型模式下，PPP 的风险分配在传统的治理体系下不断改进，充分利用传统的资源进行利益均衡。在进行前期的各种评价之后，对各种潜在的风险进行分配，是保证项目成功的关键环节。PPP 模式有着很大的不确定性，这一模式下政府也未建立专门的部门进行管理，这给合作各方的前期谈判带来困境。在政府和市场体系的作用下，各方在长期的实践中积累出许多经验，降低了风险不合理分配的危害。美国政府在与社会资本方合作时，利用发达的合同体系来分化风险，科技的快速进步也为企业节约成本提供了可能性；土耳其政府为了吸引国内外资本，颁布了相关的法规来进行规范，从而为社会资本方的利益提供保障。

（一）美国：风险转嫁与市场补偿

美国政府为了实现节约成本的目的，在实际运行中倾向将很多传统上由公共部门承担的项目风险转嫁给私人部门。在进行分配的过程中，美国的政府和企业签订了详细的合同，这些合同包含了详细的责任、风险和成本。虽然很多风险是不可预见的，但详细的协议增加了项目成功的可能性，为后期的争端提供了有效的依据。在 PPP 的长期运营过程中，二者之间的风险分配也逐渐趋于公平。美国的市场经济发达，科学技术也占据世界首位，在 PPP 长期运行的过程中，私营部门可以不断改进运行模式来节约资金，社会中完善的制度环境也为项目成功提供保障。一旦发生风险，企业可以通过完善的第三方组织和各种政府制度来降低风险造成的不利影响。

（二）土耳其：政府的让利

为了更好地在公共部门和私人部门间进行风险分配，土耳其制定了一系列法律以规范二者之间的权利和义务。例如，6428号法律规定，当项目因为不可抗力因素而不得不终止时，项目的损失将由各个部门承担，在由内阁会议批准后由国库承担相应的债务。1994年颁布的4046号法律，主张对公共设施进行私有化，通过出售、转让、租金、建立产权和物权的方式确定所有权，并建立了收益分成模型。此外，在某些行业的PPP收费项目中，政府对所涉及的居民进行补贴，以解决收费的涨价问题，为私人部门的项目运行提供后续保障。政府通过一系列的措施，合理界定在私有化过程中公私双方的利益分配，将风险合理地分配给双方。由于PPP模式涉及的部分政府部门对项目运行后的价格变化缺乏有效的管理，一些补贴政策导致政府与企业关系复杂化，收费项目的增长幅度大大超过政府补贴的范围，在民间引起不满。总体上来看，虽然土耳其制定了一系列的风险分配措施，但在实际运行中仍需要进一步的改进。

四、传统风险控制体系下的政策调整

在进行PPP管理时，嵌入型模式的政府通过法律与管理部门的调整，在某些领域和区域内进行管理方式的改进。作为一种新的融资发展方式，PPP虽然可以融入传统的治理体系中，但仍然存在着不协调之处，政府治理方式需要进行局部改进。在某些特殊的公共服务领域，政府和企业在项目建设时面临着专业知识的盲区，需要建立专门的行业法规进行规范和指导。美国联邦政府虽然没有采取全国性治理手段，但地方各州和联邦各部门在面对PPP的难题时，不断在自身的权限内进行合同法律的优化和管理措施的创新。土耳其政府面对着社会资本不充足和基础设施需求大的难题，因此对于PPP采取以行业为主轴整体推进的策略，不断颁布相关的PPP法律提升项目的合法性，弥补传统管理模式的不足。

（一）美国：行业立法和社会组织的参与

美国的风险控制并没有专门的全国性法律和部门，但面临PPP模式的治理压力，政府进行了多种政策变革。美国属于典型的英美法系国家，联邦政府未建立专门的PPP立法，而是通过相关的法规进行宏观指导。首先，从20世纪90年代开始，美国开始了一系列法案的颁布，显著地提高了私人部门的积极性。1991年的《多式联运陆路运输效率法案》；1995年颁布《国家高速公路法》[179]；2005年和2014年分别颁布《收费公路PPP模式特许经营合同核心指南》和《修复美国路面交通法案》。其次，为了促进PPP项目的融资发展，美国联邦政府相继颁布了《高资质公共基础设施债券》《交通设施金融和创新法案》信贷计划，以及《水设施金融和创新法案》等[180]，这些融资工具经过政府的大力支持，为美国PPP项目融资发挥了重要的作用。最后，各州在联邦法律框架下发展出三种不同程度的立法类型：专门的PPP管理法律；以特定的章节对PPP进行细致的规范；在法律条文之中零散地分布着PPP的法条规定。合作双方出现问题难以解决时，采用仲裁的方式是美国PPP项目更普遍的解决之途，相比于诉讼，仲裁的成本更低、操作性更强，对项目信息也有着很好的保密作用[181]。在合同签订时，可以进行事前仲裁条款的签订，亦可以采用事后仲裁协议。政府为了促进商业纠纷的解决，在《合同纠纷解决法》、《联邦采购法》和《美国法典》第7103条等，对仲裁等ADR（alternative dispute resolution，非诉讼纠纷解决程序）方式进行规范[182]，在PPP风险解决中发挥着重要的作用。

美国并没有一个全国性统一的PPP机构进行专门化管理，各个政府职能部门对本领域的PPP项目进行管理，州政府在本地区的PPP管理中也有着极大的自主权，同时社会力量也大力参与PPP的管理事务。联邦各部门将PPP纳入日常工作的轨道之中，财政部、交通运输部、能源部、劳工部等众多部门进行单独或协同治理。在地方各州，也不同程度地分布着PPP政府办公室等机构，对本州内的PPP项目进行日常管理和风险维护。在社会力量十分发达的美国，一些非政府组织在PPP领域内也十分活跃。例如，1985年成立的美国政府和社会资本合作国家理事会，为PPP发展提供信息和咨询服务；1932年成立的市长商业理事会中，以市长为主体的成员也将PPP作为日常工作的重要环节[176]。

（二）土耳其：相关法案和部门联合

土耳其不断根据实际情况进行立法，构建了一套涵盖四个层面的完善的法律体系。在众多立法中，土耳其对BOT模式的立法最为完善，对补充性的PPP实施模式也有着充分的政策法律。例如，1984年颁布3096号法律，首先对BOT模式进行界定和规范；1997年颁布4283号法律，这一法规允许私人资本进入重要的国家能源生产和电力行业；2005年，确立了5335号法律，计划利用私营部门的资本和技术，以TOR模式进行机场和客运码头的建设，为社会提供公共服务；同一年颁行了5396号法律，规定私营部门主要以BLT的模式与政府进行合作，建设各种医疗卫生设施。除此之外，土耳其政府还有许多其他的政策法律，它们合理界定了政府与私人部门进行合作的程序和方法，对PPP模式的运行和风险控制起着关键作用。

土耳其各个部门相互配合进行管理，并对PPP项目的合作商进行严格的审查和监督。在各级政府部门中，以高级计划委员会为最高机关；项目实施机构的部长或市政当局的负责人与企业签订合同；对BOT和建设-运营-租赁（build-operatelease，BOL）项目的监督和调整投资发展计划由发展部负责；财政部则对中央部门签订的协议与预算进行监督；国库作为国家的资金部门，为项目的运行提供财政上的支持和债务担保[178]。在进行私人合作伙伴的选择时，根据不同领域对特定知识的要求，承包商只有具备了政府规定的许可证和相关文件，才能进入投标企业的行列。当所运用的具体融资模式存在差异时，所要求的具体证件也各不相同，需要政府部门的各种证件和同意意见。

五、案例分析

（一）美国马萨诸塞州3号公路修缮项目

美国马萨诸塞州3号公路修缮项目，是该州首个公路类的PPP项目，这一项目体现了美国PPP模式的显著特征。为了促进这一项目的顺利完成，该州于1999年通过了新的立法，允许州公路局获得使用新的项目融资和交付方式的权力，在公路领域与社会资本方合作共赢。州公路局作为政府一方的代表，负责对项目进行监管与合同的管理，而以现代工程公司为代表的私人团队，在项目融资和运营的过程中发挥了关键的作用。在项目运营的过程中，尽管社会资本方在公路项目中缺乏经验，但美国社会中存在着众多第三方组织和咨询公司，对项目运行提供了知识帮助和决策指导。

在项目风险管理中，马萨诸塞州政府和社会资本方通过各种努力，减少不确定性带来的损失。在项目的前期准备过程中，政府对公路建设进行初步的可行性分析，为后续合同签订做准备。对于各类风险的分配，马萨诸塞州政府承担了大部分融资风险，现代工程公司则主要承担了项目成本、进度和质量相关的风险，双方在总体上达到了收益共享、成本收益相对均衡的目标[179]。面对各类挑战与风险，政府和社会资本方积极应对，州公路局聘请了专门的团队进行监督，并与现代工程公司保持密切的交流沟通，不断根据实际状况做出调整。

这一项目的立项和建设时间较早，美国各州在PPP实施经验上很缺乏，传统的项目管理和风险应对机制在新型融资模式中无法完美契合。首先，政府和私人部门在许多方面存在分歧，导致项目工期一再延误；其次，州政府未建立专门的PPP协调机构，导致双方在时间调整和成本问题上多次发生冲突；最后，社会资本方的合法权利未得到有效保障，降低了企业在项目建设中的积极性。

（二）土耳其阿达纳医疗卫生园区项目

阿达纳医疗卫生园区PPP项目，是土耳其政府吸引国际资本进行医疗设施建设的一个组成部分，体现了鲜明的该国特征：PPP项目按照行业进行整体性推进；积极利用国外资本；通过相关立法和多部门的合作进行风险管理。2003年开始，该国政府便计划向世界银行寻求资金支持，进行"医疗卫生改革规划"，计划通过约150亿美元的投资在全国建设共计30个医疗卫生园区，实现改造医疗卫生设施、整合医疗资源和提高医院服务质量的目标，阿达纳医疗卫生园区属于30个规划园区之一。该项目采用PFI模式，在实施时主要有以下几个步骤：私人联合体成立公司；政府和该公司签订合同，由公司进行项目的建设、运营和维护；公共部门根据实际绩效进行费用支付。阿达纳项目的资金主要来自国际金融公司，经过政府和私人的谈判协调，形成了科学的融资体系[183]。一方面，土耳其政府积极利用国际资本，为国内基础设施建设提供支持；另一方面，政府构建了多元化的资金渠道，将风险分散在多个主体内，保证各方的合法权益。

阿达纳项目投资量大、潜在风险高，因此政府对其风险管理极为重视。在政府前期的风险识别与评估中，为了减少风险的影响，政府和社会资本方采取了如下措施。首先，在法律政策和管理机构上进行宏观管理。针对6428号法律中存在的不足，土耳其政府于2014年对其进行修改补充，更好地指导PPP规划和实施。卫生部内部成立了专门的机构，对30个医疗卫生园区的建设进行宏观协调。其次，制定了严格的项目实施标准。该国卫生部为了保证质量，对阿达纳项目中各类医院的床位和各种基础设施做了细致规定，各种设备的更新都紧跟时代潮流和民众需要。最后，通过合同与协议明确权责。这一项目的投资方包括了众多公司和金融机构，土耳其卫生部在签订合约中，对项目进度、成本控制、服务质量等进行了约定，并发挥政府部门的监督管理能力。在国家政策的大力支持下，土耳其利用国内外资本，推动了本国基础设施的建设和公共服务水平的提高。

第五节　中国PPP风险治理

一、中国PPP的发展与风险治理

中国PPP的发展始于20世纪80年代，为了促进基础设施建设与缓解财政压力，政府鼓励外国资本与公共部门合作进行基础设施的建设。在后续的发展中，共经历了五个阶段：探索时期（1964~1992年），主要为吸引外国资本进行经济建设；试点阶段（1993~2002年），市场经济体制进一步发展和分税制改革带动了私有资本的进入；爆发阶段（2003~2007年），政府出台一系列政策促进PPP的发展，但在实际操作中出现了部分问题；调整阶段（2008~2012年），随着经济危机的出现和经济发展环境的改变，PPP模式受到一定的打击；全面发展阶段（2013年至今），2013年财政部陆续出台众多PPP的政策文件，该模式在全国各地获得了井喷式的发展，2014年5月，财政部政府和社会资本合作（PPP）工作领导小组正式设立，PPP的发展进入了政府主导推广的全面发展阶段[184]。

我国PPP风险治理模式属于典型的政府主导型，中央政府在经济社会中有着很强的力量，地方政府的财权和事权并未充分匹配，面临着资金不足的问题。改革开放以来，尽管市场经济获得了长足的发展，国有企业和公有制仍然是经济体系中的重要组成部分，在基础设施建设中地位显著。从宏观上来看，中国的经济发展水平和私有资本历史较短，市场机制和社会资本力量相对不足。在这些因素的影响下，中国的PPP风险治理呈现出如下几个特征。首先，政府通过各种政策法规和管理机构对PPP发展的宏观干预，特别是中央政府在其中发挥了关键性作用；其次，区域发展状况的差异导致PPP模式地域间发展不平衡，风险治理也呈现出不均衡特点；再次，社会资本力量中包含着公有制、私有制和外资，前期的风险识别与评估难度大；最后，市场体系、社会信用和人才技术等因素发展不充分，给PPP风险治理带来潜在的不确定性。从总体上看，中国PPP风险治理取得了巨大的成就，2013年后发展得尤为迅速。然而，地方政府财力的困境和PPP管理程序的不足，导致风险治理仍然面临着一些问题，需要在未来做进一步的改进。

二、风险识别与评估的初步发展

中国在PPP风险的识别与评估中，以减轻政府风险和促进基础设施建设为目的，对PPP项目进行前期的总体性评价。我国的经济发展尚处于中等水平，地方政府财政能力不足，PPP项目关乎公共利益和公共责任，这对防止项目过热导致债务扩张提出了要求。2015年，财政部印发了《政府和社会资本合作项目财政承受能力论证指引》，要求地方政府采用定性和定量方法对项目进行论证，将PPP项目的财政支出控制在一定范围内。为了实现PPP项目的预期目标，实现建设的效率和最终效益的获得，财政部在2014年9月颁布《关于推广运用政府和社会资本合作模式有关问题的通知》，要求政府部门对PPP项目进行"物有所值"原则下的项目论证。但是，受到多种因素的影响，项目的物有所值评价偏形式主义。一方面，政府部门进行评估的能力和资金技术不足，而且物有所值评价并不是一种强制措施；另一方面，社会组织的发展不完善，部分评估机构顺应政府意图，评估结果可信度欠佳。总体来看，我国的PPP风险识别与评估仍处于起步阶段，政府与社会资本方的意识和能力都有待提高。

三、政策偏离的风险分配

在 PPP 风险分配时,政府在分配的过程中占据着主导地位,公共部门往往既是合作方又是监督方,这导致在分配时发生了政策偏离。根据国际经验,PPP 模式中的风险应该由最有能力者承担、风险和收益相匹配、承担的风险要有上限[185],从而平衡好合作各方的利益。公共部门掌握着经济中的核心资源,直接影响着项目的落地与否,社会资本方在合作中处于从属地位,这导致双方的风险分配难以达到理想状态,在前期的合同签订和后期的合同执行中都存在着损害社会资本方利益的可能性。社会资本方为了中标,可能会压低自身报价,在实际建设中面临亏本而不得不压低成本、降低产品质量。在《政府和社会资本合作模式操作指南(试行)》这一文件中,主张市场风险由社会资本方负责,政策法律风险由政府负责,但对于各种不可抗力和意外因素,未对此进行详细的说明,而不确定性正是 PPP 模式风险的主要来源。在合同签订后项目建设过程中,面对外部环境和 PPP 项目本身的不确定性,政府作为合作方的角色要求其顾及社会资本方的利益实现共赢,作为监管角色时则会为了实现政府的公共利益将成本转嫁给私人。

四、中央政府主导下的风险控制

(一)多层次多方位的 PPP 立法

一般认为,1995 年颁布的《关于试办外商投资特许权项目审批管理有关问题的通知》,是中国最早的 PPP 政策,后来又逐渐形成如 2004 年的《市政公用事业特许经营管理办法》等政策文件。2013 年,党的十八届三中全会对 PPP 模式进行深入肯定,PPP 立法进入新的发展时期。虽然尚未形成专门的 PPP 法律,但国务院、财政部与国家发展改革委发布了众多的全国性 PPP 指导文件,国务院法制办公室在 2017 年发布了《基础设施和公共服务领域政府和社会资本合作条例(征求意见稿)》公开征求意见,在宏观层面对 PPP 立法进行进一步的深化。

经过长久的发展,中国逐步形成了多层次、多部门、多级别的 PPP 政策法规体系,中央政府在立法中占据着主导地位。首先,PPP 立法一般分为法律、行政法规和规范性文件三个等级。中国主要根据既有的法律体系对这一模式进行指导,涵盖了合同法、政府采购法、行政许可法、行政诉讼法等多种法律。行政法规主要由国务院发布,在土地、公路、环境和政策采购等多领域进行规范。在规范性文件层面,国务院、财政部和国家发展改革委都相继颁布了众多的指导性文件。其次,多个部门对 PPP 领域进行政策法律的制定。PPP 项目涉及的行业众多,不仅国务院、国家发展改革委、财政部进行了相关立法,住建、环保、交通运输、水利等各部门也形成了自身的 PPP 文件，部分法律文件如表 6.7 所示。最后，中央政府和地方政府形成了多级别的政策法规。为了适应各地的实际情况，中央政策文本到达地方后会进行一定的修改，以减少实际执行中的阻力，但法律条文的改动和修改程度基本很少。

表 6.7　中国部分 PPP 立法

类别	法律名称	文号	时间	颁布主体
法律	《中华人民共和国政府采购法》	主席令第 68 号	2002 年 6 月 29 日	全国人大
行政法规	《中华人民共和国招标投标法实施条例》	国务院令第 613 号	2011 年 12 月 20 日	国务院
行政法规	《中华人民共和国政府采购法实施条例》	国务院令第 658 号	2015 年 1 月 30 日	国务院
规范性文件	《国务院办公厅关于政府向社会力量购买服务的指导意见》	国办发〔2013〕96 号	2013 年 9 月 26 日	国务院办公厅
规范性文件	《关于推广运用政府和社会资本合作模式有关问题的通知》	财金〔2014〕76 号	2014 年 9 月 23 日	财政部
规范性文件	《国家发展改革委关于开展政府和社会资本合作的指导意见》	发改投资〔2014〕2724 号	2014 年 12 月 2 日	国家发展改革委
规范性文件	《国务院办公厅关于进一步做好民间投资有关工作的通知》	国办发明电〔2016〕12 号	2016 年 7 月 1 日	国务院办公厅
规范性文件	《国家发展改革委关于切实做好传统基础设施领域政府和社会资本合作有关工作的通知》	发改投资〔2016〕1744 号	2016 年 8 月 10 日	国家发展改革委
规范性文件	关于印发《政府和社会资本合作项目财政管理暂行办法》的通知	财金〔2016〕92 号	2016 年 9 月 24 日	财政部

当 PPP 项目面临未知风险和发展难题时，公共部门和企业可以通过协商、调解、仲裁和诉讼等多种途径进行协商解决。第一，在争议发生后合作各方可以私下协调，如果合作各方的协调面临僵局，引入专家和专门的联合小组进行问题解决；第二，根据 2010 年的《中华人民共和国人民调解法》和 2013 年的《中华人民共和国民事诉讼法》，各方可以通过专门的调解员解决争议，在通过司法确认后具备拘束力；第三，如果协商无法达成一致，各方可以通过仲裁方式解决利益纠纷，但需要提前达成仲裁条款；第四，诉讼作为一种司法途径，为纠纷解决提供了最后的选择项。根据 PPP 项目中争议问题的不同，民事诉讼与行政诉讼分别有着自身的适用范围[186]。

尽管中国的 PPP 立法取得了很大的成就，但仍然面临着许多问题，需要在未来做进一步的改进。第一，法律体系严密性需进一步加强。我国的 PPP 立法来自不同的政府部门，部门之间的政策法规存在着部分缺失和冲突。第二，PPP 的运行程序和各主体的权责分配不合理。不仅关于 PPP 项目的合同签订与项目执行程序规范的严密性和科学性需要加强，对政府与社会资本方的利益分配也存在着不合理，对完善 PPP 相关民事法律的重视程度不够。第三，对公共部门的监督法律不足。在 PPP 政策法律中，对政府部门的监督力度不足，政府在项目中的行政职权较大，政府违反合同的成本较低，容易引发政府失信风险行为。

（二）PPP 风险控制中的多部门管理

在进行风险控制的过程中，中央政府各个机构负责总体决策，地方政府和社会资本方发挥着项目执行和辅助作用。在中央层面，国务院、财政部、国家发展改革委、行业部委和金融管理部门都在各自的职能范围内对 PPP 风险进行宏观治理。国务院是 PPP 模式的顶层设计者，影响着 PPP 立法和机构设置；财政部在 PPP 项目的投入中扮演着重要角色，并建立起财政部政府和社会资本合作中心这一专门机构对其进行管理；国家发展改革委为了促进经济体制改革和基础设施建设，在 PPP 模式的管理中发挥着自身的作用；行业部委对本行业内的 PPP 项目进行项目管理和风险规范；金融管理部门为 PPP 提供融资上的支持。在省、市、县各地方，政府是 PPP 项目的实际执行者，受到分税制的影响，地方政府在财力不足的条件下，积极将 PPP 作为一种替代性融资工具进行引进。虽然社会组织和社会资本方的力量在政府面前处于弱势地位，伴随着市场经济体制的进一步改革和科学技术的发展，各种社会组织和咨询服务机构在 PPP 发展与风险控制中发挥着越来越大的作用。

在政府各部门的管理下，我国 PPP 模式获得了长足的发展，但同时也面临着一些管理困境。首先，各个政府之间在治理目标上存在着差异，府际协同欠缺。在横向上，最为突出的是财政部与国家发展改革委在 PPP 模式中的定位。国家发展改革委在经济稳增长的目标下，极力鼓励 PPP 项目的增加；财政部为了控制地方政府债务和财政预算，主张对 PPP 项目进行一定程度的限制，二者政策目标相互冲突，在管理过程中的合作协调不足[187]。在纵向上，中央政府出于防控风险目的在近些年来对 PPP 模式加以管制，地方政府为了增加投资存在着鼓励 PPP 项目的倾向，但总体上中央的意志占据着主导地位。其次，公共部门职权过大，社会资本方利益难以得到良好的维护。我国政府在 PPP 模式中的自由裁量权较大，社会资本方在与政府合作时处于弱势，在政府的风险控制中社会资本方利益处在附属地位，偏离了 PPP 模式本身的目标。

第六节　不同类型 PPP 风险治理模式特征概括

为了应对 PPP 模式运行中出现的风险，实现公共利益与公共价值的最大化，各国在自身的实践中形成了不同的风险治理模式。通过对国外八个国家的风险治理的措施进行研究，发现专门的法律政策和管理机构是进行风险治理的关键变量，根据这两大因素可以将风险治理划分为政府主导模式、机构主导模式、嵌入型模式和法律主导模式，在各国的实际经验中前三种是主要的实践机制。同时，PPP 模式中的风险治理有着很强的周期性，可以划分为风险识别、风险评估、风险分配和风险控制四个阶段。因此，本章对风险治理的主要模式进行了分析，探究了各个模式下不同国家的治理差异和出现差异的原因，最后对我国的 PPP 风险治理现状进行了简要的总结。

首先，在政府主导模式下，政府通过设置全国性专门的法律和机构，在 PPP 模式的风险治理中发挥着主导作用。这一模式下的各个国家，政府在传统上对经济有着较强的管控能力，能够调动充足的资源进行风险治理，在项目的四个阶段都起到了重要的作用。在不同的国家中，也存着在显著的差异：法国凭借发达的经济和强力的政府，成立了全国性的部门，以行政合同的方式对 PPP 协议进行管理，充分利用社会资源进行项目的风险治理；韩国的 PPP 在发展型国家与市场经济的双重影响下，建立起完善的"齿轮传动结构"法律体系和专门的管理机构，着力追求 PPP 项目的物有所值；巴西受制于联邦制和较弱的经济基础，尽管政府以专门的法律和机构进行管理，复杂的治理环境导致治理绩效需要进一步提升。

其次，在机构主导模式下，政府的 PPP 法律以相关立法为主，逐渐形成全国性部门进行监管。这些国家大多属于英美法系，在法律体系的建构中更为注重关联法、合同法和政策指南，在联邦制下中央和地方也形成了显著的治理分工。英国是现代 PPP 模式的发源地之一，发达的经济提供了充足的治理资源，形成了政策、合同和指南三大类 PPP 文件系统，并建立了全国性 PPP 中心；加拿大的地方政府自主性较强，各级政府以事权为基础进行分工，形成了中央和地方的多层管理机构与相关立法；印度是发展中大国之一，政府对基础设施的需求大，出台许多政策促进 PPP 的发展，但各个联邦中的发展不均衡，导致在风险治理时出现明显的地区差异。

再次，有些国家直接将 PPP 模式纳入传统治理体系，未形成全国性专门法律体系和治理机构，形成嵌入型的风险治理模式。在这一模式下，政府对原有的经济管理部门进行调整，以对 PPP 进行专门的治理，达到预防风险的效果。美国利用发达市场体系和社会组织对 PPP 进行管理，政府对 PPP 模式的重视程度相对不足，中央政府和各州对原有的部门和法律进行局部调整；土耳其则直接利用政府行政体系大力推动 PPP 模式，以行业为主体进行项目推进，以部门合作与相关立法为主进行风险的治理。

最后，中国政府在 PPP 模式治理中发挥着重要的作用，通过全国性的立法和部门进行管理。特别是 2013 年以后，形成了一系列的政策法规和PPP管理机构，在中央和地方加大鼓励和监管力度。一方面，以人大、国务院、财政部和国家发展改革委为主体，颁布了多层次、宽领域的法律法规；另一方面，制定政策的这些部门都对 PPP 承担着管理责任，并成立了专门的 PPP 中心进行管理协调。地方的各级政府在中央的精神下，建立起多层次、宽领域的 PPP 风险治理结构，对 PPP 项目的推动发挥着积极的能动作用。

由此可见，PPP 模式具有显著的情境性，其治理结构受到制度环境的制约和影响，在不同的国家形成了不同的治理体系。为了使得 PPP 项目能够规避风险实现物有所值，各国充分利用自身资源进行全方位的监管，将这一新的公共产品供给方式纳入已有的治理结构之中。不仅不同的模式之间存在差异，同一模式下的不同国家也呈现出不同的治理生态。因此，PPP 风险的治理必须在项目推进中不断进行摸索，根据实际情况进行动态调整，充分利用政治经济条件，从而形成合乎自身治理逻辑的风险治理体系，进而为社会创造出更多的公共价值。

参 考 文 献

[1] Harris A, Lambert L. Building Leadership Capacity for School Improvement[M]. New York: McGraw-Hill, 2003: 85-105.

[2] Rodney W, Gallimore P. Risk assessment in PFI schemes for primary health care[J]. Facilities, 2002, 20（1/2）: 52-60.

[3] Fitzgerald E, Melvin D. The UK private finance initiative and Glasgow schools[J]. Facilities, 2002, 20（3/4）: 119-126.

[4] Weihe G. Public-private partnerships and public-private value trade-offs[J]. Public Money & Management, 2008, 28（3）: 153-158.

[5] Siemiatycki M. Public-private partnerships in Canada: reflections on twenty years of practice[J]. Canadian Public Administration, 2015, 58（3）: 343-362.

[6] Horsley A, France C, Quatermass B. Delivering energy efficient buildings: a design procedure to demonstrate environmental and economic benefits[J]. Construction Management and Economics, 2003, 21（4）: 345-356.

[7] Hodge G, Greve C, Boardman A. Public-private partnerships: the way they were and what they can become[J]. Australian Journal of Public Administration, 2017, 76（3）: 273-282.

[8] Abdel Aziz A M. Successful delivery of public-private partnerships for infrastructure development[J]. Journal of Construction Engineering and Management, 2007, 133（12）: 918-931.

[9] Steijn B, Klijn E H, Edelenbos J. Public private partnerships: added value by organizational form or management?[J]. Public Administration, 2011, 89（4）: 1235-1252.

[10] Osborne S P. Public-Private Partnerships: Theory and Practice in International Perspective[M]. London: Routledge, 2000: 45-53.

[11] Ghobadian A, O'Regan N, Gallear D, et al. Private-Public Partnerships: Policy and Experience[M]. Basingstroke: Palgrave Macmillan, 2004: 65-70.

[12] Akintoye A, Beck M. Policy, Finance & Management for Public-Private Partnerships[M]. New York: Wiley-Blackwell, 2009: 107-143.

[13] Tserng H P, Russell J S, Hsu C W, et al. Analyzing the role of national PPP units in promoting PPPs: using new institutional economics and a case study[J]. Journal of Construction Engineering and Management, 2012, 138（2）: 242-249.

[14] Krishnamurti C, Tourani-Rad A. Public-private partnership arrangements: problems and prospects[J]. World Scientific Book Chapters, 2010,（12）: 197-215.

[15] Grimsey D, Lewis M K. Public Private Partnerships: The Worldwide Revolution in Infrastructure Provision and Project Finance[M]. Northampton: Edward Elgar Publishing, 2007: 25-37.

[16] Hodge G A, Greve C, Boardman A E. International Handbook on Public-Private Partnerships[M]. Northampton: Edward Elgar Publishing, 2010: 75-80.

[17] Dailami M, Leipziger D. Infrastructure project finance and capital flows: a new perspective[J]. World Development, 1998, 26（7）: 1283-1298.

[18] Acar M, Guo C, Yang K. Accountability when hierarchical authority is absent: views from public-private partnership practitioners[J]. The American Review of Public Administration, 2008, 38（1）: 3-23.

[19] Bloomberg M, Pope C. How we invest[J]. Journal of Applied Corporate Finance, 2017, 29（2）: 10-15.

[20] Willems T, Verhoest K, Voets J, et al. Ten lessons from ten years PPP experience in Belgium[J]. Australian Journal of Public Administration, 2017, 76（3）: 316-329.

[21] Greve C, Hodge G. Rethinking Public-Private Partnerships: Strategies for Turbulent Times[M]. London: Routledge, 2013: 123-127.

[22] Greve C, Hodge G. Public-private partnerships: governance scheme or language game? [J]. Australian Journal of Public Administration, 2010, 69（1）: 8-22.

[23] Brogaard L, Petersen O H. Public-private partnerships（PPPs）in development policy: exploring the concept and practice[J]. Development Policy Review, 2018, 36（2）: 729-747.

[24] Brinkerhoff D W, Brinkerhoff J M. Public-private partnerships: perspectives on purposes, publicness, and good governance[J]. Public Administration and Development, 2011, 31（1）: 2-14.

[25] Khanom N A. Conceptual issues in defining public private partnerships（PPPs）[J]. International Review of Business Research Papers, 2010, 6（2）: 150-163.

[26] Gjebrea E, Zoto O. Infrastructure public private partnership investments: a comparative analysis of western balkan and emerging countries[C]//Karasavvoglou A, Ongan S, Polychronidou P. EU Crisis and the Role of the Periphery. Cham: Springer, 2015: 131-145.

[27] Koppenjan J F M, Klijn E H. Managing Uncertainties in Networks: A Network Approach to Problem Solving and Decision Making[M]. London: Routledge, 2004: 90-93.

[28] Oyigbo T E, Ugwu O O. Appraisal of key performance indicators on road infrastructure financed

by public-private partnership in Nigeria[J]. Nigerian Journal of Technology, 2017, 36（4）: 1049-1058.

[29] Savas E S. Privatization and Public-Private Partnerships[M]. New York: Chatham House, 2000: 85-105.

[30] van Ham H, Koppenjan J. Building public-private partnerships: assessing and managing risks in port development[J]. Public Management Review, 2001, 3（4）: 593-616.

[31] Osborne D, Gaebler T. Reinventing Government: How the Entrepreneurial Spirit is Transforming the Public Sector[M]. Ringwood: Penguin Books, 2009: 252-330.

[32] Ye X, Xu C. Review and research on PPP pattern in China[C]//Wang J, Ding Z, Zou L, et al. Proceedings of the 17th International Symposium on Advancement of Construction Management and Real Estate. Cham: Springer, 2014: 559-571.

[33] Mörth U. Public and private partnerships as dilemmas between efficiency and democratic accountability: the case of Galileo[J]. Journal of European Integration, 2007, 29（5）: 601-617.

[34] Ross T W, Yan J. Comparing public-private partnerships and traditional public procurement: efficiency vs. flexibility[J]. Journal of Comparative Policy Analysis: Research and Practice, 2015, 17（5）: 448-466.

[35] Krishnamurti C, Touranirad A. Public-private partnership arrangements: problems and prospectives[C]//Tourani-Rad A. Handbook on Emerging Issues in Corporate Governance. Singapore: World Scientific Publishing Company, 2015: 109-135.

[36] Börzel T A, Risse T. Public-private partnerships: effective and legitimate tools of international governance?[C]//Grande E, Pauly L. Complex Sovereignty: Reconstructing Political Authority in the Twenty-First Century. Toronto: University of Toronto Press, 2005: 195-216.

[37] Spackman M. Public-private partnerships: lessons from the British approach[J]. Economic Systems, 2002, 26（3）: 283-301.

[38] Kanter R M. Collaborative advantage: the art of alliances[J]. Harvard Business Review, 1994, 72（4）: 96-108.

[39] Smith J, Wohlstetter P. Understanding the different faces of partnering: a typology of public-private partnerships[J]. School Leadership & Management, 2006, 26（3）: 249-268.

[40] Wettenhall R. The rhetoric and reality of public-private partnerships[J]. Public Organization Review, 2003, 3（1）: 77-107.

[41] Wettenhall R. The public-private interface: surveying the history[C]//Hodge G, Greve C. The Challenge of Public-Private Partnerships: Learning from International Experience. Northampton: Edward Elgar Publishing, 2005: 22-43.

[42] Hodge G A, Greve C. Public-private partnerships: an international performance review[J].

Public Administration Review, 2007, 67（3）：545-558.

[43] Vining A R, Boardman A E. Public-private partnerships：eight rules for governments[J]. Public Works Management & Policy, 2008, 13（2）：149-161.

[44] Rohatyn F G. Public-private partnerships to stave off disaster[J]. Harvard Business Review, 1979, 57（6）：6-10.

[45] Hellowell M, Pollock A M. Do PPPs in social infrastructure enhance the public interest? Evidence from England's national health service[J]. Australian Journal of Public Administration, 2010, 69（1）：23-34.

[46] Leibenstein H. Incremental capital-output ratios and growth rates in the short run[J]. The Review of Economics and Statistics, 1966, 48（1）：20-27.

[47] Sedov L I. Similarity and Dimensional Methods in Mechanics[M]. Los Angeles：CRC Press, 1993：203-220.

[48] Cristofoli D, Turrini A, Valotti G. Coming back soon：assessing the determinants of absenteeism in the public sector[J]. Journal of Comparative Policy Analysis：Research and Practice, 2011, 13（1）：75-89.

[49] Peters B G, Pierre J. Governance without government? Rethinking public administration[J]. Journal of Public Administration Research & Theory, 1998, 8（2）：223-243.

[50] Chauhan A, Mehrotra M, Bhatia P K, et al. Day care laparoscopic cholecystectomy：a feasibility study in a public health service hospital in a developing country[J]. World Journal of Surgery, 2006, 30（9）：1690-1695.

[51] Linder S H. Coming to terms with the public-private partnership：a grammar of multiple meanings[J]. American Behavioral Scientist, 1999, 43（1）：35-51.

[52] 亓霞, 柯永建, 王守清. 基于案例的中国 PPP 项目的主要风险因素分析[J]. 中国软科学, 2009, （5）：107-113.

[53] 汪永成. 公用事业市场化政策潜在的公共风险及其控制[J]. 江海学刊, 2005, （1）：90-96.

[54] Flyvbjerg B, Holm M S, Buhl S. Underestimation cost in public works projects：error or lie?[J]. Journal of the American Planning Association, 2002, 68（3）：279-295.

[55] Vian T, McIntosh N, Grabowski A, et al. Hospital public-private partnerships in low resource settings：perceptions of how the Lesotho PPP transformed management systems and performance[J]. Health Systems and Reform, 2015, 1（2）：155-166.

[56] 夏璇. 加纳 PPP 模式对我国 PPP 模式推广的启示[J]. 辽宁经济, 2016, （2）：64-65.

[57] Ng J Y K, Chan A H S. The ageing construction workforce in Hong Kong：a review[J]. Proceedings of the International Multiconference of Engineers and Computer Scientists, 2015, 2：1-2.

[58] Dudkin G, Välilä T. Transaction costs in public-private partnerships: a first look at the evidence[J]. Competition and Regulation in Network Industries, 2006, 1（2）: 307-330.

[59] 国外 PPP 模式经典案例分析失败案例——美国加州 91 号快速路项目[J]. 公共管理研究, 2015,（4）: 47.

[60] Hall D. Why public-private partnerships don't work: the many advantages of the public alternative[R]. Public Services International Research Unit, University of Greenwich, 2015: 30-34.

[61] Davies P. Behind closed doors: how much power does McKinsey wield[J]. British Medical Journal, 2012, 344（1）: 2905.

[62] Dannin E. Infrastructure privatization contracts and their effect on governance[J]. SSRN Electronic Journal, 2009,（19）: 4-27.

[63] 汪芳. 收费公路应用 PPP 模式的探讨——以悉尼穿城隧道为例[J]. 交通与港航, 2016, 3（6）: 32-36, 72.

[64] 戈德史密斯 S, 埃格斯 W D. 网络化治理: 公共部门的新形态[M]. 孙迎春译. 北京: 北京大学出版社, 2008: 125-153.

[65] 赵福军, 汪海. 中国PPP理论与实践研究[M]. 北京: 中国财政经济出版社, 2015: 78-102.

[66] 景诗龙, 王俊豪. 基于动力机制的中国 PPP 模式发展策略研究[J]. 经济与管理研究, 2018, 39（4）: 136-144.

[67] 王守清. PPP 合作期限由哪些因素来决定[N]. 中国财经报, 2016-03-24（05）.

[68] 杨柳. 建议以折旧年限确认 PPP 项目合作期限[J]. 中国财政, 2017,（21）: 60.

[69] 刘婧湜, 王守清. PPP 项目特许经营者选择研究——基于《招标投标法》与《政府采购法》的适用性比较[J]. 建筑经济, 2015, 36（7）: 9-12.

[70] 徐玉环. PPP 与政府采购[J]. 招标采购管理, 2014,（11）: 16-18.

[71] 韩栋. PPP 项目采购方式不可任性选择[J]. 招标采购管理, 2019,（7）: 49-50.

[72] 蔡晓琰, 周国光. PPP项目政府和社会资本合作的投资回报机制研究[J]. 财经科学, 2016,（12）: 101-109.

[73] 赵辉, 屈微璐, 邱玮婷, 等. 基于组合赋权法与可拓物元的海绵城市 PPP 项目运作方式选择研究[J]. 科技管理研究, 2019, 39（6）: 200-206.

[74] 仇晓洁, 潘君. 对 PPP 项目采购采用竞争性磋商方式的思考——以潍坊济青高铁征地拆迁项目为例[J]. 武汉金融, 2017,（9）: 76-78.

[75] 张莉. 发达国家 PPP 运作经验及其启示[J]. 群众, 2015,（1）: 82-83.

[76] Estache A, Gomez-Lobo A, Leipziger D. Utility Privatization and the Needs of the Poor in Latin America: Have We Learned Enough to Get It Right?[M]. Washington: World Bank Publications, 2000: 301-307.

[77] Rosenthal S. The design of the Manila concessions and the implications for the poor[C]//

PPIAF/ADB Conference on Infrastructure Development - Private Solutions for the Poor: The Asian Perspective, 2002: 1-8.

[78] Calderón C, Servén L. The Effects of Infrastructure Development on Growth and Income Distribution[M]. Washington: The World Bank, 2004: 75-88.

[79] 廖茂林, 许召元, 胡翠, 等. 基础设施投资是否还能促进经济增长?——基于1994~2016年省际面板数据的实证检验[J]. 管理世界, 2018, 34（5）: 63-73.

[80] Khandker S R, Samad H A. Bangladesh's structural transformation: the role of infrastructure[C]// Sawada Y, Mahmud M, Kitano N. Economic and Social Development of Bangladesh: Miracle and Challenges. Cham: Palgrave Macmillan, 2018: 71-92.

[81] 刘俸奇. 基础设施投资与中国经济增长: 影响渠道及作用机制研究[J]. 经济科学, 2018, （2）: 16-29.

[82] Seung C K, Kraybill D S. The effects of infrastructure investment: a two-sector dynamic computable general equilibrium analysis for Ohio[J]. International Regional Science Review, 2001, 24（2）: 261-281.

[83] 李献国. 中国基础设施投资的经济增长效应研究[D]. 东北财经大学博士学位论文, 2017.

[84] Easterly W, Servén L. The Limits of Stabilization: Infrastructure, Public Deficits and Growth in Latin America[M]. Washington: The World Bank, 2003: 45-57.

[85] Sanchez-Robles B. Infrastructure investment and growth: some empirical evidence[J]. Contemporary Economic Policy, 1998, 16（1）: 98-108.

[86] Holtz-Eakin D, Lovely M E. Scale economies, returns to variety, and the productivity of public infrastructure[J]. Regional Science and Urban Economics, 1996, 26（2）: 105-123.

[87] 谢文泽. 巴西特许经营模式与中巴基础设施合作[J]. 国际经济合作, 2016, （6）: 69-72.

[88] Asat R. PPP 模式在土耳其[J]. 国际工程与劳务, 2014, （6）: 38-39.

[89] 倪香芹. 印度公私合作伙伴关系产生的背景、发展模式及其启示[J]. 南亚研究季刊, 2017, （2）: 54-60, 5.

[90] Vining A R, Boardman A E. Public-private partnerships in Canada: theory and evidence[J]. Canadian Public Administration, 2008, 51（1）: 9-44.

[91] Opara M, Elloumi F, Okafor O, et al. Effects of the institutional environment on public-private partnership（P3）projects: evidence from Canada[J]. Accounting Forum, 2017, 41（2）: 77-95.

[92] Moszoro M, Gąsiorowski P. Optimal Capital Structure of Public-Private Joint Ventures[M]. Washington: International Monetary Fund, 2008: 22-36.

[93] Regeczi D. Limited partnership: the lack of sustainable development in relation to participation in Hungarian public-private partnerships[J]. Business Strategy and the Environment, 2005, 14（4）: 205-215.

[94] 陈玮. 公私部门合作中的风险分配：理想、现实与启示[J]. 公共行政评论，2010，3（5）：175-194，206.

[95] Eisenhardt K M. Agency theory: an assessment and review[J]. Academy of Management Review, 1989, 14（1）: 57-74.

[96] Fama E F. Agency problems and the theory of the firm[J]. Journal of Political Economy, 1980, 88（2）: 288-307.

[97] Fama E F, Jensen M C. Separation of ownership and control[J]. The Journal of Law and Economics, 1983, 26（2）: 301-325.

[98] Mayston D. Principals, agents and the economics of accountability in the new public sector[J]. Accounting, Auditing & Accountability Journal, 1993, 6（3）: 68-96.

[99] Smith E, Umans T, Thomasson A. Stages of PPP and principal-agent conflicts: the Swedish water and sewerage sector[J]. Public Performance & Management Review, 2018, 41（1）: 100-129.

[100] Shrestha A, Martek I. Principal agent problems evident in Chinese PPP infrastructure projects[C]//Shen L, Ye K, Mao C. Proceedings of the 19th International Symposium on Advancement of Construction Management and Real Estate. Cham: Springer, 2015: 759-770.

[101] Noble G, Jones R. The role of boundary-spanning managers in the establishment of public-private partnerships[J]. Public Administration, 2006, 84（4）: 891-917.

[102] Williams P. The competent boundary spanner[J]. Public Administration, 2002, 80（1）: 103-124.

[103] Shrestha A, Chan T K, Aibinu A A, et al. Risks in PPP water projects in China: perspective of local governments[J]. Journal of Construction Engineering and Management, 2017, 143（7）: 1-12.

[104] Shaoul J, Stafford A, Stapleton P. Accountability and corporate governance of public private partnerships[J]. Critical Perspectives on Accounting, 2012, 23（3）: 213-229.

[105] Osborne S P, Murray V. Understanding the Process of Public-Private Partnerships - Theory and Practice in International Perspective[M]. London: Routledge, 2000: 98-110.

[106] Ng S T, Wong Y M W, Wong J M W. Factors influencing the success of PPP at feasibility stage-a tripartite comparison study in Hong Kong[J]. Habitat International, 2012, 36（4）: 423-432.

[107] Carrillo P, Robinson H, Foale P, et al. Participation, barriers, and opportunities in PFI: the United Kingdom experience[J]. Journal of Management in Engineering, 2008, 24（3）: 138-145.

[108] Lohmann C, Rötzel P G. Opportunistic behavior in renegotiations between public-private partnerships and government institutions: data on public-private partnerships of the German

armed forces[J]. International Public Management Journal, 2014, 17（3）：387-410.

[109] Smith E M, Thomasson A. The use of the partnering concept for public-private collaboration：how well does it really work?[J]. Public Organization Review, 2018, 18（2）：191-206.

[110] Siemiatycki M. Delivering transportation infrastructure through public-private partnerships：planning concerns[J]. Journal of the American Planning Association, 2009, 76（1）：43-58.

[111] 杜亚灵, 王剑云. BT模式下工程项目控制权的合理配置研究——基于多案例的比较分析[J]. 软科学, 2013, 27（5）：56-61.

[112] 叶晓甦, 易朋成, 吴书霞. PPP项目控制权本质探讨[J]. 科技进步与对策, 2011, 28（13）：67-70.

[113] Francesconi M, Muthoo A. Control rights in public-private partnerships[J]. Social Science Electronic Publishing, 2006, 2（1）：26-27.

[114] 王守清, 刘婷. PPP项目监管：国内外经验和政策建议[J]. 地方财政研究, 2014, （9）：7-12, 25.

[115] 福勒 F J. 调查问卷的设计与评估[M]. 蒋逸民, 等译. 重庆：重庆大学出版社, 2010：165-172.

[116] Adams G B. The problem of administrative evil in a culture of technical rationality[J]. Public Integrity, 2011, 13（3）：275-286.

[117] Keating B, Keating M. Private firms, public entities, and microeconomic incentives：public private partnerships（PPPs）in Australia and the USA[J]. International Journal of Organizational Analysis, 2013, 21（2）：176-197.

[118] Xu Y, Yeung J F Y, Jiang S. Determining appropriate government guarantees for concession contract：lessons learned from 10 PPP projects in China[J]. International Journal of Strategic Property Management, 2014, 18（4）：356-367.

[119] English L, Baxter J. The changing nature of contracting and trust in public-private partnerships：the case of Victorian PPP prisons[J]. ABACUS, 2010, 46（3）：289-319.

[120] Girth A M. A closer look at contract accountability：exploring the determinants of sanctions for unsatisfactory contract performance[J]. Journal of Public Administration Research and Theory, 2014, 24（2）：317-348.

[121] Smyth S, Whitfield D. Maintaining market principles：government auditors, PPP equity sales and hegemony[J]. Accounting Forum, 2017, 41（1）：44-56.

[122] 沃尔曼 H, 姜文. 从公共部门转向私有部门, 再回归公共部门？——欧洲国家的服务提供：介于国家、地方政府和市场之间[J]. 德国研究, 2011, 26（2）：18-24, 77.

[123] Koch C, Buser M. Emerging metagovernance as an institutional framework for public private partnership networks in Denmark[J]. International Journal of Project Management, 2006, 24（7）：548-556.

[124] North D C. Institutions[J]. The Journal of Economic Perspectives，1991，5（1）：97-112.
[125] Scott W R，Christensen S. The Institutional Construction of Organizations：International and Longitudinal Studies[M]. Thousand Oaks：Sage Publications，1995：55-59.
[126] Scott W R，Davis G F. Organizations and Organizing：Rational，Natural，and Open System Perspectives[M]. London：Routledge，2015：102-121.
[127] Williamson O E. The new institutional economics：taking stock，looking ahead[J]. Journal of Economic Literature，2000，38（3）：595-613.
[128] Petersen O H. Emerging meta-governance as a regulation framework for public-private partnerships：an examination of the European Union's approach[J]. International Public Management Review，2010，11（3）：1-21.
[129] Klijn E H，Teisman G R. Institutional and strategic barriers to public-private partnership：an analysis of Dutch cases[J]. Public Money & Management，2003，23（3）：137-146.
[130] 殷 R K. 案例研究：设计与方法[M]. 4 版. 周海涛主译，李永贤，张衡参译. 重庆：重庆大学出版社，2010：33-50.
[131] 周蕾. 走向破产的英国伦敦地铁——中国地铁未来发展之鉴[J]. 国际工程与劳务，2014，（6）：14-16.
[132] 谷智轩. 私营监狱成"罪犯乐园"，英国政府被迫接管[EB/OL]. 观察者网，2018-08-22.
[133] 王茵. "加州 91 号快速路"的买路钱[N]. 南方周末，2015-02-12.
[134] Mendonza E，Gold M，Carter P，et al. The sale of Highway 407 express toll route：a case study[J]. The Journal of Structured Finanace，1999，5（3）：5-14.
[135] 黄李明，马莉，张晓萱. 澳电力市场为何高度统一？[EB/OL]. 国网英大传媒，2014-09-09.
[136] 徐婉莹，谢柳芳. 基于全程视角的 PPP 项目风险识别与应对探讨[J]. 农村金融研究，2018，（5）：30-35.
[137] 吴淼，徐小丰. PPP 模式中的政府规制：西方发达国家的经验研究[J]. 华中科技大学学报（社会科学版），2018，32（2）：133-140.
[138] 周翔. PPP 项目风险分担与管理的国际经验借鉴与启示[J]. 金融纵横，2016，（3）：31-38.
[139] Zou P X W，Wang S，Fang D. A life-cycle risk management framework for PPP infrastructure projects[J]. Journal of Financial Management of Property and Construction，2008，13（2）：123-142.
[140] 张水波，郑晓丹. 经济发展和 PPP 制度对发展中国家基础设施 PPP 项目的影响[J]. 软科学，2015，29（7）：25-29.
[141] Song J，Zhang H，Dong W. A review of emerging trends in global PPP research：analysis and visualization[J]. Scientometrics，2016，107（3）：1111-1147.
[142] 陈新平. PPP 立法实践国际比较——大陆法系与英美法系国家 PPP 法律制度差异分析[J].

中国财政, 2017, （22）: 69-71.

[143] Zavadskas E K, Turskis Z, Tamošaitiene J. Risk assessment of construction projects[J]. Journal of Civil Engineering and Management, 2010, 16（1）: 33-46.

[144] Ameyaw E E, Chan A P C. Risk ranking and analysis in PPP water supply infrastructure projects[J]. Facilities, 2015, 33（7/8）: 428-453.

[145] Iyer K C, Sagheer M. Hierarchical structuring of PPP risks using interpretative structural modeling[J]. Journal of Construction Engineering and Management, 2010, 136（2）: 151-159.

[146] Ke Y J, Wang S Q, Chan A P C. Risk misallocation in public-private partnership projects in China[J]. International Public Management Journal, 2013, 16（3）: 438-460.

[147] Chung D, Hensher D. Risk management in public-private partnerships[J]. Australian Accounting Review, 2015, 25（1）: 13-27.

[148] 刘新平, 王守清. 试论 PPP 项目的风险分配原则和框架[J]. 建筑经济, 2006, （2）: 59-63.

[149] 黄晓军. PPP 模式在法国的实践经验及对中国的启示[J]. 中国给水排水, 2017, 33（18）: 17-21.

[150] 财政部金融司. 韩国实施 PPP 情况[J]. 预算管理与会计, 2015, （5）: 51-52.

[151] 张磊. 拉美地区 PPP 发展环境评析[J]. 国际工程与劳务, 2015, （10）: 24-26.

[152] 蒋涌. 法国政府和社会资本合作模式的发展及其借鉴意义[J]. 法国研究, 2016, （1）: 1-6.

[153] 范莉. 巴西 PPP 法律制度简介及对我国的启示[J]. 法制与社会, 2017, （12）: 24-25.

[154] 徐琳. 法国公私合作（PPP 模式）法律问题研究[J]. 行政法学研究, 2016, （3）: 116-127.

[155] 曹书. 韩国公私合作（PPP）立法模式研究[J]. 中国政府采购, 2017, （5）: 57-67.

[156] 马斌, 郭枫. 韩国 PPP 纠纷解决机制及其启示[J]. 合作经济与科技, 2017, （3）: 182-184.

[157] 裴俊巍, 金永祥, 甄雅琪. 韩国 PPP 的立法与模式变迁[J]. 中国政府采购, 2015, （9）: 67-68.

[158] 侯敬. 法国铁路基础设施的管理及 PPP 融资[J]. 综合运输, 2008, （2）: 76-78.

[159] 蒋硕. PPP 框架下我国高铁建设的障碍与建议——基于韩国高铁 PPP 案例[J]. 四川建筑, 2017, 37（6）: 101-102.

[160] 陈龙, 冯蕾, 张瑞宏, 等. 医疗服务公私伙伴关系个案分析及对中国的启示——基于巴西、南非和印度的分析[J]. 中国卫生政策研究, 2014, 7（12）: 9-14.

[161] Forgia G M L, Harding A. Public-private partnerships and public hospital performance in Sao Paulo Brazil[J]. Health Affairs, 2009, 28（4）: 1114-1126.

[162] Global Health Group. Public-private investment partnerships for health: an atlas of

innovation[R]. San Francisco：University of California，2010：63-64.

[163] 杨雅琴. 加拿大运用 PPP 投资公共项目的经验借鉴[J]. 地方财政研究，2016，（4）：40-45.

[164] 财政部金融司. 加拿大 ppp 管理体系[J]. 预算管理与会计，2015，（4）：52-53.

[165] 谭志强. 英国 PPP 项目风险管理的主要做法[J]. 中国财政，2018，（15）：66-67.

[166] 黄景驰，米尔 F. 英国政府与社会资本合作（PPP）项目的决策体系研究[J]. 公共行政评论，2016，9（2）：4-24，204.

[167] 隋钰冰，陈慧. 加拿大 PPP 项目的三大成功经验[J]. 人民论坛，2017，（31）：204-205.

[168] 裘丽. 英国 PPP 模式管制实践中的制度贡献[J]. 新视野，2017，（5）：116-122.

[169] 肖成志. 对我国与英国 PPP 模式发展路径的比较分析[J]. 西南金融，2016，（12）：44-48.

[170] 蔡今思. 英国 PPP 模式的构建与启示[J]. 预算管理与会计，2015，（12）：47-51.

[171] 裴俊巍，包倩宇. 加拿大 PPP：法律、实践与民意[J]. 中国政府采购，2015，（8）：49-57.

[172] 黄正华，郑伊. 印度 PPP 发展概述——基于第二届亚洲 PPP 治理论坛暨第三届公共采购国际论坛会议综述[J]. 中国政府采购，2017，（2）：54-61.

[173] 欧亚 PPP 联络网. 欧亚基础设施建设公私合作（PPP）：案例分析[M]. 王守清主译. 沈阳：辽宁科技出版社，2010：230-247.

[174] 王景森. 加拿大保障房 PPP 模式建设管理经验[J]. 中国财政，2014，（9）：39-40.

[175] 周好甲. PPP 发展的国际经验[J]. 中国金融，2016，（4）：79-81.

[176] 林俊. 美国 PPP 发展经验及启示[J]. 财会月刊，2017，（30）：75-79.

[177] 王雷，主雪梅，赵国良，等. 浅谈 PPP 模式在土耳其水利基础设施建设中的应用[J]. 河北工程技术高等专科学校学报，2016，（3）：50-53.

[178] 马恩涛，李鑫. PPP 政府债务风险管理：国际经验与启示[J]. 当代财经，2017，（7）：24-34.

[179] 周兰萍，宋茜. 美国公路 PPP 项目典型案例分析及启示[J]. 建筑，2018，（17）：55-58.

[180] 刘承韪. 美国公私合作关系（PPP）的法治状况及其启示[J]. 国家行政学院学报，2018，（4）：140-146，152.

[181] 傅宏宇. 美国 PPP 法律问题研究——对赴美投资的影响以及我国的立法借鉴[J]. 财政研究，2015，（12）：94-101.

[182] Braucher R. Commercial Arbitration：Cases and Problems[M]. Danvers：Matthew Bender & Company，2015：1-24.

[183] 蔡金容. 新兴经济体最大规模 PPP 规划启动实施——国际金融公司为土耳其医改规划提供首笔项目贷款[J]. 预算管理与会计，2015，（1）：19-21.

[184] 董再平. 中国 PPP 模式的内涵、实践和问题分析[J]. 理论月刊，2017，（2）：129-134，

178.
[185] 谭臻，吕汉阳. 政府和社会资本合作（PPP）核心政策法规解读与合同体系解析[M]. 北京：法律出版社，2018：85-105.
[186] 刘尚希，李曙光，王卫东. 透视 PPP 立法[J]. 中国中小企业，2018，（7）：38-41.
[187] 喻文光. PPP 规制中的立法问题研究——基于法政策学的视角[J]. 当代法学，2016，30（2）：77-91.

附录1　中央部委PPP规范性文件（部分）

名称	文号	发布部门
国务院关于鼓励支持和引导个体私营等非公有制经济发展的若干意见	国发〔2005〕3号	国务院
国务院关于鼓励和引导民间投资健康发展的若干意见	国发〔2010〕13号	国务院
国务院办公厅转发发展改革委卫生部等部门关于进一步鼓励和引导社会资本举办医疗机构意见的通知	国办发〔2010〕58号	国务院办公厅
关于印发《中央财政服务业发展专项资金管理办法》的通知	财建〔2015〕256号	财政部
国务院关于加强城市基础设施建设的意见	国发〔2013〕36号	国务院
国务院办公厅关于政府向社会力量购买服务的指导意见	国办发〔2013〕96号	国务院办公厅
国家发展改革委财政部关于运用政府投资支持社会投资项目的通知	发改投资〔2015〕823号	国家发展改革委
国家发展改革委关于切实做好《基础设施和公用事业特许经营管理办法》贯彻实施工作的通知	发改法规〔2015〕1508号	国家发展改革委
国务院关于进一步促进资本市场健康发展的若干意见	国发〔2014〕17号	国务院
政府核准投资项目管理办法	2014年第11号令	国家发展改革委
国家发展改革委关于发布首批基础设施等领域鼓励社会投资项目的通知	发改基础〔2014〕981号	国家发展改革委
国务院办公厅关于加强城市地下管线建设管理的指导意见	国办发〔2014〕27号	国务院办公厅
财政部、国家税务总局关于公共基础设施项目享受企业所得税优惠政策问题的补充通知	财税〔2014〕55号	财政部
国务院办公厅关于支持铁路建设实施土地综合开发的意见	国办发〔2014〕37号	国务院办公厅
国务院关于近期支持东北振兴若干重大政策举措的意见	国发〔2014〕28号	国务院
关于加快推进健康与养老服务工程建设的通知	发改投资〔2014〕2091号	国家发展改革委
国务院关于加强地方政府性债务管理的意见	国发〔2014〕43号	国务院
关于推广运用政府和社会资本合作模式有关问题的通知	财金〔2014〕76号	财政部
国务院关于深化预算管理制度改革的决定	国发〔2014〕45号	国务院
国务院关于加快发展体育产业促进体育消费的若干意见	国发〔2014〕46号	国务院

续表

名称	文号	发布部门
财政部关于印发《地方政府存量债务纳入预算管理清理甄别办法》的通知	财预〔2014〕351号	财政部
关于做好政府购买养老服务工作的通知	财社〔2014〕105号	财政部
国务院关于创新重点领域投融资机制鼓励社会投资的指导意见	国发〔2014〕60号	国务院
关于新能源汽车充电设施建设奖励的通知	财建〔2014〕692号	财政部
关于印发政府和社会资本合作模式操作指南（试行）的通知	财金〔2014〕113号	财政部
关于政府和社会资本合作示范项目实施有关问题的通知	财金〔2014〕112号	财政部
国家发展改革委关于开展政府和社会资本合作的指导意见	发改投资〔2014〕2724号	国家发展改革委
关于贯彻实施修改后的预算法的通知	财法〔2014〕10号	财政部
财政部 民政部 工商总局关于印发《政府购买服务管理办法（暂行）》的通知	财综〔2014〕96号	财政部
关于开展中央财政支持地下综合管廊试点工作的通知	财建〔2014〕839号	财政部
国家发展改革委关于放开部分服务价格意见的通知	发改价格〔2014〕2755号	国家发展改革委
国家发展改革委关于放开部分铁路运输产品价格的通知	发改价格〔2014〕2928号	国家发展改革委
国务院办公厅关于推行环境污染第三方治理的意见	国办发〔2014〕69号	国务院办公厅
国务院办公厅关于进一步做好盘活财政存量资金工作的通知	国办发〔2014〕70号	国务院办公厅
关于规范政府和社会资本合作合同管理工作的通知	财金〔2014〕156号	财政部
交通运输部关于全面深化交通运输改革的意见	交政研发〔2014〕242号	交通运输部
国家发展改革委 中央编办关于一律不得将企业经营自主权事项作为企业投资项目核准前置条件的通知	发改投资〔2014〕2999号	国家发展改革委
财政部 国家发展改革委 住房城乡建设部关于印发《污水处理费征收使用管理办法》的通知	财税〔2014〕151号	财政部
关于开展中央财政支持海绵城市建设试点工作的通知	财建〔2014〕838号	财政部
财政部关于印发《政府采购竞争性磋商采购方式管理暂行办法》的通知	财库〔2014〕214号	财政部
关于印发《政府和社会资本合作项目政府采购管理办法》的通知	财库〔2014〕215号	财政部
关于非货币性资产投资企业所得税政策问题的通知	财税〔2014〕116号	财政部
国务院关于实行中期财政规划管理的意见	国发〔2015〕3号	国务院
关于组织申报2015年地下综合管廊试点城市的通知	财办建〔2015〕1号	财政部办公厅
国家发展改革委关于加强城市轨道交通规划建设管理的通知	发改基础〔2015〕49号	国家发展改革委
基础设施和公用事业特许经营管理办法	2015年第25号令	国家发展改革委
国家能源局关于鼓励社会资本投资水电站的指导意见	国能新能〔2015〕8号	国家能源局
关于组织申报2015年海绵城市建设试点城市的通知	财办建〔2015〕4号	财政部办公厅
中华人民共和国政府采购法实施条例	国务院令第658号	国务院
关于鼓励民间资本参与养老服务业发展的实施意见	民发〔2015〕33号	民政部
关于市政公用领域开展政府和社会资本合作项目推介工作的通知	财建〔2015〕29号	财政部

续表

名称	文号	发布部门
国家发展改革委 国家开发银行关于推进开发性金融支持政府和社会资本合作有关工作的通知	发改投资〔2015〕445号	国家发展改革委
关于鼓励和引导社会资本参与重大水利工程建设运营的实施意见	发改农经〔2015〕488号	国家发展改革委
财政部关于印发《政府和社会资本合作项目财政承受能力论证指引》的通知	财金〔2015〕21号	财政部
关于推进水污染防治领域政府和社会资本合作的实施意见	财建〔2015〕90号	财政部
关于印发《2015年地方政府一般债券预算管理办法》的通知	财预〔2015〕47号	财政部
民政部 国家开发银行关于开发性金融支持社会养老服务体系建设的实施意见	民发〔2015〕78号	民政部
关于在收费公路领域推广运用政府和社会资本合作模式的实施意见	财建〔2015〕111号	财政部
关于运用政府和社会资本合作模式推进公共租赁住房投资建设和运营管理的通知	财综〔2015〕15号	财政部
国务院办公厅关于全面推开县级公立医院综合改革的实施意见	国办发〔2015〕33号	国务院办公厅
国务院办公厅转发文化部等部门关于做好政府向社会力量购买公共文化服务工作意见的通知	国办发〔2015〕37号	国务院办公厅
交通运输部关于深化交通运输基础设施投融资改革的指导意见	交财审发〔2015〕67号	交通运输部
国务院办公厅关于城市公立医院综合改革试点的指导意见	国办发〔2015〕38号	国务院办公厅
国家发展改革委关于当前更好发挥交通运输支撑引领经济社会发展作用的意见	发改基础〔2015〕969号	国家发展改革委
国务院办公厅转发财政部人民银行银监关于妥善解决地方政府融资平台公司在建项目后续融资问题意见的通知	国办发〔2015〕40号	国务院办公厅
国务院批转发展改革委关于2015年深化经济体制改革重点工作意见的通知	国发〔2015〕26号	国务院
关于开展社会资本参与重大水利工程建设运营第一批试点工作的通知	发改办农经〔2015〕1274号	国家发展改革委办公厅
国务院办公厅转发财政部发展改革委人民银行关于在公共服务领域推广政府和社会资本合作模式指导意见的通知	国办发〔2015〕42号	国务院办公厅
国务院关于实行市场准入负面清单制度的意见	国发〔2015〕55号	国务院
国家发展改革委办公厅关于充分发挥企业债券融资功能支持重点项目建设促进经济平稳较快发展的通知	发改办财金〔2015〕1327号	国家发展改革委办公厅
国务院办公厅关于加快推进畜禽养殖废弃物资源化利用的意见	国办发〔2017〕48号	国务院办公厅
国务院办公厅印发关于促进社会办医加快发展若干政策措施的通知	国办发〔2015〕45号	国务院办公厅

附录2　地方政府PPP规范性文件（部分）

时间	名称	文号
2018/3/22	北京市人民政府办公厅关于加强城市地下综合管廊建设管理的实施意见	京政办发〔2018〕12号
2017/12/4	北京市人民政府办公厅关于推进海绵城市建设的实施意见	京政办发〔2017〕49号
2018/10/24	北京市人民政府办公厅印发《关于加强老年人照顾服务完善养老体系的实施意见》的通知	京政办发〔2018〕41号
2016/11/24	北京市人民政府办公厅转发市卫生计生委等部门《关于推进医疗卫生与养老服务相结合的实施意见》的通知	京政办发〔2016〕54号
2016/7/31	北京市人民政府办公厅转发市文化局等部门《关于政府向社会力量购买公共文化服务的实施意见》的通知	京政办发〔2016〕37号
2016/7/16	北京市财政局 北京市发展改革委转发关于进一步共同做好政府和社会资本合作（PPP）有关工作的通知	京财经二〔2016〕1172号
2016/11/23	北京市财政局 北京市规划和国土资源管理委员会关于政府和社会资本合作（PPP）项目用地有关事项的通知	京财经二〔2016〕2520号
2017/10/17	北京市财政局关于修订《北京市推广政府和社会资本合作（PPP）模式奖补资金管理办法》的通知	京财经二〔2017〕2240号
2017/8/8	北京市财政局关于印发《北京市政府和社会资本合作（PPP）项目库管理办法》的通知	京财经二〔2017〕1704号
2015/2/9	北京市财政局关于转发《政府和社会资本合作项目政府采购管理办法》的通知	京财采购〔2015〕173号
2017/12/29	北京市财政局关于转发财政部规范政府和社会资本合作（PPP）综合信息平台项目库管理的通知	京财经二〔2017〕2926号
2016/10/26	北京市财政局转发财政部关于在公共服务领域深入推进政府和社会资本合作工作的通知	京财经二〔2016〕2043号
2017/11/20	转发财政部 民政部 人力资源社会保障部《关于运用政府和社会资本合作模式支持养老服务业发展的实施意见》的通知	京财经二〔2017〕2517号
2018/2/9	长春市人民政府办公厅关于印发长春市政府和社会资本合作（PPP）项目库管理办法的通知	长府办发〔2018〕12号
2018/2/9	长春市人民政府办公厅关于推广政府和社会资本合作（PPP）模式的实施意见	长府办发〔2018〕11号
2017/5/19	白山市人民政府办公室关于印发白山市本级政府和社会资本合作（PPP）模式管理实施办法的通知	白山政办发〔2017〕12号

续表

时间	名称	文号
2018/6/25	吉林省发展改革委关于开展PPP项目库规范核查促进PPP持续健康发展的通知	吉发改投资〔2018〕422号
2017/6/12	前郭县发展和改革局关于推进传统基础设施领域政府和社会资本合作（PPP）工作行动方案	前发改字〔2017〕72号
2018/6/7	关于规范政府和社会资本合作（PPP）项目第三方咨询机构选聘工作的通知	吉财金〔2018〕426号
2015/9/11	吉安市人民政府关于印发吉安市推行政府和社会资本合作实施意见（试行）的通知	吉府发〔2015〕13号
2016/8/28	哈尔滨市人民政府关于推广运用政府和社会资本合作模式的实施意见	哈政发〔2016〕16号
2016/3/16	哈尔滨市财政局关于征集政府和社会资本合作（PPP）项目的通知	哈财金〔2017〕98号
2017/5/17	黑河市人民政府办公室关于印发《黑河市人民政府与社会资本合作（PPP）项目财政支持基金管理办法》的通知	黑市政办规〔2017〕17号
2017/6/5	黑龙江省发展和改革委员会关于印发《黑龙江省传统基础设施领域政府和社会资本合作（PPP）项目操作要点（试行）》的通知	黑发改投资〔2017〕226号
2015/8/5	黑龙江省发展和改革委员会关于推广运用政府和社会资本合作的意见	黑发改投资〔2015〕285号
2016/5/30	丹东市人民政府办公室关于加快推进政府和社会资本合作以及政府购买服务相关工作的通知	丹政办发〔2016〕33号
2017/8/17	大连市发展和改革委员会关于发布第五批基础设施公共服务领域政府和社会资本合作项目的通知	
2015/8/20	新民市人民政府关于印发新民市2015年推进政府和社会资本合作（PPP）工作方案的通知	新政发〔2015〕19号
2015/4/3	沈阳市人民政府关于开展政府和社会资本合作试点的实施意见	沈政发〔2015〕14号
2017/9/27	沈阳市人民政府办公厅转发市发展改革委市财政局关于在基础设施和公共服务领域加快推进政府和社会资本合作项目实施意见的通知	沈政办发〔2017〕81号
2015/2/3	关于印发辽阳市政府和社会资本合作（PPP）工作方案的通知	辽市政办发〔2015〕6号
2017/2/14	大连市发展和改革委员会关于发布第四批基础设施公共服务领域政府和社会资本合作项目的通知	
2016/12/19	抚顺市人民政府关于加快推广运用政府和社会资本合作模式的意见	抚政办发〔2016〕61号
2018/5/15	抚顺市人民政府关于进一步推进政府和社会资本合作模式的实施意见	抚政发〔2018〕10号
2018/3/25	朝阳市人民政府办公室关于印发朝阳市实施政府与社会资本合作项目（PPP）工作方案的通知	朝政办发〔2018〕40号
2016/3/6	本溪市人民政府关于推广运用政府和社会资本合作模式的实施意见	本政发〔2016〕3号
2015/8/22	辽宁省人民政府关于推广运用政府和社会资本合作模式的实施意见	辽政发〔2015〕37号
2018/10/12	安阳市人民政府办公室关于优化营商环境激发民间有效投资活力的实施意见	安政办〔2018〕62号
2017/4/28	巩义市人民政府关于推广运用政府和社会资本合作（PPP）模式的实施意见	巩政文〔2017〕50号
2016/3/11	新郑市人民政府关于推广运用政府和社会资本合作（PPP）模式的实施意见	新政〔2016〕17号
2015/6/2	河南省财政厅关于印发河南省PPP开发性基金设立方案的通知	豫财资合〔2015〕5号
2017/6/19	河南省交通运输厅关于印发河南省普通公路政府和社会资本合作（PPP）项目工作导则的通知	
2014/11/27	河南省人民政府关于推广运用政府和社会资本合作模式的指导意见	豫政〔2014〕89号

续表

时间	名称	文号
2016/8/9	濮阳市人民政府关于加快推进财政部、省级PPP示范推介项目落地的通知	濮政〔2016〕57号
2015/6/17	郑州市人民政府关于推广运用政府和社会资本合作（PPP）模式的实施意见	郑政〔2015〕28号
2015/7/22	郑州市政府和社会资本合作项目物有所值评价指引（试行）	
2017/7/30	乐山市人民政府关于促进建筑业持续健康发展的意见	乐府发〔2017〕11号
2016/1/13	乐山市人民政府关于印发乐山市水污染防治行动计划工作方案的通知	乐府发〔2016〕5号
2017/4/5	乐山市人民政府关于印发进一步促进民间投资健康发展实施方案的通知	乐府发〔2017〕6号
2017/2/22	乐山市人民政府办公室关于发展资本市场拓宽融资渠道的指导意见	乐府办发〔2017〕11号
2015/12/18	财政部关于印发《PPP物有所值评价指引（试行）》的通知	财金〔2015〕167号
2016/12/30	关于印发《财政部政府和社会资本合作（PPP）专家库管理办法》的通知	财金〔2016〕144号
2016/6/8	资阳市人民政府关于印发水污染防治行动计划资阳市工作方案的通知	资府发〔2016〕27号

附录3　PPP项目公共风险专家评估问卷

尊敬的专家：

您好！我们是国家社会科学基金"PPP公共风险研究"课题组，非常感谢您百忙之中抽空阅读并填写这份问卷。

自2014年以来，我国PPP模式迅猛发展，对政府职能转变、产业发展、基础设施和公共服务的供给等方面均产生重要影响。特别是，PPP模式改变了公共产品供给机制和逻辑，这既可能实现公共支出物有所值，也可能使公共利益和公共价值面临更多的风险。研判、预防和应对PPP公共风险，对于公共价值的守护和PPP本身在我国的持续发展具有重要意义。课题组首先通过理论推演和典型案例分析，识别影响PPP公共风险的因素；其次邀请专家对各因素影响程度评分，开发PPP公共风险评估体系并对我国PPP公共风险进行评估，进而探讨防范措施。

您的回答是建立PPP公共风险评估体系的关键依据。本问卷完全匿名，我们承诺对于您填写的资料严格保密并仅作为学术研究使用。如果您对问卷有什么疑问，或对本选题感兴趣，欢迎直接给我们发邮件（miaowu@hust.edu.com），期待您的宝贵意见！

再次感谢您在百忙之中的参与和大力协助！

"PPP公共风险研究"课题组

说明：

（1）PPP公共风险，与PPP项目风险不同，不涉及PPP项目本身的成败，而是指在PPP模式下公共利益、公共价值面临损害或威胁的可能性。

（2）PPP公共风险包括经济风险、社会风险、治理风险和发展风险。其中，经济风险是指PPP可能导致公共无效率、公共利益受损害、物有所值不能实现；

社会风险是指 PPP 可能造成公民健康受到危害、财产面临损失、环境污染及公共服务供给量少质低等；治理风险是指 PPP 可能对官员行为、政府运作及公民对政府认同等方面造成潜在的危害；发展风险是指 PPP 模式对新技术运用、财政支出、基础设施和公共服务，以及区域经济可能造成的制约、限制和阻碍。

（3）本次调查中，对风险发生概率、危害程度，从低到高分为 5 级，即 1 代表很低，2 代表低，3 代表一般，4 代表高，5 代表很高。

1. 请您对我国 PPP 公共风险进行总体评估，在符合您判断的数字下画✓。

序号	风险类型	风险概率					风险危害				
		1	2	3	4	5	1	2	3	4	5
A1	经济风险										
A2	社会风险										
A3	治理风险										
A4	发展风险										

2. 请您对经济风险的表现进行评估，在符合您判断的数字下画✓。

序号	经济风险因素	风险概率					风险危害				
		1	2	3	4	5	1	2	3	4	5
B1	建设成本超支										
B2	建设时间延长										
B3	运营维护成本增加										
B4	程序、合同及谈判等非生产性费用高										
B5	产品、服务高收费										

3. 请您对社会风险的表现进行评估，在符合您判断的数字下画✓。

序号	社会风险因素	风险概率					风险危害				
		1	2	3	4	5	1	2	3	4	5
C1	危害公民健康										
C2	环境污染										
C3	供给不足、低质										
C4	设备闲置										

4. 请您对治理风险的表现进行评估，在符合您判断的数字下画✓。

序号	治理风险因素	风险概率					风险危害				
		1	2	3	4	5	1	2	3	4	5
D1	利益集团操纵										
D2	政府官员腐败										
D3	政府信誉、权威受损										
D4	政府能力弱化										

5. 请您对发展风险的表现进行评估，在符合您判断的数字下画✓。

序号	发展风险因素	风险概率					风险危害				
		1	2	3	4	5	1	2	3	4	5
E1	技术锁定										
E2	财政投向锁定										
E3	公共产品供给锁定										
E4	区域发展锁定										

6. 请您从 1~5 中选择一个数字，表示项目类型对公共风险的影响。

序号	项目类型	经济风险	治理风险	社会风险	发展风险
F1	新建				
F2	改造				
F3	混合				

7. 请您从 1~5 中选择一个数字，表示合作期限对公共风险的影响。

序号	合作期限	经济风险	治理风险	社会风险	发展风险
G1	15 年及以下				
G2	16~25 年				
G3	26 年及以上				

8. 请您从 1~5 中选择一个数字，表示行业领域对公共风险的影响。

序号	行业领域	经济风险	治理风险	社会风险	发展风险
H1	市政设施				
H2	交通运输				
H3	公共事业（科、教、文、卫、社保等）				
H4	环境保护				
H5	农业、林业和水利				
H6	城镇综合开发				
H7	其他				

9. 请您从 1~5 中选择一个数字，表示项目运作模式对公共风险的影响。

序号	项目运作模式	经济风险	治理风险	社会风险	发展风险
I1	BOT				
I2	BOO				
I3	TOT				
I4	O&M				
I5	MC				
I6	ROT				
I7	其他				

10. 请您从 1~5 中选择一个数字，表示不同级别示范项目的公共风险状况。

序号	示范级别	经济风险	治理风险	社会风险	发展风险
J1	财政部示范项目				
J2	省级示范项目				
J3	市级示范项目				
J4	一般项目				

11. 请您从 1~5 中选择一个数字，表示不同投资规模项目的公共风险状况。

序号	项目总投资	经济风险	治理风险	社会风险	发展风险
K1	0~10 亿元				
K2	11 亿~50 亿元				
K3	51 亿~100 亿元				
K4	100 亿元及以上				

12. 请您从 1~5 中选择一个数字，表示项目回报机制对公共风险的影响。

序号	项目回报机制	经济风险	治理风险	社会风险	发展风险
L1	政府付费				
L2	使用者付费				
L3	可行性缺口补助				

13. 请您从 1~5 中选择一个数字，表示项目采购方式对公共风险的影响。

序号	采购方式	经济风险	治理风险	社会风险	发展风险
M1	单一来源采购				
M2	竞争性磋商				
M3	竞争性谈判				
M4	公开招标				
M5	邀请招标				

14. 请您从 1~5 中选择一个数字，表示社会资本类型对公共风险的影响。

序号	社会资本类型	经济风险	治理风险	社会风险	发展风险
N1	中央企业				
N2	地方国企				
N3	上市民企				
N4	非上市民企				
N5	外资企业				

15. 请您从 1~5 中选择一个数字，表示属于不同行政级别项目的公共风险状况。

序号	项目所属行政级别	经济风险	治理风险	社会风险	发展风险
O1	省级及以上				
O2	省会城市				
O3	一般地市				
O4	区县级				

16. 请您从 1~5 中选择一个数字，表示城市化率对公共风险的影响。

序号	区域城市化率	经济风险	治理风险	社会风险	发展风险
P1	50%以下				
P2	50%~63%				
P3	63%及以上				

17. 请您从 1~5 中选择一个数字，表示一般公共预算下项目的公共风险状况。

序号	所属区域一般公共预算	经济风险	治理风险	社会风险	发展风险
Q1	100 亿元以下				
Q2	100 亿~500 亿元				
Q3	500 亿~1 000 亿元				
Q4	1 000 亿~2 000 亿元				
Q5	2 000 亿~3 500 亿元				
Q6	3 500 亿元及以上				

18. 请您从 1~5 中选择一个数字，表示在不同 GDP 条件下项目的公共风险状况。

序号	所属行政区生产总值	经济风险	治理风险	社会风险	发展风险
R1	100 亿元以下				
R2	100 亿~500 亿元				
R3	500 亿~1 000 亿元				
R4	1 000 亿~5 000 亿元				
R5	5 000 亿~10 000 亿元				
R6	10 000 亿元及以上				

19. 请您从 1~5 中选择一个数字，表示不同营商环境（以省为单位）之中项目的公共风险状况。

序号	营商环境	经济风险	治理风险	社会风险	发展风险
S1	40 以下				
S2	40~60				
S3	60 及以上				

注：2018 年中国 31 个省级行政区（不含港澳台地区），营商环境最高值为上海 81.81，最低值为西藏 22.78，中位数为重庆 48.9

20. 您所在工作单位性质是：
□政府部门　　　　　　　　□国企社会资本方
□民企社会资本方　　　　　□金融机构
□项目公司　　　　　　　　□咨询机构
□高校、研究机构　　　　　□其他

21. 请根据您的情况，从（1）和（2）中选答一题。
（1）如果您在非政府部门工作，请问您的技术职级是：
□初级　　　　　　　　　　□中级
□高级
（2）如果您在政府部门工作，请问您的行政级别是：
□未定级　　　　　　　　　□科级
□处级及以上

22. 您从事 PPP 相关工作时间为：
□低于 1 年　　　　　　　　□1~5 年
□6~10 年　　　　　　　　　□10 年及以上

23. 您参与 PPP 项目的数量是：
□未直接参与项目　　　　　□1~5 个
□6~15 个　　　　　　　　　□16~30 个
□31~50 个　　　　　　　　□51 个及以上
若未直接参与过 PPP 项目，后面问题您不用回答。谢谢您的支持！

24. 您在参与 PPP 项目中的角色是（可多选）：
□项目规划　　　　　　　　□项目审批、监管
□放贷方　　　　　　　　　□项目公司股东（政府方）
□施工单位　　　　　　　　□设计单位
□运营商　　　　　　　　　□项目公司股东（投资方）
□总承包方　　　　　　　　□设备供应商
□咨询顾问　　　　　　　　□其他，请指明_____

25. 您参与过的 PPP 项目类型包括（可多选）：
□能源　　　　　　　　　　□交通运输
□水利建设　　　　　　　　□生态建设和环境保护
□市政工程　　　　　　　　□片区开发
□农业　　　　　　　　　　□林业
□科技　　　　　　　　　　□保障性安居工程
□旅游　　　　　　　　　　□医疗卫生
□养老　　　　　　　　　　□教育
□文化　　　　　　　　　　□体育
□社会保障　　　　　　　　□政府基础设施
□其他_____

再次感谢您的支持！

跋　语

本书以 PPP 模式公共风险为核心研究对象，在研究中充分运用质性分析与量化分析工具。一方面通过构建理论分析框架，建立丰富的 PPP 项目案例库，进行多案例比较研究，明确了公共风险的概念与类型、公共风险的发生逻辑、风险转化为公共危害的路径与机制；另一方面通过数据爬虫，以结构化的方式建立国内 PPP 项目数据库。通过两轮的专家打分对公共风险及其子维度进行评估，再以 SPSS 为工具对其进行数据分析，以图表形式不仅清晰展示了 PPP 模式在我国的发展状况、区域和行业分布状况、运作模式、回报机制、治理环境状况，还生动呈现了 PPP 项目在这些维度下的公共风险态势。另外，本书在新制度主义视角下，采用理论分析与经验研究相结合的方法，对 PPP 模式公共风险向公共危害的转化过程进行了多层次、多角度的系统性分析。

一、PPP 模式既是制度创新，又可能带来多样化的公共风险

通过合同契约在基础设施和公共服务供给方面进行合作，并按照各自的优势共同分担合作过程中的风险、成本和收益是 PPP 模式的核心。PPP 模式通过引入市场竞争机制，利用社会资本方的资金、技术和管理经验，实现公共产品和服务供给、运营管理和风险分配的制度创新。首先，PPP 模式改变了长期以来政府垄断基础设施和公共服务的局面，实现供给方式的治理创新。随着官僚机构功能与规模的扩张与膨胀，加之经济社会发展遭遇困境，公共部门不仅受制于公共产品提供中的高昂成本和低效，还因为资金预算不足难以回应民众日益增长的对更全面优质公共服务的需求，因此，PPP 模式的引入使得社会资本方在基础设施和公共服务方面的投资规模和涉及领域实现了跨越式的发展。其次，PPP 模式通过融资、设计、建造、维护和管理等项目生命周期各阶段的连接，实现基础设施和服务管理运营的创新。社会资本方发挥自身的专业知识，帮助政府进行项目的评估和规划决策，提升了规划的科学性和合理性。私人部门在市场竞争的压力和成本

约束下，能够加快项目的建设进程。此外，政府对私人部门的服务供给进行监督，也有利于降低服务对象的复杂性对政府管理能力的挑战和专注核心服务。最后，PPP 模式实现了政府与社会资本方共担风险，将多样化的项目风险分配给最能够控制的一方。政府和社会资本方可以根据各自的优势，分配和承担不同类型的风险和责任。一方面能够控制项目风险的发生；另一方面也能够降低风险发生之后的治理成本，实现全生命周期的物有所值。

但是，由于社会资本的逐利性、PPP 契约的不完全性、基础设施和公共服务的复杂性，PPP 模式的应用未必能完全实现物有所值和预期的多维度效果，甚至可能给公共利益和公共价值带来潜在的风险。特别是在缺乏特定制度环境背景、良好的制度与合同安排设计、项目运行机制下，这种风险有可能迅速演化为社会危害。因而，在当前 PPP 模式的无数"赞美之声"和 PPP 项目的"高歌猛进"背景下，需要警惕 PPP 带来的发生在公共领域、对公共利益造成威胁、具有公共性影响的公共风险。PPP 模式公共风险不但形式多样而且发生过程复杂多变，常常受到不稳定环境的影响。本书基于大量的文献总结和案例研究，将 PPP 项目影响公共利益和公共价值的表现进行反复地比较和归纳，认为可以将公共风险划分为经济风险、社会风险、治理风险和发展风险四个方面。首先是经济风险，即 PPP 可能造成资源浪费、高收费等公共无效率或公共利益受损现象的发生；其次是社会风险，即 PPP 可能造成公民健康受损、生计受损、环境污染及服务质量降低等社会影响；再次是治理风险，即 PPP 可能对政府官员行为、政府运作及公民对政府认同等方面造成损害；最后是发展风险，即 PPP 模式对新技术应用、财政支出，以及区域和国家经济发展造成损害的可能性。

二、PPP 模式本身的特性决定了公共风险必然与之相伴

PPP 模式公共风险内蕴于 PPP 模式本身的特性之中，即 PPP 模式的特性决定了公共风险与之相伴相生。这种特性体现在 PPP 提供的基础设施和服务的重要性、不确定性，PPP 作为委托-代理关系存在内在的冲突性，PPP 作为不完全契约其控制权转移后果的复杂性和监督问题的多样性。首先，PPP 模式提供的是对公众、经济社会和政府的影响深刻的公共产品，本身就因为需要大量的投资和长期的建设运营面对重大的不确定性。一方面基础设施的建设是经济社会的支撑性要件，公共服务的普及能够保障社会公平正义这些核心价值；另一方面 PPP 项目越是重要，其长达数十年的项目周期带来的不确定性就会越大，政府在监管或进行项目治理方面的挑战越大。其次，PPP 作为一种委托-代理关系，不但公共部门和私人部门存在本质上的利益冲突，而且两大阵营的主体天然会存在激励和监管上的难题。一方面，从项目的可行性阶段、采购阶段、运作阶段和结束

阶段的生命周期视角来看，委托-代理问题——两大阵营的利益冲突、自利性行为、信息不对称和不确定性会贯穿项目的始终；另一方面，公共部门和私人部门在价值理念和处事行为方式上存在巨大差异，再加上财政、行政体制、文化、政府能力等诸多限制，很难设计相容的激励机制对 PPP 项目进行完美的治理。

再次，从不完全契约的控制权转移来看，相较于传统的公共服务供给方式，PPP 本身就是一个政府将项目生命周期中的不同决策节点的控制权进行转移让渡的过程。政府通过和社会资本方订立合同，对基础设施和服务的控制权进行分配，但受制于信息的可获得性，以及双方的有限理性，很难在合同中明确所有的权利。公私阵营并非简单抽象意义的两个主体，而是由更为细分的各个职能主体构成。在多层级的委托-代理链中，控制权被不断转移，进而可能使得项目的建设运营之中自利性投入不断增加，进一步加剧公共风险发生的可能性。最后，PPP 不完全契约的特性使得管理面临多样的监督问题。缔约方在签约签订之前所面临不可预见的不确定性，这使得准入监督中物有所值评估存在争议，同时也增加政府被私人部门捕获的机会。由于契约的复杂性和不确定性，在项目建设和运营管理中，一方面很难对项目的成本、质量和价格等进行监督；另一方面，以商业秘密回避社会监督导致 PPP 的信息透明度低或者监督成本高。这些特性都使得公共风险成为 PPP 模式的"第二副面孔"。

三、中国 PPP 模式公共风险分布呈现量大且不均衡的态势

本书通过对两轮专家打分法获取的数据进行统计处理分析，得出了各项 PPP 风险因素的不同属性类别下的经济风险、社会风险、治理风险和发展风险的风险值高低，并通过将 8 557 个 PPP 项目按照公共风险的四种类型，以及重要性、代理、控制权和监管四种风险产生的影响变量，结合聚类所得的高、中、低风险的不同路径组合，计算得出四大风险类别下不同变量维度所对应的高、中、低风险项目的个数，发现 PPP 模式在中国公共风险分布呈现出风险程度高、数量大及分布不均衡的特征。研究发现，近十年来，PPP 模式归功于全国各省市的市场化改革的大力推进，在全国范围内、在各个行业领域得到了广泛的应用，尤其是在东部发达地区。第一，就风险的类型来看，经济风险、社会风险和发展风险都集中体现在整体呈中低风险水平的项目中，表现出治理风险的 PPP 项目过半数都出现在整体呈中等风险水平的 PPP 项目中。第二，就公共风险的区域分布来看，西南、西北等地理位置偏远、地形较复杂、GDP 水平不发达的地区的 PPP 项目多表现出高风险水平，其常见的风险类型为社会风险和治理风险；中部和东部人口规模大的省份的 PPP 项目多集中体现为中等程度的风险水平，尤其是山东省、河南省、浙江省、四川省；相对而言，由于东部沿海经济发达，市场化基础条件好，

加上政府治理能力较强等多重因素的影响，其 PPP 项目的风险水平整体呈较低水平，其中常见的风险类型是经济风险和发展风险。综上所述，中国 PPP 项目的公共风险虽然整体上呈现中等水平，但是不同类型的风险表现程度有差异，东中西部地区各个省份所面临的风险水平表现不均。

四、PPP 模式公共风险通过多层次、多路径转化为公共危害

与 PPP 模式相伴而生的公共风险并不等于 PPP 项目对经济发展、社会运行、政府治理造成的实际损害，只是意味着理论上存在潜在危害发生的可能性。在 PPP 项目大规模推广应用的实践中出现的对公共价值和公共利益造成的实际损害则是多种要素叠加综合作用的结果。本书认为理解公共风险向公共危害的转化过程，理解 PPP 项目的实际绩效，需要将 PPP 项目置于不同的制度结构及其构建的激励-约束体系之中。本书认为，将制度因素"带回"PPP 模式的实践应用，为理论研究和管理者们提供了新的观察视角。根据新制度主义的观点，在不同的制度背景之下，PPP 项目会产生不同的绩效，公共风险向危害转化也具有多种路径。本书构建了以制度环境、制度安排、合同安排和项目运作机制为核心的多层次制度分析框架，由此从理论上推导出危害的形成机制，并通过 26 个比较案例分析进行阐释和论证，得出以下结论。

第一，公共危害与公共风险一样具有多样性，公共危害之间存在连锁反应。一方面，就危害发生的领域而言，可以将公共危害划分为经济危害、社会危害、治理危害和发展危害；另一方面，不同的危害之间其发生频率和关联程度有差异。第二，不同层次的制度及要素组合是公共风险转化为公共危害的重要路径，但是制度层次对公共危害发生的影响程度是有差异的。一个国家或地区的政治经济环境对 PPP 模式的运行有着根源性和导向性的影响，影响着政府对 PPP 的认知、目的和态度，进一步决定着政府对制度安排的设计和践行。在项目运作过程中，政府和社会资本方根据自身的价值追求和目标采取行动，公共危害就可能在双方的互动过程中发生。例如，在关系文化的背景下，社会资本方通过与关键决策者进行利益交换以获取项目，那么在这种环境下，制度安排和合同安排可能倾向于保护社会资本方的利益而非公共利益。第三，PPP 项目所属行业的特殊性是公共危害发生的重要影响变量。公交、电力、学校、医院、法院这些事关国计民生或代表国家暴力的行业一旦让位于商业逻辑，必然会给政府、民众带来严重的危害。

五、PPP 治理具有明确的类型差异性

多样性是思考公共事务的出发点，制度的多样性构成了人类社会最基本的事实。PPP 治理制度的多样性也是本书观察和比较不同治理类型的重要视角。世界各国在 PPP 项目的治理中受制于风险治理的资源现状，综合使用不同的手段呈现出不同的 PPP 治理生态。法律政策和管理机构作为国家正式制度的两大重要组成部分是 PPP 模式风险治理的重要手段。这是因为一方面，PPP 模式往往涉及复杂的主体间利益关系、投资规模大、特许经营周期长、涉及的法律关系复杂，而专门的 PPP 政策法律可以发挥指导约束和保护的作用；另一方面，法律实施过程中依靠组织机构加以完成，成立专门的管理机构，可以显著提高风险治理的效率。根据有无全国性法律政策和专门管理机构，可以将各国对于 PPP 的风险治理划分为四种模式——政府主导模式、机构主导模式、嵌入型主导模式和法律主导模式。

就中国而言，中国 PPP 模式的风险治理属于典型的政府主导模式，即公共部门和全国性的政策在 PPP 的风险治理中发挥着主导性作用。中国的 PPP 风险治理呈现出如下几个特征。首先，政府通过颁布各种政策法规和成立管理机构对 PPP 发展进行宏观干预，特别是中央政府在其中发挥了关键的作用。在 PPP 立法方面形成了专门的法律文本、行政法规和规范性文件及多层次、多部门和多级别的 PPP 政策法规体系。在管理机构方面，国务院、财政部、国家发展改革委及其他各职能部门对职能领域的 PPP 项目进行管理和风险控制。其次，在中国，公私合作的"公共部门"指的是政府，但是"私人部门"对应的企业包括了私营企业和国有企业。因为社会资本力量中既包含着公有制，还包括私有制和外资，所以在 PPP 前期的风险识别与评估难度大。再次，地方区域发展状况的差异导致 PPP 模式地域间发展不平衡，各个地区间的风险治理也相应呈现出不均衡的特点。最后，中国的市场经济虽然处于不断深化、改革和完善之中，但是当前的市场体系、社会信用制度、人才技术等因素发展仍然不充分，给 PPP 风险治理带来潜在的不确定性。从总体上看，中国 PPP 风险治理取得了巨大的成就，特别是在 2013 年后形成了一系列的政策法规和管理部门，各种社会组织力量也相继成长起来，但仍然面临着一些亟待解决的困境和问题。

然而，正如制度分析所揭示的那样，由于各个国家的制度环境和制度安排的差异性，不可能提出一套周严的和放之四海皆准的公共风险治理安排。但是，不管是作为 PPP 的理论研究者、相关从业人员还是公共部门的管理人员，仍然可以从本书中受益，同时，本书也致力于为国家推进 PPP 模式和治理 PPP 模式公共风险提供参考。